美丽乡村建设系列丛书

国际经验及其启示

总主编 唐 珂

执行主编 刘祖云 何艺兵

中国环境出版社·北京

图书在版编目（CIP）数据

美丽乡村国际经验及其启示 / 唐珂，刘祖云，何艺兵主编. -- 北京 : 中国环境出版社，2014.11

ISBN 978-7-5111-2105-9

Ⅰ. ①美… Ⅱ. ①唐… ②刘… ③何… Ⅲ. ①农村经济建设—经验—世界 Ⅳ. ① F313

中国版本图书馆 CIP 数据核字（2014）第 241947 号

出 版 人 王新程
策 划 人 周 煜
责任编辑 丁莞歆
责任校对 尹 芳
装帧设计 金 喆 彭 杉

出版发行 中国环境出版社
（100062 北京市东城区广渠门内大街 16 号）
网　　址：http://www.cesp.com.cn
电子邮箱：bjgl@cesp.com.cn
联系电话：010-67112765（编辑管理部）
010-67175507（科技标准图书出版中心）
发行热线：010-67125803，010-67113405（传真）

印　　刷 北京中科印刷有限公司
经　　销 各地新华书店
版　　次 2014 年 11 月第一版
印　　次 2014 年 11 月第一次印刷
开　　本 880×1230 1/16
印　　张 23
字　　数 450 千字
定　　价 78.00 元

编委会

前　言

中共十八大提出“把生态文明建设放在更加突出的地位，融入经济建设、政治建设、文化建设、社会建设的各方面和全过程，努力建设美丽中国，实现中华民族永续发展”。我国是农业大国，建设美丽中国关键在农村、重点在农村、难点也在农村。为此，农业部从2013年初开始在全国开展美丽乡村创建活动，具体落实党的生态文明建设方略和美丽中国建设部署。目前，作为美丽中国建设的一个重要部分，美丽乡村创建活动在中国大地上如火如荼。如何走出一条中国特色的美丽乡村建设之路，需要我们既着眼于中国农村的实际情况，也要放开视野与思维，去了解国外尤其是发达国家和地区在乡村建设中的实践经验。道理很简单，因为他山之石是可以攻玉的。

从我们在编写中收集的资料来看，国外乡村建设的类型、模式和手段是丰富多样的；同时，我们也发现有个共同特点：不同地区与国家会根据不同的乡村社会特点、文化特质，因地制宜地选择建设模式，而在建设过程中，政府发挥着政策引导与战略规划的重要角色。政府这只“看得见的手”的作用是有目共睹的。

本书中，我们根据不同的地域特点，安排了五章内容分别对北美、西欧、东亚、澳洲与南美的乡村建设进行了个案式的介绍。比如，北美的乡村建设在使传统乡村社会向现代乡村社会的转型中，走出了一条适合自身特点的发展之路；西欧通过法律、政策与制度的支持以保持西欧乡村社会的“乡

土风貌”，这一点与西欧乡村社会厚重的历史传统相契合；东亚则是明显带有东方文化样态的“乡村改造”，在这一改造过程中，政府常常发挥着更重要的引导与指导的作用；澳洲与南美的乡村建设也体现出多样性的特点，但是其共同点是在“现代农业”的发展理念下，展开对乡村社会的现代化改造，也探索出了丰富多彩的发展道路。这些个案的实践经验都是我们需要认真研究与借鉴的。在最后一章，我们重点安排了八个方面专题的实践经验，它们分别是：乡村建设模式、乡村经济类型划分、小城镇建设、农业科技推广、乡村旅游开发、培养“会思考的农民”、都市农业发展、农民职业化培训。通过这八个方面美丽乡村建设的专题介绍，旨在从多样性与丰富性的乡村建设模式中，提出具有共通性的乡村建设的经验与思路，以为我国乡村建设提供有价值的启示。

本书在酝酿和编写过程中，农业部科技教育司唐珂司长在总体框架设计、方向性和编写风格等方面提供悉心指导，并给本书精选了许多详实资料和有价值的图片；还得到《美丽乡村建设系列丛书》编写组诸位专家和成员一如既往的关心和督促，使本书能够顺利付梓，在此谨致衷心的谢忱。

参加本书起草工作的有：张宏宇负责编写第一章第一节；杜春林负责编写第一章第二、三、四节；刘高吉负责编写第一章第五节，第二章第二节，第三章第五、六节，第五章第一、二节；乔佳负责编写第一章第六节；王太文负责编写第一章第七节，第三章第四、七节，第五章第三、四、五

节；刘述良负责编写绪论、第一章小结、第二章第一节；李佳负责编写第二章第三、四、八节，第五章第七节；杨建国负责编写第二章第五、六节，第二章小结，第五章第八节；向玉琼负责编写第二章第七节；武小龙负责编写第三章第一、二、三节，第三章小结；李烊负责编写第三章第八节；葛笑如负责编写第四章第一节；范虹珏负责编写第四章第二节；管煜茹负责编写第四章第三、四节，第五章第六节；韩鹏云负责编写第四章小结。全书由刘祖云和何艺兵统稿与定稿。

本书的写作参考了大量学术研究、媒体报道与专业网站的研究资料和文献资料，并进行了文献的罗列。但需要说明，有些参考文献可能被忽略。在向所借鉴的研究成果表达我们崇高敬意与真挚谢意的同时，也表达我们的歉意。

尽管整个编写团队都非常认真和努力，对书稿及其文字也进行了多次的修改和完善，但鉴于编者水平和能力的限制，本书不免有粗浅之处，还请各位同仁批评指正。

编者

2014 年 10 月

目录

绪　论

他山之石　可以攻玉

自2005年10月党的十六届五中全会提出建设社会主义新农村的重大历史任务以来，我国乡村建设实践按照“生产发展、生活宽裕、乡风文明、村容整洁、管理民主”的目标持续、大力推进，可谓如火如荼，特别是2013年农业部正式启动了“美丽乡村”创建活动。我们相信，我国从中央到地方以推进“美丽乡村”工程为抓手，将大大加快推进我国各地新农村建设的步伐，提升我国乡村建设的品位。

值得指出的是，我国乡村建设不能囿于运用我国国民的自身才智。实践上，“美丽乡村”需要充分运用国内、国外两种智慧，善于发现并运用中国美丽乡村建设的“他山之石”，一来国外乡村建设的历史经验可以帮助我们厘清乡村建设的内在规律，二来可以丰富我国乡村建设与发展的政策工具，实现我国乡村的可持续发展。

纵观世界各地美丽乡村建设实践，有三大主题是任何一个国家美丽乡村建设都绕不开的话题，即美丽乡村建设的多样性与丰富性、美丽乡村建设实践的模式选择及政府在美丽乡村建设中的角色与作为。

下面将围绕这三大主题向读者做一个导读性说明。

一、全球乡村建设的“一多之辩”

近一个世纪以来，世界各地展开的乡村建设运动特色纷呈，形式多样。概括起来，全球美丽乡村建设具有多样性、丰富性、差异性、共通性等特点。

（一）多样性与丰富性

全球美丽乡村建设的多样性与丰富性是后发国家乡村建设难得的经验资源，具体包括：

1. 内容上的多样性与丰富性

在美丽乡村建设主题上，包括北美、西欧及东亚等地区在内的乡村建设实践拒绝单一化。多元化的乡村建设主题在东亚地区有日本的“造村运动”、韩国的“新村运动”，西欧地区*有德国的“村庄更新”、荷兰的“农地整理”项目、瑞士的“乡村建设”以及法国的“农村改革”，北美地区则有美国的中小城镇建设、加拿大的“农村协作伙伴计划”，此外还有澳洲的“生态农业”和“精准农业”培训项目、新西兰农业部推行的农业资金资助计划以及南美巴西森林、农业与畜牧业三位一体生态式开发和阿根廷的有机农业等。结合各国美丽乡村建设的经济与社会发展历史背景，不难看出各国的选择实际上也是一种历史必然。而且，在同一国家

* 本书从广义上来理解西欧的概念，选择了英国、法国、德国、荷兰这4个发达国家乡村建设的典型经验进行描述，同时考虑到北欧国家——丹麦的农业合作社很有特色，因此也把丹麦的乡村建设个案一并放入西欧这一章进行介绍。

乡村建设的主题往往也会呈现出阶段性差异。以日本为例，日本的“造村运动”是基于两大国情决定的：一是日本国土面积小，山地丘陵占比过高（达71%），耕地占比过低（仅占国土面积的13%）；二是日本城市化使农村人口大量流向城市，乡村发展和农业生产面临瓦解。为扭转日本农业、农村发展的颓势，日本乡村发展规划实际上也有过多次调整，经历了从改善农业生产环境阶段（1955—1965年）发展到农业现代化阶段（1966—1975年），再发展到20世纪70年代末的“造村运动”，大力发展乡村的产业特色。

2. 实施机制上的多样性与丰富性

在具体实施和路径选择上，美洲、澳洲和西欧、东亚诸国主要在如下两个方面存在差异。首先在美丽乡村建设的切入点选择上，各国做法不同。比如，东亚乡村建设以缩小“城乡差距”为宗旨展开“造村运动”和“新村运动”，西欧则以“村庄更新”、“农地整理”、“乡村建设”和“农村改革”继续保持“城乡均衡发展”，北美乡村建设则选择以“小城镇建设”为切入点。其次，在实施机制的选择上，各国各有侧重。比如有的国家重视政府在乡村建设中的作用，而有的国家则选择乡村建设的复合机制，充分发挥政府、非政府组织与村民的作用。

3. 效果上的多样性与丰富性

结合本国的乡村建设需求，美洲、澳洲和西欧、东亚诸国的乡村建设取得了很好的成效。比如，澳洲和南美发展起来的“精准农业”、“有机农业”和“生态农业”，以及北美的“农村协作伙伴关系”、美国的城乡一体化、西欧法国的“一体化农业”、瑞士诱人的乡村生态、荷兰的农地利用率、东亚日本的“一村一品”和韩国的“美丽新村”，都是美丽乡村建设的杰作。

（二）差异性

从差异来看，世界各国进行美丽乡村建设的差异性主要体现在：

1. 重视美丽乡村建设的具体阶段不同

虽然从全球范围看，世界各国开展美丽乡村建设都有一个共同背景，即“工业反哺农业、城市反哺农村”，但是由于各国经济发展阶段、城乡结构均衡程度以及自然地理条件等都存在较大差异，因此各国倡导“美丽乡村建设”的时间点有别。正因为如此，各国“美丽乡村建设”的起点、难点和亮点也各异。拿美国和西欧、日本比较，美国的农业由于在国民经济中具有基础性地位，因此发展很迅速，相应地，美国农场的数量、规模都是其他国家所不能比拟的。而在相同时期，欧洲、日本的农业则处于衰退期。因此，欧洲、日本的乡村建设任务则要繁重得多。而同在东亚的韩国，在发动“新村运动”时其经济条件还很低下，1932年其人均GDP仅有82美元。

2. 乡村建设思路各异

20世纪以来，一些发达国家逐步完成了工业化，另一些国家则逐步走向工业化。对于那些已经完成工业化的国家，比如美国、加拿大、德国、法国等国，工业革命和科学技术的发展成果也逐渐被运用到农业生产和乡村生活中，农业机械化成为这些国家乡村发展和乡村建设的关键主题。而其他一些国家，比如日本、韩国，则立足本国国情和经济现状，积极探索适合自己国家特色的农业发展道路，以乡村建设振兴乡村，如日本的“造村运动”、“一村一品”和“1.5次产业”建设，韩国的乡村基础设施建设。美国新城镇开发战略，通过建设小城镇，实现大城市人口分流，促进广大乡村地区的发展。

3. 乡村建设模式有别

各国的乡村建设实践表明，这一运动的终极目标仍然是为了发展，即为了实现工业、农业的协调发展和城乡之间的统筹发展。后发乡村建设国家切不可盲目照搬照抄既有美丽乡村建设国家的经验。实际上，由于经济与社会发展阶段、政策配套以及地理构成有天壤之别，各国理应秉着实事求是、因地制宜、逐步推进的乡村建设总原则，选择适合本国乡村发展的模式。比如，日本的中介组织推动模式、韩国的政府推动模式、德国的农村工业化模式、美国的城市化带动模式等，都是基于本国的特点和条件确定下来的。

（三）共通性

尽管各国美丽乡村建设具有多样性，以及蕴含于多样性中的差异性等特点，美洲、澳洲、西欧和东亚诸国的乡村建设还是具有一定的共通性的。

1. 美丽乡村建设的时机把握

除少数例外，几乎所有国家都注重农业结构调整和乡村经济发展，美丽乡村建设都是在城乡差距拉大、乡村成为国家经济与社会发展瓶颈的背景下展开的，比如东亚韩国的“新村运动”是1970年朴正熙政府为改变农村落后面貌而推行的；为培植乡村的产业特色，日本推出了“造村运动”；西欧的“村庄更新”、“农地整理”、“乡村建设”和“农村改革”，则是在维持“城乡均衡发展”的背景下实施的；北美美国的中小城镇建设是在郊区发展无序、城市中心过度拥挤的条件下提出的；加拿大的农村协作伙伴计划旨在解决当时存在的城乡之间发展不平衡的问题；而澳洲的乡村建设则旨在解决农村为现代化带来的“短板效应”。

2. 关注信息化、现代化和可持续发展

世界各国乡村建设在实践上也带有全球化、现代化、信息化的影子。这些具有乡村建设代表性的国家实践表明，在全球化、现代化、信息化的时代，农村、农业同样需要完成全球化、现代化、信息化的任务，以实现乡村的美丽发展、可持续发展。比如，法国农村在经历战后十几年的恢复期以及20世纪60—70年代的迅速发展期后，只用了二十几年的时间就实现了农业的现代化。又如在北美，美国2006年提出农村社区宽带网资助计划，2010年美国农业部宣布拨款3.1亿美元支持农村网络建设，美国农场最终实现了以规模化、机械化、市场化、专业化和信息化为特征的现代化。

3. 尝试“因地制宜”地选择、创新乡村建设模式

在乡村建设模式上，前述主要国家基本上都形成了各自别具一格的模式。比如日本的“一村一品”模式、法国的乡村旅游模式、荷兰的土地整理模式、美国的小城镇建设模式以及加拿大的社会能力建设模式等，都是这些国家“因地制宜”地选择、创新乡村建设模式的结果。

二、乡村建设模式的“多样性”

以美丽乡村建设内容上的不同，本书将全球乡村建设实践的基本模式概括为如下三种类型：

（一）旨在缩小“城乡差距”的东亚乡村建设模式

东亚乡村建设模式以缩小“城乡差距”为使命，以振兴乡村为目的。其中，日本的“造村运动”着力培植乡村的产业特色、人文魅力和内生动力，强调对乡村资源的综合化、多目标和高效益开发，以创造乡村的独特魅力和地方优势。“造村运动”中最具代表性的是1979年大分县知事平松守彦提出的“一村一品”运动。韩国的“新村运动”同样是为了改变20世纪60年代韩国农业落后和城乡差距大的不足，其内容主要是改善落后的农民生产生活条件和基础硬件设施，如草屋顶改造、道路硬化、供水设施建设、架设桥梁、整理农地、开发农业用水等。

（二）维持“城乡均衡发展”的西欧乡村建设模式

与东亚不同，西欧的城市和乡村发展处在相对平衡的状态，因此西欧的乡村建设任务更多地将精力放在乡村生态保护、景观环境、文化条件改善等方面。在西欧，德国的农业发达、机械化水平高，在“村庄更新”实施时，其城镇化水平已经达到60%左右，因此德国的乡村更新目标主要是向乡村可持续发展迈进。同样，西欧的荷兰在推出“农地整理”计划时，城乡人口矛盾并不突出，实际上，“二战”后荷兰城镇化的重大任务是努力保护周边乡村农地经营的规模化和完整性以实现农业的结构调整，因此“农地整理”计划的任务一目了然，即提高土地利用率。其他几个国家，比如瑞士、法国的乡村建设背景和任务与德国和荷兰基本类似。

（三）围绕“小城镇建设”的北美乡村建设模式

与西欧不同，北美地区较早就实现了现代化，但其城市和乡村的发展很不平衡。为此，美国和加拿大都采取了相应的振兴乡村规划。在这当中，美国的中小城镇建设最富代表性，实际上是承担大城市的人口分流任务，解决美国都市圈建设和城市带建设中出现的一系列“城市病”，以形成城乡一体化格局。美国“小城镇建设”的主要做法包括重视和加强城镇建设规划、以人为本、充分尊重和发扬当地的生活传统、最大限度地绿化和美化环境、发展特色城镇、形成差异化的局面等。在加拿大，新乡村建设运动以选择乡村社区能力建设的路径来振兴乡村也有其历史依据。从加拿大乡村建设实践来看，这一计划在缩小城乡居民间经济收入、社会福利及公共基础设施等方面的差异上发挥了很好的作用。

三、美丽乡村建设中“看得见的手”

全球美丽乡村建设的实践经验表明，作为一种特殊的公共产品，美丽乡村建设离不开政府作用的发挥。从西欧、北美、东亚和澳洲的乡村建设进程来看，要建设美丽乡村，政府需要在如下几个方面加强工作：

（一）清晰的政府定位，构建政府主导型乡村建设框架

作为一种特殊的治理类型，世界各地的美丽乡村建设都有一个共同特点，那就是政府在职能定位上比较清晰明确，包括中央政府在内的各级政府及其部门在美丽乡村建设中都处于主导地位，形成“自上而下”引导乡村建设的思路。在北美地区，加拿大通过实施《加拿大农村协作伙伴计划》，建立跨部门农业工作组、“农村对话”机制、“农村透镜”机制及直接资助农村发展项目等促进乡村复兴。东亚地区韩国的农村现代化建设也是以政府为主导展开的，政府从公共服务的提供、财政资金的支持、村庄建设的监管激励三大方面来引导新村运动。同样，日本政府也是通过“自上而下”的方式引导乡村建设的综合开发。

此外，国外政府通过包括建立农业协会、合作社、跨部门农业工作组、“农村对话”机制等各种途径努力促成非营利组织、居民、企业与政府之间的紧密合作，共同推动乡村发展，逐步形成“政府主导、多元参与”的格局，特别是农民作为农业发展主体的积极性被激发起来，农民在欧美地区乡村建设中的作用得到了有效发挥。

（二）政府规划先行

乡村建设和城市建设都需要政府的统一规划。国外成功的乡村建设，政府往往是农村发展和农村社区规划的重要推进者，并且注重自然资源、生态以及农业用地的保护。比如，北美地区的美国和加拿大，在住宅用地标准、基础设施和公共开放空间标准、机构单位用地标准、农业和商业用地标准、自然环境的保护等方面都有详尽的规划。

（三）政府提供政策，确保制度实施

西欧、北美等地区的美丽乡村建设另一个值得借鉴的方面就是，好的政策与制度支持是乡村建设得以顺利开展的保证。以北美地区为例，在政策类型的选择上，北美地区的政策取向从20世纪20年代以前的自由放任不干预政策转向近年来全方位、多层次的直接干预政策。从北美两个主要国家的乡村建设实践来看，政府干预乡村发展的工具主要有政府拨款、直接贷款、信用担保、贷款贴息等。在东亚的乡村建设与开发上，韩国和日本都是先制定相应的政策法规，以保证乡村建设的有序进行。比如，20世纪90年代韩国政府制定的《农渔村发展特别措施法》和《农渔村整备法》，有效保证了预算计划和发展规划的顺利实施。乡村运动之初，日本政府就先后创设了综合资金制度、农业人口养老金制度，并颁布了《农业基本法》、《农协法》等法律法规。此外，日本政府还制定了《孤岛振兴法》、《山区振兴法》、《过疏地域对策特别措施法》等法律法规。西欧为保护农业环境，《单一欧洲法令》在经济共同体条约中增加了环境保护的内容，《欧洲联盟条约》则把“关于环境领域的政策”列为共同政策之一。

（四）政府性资金引导乡村建设

虽然农村基础设施等的建设可以通过综合运用多样化的乡村建设方式展开，但政府性资金在农村基础设施建设中的作用不可忽视。实际上，政府性资金的有效运用往往是乡村建设取得成功的决定性因素。在东亚，韩国政府曾提供上百万亿韩元的物质支持和直接的资金援助以引导新村建设。同样，日本政府也力图在财政、金融、价格等方面对自耕农的小规模经营给予支持和保护。在北美地区的乡村建设资金投入方面，美国、加拿大两国坚持以政府投入为主的原则，同时政府介入公益事业，以项目管理为主，并且以农村社区为平台实行精细化管理。最后，美国、加拿大两国的政府性资金重在对农村公用设施建设的引导，而非全额援助，而且坚持有先有后的思想，优先援助农村社区迫切需要建设的项目。

第一章

北美乡村建设：传统向现代的“蜕变”

阅读想象—— 绿树村边合，青山郭外斜。开轩面场圃，把酒话桑麻。

阅读导引——这是唐朝诗人孟浩然在《过故人庄》这首诗里的四句诗。在这四句诗里，诗人描写了村庄边的“绿树”、“青山”，以及村庄里的人及其活动与周围自然景观融为一体时的和谐景象。

这首诗所描写的乡村图景具有一种独特的“意境”，这一意境与本章所选择的导读图片的意境，具有“时空穿越式”的契合。在这张图片中，现代化的乡村小镇被后面静谧的山峰所衬托，其中，活动着的人、规划统一的小镇与美丽的山峰构成了一幅和谐的景象。可以说，这些景象也是北美乡村建设所追求的目标。

在本章中，我们选择了北美地区的美国与加拿大这两个西方发达国家在美丽乡村建设中的实践经验。从总体上来看，北美地区乡村建设的基本思路是：实现乡村建设由“传统型”向“现代型”的转换。无论是美国的“乡村发展计划”、“大型化农场建设”，还是加拿大的“新乡村建设运动”与“乡村生活工程”都是旨在实现这一目标。但是我们也发现，北美国家在实现乡村现代化“蜕变”的过程中，大多数地方都保持了乡村及其人的活动与周围自然景观相得益彰的景象。

第一节　美国“乡村发展计划”与乡村政策

一、美国的“乡村发展计划”

（一）美国乡村的定义

同所有其他国家一样，美国的经济发展也是从农业起步的。在过去的百年间，美国从一个农业国转变为一个有 3/4 人口居住在城市，其乡村地区有 2 500 个县，人口达到 5 000 万人，覆盖了 75%的国土。但是在美国，我们通常所说的乡村并非传统意义上的农村和乡下，美国是按照人口的密度来划分城镇和乡村的。根据美国联邦政府管理和预算办公室的定义：拥有 5 万人的城镇中心县和其周边地区县被称作城镇地区，其余地区均为非城镇地区。这些非城镇地区也就是美国人通常所说的乡村地区，而美国政府的各项乡村发展计划都是根据该定义来界定乡村地区和城镇地区的。

（二）美国“乡村发展计划”提出的背景

不同地域的乡村地区，其地理条件、人口密度、经济发展和社会财富方面的差异较大。虽然，今天的美国乡村已经基本实现了农业生产和人民生活的现代化，并且在不断发展和进步，但是与美国的城镇地区相比，仍然存在着贫困率高、收入低、就业率低、受教育水平低、医疗条件差、人口不断减少等问题。

1. 人口的变化——乡村地区经济和社会发展的“晴雨表”

从美国整个乡村地区看，近十几年来人口一直呈现上升趋势，美国农村人口约为 5 000 万人，占总人口的 17%左右。与此同时，美国总人口增速虽然明显快于农村人口，但根据美国人口普查局数据显示，2000—2010 年美国总人口增长 9.7%，明显低于 1990—2000 年间 13.2%的增速。这也是 20 世纪 30 年代以来美国人口增速最低的 10 年。通过分析美国乡村的人口变化状况可以看出其存在的问题：① 10 年间美国农村人口仅增长 220 万人，增幅约 4%，远低于同期城镇人口 11%的增幅；②美国乡村人口的增长中，国际移民对人口增长的贡献率

图 1-1　即使在偏远乡村也没有见到污水横流、垃圾遍地的现象

达到 1/3，特别是美国中西部地区，人口的增长主要是靠国外移民向这些地区的迁移，国际移民已经成为美国乡村地区人口增长的动力；③在人口的增长中主要是以西班牙裔的白种人和亚裔为主，而非西班牙裔的白种人和黑种人的人口都呈现了急剧下降的趋势；④那些仍然以农业为主业的乡村地区普遍存在着人口下降的现象，特别是年轻的劳动力纷纷外移，使这些地区人口老龄化明显，地区的经济和社会发展正在逐渐丧失青春的活力。

2. 就业率——衡量地区经济和社会发展的重要指标

根据美国官方的最近统计数据看，美国的乡村地区和城镇地区的就业水平相差无几。自从 1999 年至今，乡村地区就业人口的增长率为 1%，城镇地区为 1.2%。2004—2005 年，美国乡村地区的就业人口增长了 1.4%，总数达 32.9 万人，而同期城镇地区的就业人口增加了 212 万，增长了 1.8%。2005 年，无论是乡村还是城镇地区的失业率都下降到 2001 年以来的最低点，乡村地区的失业率为 5.4%，城镇地区的失业率为 5.0%。就业率增长最快的是西部地区。2005 年，城镇和乡村地区的失业率都出现了下降，分别为 5% 和 5.4%。城镇和乡村地区工作年龄（25 ～ 54 岁）人口的就业率相差无几，分别是 79.4% 和 78.7%。但值得注意的是，不同乡村地区就业状况相差较大。2004—2005 年，34% 的乡村区县就业率出现滑坡，46% 的县就业率低于 2000 年的就业率。另外，官方对就业率的统计当中往往把那些有工作做而不去工作的工人和从事临时工作的人都算作就业。如果把这些人算作失业，则乡村地区的失业率将达到 9.6%，而城镇地区将达到 8.8%。在美国的乡村地区，黑种人的失业率较高，达到 12.1%，西班牙裔的失业率为 6.1%，16 ～ 19 岁人群中的失业率达到 16.9%，这一点与城镇地区的状况相似。

3. 收入差距——地区经济和社会发展差异的直接体现

2004 年乡村地区人均收入为 25 104 美元，城镇地区为 34 668 美元。乡村比城镇低 27%。这种比例经常上下浮动。1990 年为 28.5%，2000 年为 30.1%。乡村地区平均每个工作岗位的收入水平是衡量其经济发展的重要指标。2004 年，乡村地区非农业工作岗位的平均收入是 31 582 美元，同期城镇地区的收入是 47 162 美元。这一差距还有不断发展和扩大的趋势。1979 年乡村地区的平均收入是城镇地区的 81%，到 2004 年下降到了 67%。在这些差距中，值得关注的往往是技术含量高、受教育程度要求高的岗位，城乡之间的差距更加明显。例如，在金融和保险行业，乡村地区的收入只是城镇的 43%，信息服务业是 45%，专业技术领域的工人是 50%。比较具有可比性的行业是运输和仓储 80% 、零售 75%、饭店和餐饮 73%。但也有人认为，这些差异并没有考虑生活成本的差异，乡村地区的生活成本与城镇相比具有优越性。如果考虑这些生活成本上的差别，乡村与城镇地区的收入差异将变得不足为怪。

4. 美国的乡村地区在能源消费、通讯服务、医疗条件方面都落后于城镇地区

近几年来，能源价格的上涨对美国乡村地区产生了不小的影响，因为乡村地区的居民与城镇居民相比更需要私人交通工具，平均行驶距离更长。据统计，乡村居民的汽油消耗比城镇居民多 40%，行驶距离比城镇居民长 33%。另外，乡村居民的交通工具的燃油效率也普遍低于城镇居民的交通工具，乡村地区为 19.5%，而城镇为 20.5%。能源价格的上涨对美国内粮食的市场价格影响较大，因为美国国内的运输主要靠汽车。

（三）美国乡村发展计划的目标

发展乡村经济、缩小城乡差别是美国各级政府关注的重点和奋斗的目标。美国乡村发展计划提出的目标有两个：①以社会为基础资助乡村社区的建设和改善低收入乡村地区居民的生活；②以市场为基础支持乡村地区的经济发展。美国农业部制定的乡村发展计划涵盖内容相当广泛，几乎包括乡村社区建设的各个行业，包括：房屋建设、社区供水和废水处理、金融服务、发电供电、可再生能源发展、自然资源保护、农业新产品的研发，以及通讯和因特网的普及等。该计划主要是通过提供拨款、贷款、贷款保证、技术支持和开展研发等手段来支持乡村地区的社区建设和经济发展。

（四）参与和执行乡村发展计划的机构

美国农业管理机构起源于 19 世纪 20 年代。最初，农业相关事务由众议院和参议院分别成立农业委员会来管理。1839 年国会在专利局下设农业处，主要负责收集农业统计资料。1862 年，林肯总统批准组建美国农业部 (USDA)，最初职能主要是科学研究和信息提供。

1889 年 USDA 在内阁获得席位。随着经济的发展，机构设置出现很大程度的演变，USDA 职能也发生了重大变化，从主要负责科研和提供统计数据逐渐成为管理各项农业计划的政府机构，综合管理食品与营养、农业、农村发展、自然资源和环境、科研、教育、推广及其他相关事务。图 1-2 中的 19 个直属机构均下设若干职能机构，分别负责各计划的具体实施和管理。

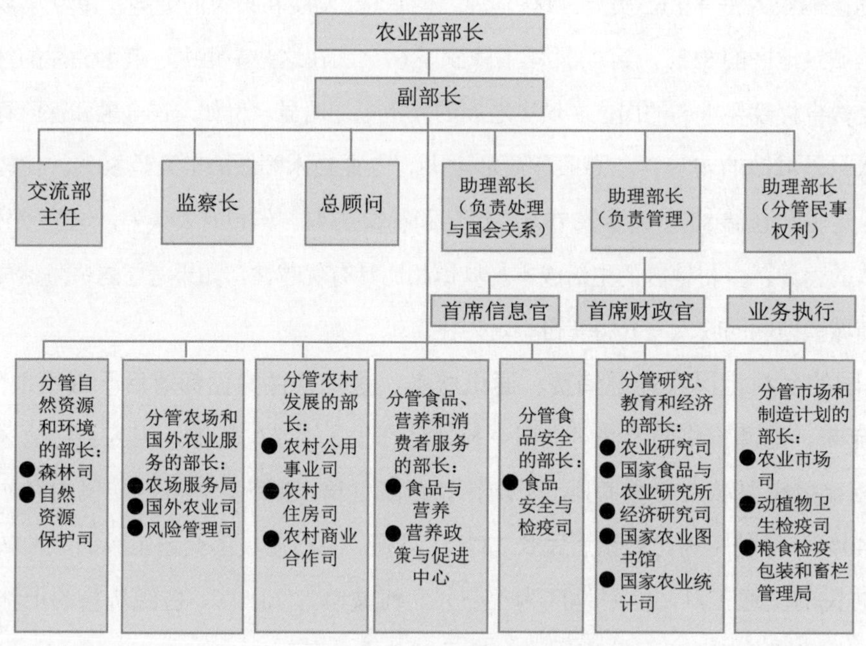

图 1-2 美国农业部组织机构
资料来源：美国农业部网站

二、美国农业政策的发展

美国自建国以来的农业政策发展，大抵可分作两大阶段：20 世纪 20 年代以前，美国政府对农产品市场基本采取自由放任不干预的政策，但通过对经济基础的投资促进农业的发展；自 20 世纪 30 年代以来，美国政府通过财政补贴等手段，直接干预农产品市场。

（一）自由放任与促进农业发展的政策

同所有其他国家一样，美国的经济发展也是从农业起步的。早期殖民地各州，无不以生产出口农产品和原材料为其经济命脉。从南北战争到 20 世纪 20 年代，美国政府对农产品市场价格的波动涨落采取了不干预不介入的政策，但它并非全然消极无为，而是采取一系列投资政策，间接或直接地促进了美国农业的发展。

首先，联邦政府以及许多州政府对运河和铁路的大力投资，大大降低了农产品的运输成本。南北战争后美国农产品出口的增加，在很大程度上得益于运输成本降低，从而提升了美国农产品在欧洲市场上的竞争力。

其次，从 1862 年起，联邦政府开始实行一系列专门针对农业发展的政策措施。1862 年，林肯总统签署了赠地大学法案（The Land-Grant College Act）和宅地法案。前一法案规定联邦政府向各州无偿赠送国有土地，各州必须利用所得土地及其收益建设以农学和工学为主科的大学。后一法案则规定，凡连续耕种国有土地 5 年的农户，只需缴纳规定的证件费即可获得 160 英亩（1 英亩＝ 0.004 047 平方公里）国有土地的所有权。同年，美国农业部成立。1987 年，美国国会通过法律，在各州建立由联邦政府出资建设运营的农业试验站。在 1862 年之后的 30 年里，美国农业部的支出以年均 13.2% 的速度增长。

（二）财政补贴与直接干预农业的政策

尽管有上述种种政府的支农措施，南北战争之后的美国农业发展一直是在起伏不定的状态中进行的。尤其在第一次世界大战与大萧条期间，美国农业遭遇到前所未有的大起大落局面。在“一战”初期，美国农业的总纯收入为36亿美元，到1919年达93亿美元，但仅在两年后收入便陡降至37亿美元。此后，在20年代农业收入逐步升至61亿美元，但到大萧条的1932年再度跌至19亿美元。1932年，农业仍雇用1/4的美国劳动力，但在已大大减少的国民收入中，农业仅占7%左右。不少债台高筑陷入贫困的农民铤而走险，或截堵运往城市的粮食，或聚众闹事、暴力抗法、威胁执法者的人身安全等。

导致农业危机的直接原因是农产品价格大幅度下跌。救助农业是罗斯福新政的主要任务之一。罗斯福政府农业政策的核心是通过政府干预来控制农产品价格，以避免谷贱伤农。为达到此目的政府采取了一系列措施。①鼓励农民撂荒部分耕地（休耕），政府予以货币补偿。此措施意在减少农产品供给，抬升农产品价格。②政府贷款价格支持制度。具体做法是，任何农户在谷物收获之后可将它们封存入仓，然后以谷物为抵押向联邦政府农业部管辖下的商品信贷公司贷款，由政府规定每一单位的谷物值多少贷款（贷款价格）。一笔商品信贷公司贷款的数额等于封存谷物的数量与贷款价格的乘积。如果谷物价格上升至大于贷款价格的水平，农户可将它们出售，以现金偿还贷款。如果价格未升至大于贷款价格的水平，农户则可用抵押的谷物偿还贷款。农户自愿参加政府的贷款价格支持体系，但凡参加此体系者必须与政府签订休耕合同。换句话说，唯有与政府签订休耕合同者，方可享受政府贷款价格支持的待遇。

案例 1-1：哈奔歧尔德农场——资源的循环利用

这个家庭农场有5口人，经营了400公顷耕地，其中280公顷耕地种玉米，120公顷种苜蓿，养牛800头。从建农场时就考虑到保护环境和持续发展的问题；种植的玉米全部用于青贮喂牛；牛粪尿通过沼气池发酵处理，沼液、沼渣作为有机肥施于农田，沼气用于发电；电除了满足自用外，有一半卖给了电力公司，每月的卖电收入就有3 000美元；把冷却牛奶的冷却水用来冲洗牛舍，废水排到沼气池又被利用。这样一个良好的生态循环，既解决了牲畜粪便的臭味和污染问题，又解决了农田的用肥问题，保护了生活环境。农场主努力使资源能够得到多次利用，以减少浪费、节约能源、保护环境、增加收入。

从30年代到60年代中叶，由商品信贷公司实施的农产品价格支持制度一直是美国农业政策的中坚。政府贷款价格事实上成为农产品的“盆底”价格，它起到了支持农产品价格的作用。从20世纪70年代起，美国政府放弃农产品价格支持的政策，取而代之的是直接向农户发放现金补贴。其具体做法大体是，政府每年设定农产品目标价格，按市场价格小于目标价格的差额，向农户支付现金补助。

1996年，克林顿总统签署《联邦农业改进和改革法》（又称《农业自由法》），首次从法律上把政府对农业的支持和补贴同农产品价格脱钩。该法案规定，1996—2002年，政府逐年向农民支付的现金补助将固定不变，不再受农产品价格变动的影响。美国政府自20世纪30年代新政以来对农业持续不断的支持和补贴，是决定“二战”后美国农业发展最重要的因素之一。政府的农业政策保证农民有较高的稳定收入，从而使他们有信心投资农业新技术，如杂交品种、大型机械和化肥农药。农业政策奖励高度专业化、资本密集的农业生产方式，因为这种方式能够大幅度地增加农产品产量，而农户生产的农产品越多则其获得的政府补贴也越多。

三、美国乡村建设的成效

2005年乡村发展计划中的商业发展项目计划，通过促进乡村社区商业的发展创造了73 000个新的工作岗位，扶植和支持了12 000个商业项目；电力发展计划批准了111个乡村地区电力传输、发电的贷款项目，这些项目使195 000个新用户获得了电力，改进了240万个消费者的用电条件；供水和废水处理项目计划，通过资助乡村地区的供水和废水处理项目造福了100万个用户。

乡村农场

四、美国乡村发展计划的精髓

（一）立法为乡村提供发展机会

美国缩小城乡发展机遇差别的主要途径在于，城乡居民接受教育特别是高等教育的机会平等。比如，美国20世纪实施的《平权法》和得克萨斯州人21世纪初实施的《前百分之十法》规定：高中毕业生只要其综合成绩进入本校排名前10%，得克萨斯州境内的名牌大学就必须录取，这使非重点高中的毕业生也有机会进入名牌大学。这样确保黑种人等少数族裔，特别是中低收入家庭的子女，有机会享受优质的高等教育。

再如，各州在消费税(州政府的主要收入来源)上向城郊和农村地区倾斜。在加利福尼亚等较为发达的州，消费税率为9.25%，而在相对落后的内陆州，消费税率仅为6%左右。这样，不少发达州的居民不惜舍近求远，到内陆州采购同样质量标准的大宗消费品，促使消费机会向内陆州扩散。即便在同一个州，也会出现类似效应。不少休斯敦市民到远郊和农村连锁店采购汽车等大宗耐用品，实际上把消费和发展的机会送给了远郊和农村。

通过适时立法监管，美国在制度设置方面为缩小城乡差别打下基础。如今，郊区和乡村的信息、医疗、保险、养老等服务标准同城市完全一样。加上郊区和乡村房地产价格便宜，交通不拥挤，生态环境更宜人，在这里创业总体费效比优于城中心区。

图1-3 乡村一角

（二）政府注重帮扶小企业

美国地方政府对小企业实施帮助和扶持的政策，对大企业则基本不管，这样做主要是基于以下一些考虑：

（1）美国的大企业差不多都是跨国公司，发展得比较完善，在国内外市场上已经处于优势甚至强势，不需要政府的帮助和扶持。2007—2008年金融危机时政府出手相助属于特殊情况。

图1-4 昆虫避难所播种机

（2）美国的小企业不可能独自拥有完善的信息渠道、先进的研发能力和通畅的销售网络，需要政府有关部门提供帮助和扶持。

（3）美国的劳动大军大多数受雇于小企业，小企业的发展对降低失业率的贡献远远大于跨国公司。

（4）美国的小企业大多设在城郊或乡村，小企业的蓬勃发展有助于缩小城乡发展差距。大部分的州政府以及官员大部分时间都是在为小企业奔波。

当然，美国远郊和乡村也在利用自身的资源优势吸引城市企业前来投资和经营。比如，美国农场主拥有大量土地，一些农场以土地为资本参与现代化和城市化进程，不少早期的庄园主因此而成为资本家或实业家。

五、美国乡村发展计划对中国乡村建设的启示

（一）视农村城市化为系统工程

美国在工业化、城市化过程中，农工关系比较协调，农业发展一直比较顺利，为城市化提供了条件。在产业选择上，先发展轻工业，后发展重工业，霍夫曼比例系数不断下降，这种产业演进的顺序有利于最大限度地吸收农村劳动力。在内生城市化与外生城市化的关系上，美国也比较平衡，科学技术、交通运输的发展为城市化奠定了基础，外来移民、外来技术也

起了一定的作用。

我国是一个后发城市化国家，农村城市化滞后，既有农业、农村方面的原因，又有城市本身的原因；既有生产力方面的原因，又有生产关系、上层建筑方面的原因；既有宏观的原因，又有微观的原因；既有产业发展的原因，又有制度建设的原因，只有从各方面形成一整套配套改革措施，才能推动农村城市化的快速发展。

（二）在选择城镇化道路时要重视市场的作用

美国是典型的市场经济国家，城镇发展走集中或分散的道路主要靠市场的力量。20 世纪 50 年代前，规模效益、聚集效益使美国城市化走了非均衡的发展道路，即选择有发展潜力的城市和地区作为突破口，进行密集投资，进而促进周围地区的快速增长，美国东北部城市带的形成就是这种模式长期发展的结果。50 年代后，由于大中城市规模急剧膨胀，城市生存环境恶化，城市发展开始分散化，边缘城市、新城不断出现。美国是一个地方自治的国家，只要财政可以自理就可建镇，小城镇数量较多，目前小城镇达 2 万多个，小城镇的发展更多地靠市场的力量来配置。

我国城镇受计划经济及城乡长期分割管理的影响，城镇数量也较多，但规模小，绝大多数城镇辐射能力弱，对区域经济带动作用小，从发展阶段和经济效益来看，我国目前应走集中城市化道路，积极发展中心城市，有重点地发展一些中心镇。

（三）促进农业经营的现代化

美国农业之所以为城镇化提供了条件，同其农业规模经营有关，美国在工业化、城市化过程中，农业劳动力转移速度较快，促进了农业规模经营的发展，规模经营的发展又大大地提高了农业劳动生产率。1920 年美国农业人口总数为 3 197 万，占全国人口的 30%，1988 年下降为 495 万，占全国人口的 2%；同期农场总数由 652 万个减少为 216 万个，农场平均规模从 60 公顷扩大到 180 公顷。农业规模的扩大为农场主的增收及农业持续发展创造了条件。另一方面，美国农业工业化也促进了农业发展。从 20 世纪 50 年代起，美国就非常重视农产品产后的加工、运输、贮存、销售等工作，80 年代，美国农产品加工业的产值占工业总产值的 1/4 左右，美国农村劳动力 20% 用于产前、10% 用于产中、70% 用于产后。农业工业化对农业现代化功不可没。

从我国实际情况看，我国农业生产超小规模经营，乡镇企业的快速发展并没有解决小规模问题，在新一轮推动农村城镇化的过程中一定要促进乡镇企业向城镇集中，促进农业人口动态转移，促进农业规模的扩大和农业产业化的发展。

图 1-5 农贸市场

（四）注意控制耕地的非农化

美国耕地资源较富余，但美国仍通过总体规划、分区规划、发展许可等措施以控制城市规模的扩大，保护农用地。在美国，各级政府都非常重视农地的非农化问题，成立了专门机构制定了一系列政策。如 20 世纪 70 年代中期美国农业部恢复设立了“土地委员会”；在俄勒冈州，立法机构于 1973 年首次成立了“土地保护与发展委员会”。联邦政府、州政府和地方政府在其城市化发展的不同阶段，制定了一系列兼顾公平和效率的农地保护政策，以控制农地无限制地非农化。我国人口众多，土地资源十分稀缺，近年来随着城市化的加快，土地非农化流转速度惊人，给城乡社会发展带来十分不利的影响。

加入世贸组织（WTO）后，我国农业将处于竞争劣势的地位，农地经济效益将更加低下，在比较效益驱动下，若不严格控制，农地非农化趋势将不可遏制，将给我国粮食安全、农业可持续发展、环境保护带来难以估量的损害。 因此，在农村城市化的过程中一定要加强对土地资源的保护。

阅读看点

1. 美国“乡村发展计划”——目标是缩小城乡差别；精髓是从立法上为乡村提供发展机会。
2. 美国“农业政策”——特点有两个：建设乡村时重视市场的作用；注意控制耕地的“非农化”。

第二节　美国乡村公共产品供给中的“三位一体”机制

一、美国乡村公共产品供给现状

E. Savas 将公共服务的制度安排划分为 10 种具体形式：政府服务，政府出售，政府间协议，合同承包，特许经营，政府补助，凭单制，自由市场，志愿服务，自我服务。美国政府所提供的服务主要包括：①美国政府支持乡村社区基础设施建设；②扶持乡村经济和合作社发展；③促进乡村医疗等社会事业发展；④构建农业教育、科技研发和技术推广服务体系；⑤提供完善的农业生产销售服务；⑥支持贫困山区加快发展。在美国，由于城乡一体化程度较高，没有传统意义上的农村概念，与城市和城镇相对应的地区被称为乡村。美国政府一般将人口少于 1 万人的聚集区称为乡村地区。乡村地区的公共产品是指乡村社区所提供的满足公共需要的产品和服务，主要包括教育、医疗、社会保障、道路、桥梁、自来水、垃圾处理、水利基础设施、公共安全、水土和环境保护、农业技术推广、农业保险、农业生产生活设施建设融资服务等。美国是一个高度发达的工业化、市场化和城市化国家，具备很强的工业反哺农业、城市支持乡村的能力。长期以来，为保护农业发展和改善乡村生产生活条件，联邦议会每五年都要对乡村地区的公共发展问题专门进行辩论，通过相应议案制订促进乡村地区发展的法律，联邦和州政府都依法设立了农业管理机构，不断加大财政支持力度，建立了以政府服务为主导的乡村公共产品供给体系。

二、政府、非政府组织与乡村居民角色定位

美国乡村公共产品供给中存在着政府、非政府组织与乡村居民三个行为主体，他们在乡村公共产品供给中起着重要作用，并形成了所谓的三角机制（图 1-6）下面就详细介绍这三个行为主体。

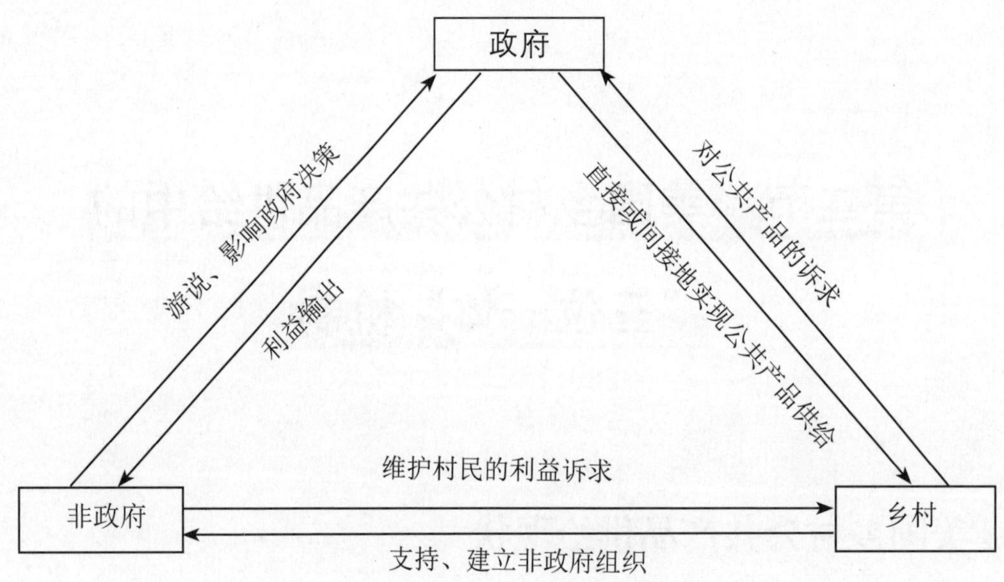

图 1-6 乡村公共产品供给的三角机制

（一）政府在乡村公共产品供给中的服务角色

作为一个典型的市场经济国家，美国政府并不直接干预农业生产，但是它却从各个方面为农业提供充足的公共产品，以创造良好的环境。①扶持乡村经济和合作社发展。为帮助农民进入市场和提供相关信息服务，美国联邦政府高度重视乡村经济和合作社发展，在联邦农业部设立了农村商业和合作社发展局，扶持手段主要是贷款、贷款担保、技术援助等，扶持

案例 1-2：加州农业厅——为农民促销

加利福尼亚州（以下简称“加州”）农业厅厅长河村告诉记者，加州农业厅的主要职能是为农场主提供服务与保护，帮助农场主推销农产品。州政府主要是做促销，并不能为农民提供直接的财政帮助。人们也许并不了解，美国所有的非计划作物如蔬菜、水果、果仁之类的种植与经营，都得不到联邦政府的财政补贴，无论大小农场主都需要靠销售、市场与其他产品竞争。河村说，加州农场主的收益主要看产品，而不在农场的规模大小，如有的种酿酒葡萄的农场，规模不大，但收益很好，种 5～10 英亩葡萄的农民，可能比种上千英亩小麦的农民收入要高。

在谈及对中小农场的扶持政策时，河村厅长表示，州政府对中小农场的扶持也主要是通过产品推销活动来体现。中小农场主可以向州政府申请帮助推销产品，例如不同的苹果、西红柿、桃子种植者都组成自己的行业协会，会员们分担市场调查、研究

对象主要是农业企业、专业合作社等组织，而非单个的农场主。②促进乡村医疗等社会事业发展。目前，美国一般民众的医疗保障通过商业保险等市场方式解决，政府只对65岁以上的老人、低收入群体、儿童和退役军人等提供医疗资助，以保证弱势群体也能享受到基本的医疗服务。③构建农业教育、科技研发和技术推广服务体系。资助农业科技研究、推广和培训是美国政府支持农业生产的重要手段。④提供完善的农业生产销售服务。提供农业生产销售服务是美国农业部门的一项主要职能，目的是保证农产品“从田间到餐桌”的及时性和安全性。

（二）非政府组织在乡村公共产品供给中的补充作用

美国非政府组织几乎遍布全国各地和所有行业，是除议会、政府、政党之外的第四大组织，规模庞大，种类繁多，在公共产品尤其是乡村公共产品的供给中发挥了重要的补充作用，主要体现在三个方面：支持乡村基础设施建设和相关事业发展、反映民众需求、辅助政府管理。美国乡村健康协会是美国关注乡村健康问题的专业协会，在华盛顿和密苏里州分别设有一个办公室，其中，华盛顿办公室主要负责协调与议会、总统办公室等方面的关系，游说联邦议会和政府制定有利于乡村居民健康的政策。马里兰乡村社区支持伙伴委员会是马里兰州一个重要的非政府组织，其活动宗旨是支持马里兰乡村的发展，在过去的5年中共向乡村社区投资约2 000万美元，经费来源主要是联邦农业部、州环境部和县市医疗部等政府部门以及社会捐赠。同时该组织还开展乡村建设项目的立项咨询、论证、评估等业务，将选出来的优秀项目推荐给政府，减轻了政府在项目评估等方面的压力。

及获取其他资讯所需的经费，这些钱都由果农们自己掏腰包负担。总体上，这是加州农场经济运作的基本状况，各行业协会或产品销售组织来发挥作用，这些协会都不是政府机构，而是私营团体，会员们自愿接受协会的评估，然后根据产量规模缴纳会员费，即可得到协会在市场调查或产品销售方面给予的支持。

在加州农业厅厅长河村看来，加利福尼亚的农、牧场主是最有远见的，他们在寻找新的更好的方式来生产高质量的食品与食物纤维，同时注意精心地保护环境。为此，加利福尼亚的农、牧场主们把传统的精耕细作与新技术结合在一起，这个独特的传统与创新的联姻，使得加州成为美国最高产的农业州。这位厅长颇为自豪地表示，1987年以来，加州农业厅致力于保护与促进加州的农业发展，为美国民众提供最优质的服务，鼓励农牧业和农业商贸事业，同时保护消费者和自然资源。

（三）乡村居民积极参与公共产品供给

在市场经济理念的引导下，美国乡村居民承担了部分受益范围较小的乡村公共产品供给责任。美国乡村地区公共产品供给体系高效运转的基础是健全的公共需求表达机制。在美国，乡村社区居民反映公共需求的途径主要有五个：①选举，以投票的方式选举符合自己公共利益的行政长官，并通过其施政满足乡村公共需求；②直接向议员反映，通过议员提出立法需求或向政府施压；③通过非政府组织游说议会立法或争取政府资金支持；④直接向有关部门提出意见和建议；⑤“以脚投票”，即民众对自己生活的地方不满意，则选择搬迁到能满足自身需求的地方居住。这些途径都客观、直接地反映了乡村居民的公共需求，成为政府制定支持乡村地区发展、提高公共产品供给水平的主要依据。

三、“三角机制”的成效、特色及其启示

在长期的经济社会发展实践中，美国已经建立了一套政府、非政府组织与村民共同参与的乡村公共产品供给体系，对保障农业可持续发展和维护乡村地区居民的公共权益等发挥了基础性作用。

（一）建立农村公共产品的多元参与机制

美国的经验是：政府高度重视农业发展和乡村地区公共产品的供给问题，以财政资金为

案例 1-3：美国政府——支持贫困山区加快发展

美国阿巴拉契亚地区乡村所占比例大，是典型的落后山区，长期以来，农业生产和经济社会发展相对滞后。20 世纪 60 年代中期，为支持阿巴拉契亚山区发展，美国联邦政府与相关 13 个州政府合作成立了阿巴拉契亚山区委员会，共同研究制定振兴规划，重点在以下方面给予支持：开展水、电、路等基础设施建设，促进教育、人力资源等开发和自主创业，提升地方和社区管理能力，发展乡村医疗卫生，等等。该委员会运作 40 多年来取得了显著成效：贫困率已从刚成立时的 31.1% 降至 2006 年的 13.6%；高中以上学历人口比例从 45% 增至 2007 年的 77%；人均收入占全国人均收入的比例从 78% 提高至 2005 年的 85%；就业率增加了 67%。

引导，通过财政奖补、直接贷款、信用担保、贷款贴息等多种手段，全方位、多层次地介入农业和乡村发展，提供农业基础研究、生产技术、销售、融资等方面的服务，支持乡村基础设施建设，并在其中发挥主导作用。因此，我国在解决“三农”问题的过程中，应重点解决城乡二元体制问题，继续坚持“多予、少取、放活”的方针和“以城带乡、以工促农”的方略，建立健全增加“三农”投入的引导机制和政策体系，形成全社会支农惠农的合力。通过创新农村公共产品供给机制，吸引更多的社会资金投入农村，构建农村公共产品的多元参与机制。具体来说：

（1）坚持纯公共产品由政府投入。各级政府合理调整事权和财力分配，分阶段、分步骤实现纯公共产品的政府供给，扩大公共财政覆盖农村的范围，逐步实现城乡公共服务的均等化。

（2）准公共产品实施混合供给制度。在供给模式上积极创新，放宽价格管制，给予财政奖补、贷款贴息等优惠政策，鼓励营利性组织和农民个人参与建设。坚持科学规划，引入社会中介组织开展准公共产品供给的设计论证、工程监理和绩效评估。

（3）建立政府与民间盈利组织的合作伙伴关系，可探索采用（建设—运营—转让）BOT、（公共—私人—伙伴）PPP 等多种经营模式，引导社会力量提供农村公共产品。

（二）积极发挥非政府组织在农业和农村发展中的作用

美国的非政府组织贴近民众，了解民众需求，有广泛的民众参与性，在现代市场经济条件下，不仅能有效弥补政府履行公共职能的不足，还能充分反映民众的需求，增强民众的公共意识和社会责任感，调动其发展乡村公益事业的积极性，因此得到了政府、企业和广大民

山区农业发展

众的广泛认可和支持。由于历史等多方面的原因，我国非政府组织总体发展滞后，在农村地区公共产品的供给中难以给政府提供相应的补充和支持，也在一定程度上影响农民发展公益事业的积极性。对此，我国应结合国情积极借鉴美国的有益经验和做法，加大支持力度，构建多层次、多功能、广覆盖的农村各类经济合作组织，充分发挥它们在农村经济社会发展中的作用。

（三）打造农村地区公共产品供给终端

在美国乡村，社区是最基层、最贴近民众的社会管理单位，是广大民众活动的基本场所。在社区中，实行公民自治，政府一般不干预社区管理，主要负责制定社区发展规划，提供财政支持，并对社区运行进行监督。此外，美国联邦政府成立了专门机构，以社区为单位向民众提供包括医疗设施、住房等基本的公共服务。我国村庄数量大、规模小、布局分散，村民自我管理的意识和能力较弱，村内公益设施建设相对滞后、使用效率较低。借鉴美国经验，我国要尊重农民意愿，加快传统村庄和“空心村”的改造，开发土地聚集功能，建设现代农村社区，为提供公共产品、统筹城乡发展和开展新农村建设提供平台。

案例 1–4：美国农业协会——搭起农户与国家之间的桥梁

美国农业协会历史悠久，是一个农民自发组织，成立于 1919 年，至今已有近 100 年的历史。现有 600 万名会员，主要是农民（全国有 80% 的个体农民参加协会）和与农业有关或对农业感兴趣的小型生产商或个人。协会分联邦、州、市（镇、郡）三级。协会工作体现出相当强的主动性和灵活性。其主要职责是：通过遍及全国各州的协会收集会员意见、建议，每年 1 月召开年会，制定相应的代表多数农户意愿的政策，如农业税收、环境保护、政府投入等，并代表农户与国家打交道。协会是非政府组成部门，政府只负责产业政策导向和市场环境建设，而不参与协会的组建、人员的安排和经费的资助。美国联邦政府只从税收上进行管理，其他政府部门对行业协会等社团无管理权，只有资助或不资助的权利。协会无政府经费资助，日常开销依靠会员缴纳的会费。农业协会规模很大，比如在伊利诺伊州，农业协会现有 102 个分会，40 万名会员。农业协会有 7 个附属的独立的合作企业，其中草原农场、保险公司、信用合作社规模较大，效益很好。

案例 1–5：农村合作社——为农民谋利

美国农村合作经济迄今已经有 180 年左右的发展历史。美国是以家庭农场作为基本的农业生产单位。合作社由它的全体社员所拥有，其目的是为社员谋取共同的经济利益，由社员民主管理，是一种非营利性的组织，主要为社员服务，对非社员的服务不得超过服务总量的 50%。这些条件基本上体现了国际上通行的合作社原则。美国目前有农业合作社 3 800 多个，其中包括供销合作社、信用合作社和其他类型的合作社，入社会员为 400 万人，每 6 个农场主就有 5 个参加各种形式的合作社，年营业额 2 500 万美元。美国的农场主合作社按合作内容，可分为销售合作社、供给合作社、其他服务合作社及信贷合作社等。实际上大多数合作社兼营供、销和提供有关服务业务，因此前三类合作社无法严格分开。美国现有的近 4 000 个合作社中，如果按供应、销售和有关服务的营业额占本社营业总额的 50% 以上划分标准，其中 52% 是销售合作社，36% 是供给合作社，其他服务合作社占 12%。20 世纪 90 年代美国还出现了一种被称作“新一代合作社”的模式。这种合作社最早出现在美国北达科他州，后来迅速发展到明尼苏达、威斯康星、加利福尼亚、南达科他等州。所谓“新一代合作社”具有以下一些制度特征：传统合作社往往是以销售初级农产品为主，而新一代合作社是以创造农产品附加值为主要战略，因此农民的销售收入在消费者购买农产品的支付账单中的比例由原来的 30% 提高到了 61%，从而也大大提高了合作社对农民的吸引力。

案例 1–6：乡村居民——通过游说、选举维护自身利益

乡村居民借助农民政治组织，通过各种途径，采取各种策略游说政府，提出要求，同时也为政府的政策制定提供相关技术支持和有针对性的信息咨询。他们积极向农业部门进行利益诉求，同时也以极大的热情努力配合农业部门向国会施加压力，以求政策上的倾斜和农业拨款的增加。由于美国国会两院的农业委员会的议员大多来自农业州或农业生产集中地区，他们中的大多数成员对农民政治组织表示同情，多年来也一直表现出为农业利益集团服务的倾向，虽然在涉及农民利益的一些政策制定方面，不一定都能很好地照顾到农民的利益，但在纯粹的农业政策方面，大多还是有益于农民的。20 世纪 80 年代，由于农业利益集团的游说，联邦政府帮助农民的财政支出总计每年达

到近260亿美元，其中大笔资金为农产品的价格补贴。美国国内的政治家对农业政策的关心一部分是由于农业作为基础产业所具有的重要地位，另一部分则是出于对一个强大而独立的自由农场主国家的想法存在着不现实的依恋之情，还有一部分则毫无疑问地出于实用主义的政治需要。美国的农场主并没有真正投靠任何政党，而且在历史上他们为达到目的常常在两党之间摇摆不定，因为农场主未能在80年代经济迅速发展中得到好处，以致1986年农场主的选票使民主党成功地重新控制参议院的席位。比如一个对美国国会关于烟草管制法案投票情况的研究表明：美国烟草种植者和卷烟企业的选举捐赠与国会对烟草管制法案的投票情况有紧密联系。

阅读看点

1. “三角机制”——指在乡村公共产品供给与公共服务的提供中，由政府、非政府组织与乡村居民共同参与的制度。
2. 美国“农业协会”——在整体国家与个体农民之间建立联系，是一个农民自发的组织，其主要的功能是维护农民的合法利益。

第三节　美国农场的“大型化”引领乡村的“现代化”

一、美国农场的大型化与现代化之路

从 19 世纪至今，美国农场的发展经历了从以家庭农场为主要单位的独立耕作到以大型化和现代化为特征的现代农场经营，农场的大型化与现代化是相互支撑、相互促进的。美国农场的大型化与现代化发展的主要特征有规模化、机械化、市场化、专业化和信息化。

（一）规模化

美国农场的规模化可以从“二战”后美国农场的数量以及规模的变化中看出。1945 年农场总数目 596.7 万家，1998 年锐减到 219.2 万家，再下降到 2006 年的 209 万家，而农场用地面积从 1945 年的 191 英亩增长到 1998 年的 435 英亩，扩大了 127.7%。自“二战”以来，这种变动的趋势是：小型农场的比重有所下降，中型农场的比重基本稳定，而大型农场的比重迅速增加。在农场的变动中，小农场是各类农场中减幅较大的部分，以下四组数据基本上反映了这一变动：

1950—1998 年，年销售额在 2 万美元以下的农场减少了 19%，年销售额在 1 万美元以下的农场减少了 62%，年销售额在 2 500 美元以下的农场减少了 80%。同时，这也充分说明了小农场在竞争中越来越处于不利地位，原因主要在于农业生产成本和农场债务负担日益上升。所以，目前兼业现象在小农场中仍具有相当的普遍性。中型农场在激烈的竞争中表现比较稳定，它不像小农场那样生存困难，也不像大农场那样优势明显，从比重上来看它是高于大农场的。这表明，中型农场仍是普遍存在的农业生产经营组织，是具有规模经济效益的。从经济学角度来看，当规模达到一定程度后，会出现规模收益递减。与大型农场相比，中型农场的固定成本在农业总成本中的比重要小，在人工成本方面，中型农场更加有利于管理，其投入产出比率或许会更高。因此，大多数人认为中型农场是非常有效率的。大型农场比重增长的根源在于它具有效率优势，它们往往在使用机械设备、提高劳动生产率、抵抗农业危机和承受农场债务方面明显优于中小农场。

（二）机械化

农业生产机械化是农业现代化的一项重要内容和衡量指标。美国农业的机械化发展历程可以大致分为两个阶段：

第一阶段是半机械化阶段，这是以人力和畜力驱动、按机械原理设计制造的改良农机具取代传统农具的过程，是农业机械化的初始阶段。

第二阶段主要是田间作业机械化阶段，是以电力驱动的大型现代农机具代替非机械动力农机具的过程，是机械化的完善阶段。

美国自20世纪40年代基本实现农业机械化以来，机械化水平不断提高。目前拥有各种型号的拖拉机500万台左右，大多在73.5千瓦以上，最高达276千瓦；各种联合收割机150万台；农业生产过程中的深松机械、整地机械、播种机械、植保机械、联合作业机械配套齐全；畜产品生产过程中的饲料粉碎机、挤奶机、牛奶保鲜加工成套设备已广泛应用；节水农业中的沟灌、喷灌、滴灌已成为农业生产中所必须掌握的技术；现代化的激光、计算机、声控等高新技术已在农业机械化上大量采用。当前美国已经进入全盘机械化、自动化的阶段。

图1-7　个人耕种的大农场

图 1-8　飞机正在喷洒农药

（三）市场化

1985 年《食物安全法》的颁布标志着美国现代农业法案时期的开始，农业政策开始向市场化方向调整。主要表现在以下几个方面：

（1）《食物安全法》采取较低的价格支持措施，从而减少农产品储备和休耕地，提高农产品出口竞争力。

（2）开始采用市场手段实施“销售贷款补贴”，以解决国家农产品的储备问题。这一办法从稻谷和棉花开始，如果市场价格低于“贷款率”，农民不用像过去那样把稻谷和棉花按“贷款率”这个价格卖给政府来还贷，而是直接从政府那里获得补贴，相当于用现金支付替代了过去的政府储备。1990 年的《食物、农业、保育和贸易法》进一步把这一做法扩展到粮食和油料作物。

（3）《食物安全法》不再依据当年的实际种植情况来确定补贴。政府支付补贴依据预先确定好的计划内项目农作物的“基数”面积，它同农民当年实际生产的产品无关。这样就减少了对市场的干预，农场主也获得了更多的种植选择权。

（4）《食物安全法》扩大了休耕保育计划。

（5）1990 年的法案在继承 1985 年法案的基础上，降低了法案的预算，减少了价格支持。实际上，美国农业的市场化把农业抛向市场的同时也削减了政府对农业的补贴，使政府尽量少干预农业，让农场主主要依靠农业保险的形式来规避市场化风险。

（四）专业化

农业专业化包括种植业和畜牧业的布局专业化。在美国的 50 个州中，近 10 年来没有一个州全部种植纳入美国统计的 7 种主要农作物，有 5 个州只种植了一种农作物，还有 4 个州种植了 2 种农作物，而夏威夷和缅因州什么都不种植，前一个州专搞旅游业，后一个州全力发展养殖业。在全国几乎都可以种植的小麦、玉米和大豆，分别只有 35 个州种植；适宜性比较强的花生和甜菜，全国也分别只有 9 个州和 12 个州生产。这种状况说明，美国重视农业的专业化布局，实行专业化生产是实实在在的。关于畜牧业，得克萨斯州饲牛数量在全国非常突出，在 2000 年和 2001 年都占了美国饲牛总数量的 14%。实际上，这个州保持大致这样的比例已有 30 多年了，是饲牛的重点州。该州有许多县基本上成为饲牛专业县。

另外，内布拉斯加州、加利福尼亚州、堪萨斯州等都属于美国的饲牛主要布局区域。在生猪饲养方面，艾奥瓦、明尼苏达、伊利诺伊、北卡罗来纳、印第安纳和密苏里 6 个州占美国生猪饲养总量的 66% 以上，其中艾奥瓦一个州近几年就占美国生猪饲养总量的 30% 左右。在家禽养殖方面，肉鸡产量最多的州是亚利桑那、佐治亚、亚拉巴马和密西西比 4 个州，火鸡的主要产地则是俄亥俄、明尼苏达和弗吉尼亚 3 个州。不仅如此，劳动力的专业化也是美国农业具有竞争力的重要因素，美国农户有大学学历的约占 20%。

（五）信息化

美国农业信息化起步于 20 世纪五六十年代。据美国农业部统计数字显示，20 世纪 50 年代，电视已基本在美国农村地区普及。1954 年美国农村居民电话普及率为 49%，1968 年达到 83%。70—80 年代，电子计算机的商业化经营和实用化推广带动了美国农业数据库建设及计算机网络等方面的建设。1985 年，美国已有 8% 的农场主使用计算机处理农业生产，其中一些大农场已实现计算机化。2001 年，包括农业电子商务在内的全美电子商务营业额上升到 6 153 亿美元，占当年全球电子商务营业额的 43.7%。

2003 年，美国农业信息化强度高于工业 81.6%。约 2/3 的农民至少每户拥有一台电脑，因农事需要而上网的时间每周平均两小时；约 1/3 的农民在调查中表示希望通过互联网出售农产品。2003 年以来，美国农业电子商务销售额每年以 25% 的速度增长，而同期全美的增长速度仅为 6.8%。2007 年美国国家农业统计服务机构的数据表明，美国农场接入因特网水平上升到 55%，从事在线交易农场的比重从 2003 年的 30% 上升到 2007 年的 35%。

2008 年，美国 20% 的农场用直升机进行耕作管理，很多中等规模农场和几乎所有大型农场都安装了 GPS 定位系统。2010 年以来，美国农业信息化在农业信息多媒体传播大众化、农业应用软件专业化、农业信息应用系统化的基础上，正大力开展农业科学的虚拟化研究，统领世界农业信息化的最新发展潮流。

图 1-9　美国农地信息中心首页

二、美国农场“大型化与现代化”的影响

（一）加快了乡村社会的城镇化步伐

美国农场的规模化和机械化导致众多中小农场破产后大批农民流向城市，造成乡村人口的急剧下降，1950 年农村居民还占全国人口的 42.3%，而到 1960 年就只有 28.9%，到 1970 年则仅剩下 18.0%。美国的农业劳动力在总劳动力中的比例已从 1900 年的 41% 下降到 1930 年的 21.5%、1970 年的 4% 和 21 世纪初的 1.9%。2009 年，美国农业从业人口为 205.6 万人，仅占美国全部就业人口的 1.4%，平均每个农场只有 1.07 人进行生产和经营，每个农业经济活动人口平均耕地面积高达 181.4 公顷。农场的规模化使小农场逐渐破产并被兼并，失去农场的农场主大部分移居城镇，沦为雇工，这也在客观上加速了美国城镇化的步伐。

（二）完善了乡村社会的基础设施与服务体系

美国农场的“大型化与现代化”必然会带来乡村社会基础设施的完善。就拿美国农业科技成果研发与推广来讲，美国“三位一体”的农业科技体制通过州立大学农学院对农业科研、

图 1-10　便捷的乡村交通

推广和教学三大系统的科技活动进行统一管理与协调，避免了三大系统间的相互壁垒，较好地解决了农业科研、推广和教学工作的脱节问题，促进了科研成果向现实生产力的转化。据统计，美国农业科研成果的转化率高达 85%，居世界各国首位。

另外，美国现代农业是高度融合的产业化体系，是将农业生产、工业制造、商品流通、信息服务、金融支持等产业融为一体的，形成了一套产前、产中、产后紧密结合的产业化体系，是多学科、多部门的系统化综合体。美国现代农业体系以高科技含量、高资本投入、高产出和高商品率为特点，形成了现代集约化、高度社会化和国际化的农业形态，建立了以农工综合企业、工商企业和农业合作社等行业组织为主的产业化经营体系，打造了一条农产品生产、加工、营销各环节紧密相连的产业链。因此，美国乡村社会的基本组成单位从农场大型化与现代化之前的家庭向公司农场演变的过程中，也不断完善了乡村社会的基础设施与服务体系。

（三）促进了乡村居民积极参与公共事务

美国农场的大型化与现代化使乡村居民在乡村社会治理过程中的主人翁意识逐渐增强，下面就以美国 20 世纪 60 年代末 70 年代初爆发的“环境革命”为例来展示乡村居民自主治理意识的增强。美国农场的大型化与现代化导致美国乡村社会严重的农业环境问题。所谓农业环境，是指影响农业生物生存和发展的各种天然的和经过人工改造的自然因素的总体，包括农业用地、水、大气和生物等。现代生产方式确实促进了美国农业生产力的发展，然而它却给环境带来了一系列问题。美国的农业环境问题主要包括淡水和地下水污染问题、耕地污染问题和空气污染问题等，从而导致美国 1969 年爆发“环境革命”。在这场环境保护运动之后，更多的人认识到，尽管化肥和农药能大幅度提高产量，但却使人和野生动植物受到农药之害，使地下水受到硝酸盐的污染，从而使广大公众更加关注环境安全，主动接受环境教育，更重要的是推动公众积极参与当地农村的环境保护与治理。

（四）摧毁了乡村社会中的家庭农场

虽然美国大部分农场是属于农场主个人的，但在美国农业市场化的过程中，农场就相当于生产农产品的公司。农村人口减少、城镇化水平不断提高的同时，实际上是摧毁了乡村社会中的家庭农场，瓦解了原有乡村社会中人与人之间的地缘关系，取而代之的是市场经济中人与人的利益关系。1935 年以来，美国有 470 多万家农场破产兼并，而主要农作物耕作面积并没有减少，是因为兼并主要在商品化作物之间进行的。由此，带动了美国农场平均规模的一路飙升，由 1950 年的 213 英亩上升到 2006 年的 446 英亩，平均规模扩大了一倍多。这样，美国小型家庭农场在政府（商品粮政策）和商业资本（控制食品生产和经销价格）的双重挤压下，在商品化的种植业中已经无法生存，只能破产兼并，或转作其他农作。作为被产业化、资本化的农业和食品体系定义的农民家庭农场，不得不走上了“要么变大，要么走人”（get big or get out）和“要么接受，要么走人”（take it or leave it）的别无选择的独木桥。这样，小规模家庭农场无力维系，被迫步入大规模的破产兼并行列。而 19 世纪上半叶以来的美国农业生产的典型组织形式是一家一户进行独立垦殖的宅地农场主，这些以地缘关系联系在一起的家庭农场主，被农业生产的规模化和机械化所摧毁，同时也将市场因素引入乡村，使人与人之间的关系逐渐趋于市场中的利益关系。

（五）增加了乡村社会的风险

美国农场大型化与现代化过程中出现了众多的乡村社会风险，主要包括农场的现代化导致的乡村社会环境问题、农业机械化导致的农民失业问题、农业机械化与市场化导致的家庭农场破产问题以及农业市场化导致的不确定性问题等。这里着重介绍在机械化与市场化过程中小农场主由于沉重的债务负担导致农场主普遍破产与失业的问题，他们最终完全破产而沦为雇佣工人。到 1890 年，伊利诺伊州 90% 以上的农场成为借款的抵押品，堪萨斯州、北达科他州的一半农场，内布拉斯加、南达科他与明尼苏达州的 1/3 的农场被抵押。到 19 世纪 90 年代末，全国 1/3 的农场已抵押出去，等到耗尽这笔抵押贷款，他们最终不得不放弃土地，或流入城镇，或移居国外，根据美国参议院的报告，1911 年已有 125 000 人离开美国移居加拿大。再加上农业的机械化使农业生产效率大大提高，农村剩余劳动力急剧增加，到 2009 年，美国农业从业人口为 205.6 万人，因此乡村社会中剩余劳动力的就业问题十分严峻，农场的机械化与市场化也成为乡村社会不稳定的重要因素之一。

三、美国农场发展对我国的启示

（一）转变发展方式，提高科技对农业的贡献率

美国的农业机械化是科研发展的集中产物，农业科技成果的推广率已达80%。美国也是较早实践农业信息化发展新思路的国家。通过发展农业信息化，改造传统农业，大大提高了农业信息新技术对农业经济发展的贡献度，并使之成为农业发展方式转变的突破口。我国现处于工业化中后期和城镇化快速发展的时期，农业进入发展新阶段。

农业、农村发展受“两种资源、两个市场”影响的局面日益显现：国家粮食安全受到巨大挑战，农产品价格持续上涨，农业基础地位需进一步夯实，农业的国际竞争力尚需提高。在此背景下，要充分利用物联网、云计算和3G等现代信息新技术在农业发达省份率先发展精准施肥、智能灌溉等；广泛运用包括植物保护、栽培管理专家系统、农产品储存保鲜和加工运输专家系统在内的众多新型农业专家系统；大力推进“三网合一”，以新技术、新方式创新解决农民的语言、文字、图片甚至视频的综合信息需求；创建中国农业网络电视、手机报等新型服务模式；及时收集和整理国内外农业的各项指标信息，深入分析研判，为宏观决策提供新思路，促进大市场、大流通、大生产格局的形成。

（二）破除对农民的身份限制，解决剩余劳动力的就业问题

长期以来，我国农业都是以小农经济为主要特征，农业基础薄弱，抗风险能力低，农业生产规模小，机械化程度低。不仅如此，农民从事农业生产的回报率十分低，对农业采取精耕细作的经营方式，把大量的劳动力束缚在土地上，导致农业的过密化经营。如何提高农业生产率，解放农村剩余劳动力，增加农民收入成为当前社会改革的重要目标之一。农业规模化和机械化必然导致农村出现大量剩余劳动力。根据美国农业的经验，笔者认为，要提高农业生产率，解放农村剩余劳动力，增加农民收入，首先要做的就是破除城乡二元结构，适度放开户籍限制，让农民拥有自主迁徙、自主择业的机会和权利。同时，要保证农业的基础地位，政府必须对农业进行支持，保证农民获得社会平均收入。其次，美国的教训也告诉我们要解决剩余劳动力的就业问题以及社会保障问题。

（三）因地制宜发展乡村特色产业

在美国农业发展的过程中，各州都根据自身的客观条件因地制宜地发展当地的优势、特色农业，在美国的50个州中，近10年来没有一个州全部种植纳入美国统计的7种主要农作物，

有5个州只种植了一种农作物，还有4个州种植了2种农作物，而夏威夷和缅因州什么都不种植，前一个州专搞旅游业，后一个州全力发展养殖业。不仅如此，美国农民都接受过良好的教育，不仅懂得农业专业技能，而且还懂得经营农场。而我国农业基本上还停留在自给自足的阶段，一般一户农民既种植五谷杂粮，又养殖家禽。没有特色可言，缺乏专业化的意识和专业化的教育。因此，要因地制宜地发展特色农业，必须在政府的指导下加大对农民专业技能的培训，帮助农民建立起经营农业的观念以及发展特色农业的意识。

（四）促进农业生产的组织形式多样化

自20世纪50年代以来，美国农场的数量几乎减少了2/3，但是美国农业保持长期发展的一个重要条件是农场的组织效率，是靠农业用地日益集中到数目越来越少的种田能手中来实现的，劳动力投入的减少必然导致农场效率的提升。美国农场生产的组织形式却呈现多样化趋势，当前美国农场主要有家庭农场、合伙农场和公司农场。而我国农村实行的是家庭联产承包责任制，这一制度限制了农村的土地流转，束缚了农村剩余劳动力的转移，使农村长期处于单一经营方式。因此，在乡村社会中促进土地流转、鼓励农民成立专业合作社是实现农业生产组织形式多样化、农民自主经营和自我管理的重要手段。

（五）完善乡村的基础设施建设

在农业机械化的过程中，由于农业机械的发展需要有相应的配套服务体系，否则将限制农业机械的发展。美国充分利用农业合作社覆盖面广、群众基础好的优势，推广农业机械的使用，并对使用者进行相应的培训，扩大农业机械在农户中的使用率。通过开展培训和讲座，有效地促进农户的整体素质，加快农业现代化发展。在我国农业现代化的过程中，政府必须加大对农业的补贴，为农民提供更准确的市场信息，帮助农民规避市场风险，同时还要在农村设立相应的科技服务站，随时为农民提供技术支持，为基层社会组织进行自我管理提供协助。

阅读看点

1. 农场的“大型化”——主要作用在于：一是加快了乡村社会的城镇化步伐；二是完善了乡村社会的基础设施建设与公共服务体系。
2. 农场的“现代化”——对于中国乡村建设的启示在于：破除了对于农民的身份限制，解决了农村大量剩余劳动力的就业问题。

第四节 美国农业环境保护政策考察：以密歇根州为例

一、密歇根州农业环境简介

密歇根州的乡村环境保护政策主要是围绕农业环境展开的，仅仅从农地利用的角度来讲，根据美国农地信息中心（Farmland Information Center，FIC）的统计数据显示，截至2007年底密歇根州拥有土地资源总量为36 176 779英亩，其中农地资源总量为10 031 807英亩，所占比重为27.7%，目前人均农地拥有量约为1英亩。从历史发展来看，该州农地自1920年以来一直处于持续减少的状况，1920—2007年间农地资源总量从峰值（1920年）到谷值（2007年）减少了900万英亩，减少比例为47.3%，年均减少约10.3万英亩。其中，1920—1970年间减少幅度最为明显，1920年该州历史上拥有最多的农地资源为1 900万英亩，而到1970年全州农地资源减少将近1/3，农地总量减少至1 270万英亩。1970—2000年间减少趋势开始缓和，但总量仍呈下降趋势。进入90年代，该州农地总量虽然仍在继续减少，但减少幅度趋于平缓。1989年该州农地资源总量为1 070万英亩，到1997年农地资源总量为1 050万英亩，近10年间数量减少20万英亩，减少幅度仅为3.7%，是60年代减少幅度的1/5，是70年代减少幅度的1/3。但自90年代后期至今，该州农地减少又呈加快趋势，1997—2007年的最近10年间农地减少量为41.2万英亩，净减少数量比上一个10年增加一倍。

另外，从目前的农地保护发展趋势来看，密歇根州的土地利用现状、人口统计数据和土地市场价值等几个方面的发展变化趋势都对以土地为基础的农业有着非常不利的影响。在该州，持续发展的压力和增长缓慢的农业利润往往导致农民倾向于不再利用土地直接从事农业生产，而是将土地直接卖给各类型的开发商。同时，农业人口结构老化，有限的代际间农业知识转换潜力和城市边缘区农地价值较高，也是导致该州农地减少的重要原因。该州土地资源研究项目组（The Michigan Land Resource Project，1995）预测，到2040年，该州建设用地的面积将比现在提高178%，从而将导致1980—2040年间大约180万英亩的农地减少，而且往往是农业价值越高的土地所受到的用途转换威胁更大，该类农地的损失率往往要远高于农地总体损失率。D. Skole 研究认为，在今后的 35 年内该州总体上将减少 15% 的农地，而都市和区县农地减少的比例则为 25%，同时该州正面临失去农业多样性的危险，研究预测水果园地将减少 25%，大豆种植面积将减少 36%，蔬菜种植面积则减少 13%。

不仅如此，密歇根州农村还面临其他问题，比如农药的过度使用、水资源紧缺、野生动物保护等。

二、密歇根州农业环境保护的相关政策

下文将以密歇根州近年来实施的“密歇根州农业环境保险计划”（MAEAP）和“密歇根州农田和空地保护计划”为例，介绍该州在农业环境保护方面采取的一系列措施。

（一）密歇根州农业环境保险计划（MAEAP）

1. 目标

“密歇根州农业环境保险计划”是密歇根州农业和农村发展厅（MDARD）在 1998 年实施的一项最近计划，该计划旨在协助贯彻农场中的农业污染防治，同时保持他们的业务经营的可持续。MAEAP 是一个自愿性的积极主动的计划，是通过联合农民、农产品团体、州和联邦机构、保育及环保团体，以降低生产者的法律和环境的风险。它指导农业的土地管理措施符合州和联邦法规，并使生产商在他们的农场识别和防止农业污染风险。

2. 系统与运行

密歇根州通过农业环境保险计划对农民和农业的利益相关者都采取积极主动的做法，以保证农场的可持续性和环境友好性，作为农业最多元化的州之一，“一刀切”的所有环保措施根本行不通。“密歇根州农业环境保险计划”使用系统的方法有效克服了这一挑战，这一系统的方法包括地点和特定的涉及教育、风险评估的作物以及涉及解决所有土壤和水资源问题的第三方检查。这一计划包括旨在帮助生产者评估其运作的环境风险的三个系统，即牲畜系统、农庄系统以及种植系统，由于每个农场的环境影响情况各异，而每个系统正好检查农场的不同方面。

（1）畜牧系统：这一系统主要关注的是涉及牲畜活动（包括粪便处理、存储和申请的提交）、水源保护措施和防止水土流失等方面的环境问题。该系统集中在畜牧业的生产、保护措施、设备、结构和管理活动上。

（2）农庄系统：从安全的燃料处理到适当的存储化肥和农药，该系统解决整个农庄的

环境风险。它侧重于保护地表水和地下水。这是“密歇根州农业环境保险计划”中适用于各种规模和类型操作的一个系统。

（3）种植系统：该系统主要关注种植活动中的环境保护问题，如灌溉和水资源利用、土壤保护、营养和病虫害管理等。该系统具有专注于与管理商品多样化有关的环境问题的成分。

“密歇根州农业环境保险计划”的每个系统中有三个阶段，在每个阶段生产商将制定和实施经济上有效可行、无污染环保的措施，必须完成这三个阶段才能成功得到认证。

这些阶段如图 1-11 所示，包括：

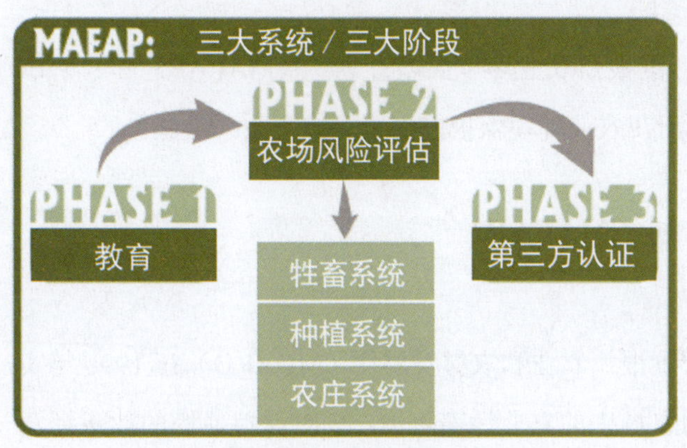

图 1-11　MAEAP 的系统与运行

（1）教育：这一阶段涉及农民出席一个合格的“密歇根州农业环境保险计划”的教育会议。这些在全州举行的会议向农民介绍“密歇根州农业环境保险计划”，并且更新他们对新的法规以及影响农业发展机遇的认识。

（2）农场风险评估：该阶段关注的是环境风险评估和制定具体的经济上可行的解决方案，每个农业环境保险计划系统都执行独特的风险评估工具去解决该系统对环境的影响。

（3）第三方认证：这是“密歇根州农业环境保险计划”在农场满足第一、二阶段的要求后进行的验证，验证是否接受该州的农业管理措施（GAAMPS），并且该农场是否已实施系统要求的具体做法。

成功满足验证要求后，生产者的成就获得认可并获得奖励。如果要持续承诺使用环境无害化管理的做法，并保持“密歇根州农业环境保险计划”的认证，生产商必须接受“密歇根州农业环境保险计划”每三年一次的参观。

3. 效果

密歇根州州长斯奈德说，“密歇根州农业环境保险计划”需要政府、行业和利益相关群体朝着共同的目标一起努力，该计划已经被证明是一个很好的例子，把这项计划纳入法规作为应对环境挑战的一种方式，也可以拓展以农业为基础的其他商业模式。

图 1-12　获得 MAEAP 认证的农场

（二）密歇根州农田和空地保护计划

密歇根州在农地保护方面采取了一系列措施，其中“农田和空地保护计划”（The Farmland and Open Space Preservation Program）就是具有代表性的一个计划，该计划包含众多具体的措施。“农田和空地保护计划”旨在保护耕地和空地，有六项具体措施：①农地发展权协议（Farmland Development Rights Agreements），这是对州政府和土地所有者之间土地使用的临时管制，对自愿签订这一协议的农地所有者，在农用地面对交易时享受一定的税收减免优惠，另外还可以帮他们免予各种特殊评估；②农地保持权捐赠（Conservation Easement Donations），它是一种能给那些愿意保护自己所有的农地或开敞空间的土地所有权人带来实际利益的保护工具，是一种能永久性保护土地农业用途且具有一定灵活性的保护方法，同时能保持私有土地所有权不变；③农业保护基金（Agricultural Preservation Fund），该项基金的成立是为协助地方政府落实农业发展权购买计划；④局部空地地役权（Local Open Space Easement），这一措施与农地发展权协议比较相似，它是在地方政府和土地所有者之间进行的土地临时管制，对自愿签订这一协议的农地所有者，在农用地面对交易时享受一定的税收减免优惠，并帮他们免予各种特殊评估；⑤指定空地地役权（Designated Open Space Easement），这是对州政府和土地所有者之间在特别指定土地上的临时规制，同样也是对自愿签订这一协议的农地所有者，在农用地面对交易时享受一定的税收减免优惠，帮他们免予各种特殊评估；⑥发展权购买计划（Purchase of Development Rights Program），主要功能是在州政府与土地所有人之间建立基于土地利用的一种永久性限制，由土地所有人自愿参加，其可以通过保持土地的农业用途以换取政府及相关指定机构用来购买其农地发展权的现金对价。下面笔者选取农地保持权捐赠和农业保护基金进行详细介绍。

1. 农地保持权捐赠（CED）

（1）内涵及特征

农地保持权捐赠是目前在美国应用较为广泛的一种农地保护政策工具。在密歇根州，该政策工具是一种建立在州政府与土地所有人之间基于土地的永久性限制，由土地所有人自愿参加，以保护他们的土地的农业用途或开敞空间。关于农地保持权捐赠，主管此项业务的密歇根州农业部（Michigan Department of Agriculture，MDA）这样解释："农地保持权捐赠是为了保护密歇根州最为重要且独一无二的土地资源而采取的一种保护工具，是在私人土地上对其自愿限制土地开发的意愿加以利用，通常被称为'保持权'。"由此可见，农地保持权捐赠是在私人土地拥有者和密歇根州政府（或其他具有合法资格的农地保护组织）之间订立的一种基于双方自愿、被合法记载的合约，主要目的是将该土地用途永久限制为农业或开敞空间用途。这种保持权一经捐赠给密歇根州政府就被永久性保留，并且不能出卖和转让给其他机构或组织。这种保持权通常禁止或限制土地细分、开发和其他可能降低该幅土地的农业或开敞空间价值的活动。农地保持权捐赠是一种能给那些愿意保护自己所有的农地或开敞空间的土地所有权人带来实际利益的保护工具。它是一种能永久性保护土地农业用途且具有一定灵活性的保护方法，同时能保持私有土地所有权不变。通过在自己的土地财产上设置农地保持权，土地所有者自愿限制该土地的开发，从而永久性保护土地的开敞性或农业生产价值。

（2）享受的政策优惠

由于保持权捐赠行为通常被认为是一种慈善捐赠行为，因此可以获得联邦收入税减免的优惠。由于附加了保持权的土地实际价值会减损，土地所有者可以从他们不动产总价值中扣除这部分减损的价值，不动产税因此可以在扣除减损价值后的不动产价值基础上进行征收。2006 年 12 月 7 日，密歇根州为设立永久性农地保持权的土地专门立法通过了一项"pop up tax"消除法案。2006 年 8 月，美国国会批准了为鼓励农地保持权捐赠而大规模提高联邦税收减免额度的提案，其中的关键条款是将保持权捐赠行为的最大税基减免额比例从原先自捐赠土地上取得的调整后总收入（adjusted gross income， AGI）的 30% 提高到 50%，允许部分具有一定资格的农民和农场主将调整后年度总收入的 100% 作为税基减免，同时提高税基减免期限，从原先的 6 年提高到 16 年，密歇根州也照此实行。这些新的措施使得家庭农场主、大农场主和其他中等收入土地所有人可以通过农地保持权捐赠获得非常可观的税收减免好处，从而在一定程度上增强了农地所有者签订农地保持权捐赠协议的积极性。在原先的法案下，一个年收入为 5 万美元并在价值 100 万美元的土地上捐赠了农地保持权的土地所有人可以最高获得不超过 9 万美元的税基减免，而在新的法案下，该名土地所有者最高可以获得 80 万美元的税基减免，虽然仍低于捐赠保持权的土地总价值，但仍是很大的提高。

（3）价值评估管理

与此同时，该法案对评估捐赠土地价值的专业人士及其评估行为设置了更严格的标准，对滥用评估的行为制定了更为严格的惩罚措施，这主要是为了确保该慈善捐赠行为的真实性。该法案同时对保护具有历史价值土地的捐赠行为要求更为严格。

2. 农业保护基金（APF）

（1）设立目的

设立农业保护基金（以下简称基金）的主要目的包括：① 为了帮助密歇根州以下具有一定资格的地方政府机构在当地实施发展权购买计划（PDR）提供资金帮助，主要是用于购买农地保持权；② 如果在为地方政府机构提供完资助资金和扣除管理成本后，基金账户上仍有超过 500 万美元的资金结余，将为实行州政府农地发展权购买计划提供资金。

（2）管理机构与资金来源

该基金由州长任命的 9 人基金管理委员会（以下简称委员会）负责监管，检查资金运用情况，并决定资金分配。委员会成员构成情况为：州农业主管部门和自然资源主管部门负责人或其代表人共 4 名；代表农业利益方的个人代表 2 名；代表主张农地保护方的个人代表 1 名；代表主张发展方的个人代表 1 名；代表一般公众的个人代表 1 名。基金的资金来源主要包括：根据该州相关法案，来自农地发展权协议终止时土地财产税减免额续缴部分；根据该州农业归公法案相关条款规定取得的部分；任何其他未来应归还的预付资金。

（3）资助计划及实施

该州农业部门负责制定具体的资助计划。其中，资助申请必须包括以下信息：建议实施发展权购买的宗地清单、每一宗地的规模和位置、地方政府配套资助数额、发展权的预计购买价值。同时，委员会将制定选择标准，具有以下特征的农地将获得优先资助：适宜生产、饲养农作物、食品、纤维的丰产农地，符合地方政府机构所制定的长远保护计划并列于其中的农地，位于致力于形成成片农地保护区的土地，除了基金资助外由地方政府机构提供较高比例保持权购买资金的农地，委员会认为其他的重要因素。委员会将审查所有的申请，并根据已制定的标准进行评价。一经评价，委员会将决定哪些申请最终获得资助和各自的资助额度。委员会可以确定从基金中获得的单位土地最低资助金额。资助申请通常是由具有一定资格的地方政府机构（主要是指拥有根据法律进行区分规划权的郡、市、镇和村庄）提交。

三、密歇根州农业环境保护给我们的启示

（一）充分调动农场主的作用

农业环境保护不仅仅要靠政府的主动出击，在发挥政府作用的同时，更要动员农场主，让他们树立农业环境保护意识，引导他们自觉地参与农业环境保护组织。在相关政策制定中充分征求和倾听利益相关方的意见，充分平衡利益相关方的利益诉求力量，如该州的农业保护基金（APF）是由州长任命的 9 人基金管理委员会负责监管，检查资金运用情况，并决定资金分配。同时十分强调农地所有人参与的自愿性，如前面所介绍的农地保护政策工具都强调由土地所有人自愿参加，并且是通过各种协约（合约）对双方的权利义务予以规定和明确。这也给国内耕地保护工作更多的启示，耕地保护不单单是一个“自上而下”政府主导型工作，而且要更多地倾听农地权利人的意见，尊重其利益，引导和提高参与保护的积极性，使得“自上而下”与“自下而上”有机衔接，促进共同开展耕地保护工作。

图 1-13　获得 MAEAP 认证后的喜悦

（二）农业环境保护手段的多样化

密歇根州对农地实行保护的手段十分丰富，包括政治、法律、经济、税收、文化、科技等多种手段的综合运用。在农地保护上，政治和法律层面往往相互紧密联系，通过关注该州农地保护利益的州议会代表和相关团体及个人的宣传呼吁，提出有利于农地保护的相关议案，推动立法层面予以讨论批准，然后由具体负责农地保护工作的州农业部执行实施。在经济层面上，在财力有限的情况下，密歇根州政府每年安排专项资金投入该州的农地保护工作，并鼓励私人机构投入资金参与农地保护工作。在税收层面上，正如前面所介绍的，密歇根州政府对目前实施的几个农地保护项目均给予特殊的税收优惠和减免等措施。在文化宣传层面上，州议会代表、州政府相关部门、政府非营利组织等相关机构和个人积极向公众宣传农地保护工作的重要性和特殊价值，包括生态环境友好、居住空间舒适性、生物多样性等内容。我国地域辽阔，东、中、西部农业环境保护的现状差异很大，更不能采用“一刀切”的政策措施，各地要根据自身情况选择合适的环境保护手段，因地制宜。

（三）农业环境保护政策需要适时调整

农业环境保护政策不是一成不变的，随着时间的推移，外部环境以及农业结构的变化也应当适时调整。“密歇根州农业环境保险计划”从1997年就初见端倪，到2011年共经历了20多次的调整。2006年，美国国会批准了为鼓励农地保持权捐赠（CED）而大规模提高联邦税收减免额度的提案，提高税基减免额度，延长获得税基减免的期限。这些新措施使得土地所有人可以通过其拥有的农地保持权获得非常可观的税收减免好处，从而在一定程度上增强了农地所有者签订农地保护性捐赠协议的积极性。我国正处于农业现代化飞速发展的时期，农业发展的外部环境错综复杂，农业生产的结构也日益升级，农业产业化发展趋势日趋明显，面临的农业环境问题也层出不穷，因此，对农业环境保护政策进行与时俱进的调整十分必要。

阅读看点

1. 农业环境保护政策——美国的这一农业政策也是在乡村环境存在诸多问题，如农药的过度使用、水资源短缺、土地减少等情况下推出与展开的。
2. 密歇根州——在美国农业环境保护政策的框架下，该州推出了“农业环境保险计划”与“农田和空地保护计划”，这两个计划对于我们具有启示意义。

第五节 美国Prairie Crossing：企业家的“担当”

从目前的状况来看，据统计美国有1/5的人口生活在乡村，乡村的面积在美国国土总面积中所占的比例也非常大，接近95%。美国现在农作物的种植面积还和50年前差不多，因为美国非常重视对耕地的保护，并且在美国乡村的基础设施建设也非常到位，从交通运输、医疗保险、教育等各个方面能够保障当地人的生活条件。从生态的角度来看，美国每个乡村居民点都有个小型的污水处理设施，乡村中还一定拥有消防栓，原则上都有消防站。美国在乡村建设中有许多新颖独特的做法，可供我国借鉴。下面就以美国的一个现代化的乡村小镇Prairie Crossing为例，来介绍该乡村在乡村建设中的独特性。

一、Prairie Crossing 简介

该乡村位于芝加哥西北部65公里处，具有很典型的美国中西部乡村的特征。它所处的位置是在两条铁路线的交叉处。这两条线其中一条连接到芝加哥奥黑尔国际机场，居民在Prairie Crossing只需要短短几分钟就可以走到火车站；另一条线到达芝加哥外环线只要一个小时。该乡村的许多居民选择定居于此，是因为其方便的交通，也正是因为这两条铁路，该农场被称为Prairie Crossing。其中“Crossing”的意思是铁路的岔口，因此很形象地描述了该村庄的基本特征即处在两条铁路岔口的乡村（图1-14）。

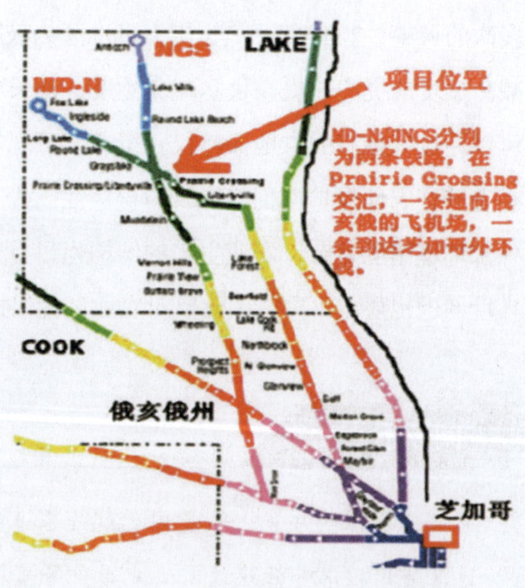

图1-14 Prairie Crossing的地理位置

在 Prairie Crossing 乡村的居民内的生活是非常舒适的，并且生活、环境、娱乐、教育方面都很完善。乡村中的住房主要以房屋的舒适性和高效性为基准，这些家庭的住房平均面积在 2 700 平方英尺（约 250 平方米）左右。住房的空间非常大，房屋的框架是芝加哥地区的典型框架结构（图 1-15）。据美国建筑方案表明，Prairie Crossing 房屋的设计是利用系统工程的方法，最大限度地利用建筑结构内的加热和冷却系统之间的相互关系。

图 1-15　Prairie Crossing 的住房

图 1-16　拜伦科尔比谷仓

Prairie Crossing 不仅房屋舒适，更让人向往的地方是它美丽的环境。该乡村的环境优美是远近闻名的，有非常美丽的原生草原，包括超过 600 亩的草原和 20 亩的湿地。很多当地的居民都会在自己屋前种植植物并且保护野生草地，这样不仅有美化环境的功能，还能够帮助清洁杂物，保持湖泊的水质清洁。

在 Prairie Crossing 的拜伦科尔比谷仓（图 1-16）建于 1885 年，到 1995 年被修复，成为了一个当地居民的活动中心。它给居民提供各种形式的音乐会、讲座以及其他活动，为了促进当地居民的社区归属感， 谷仓是由原木材和木地板构建而成的，其中包含美式厨房和现代化厕所，谷仓外面是一个绿树成荫的市场，为谷仓营造了一个温馨的氛围。

二、企业家对 Prairie Crossing 的改造

在 1986 年以前，该乡村的农田主要种植玉米和大豆，许多农田被无计划地浇筑成为硬质地面，并且乡村的发展毫无计划可言。在 4 046 平方米的土地上住着大约 2 400 户居民，乡村的生活非常拥挤。马路和人行道的路缘和排水沟都直接将雨水排走，对天然水的利用率非常低。这种情况一直持续到一位名叫丹尼尔的自然风景保护者的到来为止。他是一家大型印刷公司的董事长，他联合了一些地产所有者成立了一个团队，买下了这块大约 274 公顷的土地，改变了这个乡村无计划的发展模式。

他们首先邀请了一些设计师对一些乡村建设的成功例子进行分析，然后对 Prairie Crossing 的建设进行设计。起初讨论的是村庄要建在哪里、交通路线怎样来设置、车辆如何出入这些问题。但发展到后来，这个仅仅以“保护土地为目的，建立一个小的简洁的具有乡村特征的地块”的工程拓展成为了一个大的保护计划。设计师们将 Prairie Crossing 变成一个周围拥有几千英亩范围的土地保护计划的中心，形成了一个大的开放系统。这个计划不仅能够保存这块土地的乡村特色，还能建立一个环境优雅和功能齐全的场所。

设计师们首先对建设的地点进行考证，设计了一个乡村整体绿化的方案和一个农产品市场，并且对植物绿化和停车场以及一些其他地段进行了更细微的处理，比如乡间小路和一些有特殊用途的小道（图 1-17）。

图 1-17　乡间小道

在 Prairie Crossing 的附近，他们设计了第二个火车站，该火车站将与芝加哥城区的联系更加密切。在这个火车站的周边，建有 103 幢新的建筑以组成 1 个组团，被称为“Station Village”。

这里的建筑比一般的房子小很多，设有大块的绿地和通往车库的小路，并且整个区域靠近火车站设置。这些小房子和所有简洁的特征吸引了退休者和小家庭。Prairie Crossing 的最后一个设计是车站广场（图 1-18、图 1-19），它计划占地面积达 9 300 平方米，该广场建设在车站附近，使人们更方便地到达火车站和生活设施供应点，为居民的生活提供了很大的便利。

该村庄通过一系列的规划和建造后，如今人们所能看到的格局是：一个个的洼地被连通成完整的系统，这些系统的功能是将道路和屋顶上的水收集到一处然后传送到大草原上。水中的杂质和污染物被洼地过滤或进行生物降解，大约 65%的水保留在了草原中，然后慢慢地流入邻近的湿地。这些水经过湿地再流入作为储水容器的 8.9 公顷的人工湖和邻近的池塘时，显然已经变得很干净了。在 Prairie Crossing，房主们被鼓励种植当地草原和湿地的乡土植物以取代草坪，这样就可以降低并去除运用化学肥料和杀虫剂带来的影响。设计师还通过将住户房檐上的水收集起来后，结合当地的湿地植物和牧草，在庭院里建造了“水庭院”，造价低廉并且环保高效（图 1-20）。

图 1-18　车站广场

图 1-19　车站餐厅

图 1-20　湿地

三、Prairie Crossing 开展的项目介绍

（一）独特的生态保护计划

通过设计师们的精心设计，Prairie Crossing 展现出了一个环境优美与功能齐全相结合的现代化乡村，成为了一个周围几千英亩的生态土地保护计划的中心，成为了一个生态系统的中心部分。在整个乡村的建设过程中，可以随处见到许多生态保护的措施和建设。①无污染的新能源应用。在村中的居民所使用灌溉用的发动机、照明和农田电脑的用电都是风力发电提供的，并且提倡使用自然肥料而不是化肥。②对乡村植物的运用。当地的居民通过粗放的管理模式，种植草原和一些湿地植物来取代草坪，这样不仅减少了使用化学除草剂对生态环境的破坏，还增加了许多乡间色彩。③生态建设与环境建设相结合。通过挖掘人工湖，使其与原有的池塘联成一体，使水体总面积增加到 8.9 公顷，并与草原相连，形成了一个天然的水体净化系统，这不仅大大减少了雨水的流失，还使净化能力最强的湿地得到了保留和恢复。④坚持可持续发展战略。在该规划中，可以看到在建设乡村的过程中设计师们还考虑到了未来发展的需要，在外围留下了很多用地，并大致规划了这些用地的性质，因此已建设好的区域中的农田和牧场是永久性的，不会被将来的扩建所占用。同时，将污水排入湿地，以实现自然过滤和生物降解，还将雨水收集起来加以利用，节约了水资源。

图 1-21　草原自然保护区

图 1-22　有机农场

图 1-23　有机蔬菜

另外，耕地是不可逆转的，一旦将它开发成住宅用地或交通、工业生产等形式的用地，那就很难再适合种植植物，因此规划中对耕地实行有计划地开发。该项目的开展，不仅为乡村的生态环境保护提供了可能，还保护了土地的良性发展，为 Prairie Crossing 的乡村建设发展设计了一个美好的蓝图。

（二）有机农场

Prairie Crossing 的有机农场建立于乡村的中心地带，是在一个老农庄的基础上建成的。经过认证的有机农场大概有 10 英亩，而在其周围还没有经过认证的土地总面积大概有 100 英亩。该有机农场已经生产超过 7 年的时间，年销售收入有 9 万美元。该农场所种植的各种蔬菜、水果、草药、鲜花，以及生产的自由放养的鸡蛋都是经过认证机构确认的无公害食品。农场还通过一些庆祝活动，鼓励社区居民来农场工作。有机农场主要强调的是可持续发展技术，它通过动物的粪便和蔬菜的废弃物来保持土壤的肥力，以此能够保护农场周围野生草原的生长。有机农场不仅能够充分利用资源，有利于乡村的生态发展，还能为居民带来更多的收入。发展有机特色农产品，是乡村建设过程中非常重要的一步。

四、企业家在 Prairie Crossing 的乡村建设中坚持的原则

自 Prairie Crossing 社区成立以来，企业家在其建设过程中遵循着许多重要的指导原则。这些指导原则不仅能够提供给当地居民一种健康、尊重环境的生活方式，还能够让他们体会到社区和当地环境紧密联系的关系。在这些原则的指导下，企业家们才把 Prairie Crossing 建设成为一个环境优美、生活舒适、经济富裕、多方面全面发展的乡村。其指导原则有以下几点：

（1）建设过程中遵循保护和改善环境的前提。在 Prairie Crossing 的土地被企业家所购买后，为了保障有一个开放的发展空间，有 300 亩的土地受到法律保护，并且在公共和私人持有的土地（包括自然和森林保护区、农场和小径）中有超过 5 000 亩的土地作为该乡村发展的储备土地。乡村已经建成的绿道和房屋都是以保护环境、原生植被和野生动物为前提的。

（2）坚持居民种族的多样性。企业家在建设 Prairie Crossing 的过程中欢迎所有种族的居民。其创始人丹尼尔相信，种族的融合在乡村建设的过程中是至关重要的一点。为了吸引更多的居民到当地来居住，他们还建设一些经济适用房提供给一些家庭入住，并且鼓励居民邻里之间相互来往、相互联系。

（3）加强当地居民的社区归属感。该乡村中的许多景观和建筑的建设灵感都来自于当地的草原、沼泽和农场。街道的名字都取自当地的一些植物名或早期居民经常浏览的网名。

房屋丰富的颜色都取自原生景观的暖色调，社区还建有一个谷仓、一个学校、一个农舍。这都时刻提醒着当地居民，生活在一个属于自己的地方，增强当地居民保护、建设自己乡村的责任感。使得乡村能够更加和谐健康地发展。

五、企业家在 Prairie Crossing 建设中的作用

企业家对 Prairie Crossing 的建设起到了非常重要的助推作用，并且在乡村建设中是主导者。企业家投入大量资金来改造乡村的散乱发展状况，他们的创新精神和新颖独特的建设乡村的方法开发了当地的土地资源，提高了土地利用率。乡村的建设从多方面改善了居民的生活条件，并且在建设过程中坚持以环境保护为前提。Prairie Crossing 成为一个美丽、富饶、舒适、生态、环保的乡村，其中企业家的作用功不可没。企业家在该乡村建设中的作用如下：

（一）当地经济发展的源泉

创新精神是推动一个地区经济发展的主要动力之一。由于企业家的到来，改变了当地长期以来地域闭塞、农民市场观念淡薄、缺乏创新和冒险精神等诸多因素，改变了一直制约农村经济发展的瓶颈。企业家为当地带来了创新的精神，同时也带去了新思想，这成为了当地

经济发展的一大推动力。①企业家通过组织、优化配置资金、劳动力、技术等各种生产要素，发挥出更大的效应，能够创造出更多的就业机会和社会财富，促进个人发展以及农民收入的提高。②企业家是市场的开拓者。他们能够根据市场经济发展的客观实际，科学分析市场结构、市场行情，适时占领市场发展的制高点，不断引导、刺激消费需求，繁荣乡村的商品交易市场。③企业家推动农村产业结构的调整。他们以创新精神整合乡村资源，拓展了乡村经济和产业发展空间。企业家的到来必然能够在生产、消费和流通领域全方位地带动乡村区域经济的快速发展。

（二）乡村城市化的催化剂

Prairie Crossing 的企业家们通过邀请设计师，设计建设出了一个现代化的乡村面貌。改进了许多乡村设施，交通和建筑方面都得到改进，推动了乡村向城市化的发展。企业家的到来不仅改变了乡村的面貌，在乡村的产业结构调整方面也起到了很大的作用。由于企业家能够统筹考虑当地的企业与乡村的利益，在乡村的城市化过程中能够促进农业产业结构的优化升级和农业经济增长方式的转变，从而改变了以往单一的农业生产模式，成为推动乡村城市化的催化剂。① 企业家通过工业带动农业，改变乡村单一的生产方式，通过规模经营、专业生产，实现产品集聚生产，吸引了大量的农村剩余劳动力，大幅度提高居民的收入水平，促进农村经济增长。② 在工农业发展的基础之上，企业家以市场为导向，开发、引进新产品和新技术，调整农村产业结构，优化自然资源配置，提高区域核心竞争力。③ 企业家普遍更多地承担了乡村社会发展事业、基础设施建设和公益事务，为真正实现乡村步入城镇化和现代化做出了自己的努力。

（三）乡村特色产业的缔造者

加快乡村经济发展的一个重要途径，就是加快培育发展乡村的特色产业。所谓乡村特色产业：就是依靠独特的地缘和特色的农业资源优势，以市场为导向，通过整合一定的自然区域内的资源而发展起来的具有特色竞争力的优势产业。但是，在企业家未到来之前，该乡村的发展是散乱的，并且对特色产业的投入较少，在特色产业培育方面仍然面临“产业化程度较低、规模较小，科技含量低、市场小，集约程度低、品牌小”的困难，尚未形成特色产业区域竞争力。由于企业家结合当地乡村的实际状况，开发出有机农场，生产认证的有机蔬菜、水果，从而使有机无公害蔬菜成为该乡村的特色产品。在葡萄园旁边建造酿酒厂，形成产业化，推动了乡村特色产业的发展，是乡村特色产业的缔造者。①企业家能够根据本地的资源特点、市场规律，通过对农村社会生产力配置进行重新组合和优化，重点发展一个行业或几个行业的拳头产品，将资源优势有效地转换成市场优势，打造农业特色品牌，提升农村区域竞争力。②企业家的示范效应形成了一种特色经济发展模式，促进农村经济结构和产业结构由单纯农耕型向多样特色型转变、由资源型向市场型转变、由数量型向质量型转变、由生产型向工贸型转变。

六、Prairie Crossing 的建设对中国乡村建设的启示

通过以上对 Prairie Crossing 的乡村建设案例和其项目的分析，对比 Prairie Crossing 的乡村建设，在中国的乡村建设过程中可以得到以下启示：

（一）坚持保护生态环境原则

我国在乡村建设中，大多只注重经济和农业生产的发展，往往忽视了当地生态环境的保护。由于我国在现代农业生产过程中过分地依赖化肥、农药、杀虫剂等化学药剂来促进粮食的增产，这样以后的环境污染会越来越严重。中国部分乡村地区对垃圾的处理也未引起重视，垃圾露天乱放，严重影响了乡村的水体和空气质量。Prairie Crossing 在乡村建设中最有特色的一点就是坚持生态环境保护这一原则，因此我国在农业生产过程中应该重视生物技术发展，以保护生态环境为前提，以健康的方式来促进农业生产，坚持农业生产和环境保护并重。同时，在乡村的建设和规划中，要重视生活、生产的排放方式和回收方式，营造出一个舒适、安全、

卫生、健康的生活环境。还要保护好乡村的植物，不能因为建设乡村而破坏了当地的生态环境，营造出一个有利于动植物生长的环境，这样才能建设出一个美丽繁荣的现代化乡村。

（二）政府积极引导，发挥企业家的作用

中国的乡村建设，政府也应该起到积极的作用。政府应该制订一个积极的建设乡村的方案，改变乡村发展模式。通过 Prairie Crossing 在乡村建设中企业家的案例可以看出，政府还应放宽政策上对企业家的限制，吸引企业家对乡村建设进行投资。企业家是乡村建设中的主导者，他们在乡村建设的过程中有创新思维，并且坚持着环境保护的原则，是建设美好乡村的重要环节，应该发挥出企业家在乡村建设中的巨大作用。企业家的到来，能够为乡村发展带来巨大的推动力，无论是从经济上还是思想上都会为乡村注入新鲜活力。政府和企业家在建设乡村时，应该从多方面入手建设：改善乡村的医疗保险、生活教育、交通运输、基础设施等各个方面的状况，根据当地实际情况，发展乡村的特色产业。这样就能吸引更多的企业家，形成一个良性循环。吸引企业家来改造乡村是非常必要的，只有在乡村建设中发挥出企业家和政府的有效作用，才能够更好地推动乡村的现代化发展。

（三）重视利用乡村可再生资源

随着我国经济的快速发展，我国的能源消耗也越来越大，能源的消耗与经济发展的矛盾也逐渐突出。随着我国乡村经济的发展，乡村中用电量也逐渐增加。在乡村的农业生产过程中会产生很多可再生资源，然而在我国乡村可再生资源的利用率却非常低。通过 Prairie Crossing 充分应用风力发电和沼气燃料等清洁能源的例子，在我国的许多乡村能源不足的情况下，在建设乡村的过程中应该增加建设可再生资源项目，充分利用自然资源，提倡可再生资源的使用，如太阳能、生物能、风能、水能等。这样既能解决乡村能源不足的问题，又能起到保护环境的作用。

阅读看点

1. 企业家的“担当”——这是一个很好的案例，它反映了企业家尤其是属地企业家通过市场规则参与乡村建设的作用。
2. 企业家的作用——在乡村建设中，企业家的作用在当地经济发展、乡村城镇化与乡村特色产业发展三个方面具有显著效果。

第六节 加拿大“新乡村建设运动”：在“破”中“立”

一、加拿大乡村建设的历史与现状

（一）加拿大乡村建设的历史发展

第一阶段	前工业化时期（16 世纪至 19 世纪中期）	加拿大受到英国重商主义的影响，农业发展主要是为欧洲工业国家提供原材料，例如鱼类、毛皮和木材等
第二阶段	工业化初期(19 世纪中期至 19 世纪末)	技术和交通的改善带来农业生产率的提高，到 1900 年第一产业在国民生产总值中的比重仍占 1/3 以上
第三阶段	大规模工业化时期（20 世纪初至“一战”）	农业受科技进步的推动与国际市场需求的刺激而迅速发展，农业的商业化程度继续提高，毛皮、渔业产品、木材、小麦、葡萄、烟草等是重要的出口商品
第四阶段	农业相对衰弱时期（“一战”以来）	随着海外农产品价格的大幅下跌，农业在加拿大国民生产总值中的比重逐步下降，至 1960 年只占 9.6%

在上述四个阶段中，农村人口分布与构成发生了相应变化。特别是随着 20 世纪以来农业机械化水平及农业劳动生产率的提高，大量乡村人口涌向城市，城市人口至 1921 年开始超过乡村人口，虽然 20 世纪七八十年代出现了人口返郊化，许多非农业人口回到乡村居住，但到 2006 年也只有 660 万人口居住在乡村与小城镇，不到全国总人口的 1/5。

（二）加拿大乡村“对立现象”并存局面的产生

加拿大的农业经济和乡村社会在经历以上四个阶段的进程中，出现了两种对立的趋势：一方面，市场经济大规模导入传统乡村，造成传统农业衰落、乡村人口外流以及乡村公共服务集中化，乡村社区出现凋敝倾向；另一方面，由于现代家庭农业的发展、人口返郊化以及政府对农业和乡村的重视与投入，乡村社区又出现复兴倾向。因此，如何能破解这一"对立现象"并存的局面，也就是要在实现农业现代化和缩小城乡差距的同时又能减少对乡村社会的过度侵蚀。

二、加拿大乡村建设中"对立现象"并存的表现

（一）农业工厂化与家庭农业的存续

市场化条件下农业发展以市场效率为导向，着眼于改善农业技术和提高农业工厂化与市场化水平，通常会导致传统家庭农业的衰落。加拿大的农业现代化固然也呈现出上述主导性特征，但加拿大的家庭农场作为一种独特的价值观和生活方式，作为乡村农业发展多样性的选择而被保存下来。

加拿大的现代农业发展主要采取工业化生产模式和商业化购销途径，依赖先进技术逐步扩大农场规模。加拿大的家庭农场之所以没有完全被现代大型农场所取代，是因为它通过吸收资金、技术和现代资本主义的管理模式保存下来。传统家庭农场作为农业多样化的一种形式，被人们认为是用来延续乡村社会的某种特殊的生活方式，代表了乡村特质在变迁中的保存，从而有利于乡村社区的存续。

（二）城市化、逆城市化与乡村社区的存续

城市化进程对加拿大乡村社会有着显著的影响，表现为乡村人口大规模迁往城市以及乡村人口本身也发生了结构性的变化。①乡村地区老龄人口比例较大且老龄化速度加快，年轻人的比重只占27.7%，比城市地区要低8个百分点。②如今乡村地区不再等同于农业区域，多数乡村人口已开始从事非农产业。但在20世纪七八十年代，很多乡村地区又出现人口增长的趋势，人口

图1-24　乡村农场

返郊化是其直接原因。由于人们考虑到乡村住房便宜且环境宜人，还可以在闲暇时从事园艺种植等爱好，于是从城市搬到乡村。可以看出，在后工业经济时代，加拿大乡村地区已成为大量乡村或城市的工人与退休人员的生活场所，而不仅仅是原材料的生产地。因此，人口返郊化以及居住于乡村的人口和家庭共同提出了乡村社区存续和发展的要求，这也是加拿大乡村社区复兴的内在需要和动力。

三、加拿大政府与农民如何看待“乡村兴衰”的现象

总体来说，乡村社会的兴衰取决于市场、政府、农民三者力量之间共同作用的结果。毋庸置疑，市场力量通常是排斥甚至敌视传统乡村及其共同体的，因此乡村社会的命运主要取决于政府和农民对市场以及乡村的态度。

（一）政府对于乡村兴衰的态度是矛盾的

一方面，加拿大政府采取了以市场为主要导向的公共政策，接受了以倡导自由市场、个人主义、私有化、放松管制和削减福利为核心内容的新自由主义意识形态，尤其是采纳了20世纪80年代初英国撒切尔政府及美国里根政府所采取的新自由主义政策，从而在一定程度上导致了加拿大乡村社区的衰弱。联邦政府实行了这些政策后，缩减了对乡村提供的资金和服务，乡村自治市的财政负担增加，且减少乡村的决策权；而省政府也致力于推动公共服务集

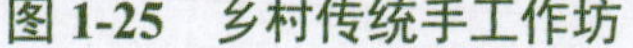

图 1-25　乡村传统手工作坊

图 1-26　乡村住房

中化，减少对地方的拨款及乡村公共服务与设施的资金投入。结果，加拿大农业市场化程度和生产效率大幅提高，农业易受到全国乃至全球农产品市场及资本力量的支配。市场化、城市化进程全面侵蚀了传统乡村生产、生活及文化价值观，加速了乡村社区的衰落。

另一方面，加拿大政府尤其是乡村地方政府对乡村持积极保护的态度。为促进乡村社区复兴，各级政府制定了有关增强农业多样性，优化乡村居住模式，改善基础设施，推动乡村地区经济、社会和政治发展的措施，从而在一定程度上弥补了市场对乡村社会的过度侵蚀，有助于挽救乡村社区衰落的趋势。其中，特别是乡村地方政府在保护和复兴乡村地区上扮演了特别重要的角色。但由于乡村地方政府资金困难、规模小，加上缺乏专业和高效的政治领导人，从而使得乡村地方政府在推动乡村社区复兴方面处于一种尴尬的地位。

（二）农民积极参与乡村复兴建设

在政府的公共政策之外，加拿大农民在乡村变迁过程中的行动选择也是影响乡村兴衰的另一个重要因素。总体来看，加拿大的现代农业发展使得多数农民很难适应农业技术与市场的快速变化，由于缺乏必要的资源与资本，单个农民在农业市场化中处于明显的弱势地位。加拿大的农民开展与政府合作，通过建立合作社及农民组织等方式来提高自己在市场中的谈判地位，以维持家庭农场，阻止乡村人口外流以及乡村社区瓦解。大量规模较小、技术落后的农场经营者将家庭农业视为规避风险、提高环境和家庭可持续发展的重要途径，因此从这个意义上说，这些农民是理性的行动者，由于考虑到本地的市场需求、市场风险、家庭农场的社会和文化价值，同时结合自身的教育程度与技能水平等因素，在乡村社区中选择了恰当的生产和生活模式。客观上看，这种理性选择既符合这部分农民的利益，也保存了传统乡村社会的部分文化价值。

四、破解“对立现象”并存的局面：新乡村建设运动

（一）新乡村建设运动介绍

面对乡村社区的衰落，加拿大乡村复兴基金会(CRRF)于1997年发起了新乡村建设(NRE)运动，试图通过由政策决策者、研究人员及乡村居民三方力量的共同努力来寻求乡村社会资本的合理搭配方式，缩小城乡居民在经济收入、社会福利及公共基础设施等方面的差异，从而振兴乡村，实现城乡社区在功能上的衔接。新乡村建设运动结合乡村社区所面临的外部环境与社区本身所拥有的各种资源，视乡村为代表自然与人文遗产、需要保存与保护的有价值

地区，将乡村社区能力建设作为改变乡村衰落的理想路径。

（二）新乡村建设运动的路径——乡村社区能力建设

新乡村建设运动选择乡村社区能力建设的路径来振兴乡村，实现城乡社区功能上的衔接，乡村社区能力建设试图通过四个方面提高居民对社区的认同及社会凝聚力。

1. 发挥传统经济活动的文化纽带作用

加拿大传统的自给自足经济仍然是常见的，它对乡村经济及文化都有贡献，并与乡村居民的就业、收入、居住时间等家庭生活特点有关。P. Beckley 的研究表明，社会经济变量与传统自给自足经济之间的联系不大。也就是说，乡村家庭参与传统自给自足经济不仅是出于经济方面的考虑，更是一种文化嵌入活动。随着农业及其他传统行业的商品生产所提供的就业机会减少，参与像狩猎这样的传统经济活动提供了一个与乡村历史联系的纽带，它使居民在乡村地区所保存及创造的“乡村性”合法化，居民也通过交换和互惠的社交网络增进了城乡居民间的社会交往。

2. 公共服务供给成为振兴乡村的重要力量

在乡村和小城镇，公共服务发挥着至关重要的作用，不但与乡村社会居民的生活品质有关，而且提供吸引经济活动、挽留居民及维持社区的强大基础，并影响着地方经济转型的可能途径。公共服务集中化还会引起居民认同的流失，甚至可能导致社区消亡。然而，许多乡村社区的公共服务供给都面临困难，而且乡村社区相比城市老龄人口比例更高，所以以城市为基础、以市场为导向的效率模式不适合乡村人口的现状。因此，公共服务应该转向以社会及道德为基础的供给模式。

3. 促进社区治理模式的转型

社区能力的提高及公共服务的改善依赖于乡村社区治理的转型。乡村社区的社会凝聚力在过去与地方组织结构相联系，但在这个结构中地方经济精英、自治市领导人与志愿者组织所代表的社会团体各自为政。对此 Jean 提出两种理性治理类型：①地方政府将乡村社区视为服务对象，这是一种只考虑了服务供应经济行为的商业组织管理形式；②地方政府在乡村社区发展方面与社会团体及居民拥有同等发言权。治理的转型一方面通过政治参与带动社区能力的提升，另一方面也可以提高基层决策的水平。乡村社区能否持续存在依赖于社区能否保持社会建构能力，使乡村社区成为能够提供聚居共同体生活的另一选择。

4. 政府颁布《加拿大农村协作伙伴计划》

该计划从 1998 年开始实施，确定了促进农村发展的具体措施，帮助农民获得政府项目、金融资源、医疗保健、加强基础设施建设以及增加农村青年就业和教育的机会。该计划的主要措施有：由农业部牵头，联合联邦政府的 32 个部门建立跨部门农业工作组，与地方各级政府、组织一起解决重大的农村问题；通过定期举行全国农村会议、民意调查等不同形式的活动，建立“农村对话”机制；直接资助不同主题的农村发展项目，鼓励个人或组织到农村创业；面向农村居民建立完善的信息服务体系。

5. 农民通过建立合作社保护自身利益

乡村能否复兴，除了通过政府对乡村社区的积极干预来缓解市场力量的过度侵蚀外，也取决于农民自身能否通过合作社、农会等有效组织，在市场中保护和争取自身的利益。目前来看，加拿大的合作社主要有四个层次：①基层合作社；②中心、省级或地区级合作社；③全国性的合作社机构；④国际合作同盟。加拿大合作社又有五大种类，即农业供销合作社、金融类合作社、消费合作社、服务类合作社、农业生产合作社。合作社的广泛发展，有效改变了农业的弱势地位，农民也成为较高收入的群体，是挽救乡村衰弱的重要途径。

五、加拿大乡村建设对我国的启示

（一）界定政府、市场、社会组织间的行为边界

加拿大的情况表明，市场化在推进乡村现代化发展的同时也成为导致乡村社会衰落的因

案例 1–7：加拿大乡村建设——村民参与农村重建决策

2004 年，加拿大第四大城市、首都渥太华市政府为提高农村居民的生活质量，进一步改善其作为东安大略省的“农业之都”和经济中心的整体投资环境，正式出台了对各自然村进行重建规划的指导方针。方针中最引人注目的内容是，强调让农村居民参与决策过程。

“农村重建的主体是当地居民，当然要让他们参与决策进程”，马洪（渥太华市发展服务局的城市设计与规划师）开门见山道出了农村居民参与决策的必要性。过去两年，他一直在主持设计渥太华西郊康斯坦斯湾村的重建规划。康斯坦斯湾村东、北两面濒临渥太华河，是一个被丛林掩映的美丽村庄。它建于 1927 年，现有居民近 3 000 人，是渥太华郊区人口较多的村庄之一。由于 20 世纪 50 年代、70 年代和 80 年代，渥太华地区的农村曾经历了三次城市化过程，目前这个村庄里的居民真正从事农业生产的人很少，大部分居民都是城市的上班族。近年来，随着时代的发展，道路老化、建筑陈旧、文教体育设施缺乏等矛盾也日益成为制约康斯坦斯湾村发展的瓶颈。

马洪为康斯坦斯湾村制定了规划草案，这份近 50 页的文件主要分为土地使用规划和社区发展战略两部分，每一部分都从渥太华市的整体发展要求出发，根据康斯坦斯湾村的具体情况按轻重缓急提出相关建议。

谈起草案出台的过程，马洪说，他和同事根据市政府的规划，首先同康斯坦斯湾村的居民、农场主和商户等进行广泛接触，成立了一个包括当地 12 名社区负责人在内的重建规划委员会。委员会随后以“你理想中的康斯坦斯湾村是什么样”为主题，起草了一份涉及村子重建各方面问题的问卷，向所有居民征求意见和建议。对此马洪解释说：“重建的目的是为了让农村居民获得更好的服务和更多的便利，作为规划者，当然要充分听取他们的意见和要求，这样才能做到有的放矢。”

康斯坦斯湾村依林靠河，离市区不远，一直是渥太华市民消夏和钓鱼的好去处。但那里的大多数居民不主张把村子搞成旅游胜地的样子，而是希望保持目前这种小村落的风味，房子不超过两层，路灯不要太亮等。居民们认为，理想中的康斯坦斯湾村“有城市那样便利的基础设施固然好，但更重要的是要保持小村子的氛围”。

马洪还谈到，搞农村重建规划应当坚持的一个原则是，注意保护农村的自然环境和文化环境，要让农村居民享受到城市生活的便利，但不应刻意改变农村闲适的田园生活环境。此外，规划还应当有长远目标，不能仅追求短期效益，可以在一个长远规划下，按农村居民的需求和政府资金投入的规模分出轻重缓急。马洪强调：“一个好的规划，必须把政府政策、专家观点和居民意见有机地结合起来。”

素，因此完全市场取向的公共政策容易导致市场力量对乡村社会的过度侵蚀。乡村复兴的希望还需依靠政府对乡村提供积极性保护，也取决于农民自身能否通过有效的组织形式，在市场中保护自身的利益。我国政府应该界定与市场、农村社会组织间的行为边界，尊重市场资源配置的基础性作用，支持农村社会的自主管理，体现政府职能的“兜底”特征。运用这一分析框架，完善政府对农业、农村发展的调控，需要基于农业市场化取向，改革农村基本经营制度及农业支持保护体系，创新农村社会管理体制，重构政府行政管理体制。

（二）建立和规范农村专业合作组织

专业合作组织要坚持“民办、民管、民受益”的原则，政府只扮演引导、扶持和规范的角色。国家和省级层面要抓紧为农村专业合作经济组织立法，让其按现代企业制度要求建立完善的运行机制，实行自我民主管理。根据我国的特点，可以学习类似加拿大“新一代合作社”这种以龙头企业为中心，联合广大农户组建合作社，对收购农产品进行加工增值，社员与合作社利益共享、风险共担的模式。此外针对农资价格不断上涨影响农民增收的问题，农民也可组建消费类专业合作组织以减少农资流通环节，降低农资价格。

（三）公共服务供给的改善有助于扭转乡村的生活状况

基础设施建设是乡村社会发展的重要内容和必要保障。我国目前公共服务供给面临两大重要困境：城乡居民公共服务均等化的压力以及不同人口特征地区分类服务供给的趋势。因此，我国一方面需要加大城市对乡村社区公共服务的支撑，避免类似加拿大乡村社会转型过程中出现的过度市场与效率导向的服务供给模式，更多从社会公平及政府责任角度来提高乡村居民的公共服务供给质量；另一方面需要重视加拿大在乡村人口外流后造成的公共服务供给困难，政府需及早规划，根据人口构成的不同特征，建立分类集中供给机制，科学评估供应成本与居民实际需求等问题。

阅读看点

1. 新乡村建设运动——加拿大的新乡村建设运动的目的是在实现农业现代化、缩小城乡差别的同时，防止现代化与城市化对于乡村社会的过度侵蚀。
2. 村民参与决策——看点是村民是如何参与乡村重建决策的；一个好的乡村规划，必须把政府政策、专家观点与居民意见有机地结合起来。

第七节　加拿大科瑞克镇的 CSLP：一个鲜活的“乡村生活工程”

一、科瑞克镇及 CSLP 计划的背景介绍

科瑞克镇位于加拿大中西部被称为“粮仓地带”的萨斯喀彻温省中南部，是一个典型的农业社区，科瑞克镇在 1907 年注册成立，位于全省三个最大的城市的中心。

1941—2001 年，萨斯喀彻温省的农场数量锐减了 63.5%，同时也面临干旱、农产品价格下降等危机，随着农产品的比较利润的下降，资本也随之外流，缺失了资本的支持，同时小镇的居民积极性受挫，逐渐迁入其他地区，从而导致小镇的教育、医疗等设施的规模逐年缩减，当地的商业发展也因客源少和投资乏力面临停滞，由此形成恶性循环，小镇常住人口、经济水平逐年下降。

CSLP 即科瑞克可持续生活工程 (Craik Sustainable Living Project)，于 2001 年开始实施，经过多年的努力，逐渐复兴了科瑞克镇。需要强调的是，科瑞克镇的发展模式不是大张旗鼓地走城市化道路，也没有任由缺少发展潜力的村社衰落。它的发展模式是独特的，在积极动员村社居民建设小镇、发展信息化高科技产业的同时，更看重的是可持续发展，注重保持地区特色。

在 CSLP 计划有条不紊的开展下，科瑞克镇的面貌有了很大的改观。目前科瑞克镇的基础设施服务包括：学校、图书馆、社区会堂、健康中心、医生办公室、加拿大皇家骑警支队、制药、杂货店、加油站、五金店、餐厅、区域公园、高尔夫球场、口述历史博物馆、先锋博物馆、历史悠久的重建防空洞、房屋住宅和谷仓等。

二、CSLP 项目概观

CSLP 是由科瑞克镇居民于 2001 年发起和主导的一项长期的非营利项目，CLSP 计划的

图 1-27　科瑞克小镇地理位置与全景图

目标是：培养居民可持续发展的理念，创建居民可持续发展的生活方式；积极推进生态无害技术和营造生态无害生活环境；将小镇建设成为一个“生态社区”，并希望扩散影响力，以启发其他地区的发展思路。整个 CSLP 项目涉及面非常广泛，包括土地利用和改造、食物和原材料的生产加工、小镇房屋建设与维护、能源计划、废物处理和循环利用计划等，并分成四个子项目，即生态中心、社区推介和教育活动、社区活动、生态村建设。

“我们的社会需要可持续性发展的生活和经济，需要社会公正，需要加强生态基地建设，以支撑着我们和所有其他行星上的生命。社区成员将继续旅程深入创建、推广 CSLP 项目，我们旨在振兴支持可持续发展的三大支柱——社会、环境和经济社会。”从 2013 年 CSLP 项目官方发布的愿景声明，可以认识到 CSLP 项目要求使用对生态环境保护有利的技术，以建设社区可持续发展工程，培养居民环保和可持续发展的生活方式，提升区域影响力，促进科瑞克镇的生活水平、生态环境的发展，提高科瑞克镇的经济水平，建立以高科技为支撑的可持续发展模式的核心竞争力。

CSLP 项目覆盖面非常广泛，从当地的建筑维护、生态中心、生态村建设、居民生活方式培养到防护林工程、教育医疗等，所以 CSLP 计划需要建立和联系不同的机构进行运作，具体有克雷克康乐委员会、五山区域卫生、绿色映射、半山湖社区联盟（MLCC）、可持续发展教育专业区域中心（RCESK）、泰坦碳智能技术、萨斯喀彻温省的生态网络（SEN）、萨斯喀彻温省有机局（SOD）、萨斯喀彻温省户外环境教育协会（SOEEA）、三江源步道协会（TRTA）、横贯加拿大步道协会等。众多附属机构共同的支持和努力，是 CSLP 计划顺利实施的重要因素。

三、CSLP 项目内容介绍

（一）生态中心项目

生态中心于 2004 年 7 月 3 日建立，位于萨斯卡通和里贾纳的中间区域，交通便利，同时地处臂河流域的边缘，与科瑞克高尔夫球场和科瑞克区域公园相接，风景秀丽。生态中心是一个多用途的建筑设施，可以提供创新和高效节能的建筑设计方案、材料等，还拥有集成加热、冷却和可再生能源系统。生态中心分为室内、室外两个部分，在提供科技支持的同时，也是示范可持续性发展模式的焦点。生态中心的建设为当地提供了智力支持，是科瑞克镇的系统建设不可缺少的重要组成部分，同时也带来了很多发展机会，扩宽了小镇建设的发展道路。

生态中心的建设原则是尽可能使用尽可能少的资源，同时其能源供给尽可能选择可再生能源。生态中心的设计充分体现了 CSLP 项目的核心价值，即可持续发展。生态中心的立柱、房梁的所有木材来自于当地已拆迁房屋遗留下的材料，经过研磨后，经过亚麻籽油、松节油处理后加工成为可使用的柱、梁；室内吊顶材料是太阳能窑干松木，经过砂封和清漆处理；外墙、天花板的材料是硬粒小麦秸秆捆，由当地农民捐赠。

生态中心的窗户采用被动式太阳能设计，为了增加大楼的采光，窗户大多面向南面，并且处于合适的高度，一方面为了冬季太阳较低的时候，阳光可以渗透到建筑后面的墙壁以吸收热量，增加室内温度；另一方面可以在夏天太阳高的时候，窗户处于减少太阳照射的最佳位置，以保持凉爽。生态中心拥有地板辐射热系统，用于从地板加热建筑物，比类似空调等强制空气系统更有效。生态中心的新鲜空气交换系统由土管系统完成，合成厕所化粪池拥有固体废物堆肥自动喷雾系统，将人类废物、废水等转化为肥料。生态中心选择的材料是经过精心挑选的，以环境和社会可持续发展为标准，大多是源于回收或者当地购买。可以看出，生态中心的建设无不体现了可持续发展、可循环利用的理念。

生态中心是 CSLP 第一个执行项目，具有多种功能：①展示功能，主要面向参观者，在介绍生态中心环保技术的同时，宣传可持续发展的理念；②经济功能，餐厅和特色礼品店对外进行商业运作，获得经济利益；③实用功能，生态中心承担举办有关环境保护研讨会的作用，为社区教育、社区宣传提供活动空间。生态中心建设的意义在于突出了可持续发展的主题，为人们提供可持续发展的实物和示范，同时成为了科瑞克镇的标志物，提升了小镇的社会形象。

（二）CSLP 宣传和教育

CSLP 项目要求定期举办宣传可持续发展理念的教育活动，以培养居民可持续发展的生活方式和环境保护的理念，这是 CSLP 项目得以调动居民积极参与的重要因素。CSLP 计划宣传和教育的主要内容包括：可持续发展讨论会、提升气候变化意识、社区图书馆建设等。

由于科瑞克镇位于加拿大农业区，气候变化是对当地农业生产影响最重要的因素之一，因此需要提升居民应对气候变化的意识，CSLP 项目关于气候变化开展活动的主要内容是介

图 1-28
生态中心外观

图 1-29
生态中心内部餐厅

绍气候变化对农业生产和生活的影响，以及情况发生时可以选择的应急措施及执行方式。活动还包括阐述可再生能源的使用和建设方案，以风能、太阳能为主，因为活动贴近农业生活，深受当地居民青睐。此外，CSLP 还举办很多其他主题的讲习班、研讨会等活动，在社区中进行可持续性教育，涵盖主题包括粮食生产、地区建设、健康项目等。

社区图书馆建设主要面向当地的青少年，通过举办内容丰富、知识性强的活动和讨论会，激发当地中小学生参与到农业实践中去，从村社生活中发现乐趣，并增强年轻人在当地就业定居的意愿。

（三）CSLP 社区行动

CSLP 计划为当地居民介绍环保理念和环保技术，宣传可持续发展的生活方式，降低居民日常生活对于环境的破坏，缩小居民生活的生态足迹，倡导居民使用节能家用设备。社区行动还包括翻新回收的材料用于公共和私人建筑使用，建立生物废物和废水处理设施，宣传低碳出行方式，安装能源循环利用设施，培养居民可持续的生活方式和生活观念。

经过 CSLP 项目多年的实践，社区行动已逐渐得到居民的认可，社区的可持续发展观念、环保生活方式已经潜移默化地融入到居民的生活中，居民日常生活对于自然环境的损耗也有明显的降低，居民和生态环境的关系融洽而和谐。

（四）CSLP 生态村建设

科瑞克镇专门开辟了 51.4 平方公里的土地用于建设符合环保理念的生态房屋，当地居民和外来者可以通过申请获得土地，自己建设节能环保的房屋居住，但是申请者必须提交房屋建设的详细方案，包括房屋的供暖、供冷、供水系统方案，房屋能源来源，废物废水处理方案等，获得审批后的第二年可以开展房屋建设工作。截至 2007 年，第一批申请者已经完成了自己的房屋建设并且入住，同时还不断有申请正在审批中。越来越多的人被这个有高效利用循环能源、注重环境保护的健康生活方式的生态村而吸引过来，为科瑞克镇带来了更多的生机，提升了小镇的影响力，也带来了发展的新机遇。

四、CSLP 成果介绍

随着 CSLP 项目有条不紊地开展，促进了社区的生态环境改善，带动了地方经济发展，和谐健康的生活方式已逐渐融入居民的日常生活中，为当地居民带来了生态和经济的双赢，区域的影响力逐渐提升。CSLP 模式也逐渐为社会所认可，已经达到了项目最初预计的目标，越来越多的人开始关注科瑞克镇和 CSLP 项目。

截至目前 CSLP 计划已经获得了十多项社会奖项，如：加拿大联邦“可持续社区奖”、联合国“可持续发展农村社区”教育基地、可持续的社区参与奖、萨斯喀彻温省旅游局“土地生活的天空”2006 年“卓越奖”、萨斯喀彻温省生态“环保冠军”的认可、RCE（Rio Claro Environmental.Inc）萨斯喀彻温省“认可计划”奖等。

CSLP 项目采用生态科技发展乡村农业，为世界其他地区提供了经验和灵感，吸引了多家电视台对其进行报道，如：绿色生活——学习生活与世界（LASA 媒体）、绿色村庄——选定的剪辑（阻特影业公司）、生态家冒险（CBC 充满激情的眼睛）、SCN（Saskatchewan Communications Network）的成名 15 分钟的“阳光下的一切”等。同时还有多家报纸杂志对其进行专访，从不同层面展示 CSLP 项目，如 Brian Patch 杂志《草原上的“小脚印”》、自然生活杂志《草原城市走向可持续发展》、VISTA 健康杂志《生活过的土地》、大脚杂志《克雷克生态村以形状》等。在将科瑞克村的发展模式全面而细致地介绍给广大读者的同时，也让社会大众认识到生态农业的道路是可行的。

CSLP 项目的成果主要体现在组织丰富的社区生活、健康可持续生活方式的养成、对社区生态环境的保护、在保护社区生态平衡的同时发展经济等方面。CSLP 项目为科瑞克镇带来了实实在在的好处，例如吸引了著名服装制造商在科瑞克镇建设亚麻服装加工厂，植物园、耐旱花园、臂湖鸟类观测站等吸引了游客和新的住户，不仅为小镇增添了活力和人气，也增加了就业机会和投资。具体来说，CSLP 项目的成果如下：

（一）科瑞克镇社区堆肥项目

该项目的目标是为了转化废物、保护环境、增加能源循环利用。小镇会无偿提供给居民提桶，以收集有机废物，如所有的食物、庭院废物等，同时堆肥项目拒绝使用塑料袋，而是选择特制的堆肥袋。完成的堆肥将被捐赠给泰坦项目，主要是用于美化社区绿地、花园、温室等，截至 2011 年 6 月 30 日，已经有近 10 万公斤的有机物质经过堆肥成功转化为能源。CSLP 将堆肥作为长期运作的项目，其收益也非常大，CSLP 很多附属机构都参与到这个项目中，并通过图书、网站进行成果展示等。同时为了进一步促进社区堆肥项目的发展，科瑞克镇定期进社区，如 2008 年 9 月举办了两期社区堆肥讲习班，2009 年 11 月举办堆肥宣传活动，对全镇居民进行上门访问，并分发堆肥桶，设立堆肥咨询点，为堆肥项目、环境保护进行宣传。

（二）格罗夫斯庇护项目

住房区位于路易瑞尔开拓者（第 11 号高速公路）和生态村之间，在住房区周围大力开

图 1-30　社区堆肥项目设备

图 1-31　旱生花园建设

图 1-32　社区活动之太阳能展览会

图 1-33　社区活动之农场 MidLakes 艺术展览

展格罗夫斯庇护项目，即种植住房林作为防风林和隔音屏障，修建生态花园，美化周围环境，建立野生动物栖息地，增加地区的生物多样性，有助于更好地应对气候变化。

（三）旱生花园建设

在生态中心东部的斜坡上，设有旱生植物花园，于 2005 年完工，其中包括 298 种草，丰富多样的原生植物及异国植物、多年生植物、灌木植物、藤蔓植物、树木等。花园采用节水型园艺，具有展示和教育的功能。

（四）科瑞克镇社区活动

科瑞克镇定期举行社区活动，不仅丰富了居民的日常生活，激发了人们对于生活和小镇的热爱，融洽了居民之间的人际关系，而且作为对外宣传的平台，也提升了科瑞克镇的影响力，形成了和谐开放的格局。

2005—2008 年间举办了四场科瑞克镇麻场庆典，居民可以在庆典活动里享受现场音乐、露营、在星空下跳舞、品尝啤酒和美食等。2007—2009 年间共举办三届“阳光下的一切”太阳能展览会，对外宣传和展示 CSLP 可持续发展的理念和成果。

2008 年 9 月举办小镇生态足迹调查活动、温室工作坊成果展示并撰写和发表了一系列文章。2010 年 4 月和 2006 年 4 月，开展农场 MidLakes 艺术展览。2010 年 4 月开展世界地球日电影节，包括播放电影、嘉宾演讲，工作坊展示，食物展示等。

五、经验和启示

科瑞克镇 CSLP 项目以高科技为支撑，以居民为主导，生态环保和经济发展齐头并进，将可持续发展作为建设的原则和目标，已经为当地农业、农场的发展带来了实际的利益，复兴小镇的同时也改善了小镇的面貌，也为中国当前农业和农村建设带来一些经验和启示。

（一）走可持续发展的建设道路

随着现代工业化的发展，人口逐渐向大城市迁移，乡村发展处于低迷状态，和世界其他地区一样，科瑞克镇也不能幸免。随着农村、农业问题的凸显，各国政府、机构、社会各界开始对农村、农业发展进行深入探讨和实践运作，很大一部分发展模式是通过免费提供土地、开发城镇中心市场、建设高速公路等手段来促进当地经济发展，然而随之带来的生态问题、社会问题仍然悬而未决，甚至部分地区出现了恶化，这是忽视生态环境利益、社会利益的代价。

科瑞克镇获得成功的根本原因在于，它选择了 CSLP 可持续发展计划来实现小镇的复兴，在处理环境保护和经济发展的问题上做到了共赢，通过培养居民可持续发展的生活方式形成内在动力，顺应了社会发展的趋势，获得了经济利益、生态利益、社会利益的大丰收。

（二）以社区居民为主导

科瑞克居民是 CSLP 项目的发起人，并一直在项目运营中处于主导地位，居民表示除了在必要的时候需要邀请专家和技术介入，希望整个建设工程尽可能少地依靠外部力量。社区居民为主导，一方面可以调动居民的积极性，另一方面通过对项目的认可也降低了计划的实施成本。

CSLP 项目委员会是衔接 CSLP 项目和居民的中间机构，项目委员会为社区全体居民提供了表达意见、集体决策的平台，这样居民可以就项目的内容、资金使用、进度、预期成果等提出疑问、建议等，项目委员会将会及时作出回应和答复。同时，在社区居民主导下的 CSLP 项目建设工程更加注重实用性，项目建设按照居民的需求和可用资金规模来决定不同的施工进度和轻重缓急程度。

在项目和成果的价值评估和衡量成功的标准上，小镇居民没有选择一贯对于现代生活的主流价值评价标准，而是选择了不同的衡量标准，具体标准是：① 项目必须有利环境保护；② 符合可持续发展的原则；③ 获得社区居民的认可和支持。CSLP 项目的成功证明鼓励农村社区结合自身条件采用特有的发展方式，可以达到符合当地民众利益的长远发展。

（三）调动多方面力量执行计划

CSLP 项目运作初期，获得了科瑞克镇政府和农村自治政府的支持，并专门设立了项目委员会，通过多种形式协调各方的运作活动，并出面邀请了研究人类生态学的专家参与并提出 CSLP 第一个五年计划方案。随着 CSLP 项目建设的进一步推移，开始分设多个附属机构，并负责项目规划、技术支持、项目管理、工程运作等多个方面的运作，通过合理调度多方面力量执行计划，是项目成功的重要保证。此外，科瑞克镇还专门建立了一个志愿者委员会管理项目的日常工作。

项目的资金渠道依靠多种手段：① 集资活动，如“绿色彩票”活动，面向社区居民出售“绿色彩票”；② 企业和组织赞助；③ 实物捐助和志愿服务；④ 从加拿大城市联邦“绿市基金”获得的赠款和贷款等。项目的资源筹集在除去对外购买之外，主要来源于居民主动捐出的秸秆捆和废弃的砖石等建筑材料以及外部人士的捐赠等。项目的建设主要依靠当地工人和外来的志愿者，生态房屋的建设则由社区居民自己建造。

CSLP 项目的亮点在于建筑物中应用与环境交互的环保技术，达到能源的高效、循环利用，这些都离不开专家在规划和技术上的支持。整个项目由加拿大绿党成员、萨斯喀彻温省大学的 Lynn Oliphant 教授设计，并一直参与和关注建设工作的进展。正是依靠专家的支持，科瑞克镇的复兴计划才取得了成功。从 CSLP 的经验可以体会到乡村建设中专家起到的关键性作用，未来农村、农业建设工程中，对专业的生态保护和环境交互技术的需求会进一步增加。

（四）选择重点项目并积极有效的宣传

生态中心是科瑞克镇 CSLP 计划最先完成的项目，是 CSLP 计划的标志性工程，也是带领科瑞克镇走向复兴的关键核心项目。因此 CSLP 的对外宣传工作一直将生态中心建设作为重点，并将生态中心塑造成为可持续发展精神的实体，为社区居民选择可持续发展的生活方式、注重环境保护提供了导向和示范，也成为增加区域影响力的最佳宣传实例。生态中心提供工作、生活、娱乐设施等，吸引了大量的媒体、游客、志愿者、环保活动者、学者、政府企业人士等前来。

生态中心在建设过程中坚持尽量采用本地废弃的建筑材料，在与居民的互动中，调动了居民的参与热情和兴趣，赢得了居民的支持和认可。这种节约资金资源的建筑方式，逐渐融入居民的日常生活中，形成了社区居民可持续发展的生活方式。

阅读看点

1. 乡村生活工程——以科瑞克镇为实施单位的乡村建设活动，围绕“乡村生活”展开，它非常贴近居民的日常生活，从而受到居民的广泛欢迎。
2. CSLP 项目——乡村生活工程以“项目制”方式推进，核心的目标是通过建设“生态中心馆”来建立生态村，并最终将小镇建立成一个“生态社区”。

本章小结

北美乡村建设：传统向现代转型的借鉴

本章介绍了北美地区两个主要国家乡村建设实践及典型案例。作为发达国家的美国和加拿大，其乡村发展与乡村建设的经验一方面代表了发达国家乡村建设的基本路径，另一方面，其丰富的乡村建设实践的确为发展中国家的乡村建设提供了蓝图和样本。目前，我国正在积极探索建设美丽乡村，思考与借鉴北美地区广袤农村的建设与发展经验、制度路径与政策实践，既有利于我国乡村跨越式发展，也将进一步丰富我国美丽乡村建设的思想与知识资源。

一、北美乡村建设经验总结

结合美国和加拿大的乡村建设实践，北美地区乡村建设值得借鉴的经验主要有如下几个方面：

（一）乡村建设规划优先

乡村生活一般具有人口、居住及活动分散化的特征，在重视城市发展的工业化时代，很多国家忽略了乡村规划的制定。但是，在美国和加拿大，农村社区规划则是政府推进的重要工作。总结起来，北美地区这两个主要国家的农村社区规划主要涉及住宅用地标准、基础设施和公共开放空间标准、机构单位用地标准、农业和商业用地标准、自然环境的保护等。除了具有城市规划的一些内容外，农村社区规划的一大特色是更加强调自然资源、生态以及农业用地的保护。

美国和加拿大乡村规划的另一个特点是，农村社区规划主要以法律形式加以体现。这种以立法为乡村发展铺路的做法，使得北美地区的农村社区规划具有很强的政策指导性和可操作性。

（二）乡村建设模式多样

从美国和加拿大乡村建设的方式来看，综合运用多样化的乡村建设方式，对于提升乡村基础设施、医疗保障、贫困家庭救助等公益事业水平，保障农业可持续发展显得极为重要。比如，在美国的乡村建设中，其发展起来的政府、非政府组织与乡民的“三角机制”确实发挥了很大的作用，实现了农村公共产品供给的多元参与，发挥了非政府组织、乡民在农业和农村发展中的作用。在这一问题上，北美地区的主要经验是：

（1）乡村建设资金投入坚持以政府投入为主的原则。

（2）政府介入公益事业以项目管理为主，并且以农村社区为平台，实行精细化管理。

（3）建设责任的分配上贯彻以事权定责任的原则，即理应由农村社区自己解决的事务转由上级政府甚至联邦政府负责解决。

（4）政府性资金重在对农村公用设施建设的引导而非全额援助，而且坚持有先有后的思想，优先援助农村社区迫切需要建设的项目。

当然，这种“三角机制”作用的发挥离不开政府职能的清晰界定，即凡是市场能做的事情美国政府一般不参与，凡是市场做不了或做不好的事情政府积极介入。

（三）积极推进农村信息化，推广精准农业，实现农业现代化

正如城市生活离不开网络一样，乡村生活也越来越依赖网络。作为发达国家的代表，美国和加拿大的乡村建设非常重视农村信息化，其做法是：政府通过设立相应的计划，在农村地区建立社区信息接入点，方便乡民使用网络以接受政务、商业和服务信息。比如，美国2006年提出的农村社区宽带网资助计划，旨在为乡村社区建立宽带网络系统提供资金援助。随后，美国农业部2010年1月25日宣布，将拨款3.1亿美元支持农村网络建设。经过一个多世纪的发展，美国农场最终实现了以规模化、机械化、市场化、专业化和信息化为特征的现代化。

在这一问题上，加拿大似乎走得更远，其联邦政府和省级政府农业部均设立了农业信息中心，通过多样化的政府农业信息采集渠道，如召开农场主、协会会员等参与的研讨会，向政府统计部门、气象部门采集信息，向各类行业协会采集信息，从互联网上获取信息以及通过问卷调查、报刊、专家库等方式了解情况、收集信息，形成了健全的农业信息服务体系。在此基础上，综合运用农业学科知识、卫星定位技术、现代信息技术、自动化技术和决策支持系统，加拿大正大力发展其精准农业，对农作物、土地、土壤实时监测，根据监测数据展开农业管理。

（四）重视社区能力建设

北美地区乡村建设不仅重视政府等外部力量的推动，还非常重视农村社区本身作用的发挥。比如，加拿大乡村复兴基金 (CRRF) 于 1997 年发起加拿大新农村经济 (NRE) 规划，旨在通过提高乡村居民的交往互动能力、发挥传统经济活动的文化纽带作用、重视服务供给的双重功能和促进治理模式转型四个方面振兴乡村，实现城乡社区在功能上的衔接。

（五）政策与制度支持

在政策与制度方面，北美地区乡村建设实践也有不少可资借鉴的地方。比如，美国十分重视农村创新创业环境建设，良好的创新创业环境极大地促进了美国农村小企业的健康发展。而加拿大从 1998 年就开始实施《加拿大农村协作伙伴计划》，以促进欠发达农村的发展。

在政策类型的选择上，北美地区的政策取向从 20 世纪 20 年代以前的自由放任不干预政策，转向近年来全方位、多层次地直接干预政策。从北美两个主要国家的乡村建设实践来看，政府干预乡村发展的工具主要有政府拨款、直接贷款、信用担保、贷款贴息等。

路易斯安那州水稻田

（六）重视农业环境保护

自人类进入工业文明以来，环境保护一直是一个悬而未决的难题。吸取过去城市发展中的经验教训，北美地区在乡村发展中非常重视乡村环境保护政策的制定与执行，前文提到的“密歇根州农业环境保险计划”（MAEAP）就是典型代表。

（七）推进基础设施建设，注重帮扶小企业

美国和加拿大还花大力气推进基础设施建设，比如公路、铁路、电力、通信、供水和卫生水设施，重视乡村发展中的“三通一平”、“七通一平”。此外，在乡村发展中，两国政府很重视帮扶小企业，这些小企业实际上构成了美、加两国乡村经济运转的毛细血管，其蓬勃发展对于降低失业率、缩小城乡发展差距有着重要的作用。

（八）职能定位上强调“政府主导，多方参与”

从治理角度看，北美地区乡村发展的一个突出特征是政府在北美乡村发展中占主导地位，同时各方力量也积极参与到乡村建设中来。比如通过实施《加拿大农村协作伙伴计划》，建立跨部门农业工作组、“农村对话”机制、“农村透镜”机制及直接资助农村发展项目等，加拿大政府已经发展成为乡村经济的伙伴。而美国政府虽然不直接干预农业生产，但它为农业提供充足的公共产品。

此外，非营利组织、居民、企业与政府合作紧密，共同推动北美乡村发展。

二、启示：探索中国美丽乡村建设之路

基于北美乡村发展的经验，我国当下进行的乡村建设，需要加强以下几方面的工作：

（一）系统规划，协同推进

美丽乡村建设是一项系统工程，需要处理好城市—乡村发展、农业—工业发展的关系。因此，需要全盘规划，尤其是：① 重视乡村规划的重要性，消除城市与乡村发展之间的潜在冲突，确保城市与乡村协同发展；② 明确乡村规划的核心内容；③ 提高我国乡村规划的效力，最好以法律的形式保证乡村规划的实施。

（二）以市场为基础，综合运用多种建设模式

我国和美国、加拿大不同，长期实行计划经济，城乡长期实行分割管理，城乡“二元化”

严重，市场机制的决定性作用还没有完全确立。因此，在未来我国乡村发展的道路选择上，需要坚定地发挥市场的力量。

此外，在乡村建设模式的选择上，可以借鉴美国、加拿大的做法筹措乡村建设资金、确定政府介入乡村公益事业的方式和各类主体及各级政府在乡村发展问题上的职责。

（三）推进乡村信息化，发展精准农业

毫无疑问，信息化及农业现代化是我国乡村建设的方向。因此，未来我国需要有计划地推进乡村信息化建设以及农业信息采集工作。发展精准农业，对于提高我国农业生产率、提升我国农业现代化水平都极具意义。在这一努力中，政府要负责任地成为我国农业、农村信息化的投入主体。

（四）加强耕地保护，提升农业环境建设水平

中国是一个典型的人多地少的国家，在乡村建设中要加强对土地资源的保护，特别是要防范农地非农化，防止借乡村建设之名行“圈地”之实。此外，在农业环境保护方面，要综合运用政治、法律、经济、税收、文化、科技等手段，推动农地保护，努力提升农业环境保护水平。

（五）发挥各方力量，推进农村基础设施建设

参照北美经验，未来一段时间我国美丽乡村建设需要调动政府、农村社区及乡民、非营利组织、企业等各方面的积极性，尤其是要加强政府的责任和提升农村社区自身的行动能力。此外，与城市相比，我国农村基础设施建设依然显得薄弱，推进农村基础设施建设是今后我国美丽乡村建设的一项艰巨任务。

（六）科学制定政策，确保政策得到实施

大力推进我国美丽乡村建设，离不开好的政策与制度支持。所谓好的乡村发展政策，指的是乡村发展政策具有政治可行性、经济可行性以及可实施性。当然，乡村发展政策的政治、经济与实施层面的可行性之间可能会存在冲突。如何解决这些潜在的冲突，是对我国各级政府政治智慧的考验。

第二章

西欧乡村建设：独树一帜的“乡土风貌”

阅读想象——水光潋艳晴方好，山色空蒙雨亦奇。

阅读导引——这是一幅多么美妙的自然景观！如果我们的乡村能够坐落在这样的景色之下，那岂不是美不胜收？

这是宋朝诗人苏轼在《饮湖上初晴后雨》这首诗里的两句“美景”描写。这一美丽的景色及其所产生的“意境”在本章所选择的导读图片——西欧的乡村图景中似乎被再现了——简单而安静的小村庄恰恰就被嵌入在一幅美丽的“水光”、“山色”之中。在西欧的乡村建设中，似乎他们就是在追求这样的美妙意境。

在本章中，我们选择了西欧地区的法国、英国、德国、荷兰与丹麦五个发达国家在乡村建设上的实践追求。我们发现，无论是哪一个国家采取什么样的政策、计划、措施，都只有一个共同的目的，即保留西欧乡村中独树一帜的“乡土风貌”。换言之，无论是法国的“农业环境保护政策”、英国打造的“城市花园”，还是荷兰的“合作银行”、丹麦的“农业合作社”，其最终的目的都是保护“农耕文化”、“村落风貌”，从而建设起一个个丰富而多彩的“乡间生活”场景。这是最值得我们在乡村建设中思考与借鉴的。

第一节　法国“借力”欧盟《共同农业政策》

一、法国农业环境保护政策的欧洲化

因为在政治、经济、文化、社会生活等诸多方面与中国有着很大的相似性，法国素有“欧洲中国”之称。直到19世纪中叶，法国仍是小农经济占主导地位的农业大国。之后，工业革命的完成，使法国由农业大国转变为兼具“发达的工业国”和“农业大国、农业强国”的双重身份。虽然其本土面积仅为55万平方公里，但法国的农业在欧盟和世界范围内都是举足轻重的。

去过法国农村的人，经常将法国农村分为两类：一类是农业型农村，主要集中在西部诺曼底的农业发达区和西南部波尔多周围的葡萄园种植区；另一类是“第二住宅”型农村，它们集中分布在法国西海岸、南部阳光充足的地区以及各个大城市的周边地区。

图 2-1　法国农村

作为欧盟的重要成员，法国的农业及农业环境保护政策与欧盟《共同农业政策》（Common Agricultural Policy，CAP）紧密相连。而欧盟《共同农业政策》作为欧洲经济一体化的重要内容，自1962年诞生以来极大地推动了欧盟成员国国内农业的发展，使欧共体国家从最初的农产品依赖进口，逐步变成全球农产品的重要出口地。当然，功不可没的欧盟《共同农业政策》目

欧洲农业的发展得益于欧盟农业政策的扶持。据向 WTO 通报的数据显示，2000 年按欧盟的补贴支付分类明细账计算，78% 的农民一年可得到 5 000 美元的直接补贴。2001 年，欧盟对农业的预算支出高达 415.3 亿美元。2002 年，欧盟为《共同农业政策》支付了 465 亿美元，几乎占到欧盟预算的一半，农业补贴占农业生产总值的 37%。如此高标准的农业补助，在全球排名第一。不仅如此，欧盟国家对于农业从业者的优惠政策也令其他国家难以望其项背。

图 2-2　欧洲农村

标也一直处于变化调整之中。目前，作为欧盟的核心政策之一，欧盟《共同农业政策》目标已由最初的提升农业产量转向重点解决促进农村发展、保证农村可持续发展等问题。为了实现上述目标，欧盟《共同农业政策》为各成员国确定了若干准则，如单一市场和共同价格原则、共同体优惠原则以及共同财政原则等。其中单一市场和共同价格原则旨在破除贸易壁垒，防范限制竞争；共同体优惠原则强调"共同体成员国生产的农产品可以在共同体内部优先销售"；共同财政原则重在为共同农业政策的实施提供财政保障。

从欧盟环境政策的发展历程来看，在《共同农业政策》实施初期，欧盟对环境保护和乡村发展的问题并没有给予应有的重视。但是，随着生产过剩而来的财政危机压力，以及紧张的农产品贸易关系，促使欧盟于 1999 年 3 月通过了"2000 年议程"。这一议程实际上进一步降低了农产品的国内支持价格，使欧盟各国的市场更为开放，其市场结构也得到了调整，增强了欧盟农业的国际市场竞争力。基于来自美国的压力，《欧盟 2000 年议程》一方面继续强调保证欧盟农业在国际上的竞争力，坚持实施既有的市场和收入政策；另一方面则突出强调了农业的多功能性和可持续性，并将其视为欧盟《共同农业政策》的第二支柱。4 年后，欧盟《共同农业政策》方案再次调整，强调非贸易关注和农业多功能的重要性，特别是突出支持就业、环境保护、保护消费者利益等方面的积极作用，使欧盟共同农业政策从对产品的支持转向对生产者的支持，单一(农场)支付计划得以推行，欧盟的农业补贴支出自此大部分归入绿箱政策。历次改革实践表明，欧盟《共同农业政策》对于农业环境保护的关注经历了从不重视到重视的转变。在各成员国的努力下，欧盟通过了160多个与农业环境相关的提案，为实现欧盟各类资源与环境保护提供了强有力的政策支持。

在欧盟共同农业政策的产生和演变过程中，法国一直扮演着十分重要的角色。也就是说，法国在推动欧盟《共同农业政策》发展的同时，其国内政策也深受欧盟政策的影响。在欧盟相关政策制定完毕以后，这些政策要求与目标便逐步融入到法国国内政治结构和公共政策之中。

在法国实现其农业政策欧洲化的努力中，有如下经验值得深思：

（1）法国是欧盟《共同农业政策》的倡导者、政策制定参与者和主要支持者。在共同农业政策制定之初，法国考虑到自身自然条件优越，农业在整个国民经济中举足轻重，国内谷物和肉类生产已超过了国内农产品的需求，因此在欧盟《共同农业政策》的制订过程中，极力主张在欧共体内最大限度地建立农产品自由交换的共同市场，坚持欧共体农产品交易共同体优先。随后的结果表明，法国非常成功地将自己的政策偏好渗透到了当时欧共体的政策规划中，成功地夺得了共同体农业政策制定的话语权，促成了以农业保护和农业补贴为主要特征的共同农业政策的建立。基于上述努力，法国国内的农业政策与《共同农业政策》的基本原则及内容的“适合度”（Goodness of fit）非常高，因此其面临政策调整的压力较小。

（2）在欧盟共同农业政策框架和原则的指导下，法国建立起与欧盟《共同农业政策》相对应的农业环境政策体系。欧盟《共同农业政策》所提倡的“交叉遵守”和“环境保护计划”，特别是欧盟内部针对农民补贴所作的环境保护要求，在牧场面积减少时要求各国采取强制性退耕还林等措施加以制止，保护乡村环境成为共同农业政策资金的具体流向之一以及农产品必须符合欧盟相关的食品安全标准和动物健康标准等对法国农业政策的制定产生了深远影响。

法国前总理让－皮埃尔·拉法兰曾反对欧盟《共同农业政策》改革《2000年议程》，根据1999年3月柏林首脑会议通过的有关欧盟改革的《2000年议程》，在2000—2006年期间，欧盟将把农业补贴开支限制在2 666亿欧元之内。

（3）法国在欧盟《共同农业政策》的改革问题上也积极表达自己的主张。早在2002年7月，法国前总理让-皮埃尔·拉法兰曾表示，法国反对在2006年以前对欧盟的《共同农业政策》进行任何修改，法国政府将“务必使（欧盟）各国首脑1999年在柏林作出的决定得到遵守”，并将“对修改《共同农业政策》的企图表现出最大的坚定性”。

二、法国的农业环境保护政策

（一）法国农业环境保护的问题及其努力

农村、农业环境质量是决定农业能否可持续发展的一个重要条件，欧盟《共同农业政策》中关于环境保护的要求敦促欧盟成员国致力于持续保护和改善农业环境质量。就法国而言，其在农业上取得的成绩是建立在集约型的生产方式之上的，这种生产方式对其自然环境带来了很大的负面影响。例如，2004 年农业排放的温室气体占法国全国总排放量的 18.85%，1993—2003 年法国本土的草原面积减少了 5.7%，高山草甸面积减少了 8%，整个 20 世纪法国的湿地面积减少了 67%。此外，农业生产活动也是导致生物多样性减少的一个重要因素，这些都使农业环境保护成为法国政府与民众关注的一个问题。

法国一贯重视环境保护工作。作为欧盟《共同农业政策》的重要发起人、推动者和实施者，针对农业环境保护问题，法国在尊重欧盟《共同农业政策》的框架下，建立起一套比较完整的政策和法规条例（表 2-1 ）。

表 2-1　法国主要农业环境保护政策、法规与做法

颁布时间	政策与法规名称	核心主张、规定与做法
1960 年	《国家公园法》(2006 年修改)	凡在国家公园区域内生活的动物、植物，甚至包括国家公园的土壤、大气、地下水及独特的自然景观等，都在法律保护的范围之内；2006 年新颁布的《国家公园法》强化了国家公园核心地区的保护，而且为扩大参与和确保透明度，该法律将改进公共设施法人对国家公园的管理模式
1964 年	《水法》（1992 年修改）	提出惩罚治理原则；政府采用积极经济手段管理水资源，坚持“谁用水谁交费，谁污染谁付钱”，以实现水资源治理的可持续发展，根据“谁污染谁付费”的原则建立财政刺激机制
1971 年		成立部级环境保护机构
1981 年		建立了环保试验区，区内一切农业活动都要以保护环境和自然资源为宗旨
1988 年		成立了全国农业环境保护委员会
1990 年	《国家环境计划》	导致环境管理部门的第一次大规模改革，特别是于 1991 年创设了 26 个地区环境局
1999 年	《可持续发展法》	
2000 年	《环境法》	
2003 年		成立了“可持续发展部间委员会”，由总理任主席
2005 年	《环境宪章》	特别强调可持续发展和环境权利

近年来，法国农业发展与环境保护又有了新的发展。基于认识到食品质量、食品安全以

塞纳河发源于朗格勒(Langres)高原（海拔471米），全长776公里，流经的巴黎盆地是法国最富饶的农业地区。

图 2-3　塞纳河一角

及农业生态环境保护的重要性，法国提出了“理性农业”战略，并将发展“理性农业”作为发展本国农业的根本，强调在农业生产的全过程通盘考虑和全面兼顾生产者的经济利益、消费者的需求和环境保护，以实现农业的可持续发展。

在加强国内环境保护工作的同时，法国还积极推动地区间和全球范围内的环境合作，如在欧盟内推动环境保护政策的实施，参与创建了“全球环境基金”(GEF)，积极参与气候变化的相关谈判并承担相应义务。

（二）法国农业环境保护政策的具体内容

法国是共同农业政策的最大受益国，欧盟的资金是其农业财政支持的重要来源，“2003年，法国农业的公共财政支持总额为288.3亿欧元，……其中来自欧盟102.90亿欧元，占36%。”为了获得这些补贴和强化农业的国际竞争力，在欧盟环境政策的推动下，法国结合本国实际，制定了很多具体的农业环境保护方面的政策。

（1）在化肥、农药等的使用上，制定了《硝酸盐指令》等相关法令。

（2）在农业用水的管理上，制定了《地表水指令》、《污水处理指令》、“灌溉标准”等法令法规。比如，《地表水指令》规定，从2005年1月1日起，农民将在过去罚款记录的基础上加以管理，如果农民使用指令中所列出的某种物质而导致地表水污染，同时该责任被证明无误，该农民将被处以罚款，罚款的水平将考虑他们以前在农业生产过程中违反相关法规的情况。

（3）在水土保持上，法国政府制定了“最小土壤覆盖物标准”、“作物轮作标准”、“禁止焚烧作物秸秆 (crop residues)”等法令法规。

（4）在动植物与草场保护上，法国政府制定了《动植物栖息地和野生鸟指令》等法规。

（5）除上述农业环境保护政策之外，法国还严格执行了欧盟的动物福利、有机农业、保护性耕作、基因的保护与转基因作物的管理等规定与标准。

（三）政策影响与成效

在以上政策的执行过程中法国政府主要采用经济刺激手段，拿出大量资金推进农业环境保护工作，“1992 年，法国的农业环境措施补助只有 800 万欧元，1993 年达 1.5 亿欧元，……2001 年补贴额达 3.7 亿欧元。”这些资金主要用于对遵守相关规定的农民的补贴和奖励。

在其国内与欧盟的农业与环境政策的框架下，法国综合运用经济刺激手段以及对农民采取宣传教育、技术援助等多种手段，来提高农民的认识和实施农业环境保护的能力，使全社会的农业环境保护意识得到全面提升。

上述政策措施的实施，在一定程度上改善了法国的环境状况，维持并提高了农民的收入，例如，在地中海沿岸的吕贝龙自然保护区，政府与牧民签订的环保合同使该地区的生态环境得到了极大的改善，而牧民也得到了很大的实惠。

吕贝隆自然保护区除了漫山遍野的树林田野人家，完全没有大的修建工程，而且不同的地方公路所经过的地区都有着不同的风光。

图 2-4　吕贝隆自然保护区

在前述各项政策刺激下，法国森林面积在 20 世纪 90 年代后平均每年以 1.1% 的速度递增，平均每公顷耕地的化肥施用量从 1983 年的 320.7 千克降至 90 年代的 300 千克左右且保持相对稳定。1990—2003 年，整个法国农林业排放的温室气体减少了 10.5%。

吕贝隆山区有蜿蜒的山脉，山峰险峻，地势跌宕起伏，平原宽阔，寂静的山谷里日间暖风和煦，夜间冷风狂野，这样的地势和气温很适宜薰衣草生长。正是由于这一独特的条件，使普罗旺斯的薰衣草品质堪称世界一流。

图 2-5　薰衣草

三、经验借鉴

总的来讲，法国农业环境保护政策的制定和实施有如下经验可供借鉴：

(1) 加强对农业环境保护重要性的认识，环境意识深入人心。进入20世纪六七十年代后，法国在经济发展过程中就特别重视环境保护工作并取得了较大的成绩，其农业环境保护政策的实施，在改善环境的同时也提高了农民收入。通过制定和实施农业环境保护政策，法国人把绿化国土、改善农业生存环境这项公益性事业看成是自己应该做的事情。

(2) 严格执法，依照法律治理环境。法国政府坚持加强农业环境保护工作的制度与组织建设，强调以法治农方针，重点抓两项工作：一是法规的制定，二是法规的执行。

(3) 通过多种手段来促进农业环境保护工作。法国在实施其农业环境保护政策的过程中，主要采用的是经济刺激手段，将执行有关农业环境保护的规定作为农民获得农业补贴的前提条件。同时，政府还采取宣传教育、技术援助等多种手段，来提高农民的认识和实施农业环境保护的能力。

四、法国农业环境政策实例：生物燃料战略带来新气象

(一) 燃料改革的背景

有关资料显示，几十年前，法国农村消耗的能源主要通过燃烧薪柴、煤炭、动物粪便和生活垃圾等方式获得。这种简单的燃烧方法不仅产生的能量有限，资源消耗也相当大，还会

造成环境污染。随着法国农村可持续发展政策的制定和贯彻，依靠技术进步促进农村资源的合理开发利用已成为政府工作的重点，而改变农村能源结构则是重要一环。在法国，农村能源结构的调整方向是：①政府加大对农村电力设施建设的投入，使电网覆盖全法国各个村庄；②法国政府支持农村发展生物能源，重视开发利用沼气作为农村的生活燃料；③通过生物燃料战略扩大能源型作物种植。限于篇幅，此处只介绍法国的生物燃料战略。

（二）政策历程

由于可耕地在减少以及水资源逐渐缺乏，生物燃料作物的耕种面积过大必然与食品类粮食的种植产生矛盾。为解决生产瓶颈的问题，法国提出了用粮食作物的副产品制造生物燃料的思路。

2006年，法国总理德维尔潘在法国农业博览会上表示，法国将出资10亿欧元增建生物燃料工厂，共在法国建设16个生物燃料工厂，将使法国的生物燃料产量在未来几年内比原计划提高两倍。法国政府已经制定目标，要在2008年让生物燃料比重占所有燃料的5.75%，2010年达到7%，2015年达到10%。法国政府为了鼓励生物燃料的使用，对生物燃料实行税收减免政策，政府逐年降低税收优惠幅度，直至2012年取消该项优惠。

法国农业部长多米尼克·比瑟罗预测说，10亿欧元的投入将使法国生物燃料的总产量在2008年达到310万吨。届时，法国用于生产生物燃料的作物耕种面积将达到200万公顷，将成为名副其实的欧洲生物燃料第一生产大国。

近年来，法国国家农艺研究所还尝试从森林中寻找生物燃料的原料替代物。该机构专家发现，密集种植速生小白杨，在它们成长到6～8年时再砍伐加工，就可以得到大量可制造生物燃料的原料。每公顷林地每年可以获得10～12吨的生物燃料，这为增加生物能源原料开辟了新渠道。

（三）政策影响、成效与特色

由于法国政府制定了上述生物燃料免税政策，近年来由于政府免税激励，其效果显著，使法国生物燃料销量大增。2006年，法国生物燃料占所有燃料的比重只有1.25%，但是仅2008年，法国各类生物燃料销售总量增幅就超过70%。不过，法国政府生物燃料减税政策幅度着实不小。根据生意社2012年8月25日讯，法国能源部最新公布的数据显示，由于生物燃料销量大增且享受免税政策，2011年法国政府在生物燃料方面所减免的税款达到7.2亿欧元。

从政策实施来看，法国支持发展生物能源，客观上鼓励农民扩大能源型作物的种植，既解决了农业种植面积过剩的问题，又可实现能源来源的多样化。从国际层面来看，作为减少温室气体排放政策的组成部分，欧盟要求到2020年使可再生能源占总燃料量的比例提高到10%，法国生物燃料战略的实施提前完成了欧盟的要求。

实际上，法国政府坚持发展生物能源，使法国一方面解决了农业种植面积过剩的问题，另一方面又实现了能源来源多样化，完成了农村能源结构的调整，从而为法国农村有效利用禽畜粪便和有机废水生产生物能源提供了技术支持。目前，法国的许多村庄，农民的生活燃料已不再是传统的薪柴和牛粪了，农村环境也呈现出前所未有的新气象。

在生物燃料战略与政策的支持下，不仅法国生物燃料销量大增，有关生物燃料的技术也发展迅猛。法国原子能委员会（CEA）于2009年12月23日推出建设生物质转化中型装置第一阶段项目计划，将使农业和林业残余物转化成第二代生物燃料。

此外，根据法国媒体2012年的报道，法国大型生物技术公司Cellectis的总裁舒利卡在接受路透社采访时表示，2013年1月前公司将证明基因组手术能够使用微藻来制造第三代生物燃料。在报道发布时，Cellectis公司的主要任务是证明其技术在藻类植物中的有效性。

（四）成功经验

在法国生物燃料战略的实施过程中，至少有如下几点成功经验可资参考：

（1）将农业、农村和农民问题纳入国家能源发展大战略中，通过实施生物燃料战略，解决农村种植面积过剩以及农村能源结构不合理的问题。

（2）制定有效的生物燃料激励机制，免税激励成为法国发展生物燃料最为重要的政策工具。

（3）政府不与民争利。法国的经验表明，政府让利是改变农村能源结构的关键一环。在法国，2004年法国政府因生物燃料税收优惠政策而减少的收入为1.6亿欧元，2005年和2006年分别升至1.96亿欧元和2.6亿欧元，到2007年则猛增至5亿欧元。

阅读看点

1. 《共同农业政策》——其特点是重视农业环境保护，法国在尊重欧盟共同农业政策的框架下建立起了一套完整的政策与法规。
2. 生物燃料战略——重要内容是改变农村能源结构，依靠技术进步促进农村资源合理开发利用，其中政府让利是改变农村能源结构的关键一环。

第二节　法国普罗旺斯：让乡间生活“流光溢彩”

一、法兰西的花园——普罗旺斯

普罗旺斯曾经是罗马帝国的一个行省，北起阿尔卑斯山，南到比利牛斯山脉，包括法国的整个南部区域。在罗马帝国时期，普罗旺斯就被列为其所属的省份。一直到18世纪末的法国大革命时期，法国被分成5个不同的行政省份，普罗旺斯是其中之一。到了20世纪60年代，行政省份又被重新组合划分成22个大区，于是有了现在的普罗旺斯－阿尔卑斯大区。现今普罗旺斯是法国东南部的一个地区，毗邻地中海，并和意大利接壤。处在温文尔雅的大学名城艾克斯、教皇之城亚维农的前后。普罗旺斯地区因其变化多端而拥有不同寻常的魅力——宽阔的平原、寂寞的峡谷、苍凉的古堡、蜿蜒的山脉，全都在这片法国的大地上演绎着万种风情。

图 2-6　普罗旺斯—阿尔卑斯大区的地理位置

普罗旺斯总是和色彩有着千丝万缕的联系。它属于地中海气候，夏季干燥，冬季温和，一年中足足有300天的日照。夏季通常为7～9月，白天气温一般都在30度以上。冬季为12月至次年2月，气温通常在10～15度。因此，从总体上来说常年适合旅游，尤其是春、夏、秋三季的旺季。在冬季普罗旺斯的风非常著名，从阿尔卑斯山脉吹来的风顺着山谷畅通无阻，甚至有时风速可以达到每小时100公里。将地中海的湛蓝、阳光的赤金、薰衣草的蓝紫糅成一幅五彩斑斓的油画。普罗旺斯的每家每户都喜欢在家门口摆放许多鲜花，在鲜花的装点下，斑驳的石墙和坑洼的石板都将屋舍装扮得多姿多彩。这里每一条巷子都是名副其实的花径，漫步其中是一种无法言语的惬意。

一提到普罗旺斯有哪些植物，全世界绝大多数游客都会想到熏衣草，可是在当地，人们会选茴香。当地是桃红葡萄酒的生产区，会出品许多优质的葡萄美酒，其中 20% 为高级和顶级酒种。由于地中海阳光充足，在普罗旺斯的葡萄中含有较多的糖分，这些糖转变为酒精，使普罗旺斯酒的酒精度比北方的酒高出 2 度。略带橙黄色的桃红葡萄酒是最具特色的。普罗旺斯的住宿相当有特色，如同当地多元化的生活风貌，从市区的豪华大饭店到乡间的民宿农庄，应有尽有。在乡村酒店中，Hotel Du Castellet 酒店最具盛名的，它给游客们提供了舒适的休息环境与地方饮食。在普罗旺斯能体验到的就是纯粹多彩的乡间生活，普罗旺斯民居用色的随意性很强，自然界中的什么颜色好看就拿来用，薰衣草淡紫色的小花点缀着普罗旺斯的田野与道路、庭院与居室。居室内部的色彩是外部的延伸，一般家庭都偏好使用天蓝色、深红色和鹅黄色来装饰居室。当地的民居犹如一幅幅用色大胆的画，不脱离环境，与环境融为一体，表达出普罗旺斯人生活的简朴而高尚，看上去很自由、散漫，因为这才是真正的乡间生活。

二、紫色的普罗旺斯：让乡间充满草香

普罗旺斯是世界闻名的薰衣草的故乡和备受游人青睐的旅游胜地，最令人心旷神怡的是它的空气中总是充满了薰衣草、百里香、松树等的香气。这种独特的自然香气是在其他地方所无法轻易体验到的。其中又以薰衣草最为得天独厚，那里遍地都是薰衣草紫色花海翻腾的迷人画面。

在法国的普罗旺斯最著名的薰衣草观赏胜地是吕贝隆山区。吕贝隆有着“法国最美丽的山谷”的名头，在吕贝隆山区修道院有一个花田，这里是观赏普罗旺斯薰衣草最著名的地区。吕贝隆山谷里扑面而来的是一大片迎风摇曳的薰衣草，闪现着迷人的光芒，交织出紫色的梦境。用手轻捻花穗，指尖便留下了沁人心脾的芬芳，蓝紫色的花穗在风中颤动着、摇摆着，一丛丛、一陇陇地向天边无尽地蔓延开去。山间的小路时断时续，低调而羞涩地迂回在薰衣草色与味强大的感召下。田野里、山坡上，橄榄树和樱桃树随处可见，知了和蟋蟀在这里安然地过着自己的生活。山间公路延伸到谷底，大老远就能看得到，在一大片开花正浓的熏衣草田尽头，有一座宛如一位高卧山中的隐士的修道院，这便是修建于 12 世纪的塞南克修道院。据说这一大片薰衣草是修道士们栽种的，有着不同颜色的薰衣草，难怪修道士们选此一方人间乐土作为修行宝地。整个山谷都被香气填得满满的，空气中无处不弥漫着一种迷人的芬芳。

图 2-7 吕贝隆山区薰衣草园

吕贝隆地区有上百家档次、格调不同的餐厅，而真正的大厨懂得利用地区的美展现高超的技艺，让食客将用餐的乐趣转化成全方位的幸福感。据一位游客介绍，如果说一定不要错过的餐馆，首当其冲的要数伯尼由市埃杜瓦·卢柏的卡普龙根农舍、温馨的莱娜萨姆餐厅、高尔德的石房子餐厅和农舍餐，餐馆的风景十分迷人，风味也不尽相同。餐厅的露天座位都很抢手，桌子与桌子之间的横向缝隙几乎可以忽略不计，而纵向之间更几乎是背贴背。据一位爱好美食的游客说，做法餐特别是烤东西的时候经常要用到一种叫做普罗旺斯草的佐料，它实际上是把普罗旺斯地区盛产的各种香草混合在一起制成的，比较有名的香草有：牛至、兰香、洋茴香、合香、香荆芥、香叶芹、迷迭香、百里香、薰衣草、野麝香草等。几乎每个名字里都含有一个“香”字，可以想象这些佐料配制的美食该有多香了。在凉爽的晚风中，好好地吸一口忘草香，尝一口鲜味芝士，也是人生难得的享受。

薰衣草，这种花语为“等待爱情”的紫色小花，不知迷倒了多少人。仲夏的普罗旺斯，像一个幻想的海。在普罗旺斯的乡村里漂泊，脚下的草在一浪浪远去，诱惑我们迷失在如诗的山坡之间。七八月间的薰衣草迎风绽放，浓艳的色彩装饰着翠绿的山谷，微微辛辣的香味混合着被晒焦的青草芬芳，交织成法国南部最令人难忘的气息。漫山遍野的薰衣草让人狂喜不已，整个山谷弥漫着浓浓的薰衣草香，田野里一片片四散的薰衣草整齐地排列着一直伸向远方。每当夏季来临时，整个普罗旺斯就像被套上紫色的盛装，香味扑鼻的薰衣草摇曳在风中。薰衣草的开放季节通常在 5 ～ 10 月，普罗旺斯的“薰衣草节”就在这个时间段中。在这时还会有许多关于薰衣草产品，如香水、香薰油的售卖活动和一些庆祝活动。这就是普罗旺斯的独特之处，充满整个乡间的草香让人流连忘返，难以忘怀。

图 2-8　普罗旺斯吕贝隆小镇

三、桃红色的普罗旺斯：芳香的桃红葡萄酒

普罗旺斯不仅仅成名于其芬芳的薰衣草和优美的风景，当地的葡萄酒行业在世界上也是非常著名的。普罗旺斯的葡萄酒有着非常悠久的历史。远在 2 600 年前，弗凯亚人就把种植葡萄和酿造葡萄酒的技术引入了普罗旺斯。那时葡萄酒的颜色还非常浅，随着时间的推移，酿造技术的日臻成熟，普罗旺斯继承了传统的酿酒技术，将桃红色的葡萄酒传承至今。普罗旺斯的葡萄酒成名于 1895 年，这一年普罗旺斯的葡萄酒庄首次获得“普罗旺斯区”的称号。到 1951 年，法国国家原产地研究所确定了有权生产普罗旺斯区的葡萄酒地区，还为其命名了受到承认的葡萄酒品种，并在 1955 年授予了普罗旺斯区第一批葡萄园“特级酒庄”的称号；1977 年普罗旺斯区被确定为法定的葡萄酒产区，进一步确定了普罗旺斯生产葡萄酒的重要地位。现如今的普罗旺斯拥有世界上最先进的葡萄酒科研实验中心，在法国的葡萄酒行业处于领先地位。2004 年，普罗旺斯葡萄酒行业协会成立，现已拥有 608 个厂商、私营和法人的酒窖和 72 家贸易公司，葡萄园的面积达 27 000 公顷，年产量达 1.7 亿瓶，销售额超过 5 亿欧元，为普罗旺斯带来了很大的经济收入。

普罗旺斯的葡萄酒产区在地中海和阿尔卑斯山之间，自西向东绵延将近 200 公里。由于普罗旺斯的葡萄酒产区拥有肥沃多样的土壤、极长的日照时间、炎热干燥又多风的气候，这些条件都非常适合种植葡萄，使得普罗旺斯成为天然的葡萄产区，因此被世人冠以“酿酒王国”的美誉。

桃红葡萄酒并不仅仅是一种颜色，其颜色是由浅至深，变化多彩且色泽鲜艳、晶莹剔透，

图 2-9 桃红葡萄酒

有种宝石的光泽。闻上去既有花朵芳香的味道又有水果清新的味道，入口时清冽干爽，回味无穷。桃红色的葡萄酒并没有热烈的口感，在和食物的搭配上是比较随意、不拘一格的，无论是作为餐前的开胃酒还是在正餐中搭配菜肴都是可行的，并可选择不同种类的桃红葡萄酒。近几年，法国桃红葡萄酒的需求量在不断地增加，在法国的家庭消费中桃红葡萄酒已经高于白葡萄酒，红酒的销量也在持续下降。桃红葡萄酒甚至影响到了法国的社会消费文化，颠覆了传统的生活观念。桃红葡萄酒消费日益增多，伴随其产生的是新的生活方式，如精简美食结构，开发世界美食，崇尚简单。众所周知，在普罗旺斯的七八月间就是薰衣草绽放的季节，而普罗旺斯葡萄的收获季节就在八月的下旬。在一片紫色的环绕下，一抹淡淡的桃红印入眼帘，让普罗旺斯充满诗情画意般的美，使得普罗旺斯的乡间更加多姿多彩。

四、普罗旺斯的乡村酒店

普罗旺斯的住宿条件多种多样，从豪华大饭店到乡村酒店应有尽有。说到乡村酒店就不得不提Hotel Du Castellet 酒店。如果坐飞机去普罗旺斯，无论先到马赛还是尼斯都必须再走一段路，但是有一类人却可以直接在普罗旺斯的心脏地带着陆，可以直接在薰衣草的世界里享受松露、茴香酒和各种美食，他们就是 Hotel Du Castellet 酒店的客人，因为这个酒店有个设施齐全的私人飞机场。虽然在酒店的四周除了普罗旺斯特有的薰衣草和葡萄藤，几乎没有什么景点，但是这座酒店却是许多名人的度假之地。整个酒店占地面积 100 公顷，由主楼和 8 座别墅组成，总共只有 13 间套房和 47 间客房，每间还有一个独立的露台。站在房间的私人露台上，分别可以

图 2-10　欧洲酒店私人机场

眺望地中海、卡斯特莱村庄和酒店花园。酒店的客房是按照普罗旺斯风格布置的，室内色调分别采用花蜜、熏衣草和葡萄的颜色，还有枝形的铁吊灯、带花朵图案的各色织物、柔和的灯光，一切都淡雅别致却又热情如火，给人一种舒适居家的感觉。

酒店门口看上去像是一个庄园，有古朴的铁门和红色的砖墙，走进酒店时人们会看到一条两旁栽种柏树的小径。沿着这条小径，可以穿过长满松树、野草莓树和橡树等多种树木的森林，路深得像童话里的画面，看不见尽头。进入酒店就像是进入了皇家庄园，特别有居家的感觉。房间的家具都是老板精挑细选的古董，它们都有自己的独特来历。每一套客房都风格迥异，都搭配上各不相同的颜色，客人可以按照自己的喜好选择截然不同的居住风格。在客房的窗外就是碧蓝的游泳池和碧蓝的天空，天气好的时候甚至能越过山看到地中海的拉乔塔海湾。

Hotel Du Castellet 的迷人之处不完全是因为这家酒店，其实这里的私人飞机场反而更加出名。出酒店大门大概走路 3 分钟就可以看到法国南部很有名气的私人机场，这个机场和酒店同属一个老板。该机场凭借监控塔、航空大楼、机库、公务航空全功能服务体系等众多技术性基础设施，成为本地区最大的私人机场。机场适合各种型号的飞机起降，面积虽然小，但是国际机场该有的设备一点也不少，安检系统、海关、候机室、咖啡吧等，一应俱全。总之，有了私人机场使得人们觉得普罗旺斯就近在咫尺。这个酒店每年还会吸引全世界最优秀的赛车手入住，因为在不远处还有一个世界唯一的赛车试验场，也与酒店和机场属于同一个老板。一个酒店再怎么金碧辉煌也抵不过 Hotel Du Castellet 处处彰显的居家温馨那般舒适自如。

五、普罗旺斯其他旅游景点：教皇之城亚维农

（一）亚维农之教皇城堡

亚维农是普罗旺斯最热闹的城市之一。亚维农在古语中的原意是“河边之城”或“很多大风的城”。自从中世纪以来就常有教皇住在该城，该城坐落于普罗旺斯罗纳河岸边的高坡上，在周围的平原和低谷之上常年会有大风刮过。这种地势条件历来都是商家和兵家的必争之地，因此在这里留下了许多的罗马遗址。从亚维农火车站出来，百步开外是古朴的喷泉，再往里就是城市中心。到六七点的黄昏时分，整个小城给人一种气定神闲的感觉，小城沐浴在金色的斜阳里，矗立在古城池顶端的就是教皇宫。在中世纪期间，教皇克雷蒙五世因为派系的斗争而出走罗马，选定亚维农为驻地。在这段期间内一共经历了7位教皇，历任教皇都将原有主教的府邸改为教皇宫，内部布置豪华大方。教皇城堡则会以宏伟的城楼为防卫，并以重兵驻守，俨然一副皇宫的气派，总共占地达16 000平方米，有10座塔楼雄踞宫殿四周。

（二）圣贝内泽桥

在亚维农的另一个标志是断桥St.Bnezet（圣贝内泽桥），该桥建于1177—1185年。当年的St.Bnezet石桥非常与众不同，一共有22个桥拱，横跨大河的两条分流和河心岛，总长900米，这在当时也是非常罕见的，大大便利了来到亚维农的朝圣者以及商人取道前往西班牙或意大利。圣贝内泽桥曾多次经受战火的洗礼，也经历过隆河的洪水侵害，修桥工作一直接连不断，一直至17世纪才告停止。原来的22个拱门现在也仅存4个，不过仍然很壮观。桥上有一座圣尼古拉礼拜堂，是为了纪念海员的守护圣者而建。

（三）仲夏夜之戏剧艺术节

每年从夏天七月的第一个星期六到最后一个星期六是一年一度的戏剧艺术节，为期3周的戏剧艺术节会吸引来自世界各地的新锐剧团与慕名而来的观光客，使仲夏夜的亚维农通宵达旦光彩耀目。“亚维农戏剧艺术节”是当今世界重要的国际艺术节之一，除了为观众提供世界级的演出节目以外，也是世界各重要艺术节节目总监及表演艺术经纪人挑选节目的地方。活动期间最热门的表演往往早就一票难求。戏剧节期间，街道上到处是花花绿绿设计夸张的海报和欢乐的人群。除了有众多大牌明星光临，它更像一个全民狂欢的舞台，所有的戏剧、音乐爱好者都可以在此一显身手，这里也成为戏剧新秀们崭露头角的地方。不少街头表演者

的表演都具有相当高的水平，表演中充满了对戏剧的热爱和激情。每年这个时候，欧洲不少大中剧院的经纪人也会来到这里选秀。亚维农的壮观景点和艺术气息会让游客们沉醉在浪漫的普罗旺斯中。

六、法国普罗旺斯的旅游发展对我国的启示

法国乡村旅游距今已有100多年的历史，它起源于19世纪，兴盛于20世纪70年代末80年代初。从1955年开始，南方议员欧贝尔创意性地提出乡村旅游的构想，他提出可以在发展农业的同时发展旅游业，从国家、地区角度在资金上支持乡村住宿的改建。该议题得到了东南方地区政府的支持，他们首先营造便宜的旅游住宿设施，让经济不富裕的家庭得以参与旅游。法国当时的休假制度形成了以周末旅游为主体的旅游需求，因而到附近乡村旅游成为主要的旅游方式。而当时的法国农民除了种地外，还可以接待旅游者、与人交流，不仅增加了收入，还推进了当地旅游业的发展。这种模式的乡村旅游随之逐渐在世界发达国家和地区流行。正是因为这些原因，才使得法国将普罗旺斯打造成为了世界闻名的旅游胜地。

法国对乡村自然景观和人文关怀是非常重视的，说到法国的乡村，就不能不说普罗旺斯。普罗旺斯的自然美景成就过两位举世闻名的艺术大师——彼得·梅尔和梵高。蜿蜒的罗纳河由北向南一直流淌到蓝色的海边，无数个保留中世纪原貌的小村落、城堡、修道院点缀在这片内陆丘陵至沿海的地区，这里还有荒芜的峡谷、广阔的湿地、原始的自然保护区。

通过以上对法国乡村旅游活动的分析可以看出，法国的乡村旅游发展比较规范和完善，这对于目前我国面临的理念落后、缺乏乡村特色等问题的解决有很好的参考价值。我国在建设乡村和发展乡村旅游业上应该做到以下几点要求。① 尊重当地居民意愿。在开发前必须得到该地居民的同意，必须考虑到对当地居民生活上的影响，因为发展乡村旅游最根本的目的是推动地区经济的发展、造福当地居民。在法国，居民有权否决居住地的旅游发展项目及其他经营项目。而在我国，一些地方政府虽然纷纷启动乡村旅游的开发，但较少顾及当地居民的意愿。② 推行乡村旅游品质认证制度。法国不论是在餐饮、住宿还是购物方面都通过认证来进行规范和管理，比如在桃红葡萄酒上，通过认证桃红葡萄酒的品牌，提高葡萄酒的知名度和质量保障，这样一方面可提高乡村旅游的经营管理水平，另一方面也保障了游客的合法权益。我国乡村建设在服务质量、卫生状况及安全水平等方面还需要努力提高，对餐饮、住宿、农产品及其他设施进行检验，凡合格者颁发认证标章，对不合要求的进行淘汰。③ 开发乡村特色产品项目。从目前法国的乡村来看，那些已经相当现代化和机械化的农场对于旅游者反

图 2-11 亚维农之教皇城堡

而没有太大的吸引力，游客们其实更喜欢参观仍然维持小农生产的农场，追求自然淳朴的乡间生活，享受在田间漫步、赶羊群和挤牛奶的乐趣。法国政府为保证旅游的乡村特色，恢复、发展传统建筑文化遗产，主要是典型的特色古老村舍，并要求农场的建筑必须符合当地特色。这些都值得我国乡村旅游政府管理部门和经营者借鉴。

阅读看点

1. 紫色的普罗旺斯——普罗旺斯的空气中总是充满了薰衣草、百里香、松树等香气，此外它还有桃红色的葡萄酒，因此它是"流光溢彩"的。
2. 亚维农——如果说薰衣草与葡萄酒带给普罗旺斯的是一种独特的自然景观的话，那么亚维农的"教皇城堡"带给它的就是一种独特的人文景观。

第三节 英国的“两手抓”：环境保护与农产品质量安全

一、英国的“农业环境政策”

（一）英国“农业环境政策”的历史背景

英国的农业环境问题曾经十分突出，20 世纪 80 年代之前，为了应对第二次世界大战后人口增长以及经济恢复的需求，英国农业发展的目标只有增加产量。其间，英国农民为了增产盲目滥用化肥和农药，造成了一系列环境问题，导致水体和土壤的污染。据统计，农业造成了英格兰水体中 1/4 的磷、接近 1/2 的病原菌和 3/4 的沉积物污染，同时杀虫剂、除草剂等化学制剂也随着径流水进入水体，对河流湖泊造成了污染。与此同时，随着科技的发展，农业生产效率不断提高，而欧洲国家人口长时期保持零增长甚至负增长，普遍出现农业生产过剩，增加的粮食供应不仅不能带来收益反而加重了资源环境的负担。随着农业生态环境问题越来越受到社会关注，在政府和社会各界的努力下，英国也开始调整农业政策，不再以增加粮食产量作为农业发展的唯一标准，而是制订了一系列有利于保护农业生态环境的法律法规和政策，以实现可持续发展。

（二）英国“农业环境政策”的发展现状

英国率先放弃了单纯与产量挂钩的农业补贴政策，开始采用环境补偿为基础的补贴政策。为了保证农业生态补偿的开展，英国政府除了利用欧盟《共同农业政策》的相关资金外，还定向拨款开展农业环境保护相关项目，这些项目主要关注不同耕种方式对环境带来的影响，主要保护的是土壤的质量和农产品安全。随着社会对环境保护的关注日益提高，英国政府还专门制定了针对农业环境保护的政策，并开展了一系列以保护环境为目的的项目。

目前，英国农业已进入可持续发展的阶段，在保持一个满足基本需求的产量水平的同时，把重点放在环境保护和农产品质量安全目标的实现上。英国于 2001 年将原农业、渔业及食品

部 (MAFF) 改为环境、食品和农村事务部 (DEFRA)，其主要作用就是促进可持续发展和农业改革，构建可持续并有竞争力的食品链。2003 年 6 月 26 日，欧盟农业部长会议就农业政策改革问题达成一致意见，改革的主要内容包括大幅取消现行的向农产品提供直接补贴的做法，将农业补贴与环保、食品安全和劳动条件等标准挂钩等，这项改革向欧洲农民发出了强烈的信号，那就是必须更加注重食品安全、质量标准和环境保护。英国为响应《共同农业政策》改革，开始强调环境补助，希望将农业生产与环境保护紧密结合起来，使农场主不仅成为农产品的生产者，而且还是农业环境的保护者。

（三）英国“农业环境政策”制定的缘由

（1）加强农田环境管理。一方面能够减少化学肥料和各种药剂对水文环境的污染，增加以农作物为原料的食品的安全性，降低大气和水土中的金属元素对农作物的生长和产量产生的巨大副作用，有利于农作物的生长发育、病虫天敌的繁衍和防止与改善土壤的性状；另一方面可以保护生态环境，美化农村景观，有利于人类身心健康。

（2）农田管理有利于恢复生物多样性。生物多样性不但在促进能量循环、稳定水文、调节气候和维持生态系统的演化过程中作用重大，而且为人类提供了食物、医药、生物科技与工业原料等健康的经济资源。生物多样性是人类赖以生存的基础条件，生物物种与自然环境的互动为人类生存提供了物质基础。

（3）农田环境管理在保持土壤肥力、防止水土流失、抵御自然灾害方面富有成效，同时便于农业生产的整体规划和结构调整，从而维持土地的可持续经营。土地是农业最基本的不可替代的生产资料，无论是农业的自然生产还是经济再生产都离不开土地。对农业用地进行科学合理的管理和规划利用，可以不断增加土壤肥力、提高单位面积的产值，如果管理不当，土壤肥力会衰减，经济价值也会降低。

二、英国农田环境管理政策及其效果

为了解决农业发展过程中生产困难、农地过剩和物种单一化等问题，英国政府拟定了一系列以土地为基础的农田环境管理规划以及相关的管理政策，这些规划和政策对英国的农业发展与土地资源保护起到了重要的作用。

（一）以土地为基础规划的主要类型

此类规划的目的在于提升对于农田环境的维护。通过各种补贴方式促使农民在农地上采取对环境友善的操作。此类规划中包括环境敏感区规划、守护田庄规划、有机农业生产规划、能源作物规划、农地造林规划、坡地农法规划和林地转让规划。这类规划以土地为主，若一块土地申请加入ERDP（England Rural Development Programs）的某项规划之后，在计划持续中的数年内便不可再加入其他规划。规划申请人必须注意该笔土地的产权，如是数人共同持有产权，则必须经由所有产权人同意；若规划申请人仅是承租该土地，则必须确定在计划持续的数年中都可承租经营该土地；若是不能，则必须确定土地的下一位承租人愿意接续该规划直到限期终了。

（二）四种主要规划的内容及政策效果

1. 环境敏感区规划

1987年，在英国的某些地区，如高地、拥有特别野生生物物种的地区，或是历史遗迹的所在地，英国政府特别设置了环境敏感区计划，目的在于诱使该地区的农民在实行相关农业操作的同时能够更加注意对环境的影响。此计划有些类似我国在某些地区划设国家公园或生态保护区。此规划能够有效地保护原生动植物，为英国闻名于世的乡村风光增添了诸多风景。

2. 守护田庄规划

鉴于农业生产对于乡村景观与土地景观的改造作用，英国农业部于1996年开放守护田庄规划的申请。不同于环境敏感区规划，这个计划提供给非特定区域的土地拥有者与管理人，不论该区域的地景生态如何都可加入此规划，也就是说，不管该农场在湿地、高地、果园、草地、市郊等任何一种区域都可以申请加入。其最终目的是提升乡村景观的自然美，恢复受农业操作影响的生物多样性，使大众获得享受乡村的景观与休憩环境的条件。

3. 有机农业生产规划

有机农业生产规划提供给有意采用有机种植（或养殖）的农场某种程度的经济援助，以鼓励更多的农场实行有机耕作与养殖。尽管使用化学合成物质对农业生产的发展起到一定作用，然而其对环境的影响甚大，不但会污染地下水、残留土壤或作物本身，还可能在防除杂草或病虫害的同时杀害原生种动植物，改变其栖地甚至可能会扼杀生物多样性。然而，当人们再用古老的有机方法种植或养殖时，首先必须面临市场竞争力的问题。但从长远的眼光看来，有机农耕可尽量减小对环境的伤害，以可持续经营的理念来说是合理的，问题在于如何扭转农民与消费大众的心态使其接受有机产品。在此过渡期中，政府用补助金或奖励金来鼓励采用有机方式生产的农场，不仅有效地防治了农用化学物质的污染，还为健康安全食品的提供创立了条件。

4. 能源作物规划

在石化燃料不可或缺的今日，找到其他替代能源对全人类而言是一件刻不容缓的大事。

该规划的实施提高了能源作物的种植面积，通过对石化能源一定程度的替代，在减少不可再生能源的消耗和降低引起温室效应气体的产生方面起到积极作用。在计划之初，能源作物将包含木本作物、白杨属植物与柳树种的轮伐以及芒草属植物的推广种植。这些能源作物有很高的生命物质量。评估其能源效应（生产作物所需能源：该作物的能源潜力），SRC 和芒草属植物的比例由 1:10 到 1:90 不等，平均为 1:20，而一般作物约只有 1:7。该规划的实施扩大了能源作物的种植面积，通过对石化能源一定程度的替代，在减少不可再生能源的消耗和降低引起温室效应气体的产生方面起到积极作用。

三、英国“农业环境保护政策”的内容

英国的农业环境保护政策主要是通过开展项目来进行的，这些项目大多数都是以生态补偿的形式开展的，促使农民选择最佳的耕种模式以达到环境保护的目的。

项目有各自的针对性，但每个项目获得生态补偿的条件都不是单一的，如初级补贴项目就包含上百种保护生态环境的措施，参加项目的农民可以根据自身条件和需求选择这些措施，而每种措施都有预设的分数，当农民通过开展某种或某些生态环境保护措施达到其农场平均每公顷 30 分时，英国农业部将会与其签订协议并按照每年每公顷 30 英镑给予补贴。例如，在农田周边设立用以阻止面源污染的缓冲带，每 100 米缓冲带将会得到 42 分，而某农民拥有 20 公顷土地，他只需要在其土地周边按照初级补贴项目的标准建设 1 500 米的缓冲带，即可获得足够的分数领取补贴，而不需要在其农田周围都建设缓冲带。各项目中补贴和每项生态环境保护措施分数的标准来源都十分科学，数据来自分布于英国本土百余处示范点，在各示范点采取各种保护生态环境的措施并与传统耕种模式进行比对，通过计算开展保护生态环境措施的环境效益及带来的减产，共同确认相关措施的补偿计分标准。初级补贴项目向所有的农场开放，只要农场主向“英格兰自然署”申请基本上都会通过，目前超过 60% 的英国农

场已经享受了该项目。而其他项目则不是向所有的农场开放，农场必须满足一定的条件才能申请，因此往往是农场主先向英格兰自然署申请初级补贴项目，英格兰自然署会派专人对其进行审核并对农场主进行相应的培训，由其自行选择生态保护措施，同时考察其农场的特征，如果该农场有需要保护的特别之处，如农场位于重要的水源上游或者是候鸟迁徙的必要休息区域，“英格兰自然署”的工作人员就会推荐其申请适合该农场的其他补贴项目，推动其签署更高级别的补贴协议，实施更好的环境保护措施以达到更好地保护生态环境的目的。

英格兰自然署（Natusal England），是英国村事务调查委员会的一个调查团。行使部分职能组建的一个总揽一切的机构，其将负责自然环境的保持、发展和管理。

针对水资源保护、面源污染防控，英国农业部还在英格兰和威尔士境内开展按照欧盟水框架计划以控制面源污染为目的的敏感流域耕作项目。该项目首先使用环境署多年的长期监测数据和建立的模型，筛选了英格兰和威尔士境内的数以百计的流域，最终选择了最有代表性且最容易受到农业面源污染的60个流域开展项目，并分别在这些流域内设立了办公室并聘用了专职人员以开展工作。这些办公室将针对自己所在流域的农场开展工作，工作的主要方式包括：一对一免费上门对农民进行耕种技术模式指导；在农村通过社区培训课宣传环保理念和方法；指导农民申请生态补偿资助等。项目工作人员和农民通过面对面交流、培训等方式增进了彼此间的了解，通过帮助农民申领生态补偿资助，专家获得了农民的信任，为下一步在整个流域范围内开展项目奠定了基础。通过项目的开展，农民获得了实质的经济利益，一方面由于按照工作人员的技术指导进行耕种可以减少投入，另一方面与英格兰自然署签订协议通过生态补偿资助获得更多的收入，同时整个社会获得了生态环境效益，由于污染源的减少，使得水污染的风险大大降低，不仅保证了水体质量，而且提高了生物多样性，美化了环境。与项目前期准备工作和开展中脚踏实地地落实工作相比，英国农业部对项目的监督与评估方面也很有心得。如在敏感流域耕作项目中，除了英格兰自然署组织负责具体工作外，环境署和各大高校的科学工作者负责对项目示范流域开展持续监测，用收集到的数据对已建立的模型进行修正，这不仅可以为这些示范流域开展后续工作做准备，同时也为项目向英国全境推广奠定了良好的基础；而农村支付署负责向参与项目的农民发放补贴，同时也负责对农民提交的书面材料进行审核，而每年年末还会通过现场考核甚至雇佣独立评估人员暗中探访的方式对得到补贴的农民进行考核，如果发现农民没有按照相关协议开展环境保护措施，轻则要求其开展补救措施，严重的终止合同并向法院提起诉讼要求农民退还补贴经费。

图 2-12　农场主有义务在其农田边缘种植

四、英国"农业环境政策"对我国"三农"建设的启示

农业生产是人类的衣食之源，农田环境为人类生存环境的改善充当着重要角色。每年地球上的净光合作用值中，有许多是由农田中的作物提供的。因此，我们在看待农业生产时，除了关心土地的作物产量之外，也应关注农地本身所提供的"绿色产值"。因而，加强农田环境管理不仅能为人类生产优质健康的食物，还将改善人类生存的生态环境，从而缓解当代人所面临的"农业发展—生态平衡"的两难冲突。这将对工业化进程中中国的农业发展具有深刻的启发意义。

（一）实施农业补贴政策，着力发展农业生产与维护农田生态平衡

由于全球化下新经济增长模式的作用，许多发展中国家在加速工业化进程和体制改革的过程中，由于人力资本不足或是其他种种原因，农业成为日渐萎缩的产业，休耕土地的面积也因此越来越大，政府不得不对自家农产品提供补助以保障粮食安全和农产品的市场竞争力。在这种限制下，什么样的政策才能使中国的农业挽回颓势并维持可持续经营？在英国或欧洲的其他先进国家，在早前遭到此问题的困扰时，其主要应对对策可分为对农民生产方面的补贴，以及社会性与对环境复育的补贴。中国现阶段应该对农田环境进行整体规划，实施以农业基本补贴为主、多种补贴不可并行的补贴措施，在激励农民在发展农业生产的同时自觉维护农田的生态平衡的积极性。

（二）加强农田环境修复规划，保持农地可持续利用

土地问题是中国"三农"问题的核心，中国现阶段的土地问题不仅包括产权问题，休耕

地过多、农地的可持续利用和农田环境问题也日益成为突出问题。近年来，政府对农业生产方面的政策倾斜力度较大，各种农业补贴不断增加，进入“工业反哺农业”的新时期。这在很大程度上缓解了农民的负担，有利于农业生产。但是从长远来看，仅仅对农民提供生产补贴对于解决农村劳动力过剩和农业生产瓶颈的问题并无实质性的帮助。从可持续经营的角度来看，农地休耕之后不宜全数转作他用，因为这样的结果是难以逆向进行的。长此以往，不利于农业生产以保障人们的基本生存。所以中国相关部门应该从长远着手制定农田环境修复规划，适时进行土地整理，维持基本农田的可持续利用。

（三）加强农田环境管理，缓解中国农业生产与土壤、水文环境恶化的矛盾

化肥、农药和各种除草杀虫剂的使用，导致中国农业生产区水土污染、物种破坏和疾病蔓延的现象呈上升趋势，所以应采取针对有利于整个农田生态环境平衡的农田环境管理措施，如本文之前所介绍的英国政府实行的各种农田环境修复规划，以此鼓励农民种植或复育原生种植物以增加生物多样性，创造适合农作物健康成长和人们舒适生存的环境，同时达到美化农田环境、丰富乡村自然景观的目的，达成人与自然的和谐发展。

（四）必须坚定不移地走农业规模化、机械化之路

根据英国农业发展的经验，农民要有一定规模的耕地，而我国农民人均耕地不足0.1公顷，为了提高劳动生产率还必须依靠农业机械化。只有农户耕地面积适当加大，才可以购买大功率的拖拉机，然后配套相应的农机具。我国大多数粮食主产区是一年两熟或一年三熟的农作制，为提高作业效率也需要大功率的拖拉机。利用我国现阶段统筹城乡发展、建设社会主义新农村和推进小城镇发展、改进户籍管理制度的大好时机，因地制宜采取不同形式的土地流转方式，向农机大户、种田能手转移，促进我国农户经营的规模化，健全强农惠农政策体系，推动资源要素向农村配置，确保政府一系列补贴减免税费政策落到实处，稳定粮食生产。

阅读看点

1. 农田环境管理政策——以土地为基础的农田环境保护规划，目的在于通过补贴的方式促使农民在农地上采取对环境“友善的操作”。
2. 环境敏感区规划——敏感区有高地、野生生物物种地区、历史遗迹地区，其目的是诱使该地区的村民在农业操作时能够保护环境。

第四节 英国的“农村中心村”就是“城市花园”

一、英国“农村中心村”建设

（一）历史背景

城市化总是与工业化形影不离。英国是世界上最早推进城市化的国家之一，在第一次工业革命爆发之后，英国自然而然地开始了其城市化的进程，这是整个社会经济发展到一定历史阶段的必然产物。17 世纪，英国有一半的农民就开始在农闲时去从事工业生产；到了 19 世纪，英国的城镇人口已经占到了全国总人数的 33%；20 世纪，英国的城市化程度已经达到 90% 以上。

在城市化、工业化过程中，英国的乡村遭遇了“先冷后热”的过程。第二次世界大战以后，伴随着城市化、工业化、国家现代化的迅速发展，英国乡村的人口不断向城市聚集，人口的过于集中使乡村人口凋零，乡村的建设处于无人问津的状态，乡村发展十分落后。之后，注意到这个问题的英国政府开始关注城市周边地区的发展，使乡村人口又开始急剧增加起来，给乡村发展带来了契机。在这样的背景下，从 20 世纪 50 年代开始，英国政府意识到城市和乡村都不能分离开来搞建设，必须把城市和乡村结合起来，因此英国政府开始针对乡村作出一系列发展规划，开始建设“中心村”，带动城乡一体化发展。

（二）发展现状

英国的“中心村”就是城市的花园，其建设目的是缓解城市和乡村之间的矛盾，改善乡村人口不足、基础设施薄弱的问题，加强乡村人口的集中，提高乡村基础服务设施的建设。英国政府为了能够极大地发挥乡村的经济作用，使乡村成为大规模的经济增长中心，出台了一整套综合性的政策规划，以促进乡村人口、就业、居住、基础设施和服务设施向“中心村”转移。英国政府这样大规模的投入，使“中心村”广泛地发展起来。自 20 世纪 70 年代中期以来，英国政府又调整了“中心村”的发展策略，将过去单一化的大规模发展模式改为中心村结构的发展模式，让“中心村”按照自己的需求去发展，各个地区可以根据自己的特色来发展，使现在英国乡村的发展欣欣向荣。

（三）社会影响

英国能够成为全球乡村建设和发展的典范，这其中离不开“中心村”建设的功劳。英国的“中心村”建设，正是因为其在城市化的过程中造成了许多社会问题，阻碍了英国经济的发展，才开始探询的一种新的发展模式，即将城市和农村结合起来，着力建设“中心村”，把“中心村”作为城市的花园，这也是英国统筹城乡一体化发展、协调城乡矛盾的具体体现，而这一切的结果都得益于英国《城乡规划法案》的出台与实施。

二、英国《城乡规划法案》的演变过程

（一）英国《城乡规划法案》形成的三个阶段

1. 第一阶段（1909—1946 年）：规划立法的创立

英国的城乡规划法规起源于对公共卫生和住房问题的关注。18 世纪末 19 世纪初，工业化大规模生产导致社会结构的急剧变革，城市中的人口规模膨胀、环境恶化以及住房短缺问题尤为突出。1848 年和 1875 年的《公共卫生法》、1866 年的《环境卫生法》成为政府解决环境和住房问题的重要法规。从 19 世纪 70 年代开始，各地方政府在不同程度上发展自己的地方住房法规，规定诸如日照间距、居住密度、卫生设施等一些基本标准。1909 年英国政府颁布了《住房与城市规划法案》，标志着城市规划作为政府职能的真正开始。受当时经济条件的限制，城市化水平较低，发展速度有限，城市规划立法还比较幼稚，这一时期最重要的立法是 1932 年的《城镇规划法》。

2. 第二阶段（1947—1967 年）：规划立法迅速发展

由于第二次世界大战的破坏，城市需要在战争的废墟上重建，城市建设、开发活动的加剧大大促进了城市规划及其立法。这一时期最重要的法是 1947 年的《城乡规划法》，以后又分别在 1951 年、1953 年、1954 年、1959 年、1963 年对该法进行了修改和补充，同时还有大量相关法规，如：1961 年的《土地赔偿法》、1965 年的《办公和工业开发控制法》等。1947 年的《城乡规划法》是一个开端，它的颁布创立了全新的规划立法原理，确立了英国战后的规划体制，其要点概括如下：

（1）以弹性发展规划代替从前死板的以规划纲要为核心的开发控制系统，发展规划由地方规划当局制订；

（2）任何类型的开发活动都必须得到地方规划当局的同意；

（3）成立中央土地局征收规划实施税；

（4）在土地开发及土地强行征购方面赋予地方政府更多的权力；

（5）给予地方政府更多的财政援助；

（6）强行征购土地的赔偿费的计算以土地现状利用价值为基准。

3. 第三阶段（1968 年以后）：规划立法走向成熟

1967 年，由住宅与地方政府大臣特别指定的“规划顾问小组”（PAG) 出版了一本名为《城乡规划》的白皮书，它导致了英国规划史上的一场深刻变革，产生了现代的 1968 年《城乡规划法》，该法在如下几方面有所突破：

（1）由结构规划与地方规划结合，构成开发规划；

（2）改革开发控制办法；

（3）大臣可指定检查员代其听取有关申诉；

（4）增加了更加有效的关于保护具有特殊或历史价值的建筑物的条款。

1971 年 10 月 28 日，新的《城乡规划法》颁布，尽管以后又多次修订，但它仍是当今英国城乡规划领域内的主要法规，据此，英格兰、威尔士每一寸国土的开发和利用皆受到控制。另外，还颁布了大量的相关法规，形成了较为完整的规划立法体系。

（二）英国城乡规划立法体系结构

英国的城乡规划立法经历了近一个世纪的持续发展，已经达到相当完善的程度，其体系结构如图 2-13 所示。

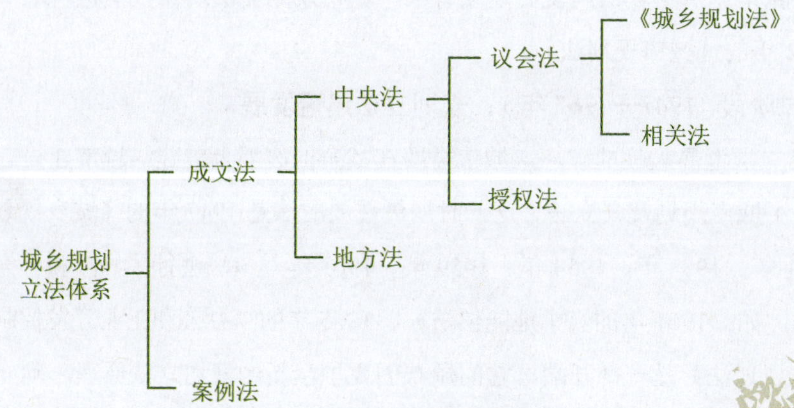

图 2-13　英国城乡规划体系结构

资料来源：刘全波 . 英国城乡规划立法 [J]. 城市规划，1990（4）:54-57.

25

毫无疑问，《城乡规划法》是整个规划法体系的核心。该法由议会通过，其法律地位与效力皆高于由政府部门制定的授权法。议会法除了《城乡规划法》以外，还包括大量相关法，如：《公共健康法》、《住宅法》、《公路法》、《地方政府法》、《土地获得法》、《土地交易法》、《出租及抵押法》、《绿带法》、《城乡规划大臣法》、《新城法》、《土地法庭法》、《农业法》、《历史建筑及古代遗址法》、《土地赔偿法》、《办公及工业污染控制法》、《强制购置法》、《工业发展法》、《地方就业法》、《污染控制法》、《社区土地法》、《土地开发费法》、《中心城区法》、《城乡矿产法》、《建筑法》、《新城及开发公司法》等。这些法大都经历了多次修改，内容细致，专业性强。

（三）1971 年《城乡规划法》

1971 年的《城乡规划法》是英国规划立法史上最重要的法律文件。该法内容十分丰富，这里介绍几个主要的方面：

1. 对政府职权的限制

该法对规划当局的职责权限做了大量规定。据此法，城乡规划控制管理分为中央及地方两级，中央为环境事务部，地方为郡、区规划当局（图 2-14）。

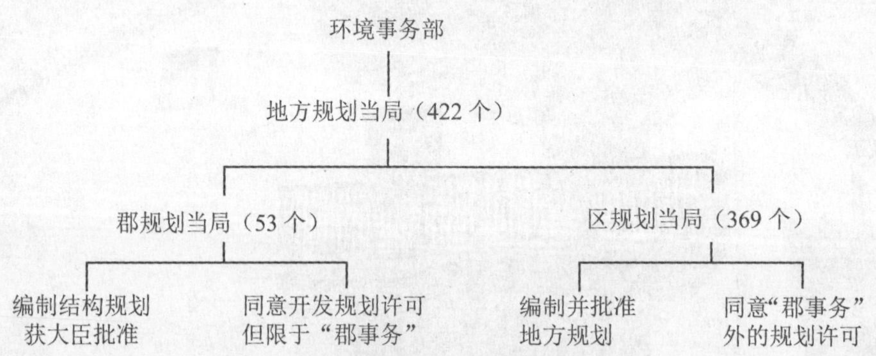

图 2-14　英国城乡规划控制管理图示

资料来源：刘全波 . 英国城乡规划立法 [J]. 城市规划，1990（4）:54-57.

环境事务部大臣的重要职责是监督地方规划当局，即：①批准地方当局制定的规划；②批准地方当局提出的强制购买命令；③否决地方当局批准的开发申请，裁决来自居民的申诉；④支付由于限制新开发而需支付的赔偿金；⑤制定授权法。另外，大臣还拥有代执行权，即处理怠职的权力。

地方规划当局的职责主要是：①调查研究，编制结构规划，并将其报大臣审批；②编制、起草各种地方规划；③审批规划许可证申请书；④对于违反规划控制的行为发出“实施通知”；

⑤对土地的强行获得权与处置权；⑥因某些规划限制而提供赔偿金；⑦购买某些受规划决议或规划命令影响的权益。

2. 开发控制的内容、程序及手段

开发控制是英国《城乡规划法》的核心。1971 年《城乡规划法》以三章的篇幅详细规定了其内容、程序及手段：第三章为一般情况下的开发控制；第四章规定了特殊情况下的附加控制，如对具有特殊的考古或历史价值的建筑物、树木、广告、荒地以及工业、办公建筑物的控制；第五章是控制的手段，即对于违反开发控制的行为发出“实施通知”。

该法规定“开发”的定义是：在地上或地下修建建筑物、构筑物或其他工程，开矿或其他活动，使某建筑物或土地的用途发生明显变化的活动。从事这些活动必须首先获得规划许可，也就是说应受到控制。为了避免混乱，又详细规定了某些活动不属于本法规定的“开发”范畴。

对于违反控制的行为，由地方规划当局发出“实施通知”。“通知”指出违反开发控制的行为在规定期限内必须采取的补救措施。对于不遵守“实施通知”者，法律规定为犯罪，判处有期徒刑或罚金。

3. 公众参与

该法规定，在结构规划和地方规划编制的过程中，必须按规定采取措施，保证规划过程充分公开，供公众提出自己的意见。在规划许可证申请书刊出或公开张贴 21 天之内，公众可以就其充分发表反对意见。

另外，还规定了与公众参与有关的公众调查会、私人听证会的形式、程序及其他规定。

4. 土地的获得与处置

英国《城乡规划法》赋予规划当局对土地的获得权与处置权是相当大的。1971 年《城乡规划法》规定，若主管大臣确信存在下列情况，则可以授权地方当局强行征用位于其辖区内的土地：

（1）为了确保通过开发、再开发或改进，在不同地区使用不同的方法，使某地块或某地块所在地区作为一个整体得到协调发展，应征用该土地；

（2）为了公共利益，将某地块与上款所述地块一起占用是有利的；

（3）为了将某些地区作为一个整体加以开发或再开发，为这些地区提供重新调整工业布局、人口分布、公共空地布局的机会，有必要征用该土地；

（4）为了使某地块所在地区能达到恰当的规划所规定的目的，应该征用该土地。

经过大臣许可，地方规划当局可以处置它所拥有的土地。当然，在相关法规中，如《土地赔偿法》，还详细规定了强制性征购土地的赔偿原则、求偿程序等。

图 2-15　中心村田园风光图

5. 由于规划决策限制了私人开发而必须支付的赔偿

凡是由于规划决策的限制、阻止或妨碍了土地的开发，或造成土地的贬值，土地所有者依法可以得到适当的、合理的赔偿，这是英国《城乡规划法》的一个重要原则，它充分体现了法律的公平与合理，这一点也正是我国规划法的欠缺，它导致了许多优秀的规划、设想难以实现。

在英国，这种赔偿主要分为两大类：① 由于规划当局的决定限制了“新的开发”，而引起的赔偿，它依据该地块已确定的开发价值中未能实现的部分而定，由大臣代表国家支付；② 由于作出了其他规划决策限制了开发而引起的赔偿，由地方规划当局支付。它包括下面几种情况：

（1）规划许可证的吊销或变更；

（2）规划决策限制了某些“新开发”以外的“开发”活动；

（3）规划决策要求停止使用某块土地，或对继续使用该土地附加了各种限制性条件，以及要求拆除位于该土地上的各种建筑物或工程设施；

（4）拒发保护性建筑物改建执照，吊销或修改保护性建筑物执照，以及颁发建筑物保护通知；

（5）颁发树木保护命令或要求重栽树木；

（6）某些与限制张贴广告有关的活动。

该法还详细规定了求偿权、求偿程序、赔偿费计算原则及其管理等，非常严密、细致。

6. 惩罚

英国《城乡规划法》的惩罚条款非常明确、严厉。根据法律规范，针对每一种可能的违法行为均细致地规定了假定、处理及制裁的措施。比如，第二十六节关于申请书的公开中规定：凡故意隐瞒、假报某些重要事实，或者因过失遗漏或弄错了某些重要事实，即为犯罪，在简易判决中，处100英镑以下罚金；对于不遵守实施通知者，认为犯了新罪，并规定了更加严厉的制裁措施。

三、英国“农村中心村”的成功经验

（一）英国率先建立了世界上第一个完整的城乡规划体系

英国在遭遇到城乡矛盾的时候，建立起世界上第一个完整的城乡规划体系，这是全世界的宝贵财富。工业革命之后，英国的城市化速度越来越快，乡村人口逐渐向城镇转移，乡村的发展得不到重视，日益凋零，城乡差距越来越大，城乡发展也越来越不平衡，严重阻碍了社会经济的发展全局。因此，在第二次世界大战之前，英国上上下下达成了一个共识，那就是在全国范围内进行统一的城乡规划，把城市问题和乡村问题统一起来规划考量，建立了世界上第一个非常完整的城乡规划体系，统筹城乡发展。英国在1947年制定的《城乡规划法》，目前已形成了完善的规划管理体系，即由中央、地区和地方三级组成完整的框架发展模式，在中央集中统一规划、城乡统筹、强调公众参与、在地区推行民主决策、按照规划执行。《城乡规划法》的制定和执行使英国可以通过立法处理好城市和乡村之间存在的问题，英国政府也正是通过立法保障其城乡发展规划体系的实施，有序地推动着城乡的一体化发展。

（二）英国非常注重乡村文化特色的保护

英国人认为，保护乡村就等于保护了城市的花园，乡村已经成为英国人生活中不可或缺的一部分。英国政府十分注重乡村文化特色的保护，于1949年颁布了《国家公园和享用乡村法》，通过法律来保障英国乡村的传统特色文化。这使得英国乡村的老房子、老教堂、栅栏等都保持着乡村的原汁原味，同时政府也鼓励和扶持具有地方特色的农产品的生产和经营，保护地方传统文化，因此现在英国每个乡村都可以拿出属于自己的专属特色来。英国乡村还有许多稀奇古怪的乡村节日，以此来吸引城里人来休闲娱乐，政府还借此建立了乡村协会和俱乐部，以期大家共同努力来保护乡村特色。

除政府外，英国还有许多民间组织致力于保护乡村文化特色，英国乡村保护协会 (CPRE) 就是其中一个。这个组织致力于保护能与现代化并驾齐驱的乡村文化，使城乡可以融为一体，可以说英国乡村保护协会在保护英国传统文化上作出了重要的贡献。

四、英国“农村中心村”对我国乡村建设的启示

（一）统筹城乡发展的宏观战略思维与制度选择是推进城市化的关键

从宏观来看，英国城镇化进程具有不平衡性和盲目性。结果城市规模发展过大过快，出现严重的“城市病”，不仅在一定程度上阻碍了经济的发展，而且造成大量的社会问题。只有到20世纪初，英国才出现了将城市问题与乡村问题合并解决的城市规划和建设理论——“农村中心村”的建设构想。到“二战”前，英国全国上下达成了在全国范围进行城乡规划的共识，从而开创了世界上第一个完整的城乡规划体系，促进了城市问题与乡村问题的解决。英国出

现这种情况的原因在于政府没有意识到城市化对经济发展的影响，结果对经济发展和社会进步产生负面作用。因此，中国在城市化过程中一定要根据国家各地区的实际情况，制定相应的城市化发展战略，不能重蹈英国的覆辙。

（二）农业生产力水平与结构的发展与优化是推进城市化的前提

城市化是人类社会发展的大趋势，城市化进程必然导致乡村的衰落，但农业不会消失，农村作为农业生产的场所也不会消失。这是因为一方面农业保证了一个国家人口的吃饭问题，另一方面从可持续发展的观点来看，农业还有保持和改善生态平衡、创造良好生活环境的功能，是人类生存和发展必不可少的行业。因此，中国在新农村建设的过程中，一定要注重提高农业生产力水平，优化农业生产结构，从而有力地推动城市化进程。

（三）形成“推—拉”机制，促进人口合理、良性流动是当前中国特色城市化发展的政策着力点

大力发展工业化，拉动农村劳动力向城市转移。建立完整的人口流动的“推—拉”机制，对于中国完成劳动力向城市转移具有决定意义。以英国为首的大多数城市化较为成功的西方

国家也都是工业化先行的国家，农民离农主要是受到城市(镇)强大的吸引力所致。在这些国家，工业化、农村劳动力转移、农业现代化、现代国民经济体系的建立及城市的崛起等重大因素之间都是相互依赖、互为推动的，最终迈向现代化。而中国农民非农化比较典型的是农村对劳动力的挤压式转移，农民仅仅是被农业“推出”土地，但他们“离土不离乡”不会成为城市人口，至少大部分人不会成为稳定的城市人口，农村劳动力转移的过程仅完成一半。所以必须有较完善的工业化、城市化体系吸引他们，形成完整的“推—拉”机制，走出农村的农民才有可能从地理空间的变化转向生存方式和社会身份的变化，成为真正的市民。

（四）大力发展乡镇企业是缓解城市化与工业化压力的根本出路

城市化与工业化进程的不同步性，决定了在城市现代化大工业没有建立时，应当大力发展乡村工业，以缓解劳动力向城市转移超快造成的就业压力，为劳动力向城市转移准备条件。工业化时常落后于城市化，这样就会使转移到城市的劳动力寻求不到足够的就业岗位而无法实现充分就业，最终导致失业率上升，甚至酿成严重的社会问题。如果工业化发展速度超过城市化，劳动力资源不足会限制经济高速、良性发展，也会在一定程度上遏制城市化发展进程。当前，中国城市化正处于关键阶段，大江南北涌动的“民工潮”表明工业发展已经落后于城市化，解决不好就会带来一些棘手的社会问题。英国政府扶持农民发展乡村工业为中国提供了借鉴。而实际上，改革开放以来在全国各地涌现的“苏南模式”、“温州模式”、“珠江模式”、“胶东模式”等遍地开花，在吸收农村剩余劳动力方面同数百年前英国的“原工业”有异曲同工之美。所以，乡镇企业的发展不仅会改写农村“以农为本，以粮为纲”的历史，还预示了一个农村劳动力转移——城市化的崭新前景。

阅读看点

1. 农村中心村——建设的目的就是促进人口、就业、居住、基础设施与服务设施向“中心村”转移，这样还能使乡村成为大规模经济增长的中心。
2. 乡村文化特色保护——保护乡村就等于是保护“城市花园”，这就使得英国乡村的“老房子、老教堂甚至是一些栅栏”都得以保存了下来。

第五节　德国的休闲农庄：让城市分享“农耕文化”

提起美丽乡村，人们常常会想到德、英、法等一些欧洲国家的乡下。那儿的休闲农业不只是一种经济活动，而已成为一种高度的农业文明和成熟的生活方式。一个个创意农业的发展，不但赋予农业丰富的文化内涵与创意，更使生产者、消费者从休闲农业中体验到美妙与愉悦。特别是20世纪90年代以来，德国政府在倡导环保的同时，大力发展休闲农业，主要形式是休闲农庄和市民农庄。其中，德国人普遍认为，在市民农庄里参与农艺劳作是最高尚的休闲娱乐方式之一，很多家庭也为能拥有一个农庄而感到骄傲与自豪。市民农庄（Kleingarten）又称施留贝尔花园（Schrebergarten），是利用城市或近邻区的农地，将其规划成小块出租给市民，承租者可以在农地上种花草、瓜果、树木、蔬菜或经营家庭农艺，种植过程中绝对禁用矿物肥料和化学保护剂，以体验农业耕作、田园生活。通过亲身耕种，市民可以享受到回归自然以及田园生活的乐趣，让城市市民分享“农耕文化”。

一、德国休闲农庄的发展概览

德国都市农业有着悠久的历史，是欧洲较早发展都市农业的国家，且其最早发展的是市民农庄，也非常成功。同时，德国也是世界上最早制定市民农庄法律的国家。从世界观光休闲农业的发展历程来看，市民农庄属于观光休闲农业四个发展阶段（即萌芽阶段、观光采摘阶段、操作体验度假阶段与租赁阶段）中的最高阶段的产物，目前广泛存在于欧洲、北美、日本以及我国台湾地区等。

德国的市民农庄起源于 Klien Garden，中世纪的德国贵族在自家的大庭院中划出一小部分作为园艺用地，享受亲手栽植的乐趣。市民农庄的大规模兴起，一方面与19世纪的工业化密切相关，当时农民大批涌入城市成为产业工人，城市人口激增，结果导致城市住房紧缺、食物匮乏等各种社会弊端不断出现；另一方面，市民农庄大量兴建与19世纪中期兴起的自然疗养运动有关，这是一种通过阳光、空气和运动保持身心健康的行动。

德国莱比锡的一位医生兼教育家施雷贝尔（Daniel G.M. Schreber，1808—1861）认为，园艺工作可调剂人们紧张工作产生的疲劳，提出“即使人无法支付个人住房也应当有拥抱自然的权利”。施留贝尔主张在工人区为工人子弟修建儿童游戏和活动场地，为贫穷家庭孩子的健康成长和接受大自然教育创造有利条件。为了促进农庄健康，使其成为孩子游戏和运动的场所，重要的是自己种植水果、蔬菜等，这样可以提供健康的食物并节约生活开支。由此，在德国掀起了施留贝尔花园运动的序曲。

1864 年，在施雷贝尔的女婿、身为教师的豪施尔德博士（I.Hauschild）的倡导下，莱比锡成立了第一家施雷贝尔协会 (莱比锡市政府于 1996 年在原协会会址建成了德国第一家市民农园博物馆)。1865 年，豪施尔德在莱比锡建立了第一个施雷贝尔游乐场（Schreberplatz）。1868 年，高级教师格瑟尔（K.Gesell）在该游乐场旁边修建了第一个市民农庄。开始时，格瑟尔只在苗圃里种花草，其初衷也像施雷贝尔一样，希望孩子们能从园艺活动中得到乐趣并增进对大自然的了解。事实上，孩子们对花园的热情往往会很快冷却，因此花园不得不由家长接管、照料，这样儿童花园逐渐变成了家庭园圃。

莱比锡第一座市民农庄建成后，全德国的城市都纷纷效仿。1830—1840 年，在像柏林、鲁尔等这样的大都市和工业区迅速推广开来。19 世纪后半叶，德国政府正式建立市民农庄体制，主旨是让住在狭窄公寓的都市居民，能够有足够且营养的食物供应，并以建立健康社会的理想为目标。许多城市都建起了城市贫民花园，著名的有位于柏林的红十字会带小屋的园圃区和铁路农场花园。各个城市都将零散空地分成小块廉价租给居民。这样做一方面解决了城市空地的管理、美化问题，又可使居民在这块自留地上养花种菜，修身养性。由于市民农庄一般离住户不太远，它便成了广大市民便利舒适的“就近休养所”。能拥有这样一块自己的小绿地，成为许多城市居民的乐事。

在 1919 年德国就制定了《市民农庄法》，确立了市民农庄的现在模式。第二次世界大战时，德国遭受空袭，人们在市民农庄中躲避度日，靠着这里所生产的蔬菜才得以免除饥饿。战后，在食物匮乏的情形下，市民农庄曾经发挥过供应蔬菜等农产品的功能。1983 年，德国又将《市民农庄法》做了修订，增加了社区发展的概念。按照法律，德国的所有都市都有义务将市民农庄提供给市民，目标是达到每 10 户居民中就有 1 户拥有市民农庄。

近年来，德国市民农庄的做法与宗旨与过去相比已有很大不同，主要是转向农业耕作体验与休闲，而不是以生产经营为方向。德国市民农庄呈兴旺之势，目前共有 10.2 万个市民农庄，占地面积达 46 640 公顷，其产品总产值占全国农业总产值的 1/3，超过 400 万人参与市民农庄的种植和管理，甚至在德国能够拥有或租赁一小块自由的农庄土地，已经成为继汽车、住房之后的一种新的财富象征。

二、德国休闲农庄的基本内涵

德国都市农业的主要形式是市民农庄，即由政府或农民将位于都市或近郊的农地出租给城市居民，以种植花草、蔬菜、果树或经营家庭农艺等，其主要目的是让市民体验农业生产经营的过程，获得耕作的乐趣，分享“农耕文化”。之所以称为“市民农庄”，是强调了它与私人园圃的区别，诸如在使用、管理和准入等方面都表现出“公园”的公共特性。由于市民农庄迎合了人们回归自然、休闲体验和获取安全食品的需要，因而受到了德国城市居民的广泛欢迎。从德国休闲农庄的主要做法来看，其基本内涵具体体现在以下方面：

（1）市民农庄是居住地以外的小型园圃用地，主要由乡镇、市或县政府提供公有地或向农民租地，再出租给没有农地的市区居民来耕作，体验农业。承租户依政府公告条件申请，并依申请先后顺序审核。承租人中途退出或转让，应向管理委员会提出，并由管理委员会从其他申请人中遴选愿意承租者递补，而递补者应合理负担原承租人投入的费用。

（2）承租人不受身份、地位、年龄、种族等限制，要与政府订定 25 ～ 30 年的租赁契约，并由承租人组织管理委员会负责市民农庄区域内的管理事宜。承租人每人一年的租金为 150 马克，另外还要付法人管理委员会会费 50 马克，作为管理委员会公共事务与环境维护清洁费用，同时承租人每年每人至少应有 1 小时以上的义务劳动，来整理园区环境。

（3）一个市民农庄的用地约为 2 公顷，分为 50 个单元，每一单元 100 坪 (1 坪约为 4 平方米），合计 5 000 坪，其他为道路、停车场等公共设施用地。在 100 坪的土地上，可建约 4 坪的工作室，作为放置工具与休息用，其中木结构工作室应向政府登记，砖结构则应申请。市民农庄内只提供自来水，不供应电，夜晚也不住宿。

（4）由于市民农庄的经营内容可自由发挥，承租人又有互相竞争比美的心态，所以市民农庄大多保持良好的经营状况。市民在农庄内种花、种草、种水果、种菜、养鱼或开展庭院式的经营等，皆由承租人自己决定，但所生产的农产品不能出售，只能分赠亲朋好友享用。

另外，由于市民农庄只能租赁不能购买，并且每一单元 100 坪的土地面积不大，市民农庄耕种活动又兼具生产、运动、教育、体验与享受田园生活乐趣等，因此在德国申请承租市民农庄者络绎不绝，市民农庄基本呈供不应求的态势。

三、德国休闲农庄的主要功能

在德国的都市或中小城镇中，到处都有不同形式的市民农庄。我们知道，自 1919 年德国制定了《市民农庄法》，成为世界上最早制定市民农庄法律的国家。到 1983 年，德国修订《市民农庄法》，其主旨转向为市民提供体验农家生活的机会，使久居都市的市民享受田园之乐，经营方向也由生产导向转向农业耕作体验与休闲度假为主，实现了生产、生活及生态三位一体的经营方式。德国市民农庄的主要功能从宏观上看，促进了农业在都市的保存与发展，使农业不因都市建设范围的扩大而萎缩，同时市民农庄的存在增加了城市的绿地面积，改善了生态环境，而且它还发挥着社区活性化的作用，为市民的交流与沟通提供了园地，有助于改善居民邻里关系。就微观来说，市民农庄对于市民个人具有以下多层面的功能：

（1）市民农庄犹如都市里的绿洲，提供自然、绿化、美化的绿色环境，是市民独自休闲与亲近土地、绿地的最佳园地，使身心疲劳的市民可获得多方面的休养与满足，如消除精神紧张、体验农耕与享受丰收的喜悦等。市民农庄也是退休人员或老年人最佳消磨时间的地方，甚至高龄者可增进身心健康而得以长寿等。

（2）广大市民在每天的上下班前后或假日，到市民农庄体验农耕的乐趣已成为不可或缺的活动，既增加了对农产品的认识与了解，获取关于动植物的多种知识，又锻炼了身体，使生活更加充实，还可以让小朋友接触农耕文化，体会农夫的辛苦，培养热爱劳动的习性。

（3）在市民农庄里，因共同耕种而增加与亲友交流的话题，是家庭间男女老少对话与进行健康活动的最佳场地。动员家庭全员行动，可以促进社区内部代际的互动交流。特别是夫妻一起到农庄工作，增加相处时间和沟通机会，可以增进夫妻感情，维系更加稳固的家庭关系等。

（4）在市民农庄里，人们感到是对大自然的一种回归，觉得蔬菜、花、水果、竹笋、鸟、昆虫和自己一起进行同样的呼吸。人们既可以享用新鲜、卫生、安全、清洁、健康的自产农产品，也可以在市民农庄里认识许多志同道合的朋友，或因农产品的赠送而拓展其人际关系，

图 2-16　市民乡村休闲游

扩大了交际面等。这些可以帮助社区居民，特别是低收入家庭节省食物开支，可以促进城市居民良好邻里关系的形成，可以增加城市居民的社会安全感。

总之，德国市民农庄的存在表明农业不仅具有生产粮、菜、花、果、鱼的生产性功能，而且具有改善城市生态环境的生态性功能，以及为人们观光、休闲、体验、娱乐提供空间的生活性功能。同时，从事实上阐明，城市与农业是可以相互依存、共同发展的，而非绝然分割的。由于德国市民农庄的成功实践与强大功能，吸引了来自国外的众多参观、学习者，许多域外国家、地区纷纷仿效，引为己用。由此，20 世纪 70 年代以后，社区农庄在欧美发达国家被作为一项全民运动而得到普及，并在推动城市社区发展、改善社区环境等方面发挥着重要的作用。

四、德国休闲农庄的经验启示

市民农庄在德国的广受欢迎，从某种意义上证明了其存在的合理性。了解德国市民农庄的发展状况、建设模式与管理经验，对当代中国来说至少可以获得以下重要启示。

（一）发展市民农庄可以优化旅游产品结构

伴随着旅游业的深入发展及游客需求的不断变化，我国旅游产品开发存在着优化结构的客观要求，尤其是在一些旅游业起步较早、发展速度较快且地区经济基础较好的区域，游客已不满足于那些饱受疲劳之苦而一饱眼福的简单型观光旅游产品，对近年来众多选题相近、表现形式雷同的主题公园模式也不再感到新鲜。因此，需要通过以休闲农业内涵为主题的合理规划与设计，把农业生产、农艺展示、环境保育及耕作休闲等融为一体，不但赋予农业丰富的文化内涵与创意，更使生产者、消费者从古朴、葱茏、苍翠、空气清新、乡野清幽等良好的生态环境中体验到美妙与快乐。总体上，德国市民农庄强调的环境保育、耕作休闲高于物质生产、拓展绿野阳光的空间为城里市民所享受，形成生产、生活及生态三生一体的经营方式，以符合均衡人们身心发展之需要。因此，发展市民农庄可以优化中国的旅游产品结构，使旅游产品的开发形式更趋丰富与新颖。

（二）发展市民农庄可以推动城乡统筹

中国目前正处于城市化高速发展的时期，也面临着德国当时城市人口激增所带来的失地农民就业、城市低收入阶层生活条件差、城市人口老龄化等一系列社会问题。市民农庄不失为一种解决城市弱势群体和“三农”问题的良好途径。一方面，市民农庄能改善城市居民的住房条件，为城市大众群体，特别是儿童和老人提供充足的自然认知空间与社会生活空间；另一方面，让市民成为农庄和城市绿化建设的生产力，而失地农民则从生产主体退出，转向为市民提供服务是城乡统筹发展观念上的关键转变，同时也是实现“以工哺农、以城带乡”战略的有效举措，对缓和社会矛盾、促进城乡统筹发展具有深远意义。

（三）发展市民农庄可以促进食品安全

中国当前已进入城市化加速发展期，经济社会已步入全面协调发展的新阶段，人们更加注重社区的生态环境和追求较高的生活品质。然而，民以食为天，考量中国当下食品安全的现状，诸如初级农产品源头污染较严重、许多食品市场抽样合格率偏低、食品安全管理制度不完善、食品流通环节经营秩序不规范、假冒伪劣食品屡禁不止等事件，对中国城市蔬菜供应、价格波动等产生重要影响。发展市民农庄，可以促进食品安全。由此，可以研究和借鉴市民农庄发展模式，充分发挥中国城市园林管理部门和农业推广部门的职能，联合成立市民农庄管理委员会，协助市民和学校拓宽土地的获取途径，发展城市有机果蔬种植，根据不同群体的特殊需求因地制宜地开展形式多样的街道农庄、小区农庄、学校农庄、公园农庄等，吸引社区居民、志愿者和大学生参与，以充分发挥城市绿地的多功能性，营建富有人文关怀精神的城市农业与和谐社区。

阅读看点

1. 休闲农庄——在许多欧洲国家，休闲农业不仅仅是一种经济活动，它已经发展成一种高度成熟的现代生活方式，使国民从中体验到美妙与愉悦。
2. 市民农庄——在城市中，市民农庄已发挥着社区“活性化”的作用，有助于改善居民邻里关系；在市民农庄里，人们感受到一种对大自然的回归。

第六节 德国“乡村风貌保护”的典范：以巴伐利亚州为例

德国是一个强调整体均衡、协调发展的国家，无论是百万人口的大城市，还是几千人口的小城镇，或是城区边缘的村庄，都有着优美的环境、便捷的交通、完善的基础设施，城乡几乎没有差别。简言之，简陋破旧、生活贫困的农村地区在德国已成为历史陈迹。德国农村因为其特有的经济发展水平、人口结构构成等因素，相比中国农村有着明显的优越性，如完全机械化的生产方式、高效率的农业生产、清新的空气、舒适的自然环境、低密度的居住环境、完善的基础设施，特别是保存良好的村镇景观、接近自然的生活品质等，使村庄拥有现代城市所无法比拟的独特魅力。然而，如此美丽、和谐的画卷并非从来就有，而是德国长期以来坚持不懈地进行农村更新的成果，尤其是在自上而下的更新过程中实现了“村落风貌保护”。以巴伐利亚州为例，通过在农村创造与城市等值的生活和工作条件为理念进行土地整理，可以一窥德国“农村更新”中的“村落风貌保护”状况。

一、巴伐利亚州“农村更新”背景：德国村庄更新的历史沿革

德国的农村建设走过了一个长期的探索历程，在这一过程中，土地整理与村庄更新作为改善农村地区生活条件的一种基本手段，起着举足轻重的作用。德国的“农村更新”工作有着长期的历史渊源，一般来说，村庄更新始于20世纪的农村土地整理，根据其实践内容大致可划分为下列四个阶段：

（1）19世纪60年代，德国仍是一个以农业为主的国家，农业人口占总人口的80%。随着采掘业的兴起，煤矿和铁矿诞生，与之相关的新型产业，如化工、纺织、机械、汽车等工业开始在农业地区出现。1936年《帝国土地改革法》的颁布，使德国农村建设逐步走上了法制化的轨道，宣告了农村自由发展状态的结束。农村给排水设施的建设、土地的规整与合并、荒地的开发利用等都需要遵循该法实施，但“农村更新”的概念当时尚未明确提出。

（2）“二战”后，由于廉价的劳动力、便宜的地价、国家的财政补贴等原因，许多工业场所迁至农村地区，新一轮的农村改革在这一背景下开始了。1951 年，西德政府颁布了《土地整理法》，明确了“农村更新”的总体目标与主要任务，即保证农村地区农业和林业经济的稳定发展，为土地归并整理创造条件，减少城乡差距。1960 年，巴登威滕堡州、黑森州率先出台了全州的“农村更新”计划。1965 年，巴伐利亚州也制定了州村庄发展规划。这一阶段村庄更新的重点主要集中在新村建设和完善基础设施两个方面，这种更新在一定程度上破坏了老村庄原有的机理和风貌，但在提升农村生活水平、缩小城乡差距等方面取得了很大进步。

（3）20 世纪 70 年代，伴随着环保意识的觉醒，许多城市居民为了追求宽敞的住房、良好的空气和宜居的环境而自发迁往乡村。由此，无计划的“返乡运动”导致了农村地区建筑密度增大、交通拥挤杂乱、土地开发过度、土地使用矛盾加剧等，这样使村庄失去了原有的特色和魅力。1976 年，德国联邦政府对《土地整理法》进行修订，将“农村更新”明确写入了法律条文中。这一阶段实施的村庄更新项目开始审视村庄的原有形态和村中建筑，重视村庄内部道路的布置和对外交通的合理规划，关注村庄的生态环境整治。更新后的村庄不再是城市的复制品，而是有着自身特色和极强自我发展潜力的村落。

（4）进入 20 世纪 90 年代，可持续发展的理念融入了村庄更新的实践。农村地区的生态价值、文化价值、旅游价值、休闲价值等都被提到与经济价值同等重要的地位。在北莱茵威斯特法伦州，甚至提出了“村庄就是未来”的口号。更新后的村庄不再是城市的复制品，这种对村庄循序渐进的发展步骤使德国村庄的活力和特色得以保持。

二、巴伐利亚州“农村更新”动力：村落风貌保护的主要问题

“二战”以来，联邦德国的乡村土地整理在改善农林生产条件、合理开发和利用土地资源、保护乡村自然景观和生态环境、促进乡村基础设施建设等方面都发挥了重要的作用。特别是在过去的30多年中，德国在土地整理、乡村革新与村落风貌保护方面取得了显著成效。以巴伐利亚州为例，到2006年为止已有约4 600个村落、超过1 000个农村公社正在进行或者已经完成了村落更新项目。在“农村更新”中，全州每年的财政投入总计1亿欧元。然而，农村的很多问题仍然存在着。

（1）农村人口的负增长与人口老龄化，一方面使得农村人均住房面积不断增长，另一方面则增加了农村住房的闲置率，许多私宅因为长久无人居住，而少有维护或年久失修等。

（2）德国乡村地区面临着农业在国民经济中的意义不断降低的问题，从事农业生产的人口也不断减少。至1999年底，农业与林业占国内生产总值的比例降至1.1%，就业人口比例降至2.6%。因此，需要在区域职能重构过程中，为乡村地区发展寻求新的定位与角色，从而与区域整体的转型和发展相协调。

（3）农业衰退、缺乏经济活力，大大减弱了农村地区的活力和居住的吸引力，而农村的衰退使得村庄中的公共建筑和公共空间缺乏必要的建设和维护，传统的村落公共空间和公共建筑，如教堂、市政广场等缺乏及时的更新，必要的社区活动场地、社区商店等设施明显不足。此外，村落整体结构也因为人口的缩减和经济投入的减少，存在着缺乏整体连续性、局部杂乱等问题。

需要言明的是，尽管每个村落具体存在诸多问题，包括经济、生态、社会等各个方面，但村落风貌这一物质层面的问题，却是每个村落都不同程度地存在的，而这个问题的解决也在每个“农村更新”项目的总体方案中得到了具体体现。

三、巴伐利亚州“农村更新”实验：在自下而上的更新过程中实现“村落风貌保护”

随着农业结构的调整，德国巴伐利亚州的土地整理，已由过去主要是改善农业生产条件和提高农业产量，扩大到改善村民的居住、生活条件，满足对土地利用的需要和自然景观的保护，促进农村的发展，即土地整理与村庄革新相结合。这些对缩小农村与城市在收入和其他待遇上的差别，将农业人口稳定在乡村，特别是在“农村更新”中实现“村落风貌保护”具有重要意义，使得在不同的农村地区和中心地区周围的居民区，即为数众多的村庄、小村

落及单个农庄提供等值的生活条件，从而实现各个地区生活条件的等值。

总体上，德国“农村更新”采取的是自下而上的过程，每一步的决策都以“村落风貌”本身为立足点，有广大村民的参与。这种过程决定了每个村落的更新过程具有强烈的自省和批判意识。一般来说，在巴伐利亚州，一个村庄的更新需要 10 ～ 15 年的时间。具体的“农村更新”实施过程如图 2-17 所示。

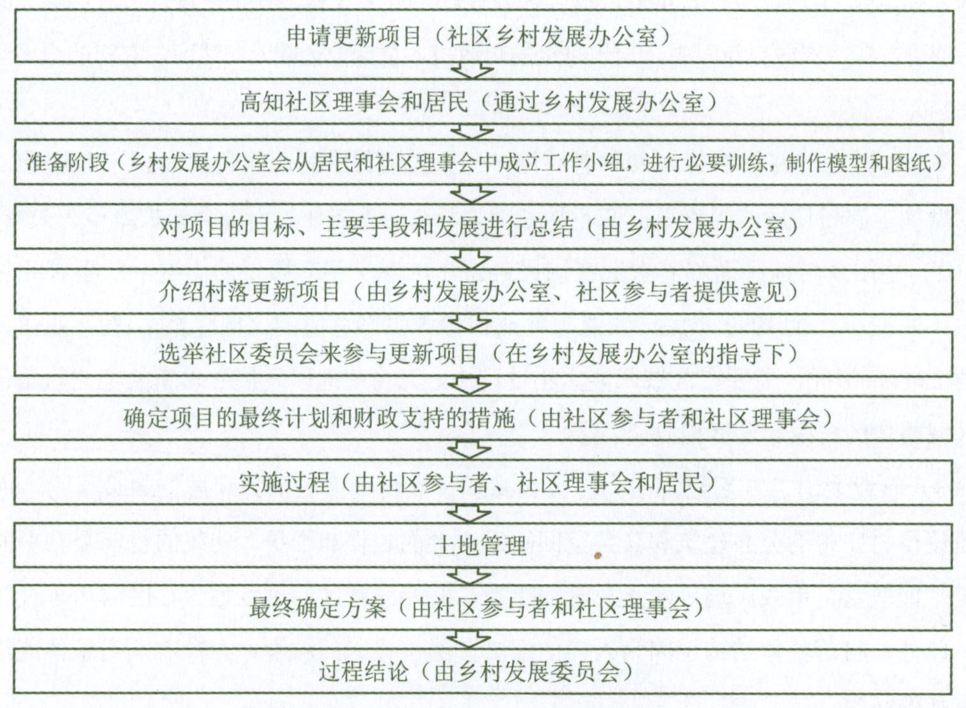

图 2-17　巴伐利亚州村落更新过程

资料来源：黄一如，陆娴颖 . 德国农村更新中的村落风貌保护策略 [J]. 建筑学报，2011（4）.

在这个过程中，政府从一开始项目确立时便告知村民，并对他们进行相关的技能训练。更新方案的讨论、确立和实施过程中每一步都有村民的参与，他们的意见是决策的重要来源和决定力量。而居民参与的形式也较为多样化，包括每一个决策前的问卷、讨论会议，方案讨论阶段建筑师和居民的实地讨论、将方案在现场用可视化的方法演示，一个“农村更新”方案结束后村民意见的反馈等。这种反复的讨论、每一步的求证，决定了每一个村落更新的案例都是独一无二和具有针对性的。

德国村落更新中除了居民和政府两大重要的力量之外，建筑师在每个村落更新项目启动伊始便参与其中，对村落的历史状况、现存问题和未来发展方向等提供专业的分析和建议。建筑师的工作，主要基于“农村更新”的三个方面展开：

（一）村落整体结构与公共空间

这个过程是村落更新最基础、最重要的一环，确定了村落更新的主题、总平面、开展方式等。这方面的展开基于社会背景、公共设施现状、历史、空间形态等多方面的背景研究与问题发现。如在 Schweinsdorf 的案例中，建筑师首先针对村落结构和公共空间的分析，主要包括现存建筑保存状况的好坏、建筑及土地的使用及闲置状态，公共建筑及设施的位置、商业的位置、保护历史建筑的位置和数量、农业建筑的位置，绿化树种以及村落中的自然保护范围等，最终得出了闲置及极少使用的建筑、可用的新建住宅基地、农业设施可以服务的范围，以及村落向外扩张发展住宅所适宜的位置等。对于村落整体结构的调整是以这些分析为基础的，从建筑的状态和使用入手，并从村民开始决策的。村民共同讨论决定村落主要需要的公共设施建筑，包括青少年活动室、社区中心和足球场，将这些公共建筑和设施设置在闲置建筑以及可用的基地上，并考虑设施可以服务整个村落以及各个设施间相对位置之间的平衡，以达到所有设施可以良好运作的意图。

可以发现，对村落整体结构的更新是从功能出发的，首先保证村民的日常生活所需，一些公共活动设施的考虑，生态节能、商业设施、文化设施等多方面的需求，都体现了从居民基本需求着手。另外，要保证分布的均衡和使用的便利。需要强调的是，村落整体结构更新的落脚点是“村落风貌的保护”。在更新总平面中，建筑师重点整合了现有村落的机理，并保证了村落风貌的连贯。①对于现存建筑进行调整，保证所有住宅体量相似、风格一致、形体关系明晰；②对于由于空地而导致的村落景观不连贯的现象进行治理，提出相应的建造意见，以完成连贯的风貌；③对于村庄中的主要道路进行了详细的设计，包括铺地、停车位、绿化、车行道、座椅、绿篱等，保证了主要道路界面的连续和多样，以及多种功能使用的完善。

图 2-18　具有特殊历史价值的私宅

（二）私宅更新

在村落整体结构的更新方案中，对于私宅的指导意见是宏观的，具体怎么更新墙面、门窗都要依赖于私宅的导则。每个村落的导则都是单独制定，并以本村落住宅的历史演变、现存建筑的讨论为基础。由于多年的发展，传统的木构架住宅早已凤毛麟角，取而代之的是新的农村住宅。这些建筑不再使用木构架，却在外观上与老住宅有着一定的相似性，同时，与城市别墅有所区别。在私宅更新的导则制定中，主要面对的对象是这些普通住宅，通过对该村落现有住宅的调研以及演变中各个阶段的分析，总结出既能代表村落特征又有历史延续性的建筑要素。在 Dingoshausen 的案例中，建筑师总结了两个世纪以来住宅的发展过程，总结出合适的比例和立面样式，以供导则制定参考。

关于私宅的导则，一般都具体到不同的建筑部位，包括各个部分的材质、色彩、形体关系、屋顶坡度、檐口样式、老虎窗设置、门窗样式、栅栏材质和形式、铺地种类等各方面。这些导则以直观的图片方式表达，被印成小册子以供村民阅读和使用。对于那些少量具有传统建筑特征同时处于危险状态的住宅来说，这些导则并不一定适用，一方面是因为建筑风格并不完全一样，另一方面建筑的老旧状态也并不适合常规的更新方法，于是更多适合于不同老建筑的方法需要有针对性地由专业人员进行研究。图 2-18 中所示的木构架住宅位于巴伐利亚州的 Rüdenhausen，有 310 年历史，具有特殊的历史价值。25 年的闲置使得这一建筑处于危险的状态，为了保存这一建筑，他们将原有建筑完全拆卸，把已损坏的原件用来自其他老住宅的木构件替换，而后完全按照原有建筑进行组装，并加上了保温层，最终保护了这一老建筑的历史原貌，也提升了建筑的居住品质。

由于住宅的私有权，政府无法对私宅更新实施强制措施，财政支持就成了有力地推进良性更新的手段。一般来说，凡是遵守这些导则并达到政府期望的私宅更新均可获得政府 20% 的财政支持，少量特别重要的建筑可达到 40% 的比例。长达 10 多年的更新过程，使得村落内部产生了相互影响和促进的过程，保证了出于自愿的私宅更新的成功。

（三）公共历史建筑更新

公共历史建筑更新主要包括两种：一种是源于建筑保存状况的问题而亟须更新，功能并不改变；而更多的一种是来自于功能转换的迫切要求，许多老建筑的功能，如城堡等，现在已经丧失了实用性，所以不仅仅是老旧的建筑需要更新，保存完好的公共建筑也有更新的需要。

公共建筑的更新方案是一对一的，主要依靠建筑师的设计及和建筑所有者的沟通来完成。公共建筑的更新，主要以最大限度地保存和还原原有建筑的风貌为原则，而那些需要功能转换的公共建筑，在保存建筑风貌的同时有必须考虑功能的适应性。Röttingen 的案例，重点将多个历史建筑转换成了村民文化休闲活动的场所（图 2-19）。对于历史遗留建筑，建筑师修复保存了原有风貌，并在建筑内部重新划分空间，使之成为一个影视、棋牌、餐饮等多功能为一体的社区活动中心。

图 2-19　城堡式建筑

总之，巴伐利亚州以在农村创造与城市等值的生活和工作条件为理念，进行土地整理和乡村革新，使得这个人口 1 200 万、面积 7 万平方公里、80% 的国土用于农林业的德国最大的农牧区，近年来取得了令世人瞩目的经济社会发展成就。到过巴伐利亚州的游客，都会被那里迷人的田园风光、高质量的生活水平所深深吸引。这个昔日落后于北部各州的农业区，已成为德国经济实力最为雄厚、发展最具活力的联邦州，巴伐利亚州已被欧盟当做现代化农村建设的一个标本。

四、巴伐利亚州“农村更新”的经验与启示

当下，包括巴伐利亚州在内的德国已经进入了后工业社会，城市规模的扩张势头已经减弱，在前东德地区、鲁尔区等甚至出现了城市萎缩的现象。与此相反，村庄这一传统的生活聚落，由于其良好的空气、接近自然的居住环境以及深厚的历史文化底蕴和独特的建筑风格等，受到了人们的青睐，这是德国政府坚持不懈地进行“农村更新”的结果。从巴伐利亚州“农村更新”中实现“村落风貌保护”的经验，我们可以获得一些重要的启示：

（一）“农村更新”需要法律保障

在 20 世纪五六十年代，德国曾经出现过片面追求新村庄建设而忽视村庄原有机理、风貌和文化特色的现象，在意识到这一失误之后很快立法，把保护村庄原有形态、有限度地改造更新老建筑和保护村庄的生态环境作为村庄更新的主要任务。德国村庄更新最重要的法律依据是 1954 年颁布、后经多次修订的《联邦土地整理法》，联邦各州根据实际情况也相应地制定了州土地整理法规及相关的法律条文，如巴伐利亚州土地整理法规、巴伐利亚州村庄更新条例等，联邦建筑法典对村庄更新也起着举足轻重的作用。另外，联邦国土规划法、州国土规划法和州发展规划，通过区域规划手段对村庄更新起到控制作用。村庄发展规划和村庄更新规划的制定不得与上述法律相悖。其他相关法律如联邦自然保护法、景观保护法、林业法、土地保护法、大气保护法、水保护法、垃圾处理法、遗产法、文物保护法等也是制定“农村更新”规划必须遵守的法律和法规。

（二）“农村更新”需要规划控制

“农村更新”是从土地整理、土地改革的工作范围内衍生出来的，是一项有关农村地区可持续发展的项目，并被纳入整个规划体系之中。自 20 世纪 50 年代起，巴伐利亚州政府就制定了“村镇整体发展规划”，通过该规划来控制村镇的更新，包括调整地块分布、改善基

础设施、调整产业结构、保护传统文明、整修传统民居，保护和维修古旧村落等。作为一项综合性规划的“农村更新”项目，既要满足区域规划对村庄发展提出的要求，又要根据需要制定相应的具体项目实施计划。这些项目的完成，一方面推进了农村地区产业结构的改善和村庄的城市化发展，保护了农村地区的自然环境、人文环境和文物古迹；另一方面则巩固了村庄作为居住和生活空间的可持续发展。总之，“农村更新”发展规划是对村庄综合发展的概念性规划，具体的实施则通过以项目为主的村庄更新规划来实现，对于上一级规划中所提出的村庄更新目标，将确定不同的项目并制定相应的详细规划。

（三）“农村更新”需要村民参与

村民的积极参与是农村发展最重要的目标和方向，对村庄更新项目的完成起着决定作用。因此，在德国巴伐利亚州土地整理与村庄革新的过程中，始终重视公众的参与，把公众的参与作为成功的关键。巴伐利亚州在制定“农村更新”规划时，均明晰村民参与的一般流程，将其切身的经验和愿望纳入决策中，这样将有利于制定出符合农村地区可持续发展、村庄有机更新且实施性强的“农村更新”规划。根据联邦建筑法典，公民在规划制定过程中有权参与整个过程，提出自己的建议和利益要求。通过平等参与和协商，缩短社区政府、专业机构、专业协会和村民的距离，加强相互之间的沟通与交流，调动村民参与村庄更新的积极性。为了让村民积极参与村庄更新规划，社区政府通过讲座、集会、媒体以及网络等平台，将有关信息及时传递给村民，广泛向村民征询意见，针对村庄更新提出具体措施等。

阅读看点

1. 农村更新——村落更新采取自下而上的过程，每一步的决策都是以“村落风貌保护”为立足点；一个村庄的更新常常需要10～15年的时间。
2. 乡村风貌保护——不但有政府与居民的力量投入，而且建筑师在每个村落风貌保护项目中都始终参与其中，并发挥着重要的作用。

第七节 荷兰打造乡村建设的“金融推手”

一、荷兰农业合作社概况

荷兰位于欧洲的西北部，国土面积 4.1 万平方公里，耕地 2 992 万亩，人口约 1 550 万，人均耕地 1.9 亩，为世界人口密度最高的国家之一。作为一个低地国家，荷兰十分适合植草，所以有 52% 的耕地种植牧草；40% 的耕地种植谷蔬菜、水果等作物；7% 的耕地建温室，栽培花卉、水果等。其农产品出口约占全国出口总值的 25%，总额近 500 亿美元。

图 2-20　合作社社标

荷兰的农业以家庭式农场经营为主，其中，经营超过 3 公顷的蔬菜农场有 150 家，花卉农场有 1 500 家，很多农场从祖辈开始就从事作物种植。由于小单元的生产结构，个体农民的市场力量较弱，缺乏竞争能力，各农户彼此之间视为具有共同利益的集体，而不是竞争对手。在市场面前，农民们具有近乎相同的产品、相同的利益，也具有相同的市场地位，因此开始自发地组织起一种适合市场功能的最经济的农户组织——农业合作社，这种合作组织保存了其他一切农民习惯的独立经营功能。荷兰农产品之所以能在国际市场上享有盛誉，农民的高度组织化是一个重要原因。

荷兰农业合作社最早成立于 19 世纪 70 年代。在这之前，荷兰农副产品经销商收购农产品都是先不付钱，卖出去以后才结算，农产品卖得不好的则退还给农民，这样一来，农民很吃亏。后来几个农民团结起来，在报纸上发表自己的主张，号召农户联合起来成立合作社，自己经销农副产品。1874 年荷兰农民在海牙成立了第一个合作社——消费合作社，随后供应合作社、奶酪合作社、信用合作社等在 19 世纪末先后成立。在协作精神的指引下，农业合作社得到巩固并不断发展壮大。一方面，为农户特别是小型农户在购买生产资料和销售自己的产品方面，发挥了规模经济的效益，得到更多的利益；另一方面，使农民集中各自有限的产品一起占有和扩大在市场上的地位，提高产品的销售价格，避免买主和卖主垄断市场。在合作社的推动下，农户联合走向大市场，为荷兰跃升为世界农业强国起到重要作用。目前，荷兰合作社总数643家，社员74万人，营业额360亿欧元，为8.5万人提供就业岗位，在荷兰社会经济生活中发挥着巨大的影响。

（一）农业合作社的主要类型

荷兰农业合作社遍及农业的各个环节和领域，无论是种子的培育、饲料肥料的供应、农机具的采购维护，还是农产品的加工、销售，农民都可以通过加入合作社得到解决。从合作社的经营范围和服务内容看，主要类型有：

（1）供应合作社。农民通过这类合作社订购种子、肥料、饲料等，全国共有110个这类合作社，分别属于3个中央采购合作社，占有饲料供应的55%和肥料供应的60%。

（2）销售与加工合作社。主要有牛奶合作社、甜菜合作社、马铃薯合作社、牲畜和肉类合作社、蛋禽合作社、羊毛合作社等，为农户提供农产品的加工和销售服务。如饲养奶牛的农民加入牛奶合作社，把自己生产的牛奶销售给牛奶合作社，合作社把牛奶加工成盒装鲜奶、奶酪、奶粉、奶油等高附加值的奶制品再出售。这类合作社的市场占有率一般都在50%以上，有的达到100%，并且多数在欧、美、亚洲都有自己的销售机构。

（3）拍卖合作社。这也是销售合作社的一种。它是把易腐的农产品（如水果、蔬菜、鲜花等）的供与需连在一起，用拍卖的方式在最短的时间里做成交易。拍卖合作社在成交额中扣除一定比例的服务费作为自己的费用。荷兰80%的蔬菜、水果是通过18个水果蔬菜拍卖市场成交的，95%的鲜花是通过7个花卉拍卖市场成交的。

（4）服务合作社。这类合作社各自提供不同的服务，如互助保险公司、联合农机合作社、农产品仓储、救济服务、农业管理辅导等。

（5）信贷合作社。这类合作社由农户出资建立，农户之间提供担保，为农业生产提供信贷服务。最早的农业信贷合作社成立于1896年，荷兰合作银行(Rabobank)就是由500多家独立的合作信贷组织组成的。

（二）荷兰农业合作社的基本原则

荷兰合作社都是作为特殊独立法人而存在，既不同于民间非经济团体，又区别于资本有限公司，是一种由农民自愿组织起来互助共利的特殊经济组织。有五项基本原则：

（1）独立性。合作社是每个独立家庭农场间的合作，是一种个体私有经济间的合作，每个农民独立自主地决定自己农场的生产过程。

（2）自愿性。社员必须承认合作社的章程，维护共同利益，缴纳一定会费，自愿加入。社员入社的条件：提出书面申请、生产的所有产品交给合作社销售、履行合作社质量条款、支付会费。

（3）民主性。合作社实行一人一票的表决方式，社员权利与义务平等。合作社内部的权利和义务由社员共同承担，包括金融风险承担和投票选举权等。

（4）紧密性。合作社成员必须通过合作社来销售自己的全部产品，不允许将部分产品直接售给零售商；合作社首先要为社员销售产品，确有能力和必要才可以帮助非社员进行销售，但交易额有一定的限制。

（5）非资本获利性。合作社内部的分配取决于每个合作社内部成员所进行经济活动的数量和质量。社员不是按股金数量获利，而是按交易额多少分红。在合作社内部，不同的产品有不同的价格，每个农户出售的产品按照产品的质量定价，这是农户加入合作社必须遵循的一项基本规定。

（三）荷兰农业合作社的地位和作用

荷兰农业合作社均具有独立的法人地位和完备的立法，每个合作社都有自己的章程，确定合作社的名称、成员来源、组织形式、行为准则和责权利关系等。农业合作社具有很强的独立性和自主性，不受政府的干预，农民（农户）入社完全出于自愿，一般情况下，农民可以同时参加 3 ～ 4 个合作社，以缴纳会费的形式确定与合作社的联盟关系，并从合作社获得个体户难以实现的帮助和服务，使自己的利益得到有效的保护。

在荷兰农业发展历史上，农业合作社发挥了巨大作用，而且在其农业发展过程中占有重要地位。在荷兰农民收入中，至少 60% 是通过合作社取得的。合作社与非合作社企业的市场占有比例在不同的行业有所不同。在供应行业中，合作社在化肥和精饲料市场的占有比例为 52%。在销售和加工行业中，农业合作社占有相当大的市场比例，如：牛奶占 82%，蔬菜占 70%，花卉占 95%，甜菜占 63%，马铃薯达到 100%。农业所需的大约 90% 的银行信贷来自于信贷合作社。此外，荷兰农业合作社还提供了大约 8.5 万个就业机会。因此，农业合作社为荷兰的农业和农村经济社会的发展作出了重要的贡献。

表 2-2　荷兰各类合作社市场份额　　单位：%

		1990 年	1995 年	1998 年	2000 年
信贷		90	87	87	87
投入物供应	配合饲料	52	52	54	53
	蘑菇培养基质	80	55	50	50
加工	乳制品	84	83	82	83
	甜菜加工	63	63	63	63
	马铃薯淀粉	100	100	100	100
销售	鲜花	95	95	95	95
	花种球	50	50	50	50
	蔬菜、水果	70-77	73-76	69	57
	羊毛	60	60	68	75
其他服务		47 ～ 60	45 ～ 55	45 ～ 61	43 ～ 63

资料来源：厉为民．荷兰的农业奇迹 [M]. 北京：中国农业科学技术出版社，2003.

二、荷兰农业合作社的特点

（一）把业务集中在流通加工领域，走加工出口型发展之路

荷兰国土面积小，人口密度大，国内原料资源和市场资源都很有限，但荷兰是欧盟的成员国，周边有英、德、法、意等高度发达的工业国，拥有便利的外部市场，且受欧洲工业革命的影响，具有较高的工业、科技发展水平和获得欧洲先进科技成果的便利条件。因此荷兰合作社扬长避短，利用充足的人力资源，走设施型、科技型和劳动密集型的农产品加工之路，重点发展了以蔬菜、花卉、饲料和农产品加工业，通过加工增值再销往国外市场，这也正是荷兰农业的发展方向。

合作社组织出口的产品一般占同类产品的 1/2 ～ 2/3。由合作社投资兴建的荷兰阿尔斯密尔（Aalsmeer）花卉拍卖市场是世界上最大的花卉市场，占地 10 公顷，地上建筑 100 万平方米，设有四个拍卖交易大厅，2 000 个交易席位，几千个品种，每天的交易额达 600 万荷兰盾（约合人民币 3 000 万元）。每天拍卖的花卉 80% 销往世界各地，20% 在国内销售。

（二）以专业合作社为主，走专业化和产业化经营之路

荷兰合作社都是单一目的的专业合作社，围绕单个品种的农产品开发形成了生产、加工、

图 2-21　农业图景

销售的产业链，进行贸工农一体化的专业化和产业化经营。荷兰农业已实现了农业区域化、专业化生产布局，农民经营也实现了规模化和专业化，如肉类、牛奶、花卉、蔬菜水果、银行等都是以专一经营来组建合作社的。这种单品种专业合作社的最大优势是服务对象和内容较为集中，其他商业组织很难介入。同时对单一产品的质量改进、科研开发、深度加工和市场营销都较容易展开。如从事肉类加工的杜梅可（Dumeco）公司，其生产、加工、销售都由合作社控制，因而在市场竞争中占据着极为有利的地位，在荷兰的市场占有率高达 50%。社员的专业化生产通过加入不同的合作社来实现，如社员既参加了花卉合作社、蔬菜合作社，又参加了 CAV 合作社，他们生产的郁金香、土豆、甜菜、紫 / 绿色球白菜等产品大部分都是通过专业合作社销售出去的。专业合作社与农民的生产是紧密地连在一起的，随着农业的产业化、现代化，合作社出现了“四高”，即合作社劳动生产率高、市场份额高、机械化程度高、外向型程度高。

（三）以规模效益取胜，走集约化经营之路

荷兰没有全国性的合作社联合会，但通过联合可以形成全国性的经营集团。全国最大的合作社集团是赛贝科集团。该集团网罗了 30 个地区合作社，下设 100 个公司，在北京设有办事处。集团控制的主要产品都占据很大的市场份额，糖占全国总产量的 60%，牛奶占 90%，饲料占 70%，家禽、牲畜屠宰占 50%，农业机械占 35%，肥料占 30%。赛贝科集团下属的

CTA 公司是地区性的饲料生产、供应合作社，在荷兰是第三大合作社，主要生产经营猪、牛、家禽饲料，年生产量 50 万吨，占全国市场份额的 60%，其中有 30 万吨出口到德国。CAV 公司也是赛贝科集团下属的一个地区性的供销合作社，有零售商场、加油站、仓库等设施，1994—1995 年度经营额达 2 442 万荷兰盾（约合人民币 12 210 万元），利润 73.38 万荷兰盾（约合人民币 366.9 万元）。荷兰合作社的利润主要是从发展加工、组织出口中获得，而同农民的交易中一般只限 4.5% 左右的手续费。

（四）合作金融对农民生产的支撑起着很重要的作用

荷兰合作银行 (Rabobank) 主要为农业经济提供金融服务，在荷兰拥有 85% 的农业贷款份额。荷兰合作银行对农业借款人采取了联保的方式。借款人不还款，对于联保成员就会有影响，联保成员就会迫使借款人归还贷款，这种联保贷款的回收率非常高。

案例 2–1：小国土大农业

30 多岁的荷兰小伙科斯蒂安·布洛克兰特，与他的父母和哥哥共同经营着一个奶牛牧场。这个占地 48 公顷的牧场，位于荷兰西部城市鹿特丹邻近的一个小镇子里，是个典型的荷兰家庭牧场。

牧场

“从我爷爷的爷爷那一辈开始，我们家就经营牧场了，”科斯蒂安说，“虽然我们在前不久刚刚卖掉旧的牧场，搬迁到这个新的地方来，但是牧场除了变得更大一些之外，其他的经营变化都不大。”

这座牧场中，除了几处不算太大的农舍之外，更多的是连片的草场，闲适的奶牛们慵懒地走走停停。整个牧场可容纳大约 200 只奶牛以及 140 只小牛犊，在整个荷兰算是个中等偏小的牧场。

“目前，我们加入了两家农业合作社，其中一家是帮助奶牛配种的，另外一家弗里斯兰·坎皮纳合作社则负责帮助我们销售牛奶，尤其是后一家对我们非常重要，它是我们经营牧场收入的保证。”科斯蒂安说。

在荷兰，农户都像科斯蒂安一家一样，加入至少一家农业合作社。行走在荷兰的城乡之间，随处可见一片片绿草如茵的牧场和一排排整齐排列的现代化温室，这些四处星罗棋布的农场或者牧场背后，隐含着强而有力的生产协调组织机构，这就是历经百年发展的荷兰农业合作社模式。

现代化温室

科斯蒂安一家加入的弗里斯兰·坎皮纳合作社是如今荷兰最大的农业合作社，拥有近 1.5 万名社员，2010 年营业额约 90 亿欧元（1 欧元约合 8.18 元人民币）。在达到如今这般庞大的

花卉种植

规模之前，这家合作社经历了几场规模较大的兼并，而科斯蒂安家族最先加入的农业合作社在几经辗转之后也被并入其中，因而他们也就随之加入了合并后的合作社。

“我们可以算是合作社最底层的农民了，之所以愿意加入并相信合作社主要是因为收入有保障，同时合作社的组织结构、民主原则以及透明操作给人信任感，”科斯蒂安如是说。

“加入合作社后，我们就能明确地知道我们的牛奶是可以卖出去的。”科斯蒂安继续解释说，“在荷兰也有一些商业组织，如果不加入合作社也可以将牛奶卖给他们，但那样的话，你永远都不知道自己究竟该生产多少，能卖掉多少。而加入合作社，根据规定，合作社必须购买你的所有产品，所以农民的收入是有保障的。当市场行情不好的时候，那些商业组织就不会要你的奶了，而合作社将依然如故。”

实际上，加入农业合作社的好处不仅如此。经调查得知，例如对科斯蒂安家的农场而言，加入合作社获得销售保障赚到一笔主要的收入之外，年终还有可能根据与合作社经济交易的份额参加额外的第二次利润分配。这两次利润分配的总额中，30% 会被合作社收取，作为合作社运营与抵御风险的资金；35% 会进入合作社的权益性集体股份；还剩下的 35% 会以现金的形式，好像红利一样返还给农民。

“更重要的是，农民们都知道，如果是与合作社合作，那一定是一个长期的合作，”科斯蒂安说，“而如果与商家合作，虽有一时的利益，但不能确定是否明年还能续合同。”

案例来源：《荷兰农业合作：小国土大农业》，参见“国际先驱导报”，http://ihl.cankaoxiaoxi.com/2013/0415/193428.shtml

三、荷兰农业合作银行

（一）荷兰农业合作银行概述

荷兰农业合作银行（RABO BANK NEDERLANDS）又称拉博银行，是由荷兰数家农村信用社于1973年合并而成的，至今已有100多年的历史，开始它是由农民自愿组成的信贷合作社，原始资金由农民共同筹集，在此基础上由500多家独立的合作信贷组织组成合作银行，在内部实行共同担保，对外则统称荷兰合作银行，以增加信誉度。银行主要从事支持社员农业生产经营相关的各种金融服务活动，包括保险、租赁、投资、农业经营等，共有368个地方合作银行和1 926个分支机构，有社员60万，本土雇员5.5万人，总资产3 640亿欧元。单从拥有的资产来讲是它荷兰国内第二大银行，而从市场占有率来讲则是荷兰最大的银行。在荷兰，对农业部门的银行信用业务90%是荷兰合作银行提供的，此外荷兰合作银行还提供了荷兰中小企业40%和大公司15%的银行信用服务。荷兰合作银行占据着私人储蓄存款市场的35%和居民抵押贷款市场的25%。实力的增强使荷兰合作银行不仅为国内的农民和社员服务，而且向国际市场发展，介入国际金融业务。现在，荷兰合作银行在全球银行中排名第31位，在34个国家和地区建有143个海外分支机构，海外雇员4.5万人。

荷兰合作银行三大业务按总行营业部、地方成员行及海外分行业务进行分类，基本上不交叉：① 国内零售业务，属于地方成员行业务范围；② 批发银行及其他，属总行营业部业务范围，此块业务前景非常好；③ 海外业务，属于海外分行业务范围。现有海外银行244家，主要是收购、兼并、参股国外银行，海外业务是他们今后的发展方向和战略重点。

荷兰国家财政虽然没有对荷兰合作银行参股，但国家给予扶持的政策力度很大。① 赋予监管职能。荷兰中央银行50年前即授权荷兰中央合作银行对辖属全部机构行使央行的金融监管区，从而给荷兰中央合作银行以很大的自主权。② 减免税负。荷兰国家财政10年来减免荷兰合作银行所有税负，从而增强该行的盈利水平、自我积累的能力。③ 允许其混业经营。荷兰中央合作银行准许荷兰合作银行经营银行、证券、保险及金融衍生业务，从而扩大他们的业务领域。④ 自行发行债券，以此作为补充资本金的重要渠道。

（二）组织治理架构

荷兰合作银行是一家由中央合作银行（总行）成员行和直属金融机构组成的银行集团，其中地方成员行共350家左右。此外，银行集团还有大量的直属子公司，包括海外分行244家、公司客户部、证券公司部、国际部、环球金融市场部、全资附属的保险公司、全资附属的资产管理公司、全资附属的租赁公司、投资顾问等。中央合作银行和成员行都具有独立法人地位，构成两级法人组织机构，并且这些成员自下而上控股中央合作银行。成员行在地方零售业务方面拥有灵活的自主权，但在管理体系特别是信贷风险管理方面，荷兰合作银行实行自上而下严格的标准化管理。

荷兰合作银行的决策结构为：成员行—成员大会—地区代表大会—中央合作银行董事会/监督委员会—中央代表大会。地区代表大会是数家成员行之间的法律组织，代表各地成员行的利益，其职能是咨询和征求意见，然后递交成员大会表决；中央代表大会由地区代表大会的代表组成，其主要职能是就一些银行业务的重大决策实行最终批准权，每个季度召开一次。此外，还有一年一度的成员大会，其主要职能是批准年报，任命董事，修改章程。董事会成员从成员行中产生，成员行可从外部聘请懂银行业务的人担任监事。监事会成员由成员大会任命，规模小的成员行可不设监事会。银行顶级的管理人员，包括选举出来的董事会成员，都必须经荷兰中央合作银行批准。

（三）荷兰农业合作银行的经营特点

1. 主营农业贷款

坚持经营理念百年不动摇。荷兰合作银行起源于农村合作金融组织，主要是为农业经济提供金融服务，其在荷兰拥有85%的农业贷款份额。另外，在其他一些农业和食品加工业非常发达的国家和地区，荷兰合作银行都非常活跃，是为农业和食品加工业提供金融服务的全球领先者。值得一提的是，在百年变迁中荷兰合作银行始终恪守农业贷款范围，不去和其他商业银行争抢农业贷款以外的业务，并且预防他们渗入农业贷款业务，这是十分难能可贵的。

2. 谨慎信贷

构筑防范风险之长堤。在荷兰，银行反复向一个客户发放贷款可以降低工作成本，但荷兰合作银行不仅仅考虑降低交易成本，而且更注重资金的安全性。客户的支付能力直接决定其是否能得到贷款以及贷款的规模。再就是通过各方面的压力和措施来确保贷款人及时还款。这里面最主要的是成员之间的联保贷款，借款人不还款，对于联保成员就会有影响，联保成员就会迫使借款人归还贷款，这种联保贷款的回收率是非常高的。

3. 提足拨备，确保资本充足

荷兰合作银行是一个合作制的银行，中央行由350家地方成员行按照资产规模自下而上控股。除按市场价格向地方成员行提供所需服务外，中央银行还具有业务经营权和自身盈利功能，因此中央行每年都会按照股份对地方成员行进行分红，构成地方成员行的利润。地方成员行的利润不向其成员分红，全部用于储备和积累，以此增加资本金。荷兰合作银行由于

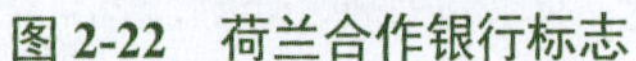

图 2-22　荷兰合作银行标志

图 2-23　荷兰合作银行

建立了稳固的资本金补充机制，资本金一直十分雄厚。任何情况下都保持在不低于 10% 的水平，抵御风险的能力很强。

4. 业务分明

两级法人互惠互利。中央行是具有业务经营权和自身盈利功能的，所以其除了对地方成员行提供服务和进行风险、合规管理外，还要开展自己的经营业务（为地方成员行提供服务都是要按市场价格收取费用的）。地方成员行要在最大限度上满足当地成员及客户的基本服务需要，尽可能多地利用中央行的标准化服务减少管理和经营成本，这一点在中央行为其提供资金服务、调剂余缺时尤为突出。中央行与地方成员行的业务往来是严格按市场原则进行的，不会出现随意调动地方成员行资金和不尊重地方成员行及其利益的现象。

5. 高度电子化

目前，荷兰合作银行 60% 的客户资金划拨通过网上进行，而五年前该比例只占 5%，营业场所门面很小，地方行转账业务在网上进行，存取款业务则在 ATM 上进行。信贷员实际上是客户经理，一般贷款均通过电子签名在网上进行，只有抵押贷款、大额贷款、理财业务的客户通过事先预约才到银行办理，业务量快速发展的同时，银行营业网点、银行员工、去银行上门要求服务的客户却在减少。由于科技支撑，银行服务面非常广，荷兰合作银行拥有客户 900 万人，而荷兰全国总人口仅为 1 600 万人，其合作银行业务已深深扎根于荷兰全社会。

6. 服务个性化

该行宗旨是力所能及地为客户提供全方位的金融服务。一方面是总行对成员行提供服务，其观念是成员行是总行的上帝，总行给成员行的服务项目由成员行自愿选择，不同意的从不强求，但是由于服务质量好、收费合理，成员行非常乐意接受其提供的服务；另一方面是成员行对客户的服务，总行对成员行总经理绩效评价的主要标准是客户的满意度。成员行对客户按交易大小分为三类，分别实行个性化服务，从而保证同客户建立长期关系，使客户价值最大化。

7. 资产多元化

实施全方位金融，实行风险分散策略。证券、保险、租赁、投融资、房地产业务、理财业务、国内业务、自营业务、海外拓展等齐头并进，服务遍及国内、延伸至国外，全行整体效益很好。荷兰合作银行的租赁和代理经营业务在荷兰排名第一，保险业务在荷兰排名第四，资产管理业务在欧洲大陆排名第一，资产管理总额达 1 250 亿欧元。此外，该行还成立了包括独立的食品和农业研究咨询部门及荷兰合作银行国际公司。

8. 决策严密化

①内控严密。总行设有 250 多人的审计部，还聘任社会中介机构进行监督。②谨慎信贷。该行把贷款偿还率作为决定客户信誉程度的重要因素，将资金安全性作为贷款与否的首选因素，而不只考虑低的交易成本，信贷操作有严格的流程和条件。此外，地方成员行的董事会成员和监事会成员，若有贷款要求则只能从中央行获得，不可向地方行直接贷款。③重视交叉担保体系。集团下属的每一个实体，都要对其他实体的权利义务负责。如贷款严格按规定发放而造成的损失，发放行自身承担 15% 损失，另外 85% 的损失则由其他行共同承担，如违规放贷造成损失，其损失则全部自行承担，责任人将被科以重责。④强调依法经营。荷兰在 1976 年制定实施《合作金融法》，为合作金融组织提供法律依据，《合作银行章程》被合作银行全体员工视为至高无上的“圣经”，如违反合作法和章程都将受到重责。

阅读看点

1. 农业合作社——荷兰的农业生产以家庭式农场经营为主，且具有很强的独立性与自主性，它不受政府干预，农民入社完全出于自愿。
2. 金融推手——荷兰的农业合作银行在其农业发展中起到非常大的作用，它主营农业贷款；在百年变迁中，荷兰农业合作银行恪守农业贷款范围。

第八节 丹麦建构农产品输出的“组织平台”

一、丹麦“农业合作社”简介

（一）丹麦“农业合作社”的奠基人——格伦德维戈

格伦德维戈（N.F.S.Grundtvig，1783—1872 年）是丹麦 19 世纪著名的诗人牧师、教育改革家，他的宗教及教育思想对丹麦农村社会发展产生了决定性的影响。他倡导兴办的以教区为基础的成人教育学校——丹麦民校（Folk High School）——打破了当时丹麦乡村彼此隔绝、封闭的传统文化局限，开阔了农民的视野，培养了农民的合作意识和合作能力，为农业合作社的建立和发展奠定了思想文化基础和组织基础。因而，格伦德维戈和他倡导兴办的丹麦民校是丹麦“农业合作社”运动成功不可或缺的条件之一。

（二）丹麦“农业合作社”的兴起

19 世纪下半叶，由于北美和俄国大量廉价粮食的涌入，丹麦农业受到极大冲击，使农业生产不得不由自给自足的自然经济向市场经济转变。在此转变的过程中，单个农民面临着越来越多的问题和困难，诸如单个农民的需求和供给规模太小，加工、储藏和销售设施差，市场信息不灵，鲜活商品易腐烂等。在巨大的市场生存压力下，丹麦的合作社组织应运而生，它在加工领域和流通领域把农民组织起来，增强了农民在市场中的竞争能力。

丹麦的第一个农业合作社是 1882 年在西日德兰半岛建立的丹麦牛奶合作社。该合作社由全体会员担保向银行贷款，用来修建牛奶加工厂，所得利润按照会员所提供牛奶的数量比例进行分配。此后，牛奶合作社在丹麦全国迅速发展。之后，根据农畜产品生产和流通的需要，又陆续建立了很多农业合作社，形形色色，名目繁多，主要是根据业务性质命名，如屠宰合作社、鸡蛋出口合作社、饲料供应合作社、奶油出口合作社、肉牛销售合作社、土豆销售合作社、面包消费合作社、燃油消费合作社等。在丹麦，合作社已深入到经济、社会和文化的方方面面，成为丹麦社会的一大特色。

目前，丹麦农民的现代化农场、农民合作组织和各式专业化公司形成了独具特色的现代农业的基本经济组织结构，而合作社是其中最具鲜明特点的农业经济组织。丹麦合作社在丹麦经济政治生活中有着重要作用，它很好地糅合了合作社民主体制和现代企业的运行体制，充分适应了市场竞争环境，显示出巨大的活力。目前，丹麦合作社生产的农产品和食品的 2/3 出口，仅在农产品加工领域，生猪屠宰行业的 100%、奶制品行业的 91.9%、种子和农药行业的 83% 都实行合作社经营，其中阿拉福兹公司和丹麦王冠集团分别是欧盟最大的奶制品和生猪屠宰企业。

表 2-3　丹麦农场和合作社数量——结构性变迁　　单位：个

	1903 年	1934 年	1962 年	1992 年	2009 年
农场总量	260 000	210 000	175 000	75 000	47 382
1. 奶业合作社数量	1 406	1 399	904	23	11
成员规模	148 000	189 900	135 600	17 789	4 126
2. 屠宰场合作社数量	27	61	62	5	2
成员规模	65 824	194 065	133 088	36 020	11 100
3. 蛋类销售合作社数量	475	800	1 400	1	1
成员规模	33 000	42 600	60 000	170	75
4. 农业生产供应合作社数量	—	1 505	1 605	83	8
成员规模	30 000	95 306	107 100	47 000	48 000

资料来源：丹麦农业和食品委员会 2012。

表 2-4　丹麦农业合作社发展情况

年份		1903	1939	1964	1992	2008
农场数量		260 000	210 000	175 000	75 000	43 415
乳制品	数量 / 个	1 046	1 399	904	23	12
合作社	社员 / 人	148 000	189 800	135 600	17 789	4 500
屠宰场	数量 / 个	27	61	62	5	2
合作社	社员 / 人	65 824	194 065	133 088	29 939	13 000
蛋类销售	数量 / 个	475	800	1 400	1	1
合作社	社员 / 人	33 000	42 600	60 000	170	160
生产资料	数量 / 个	—	1 505	1 605	83	8
供应合作社	社员 / 人	30 000	95 306	107 100	47 000	39 000

资料来源：丹麦农业委员会 2009。

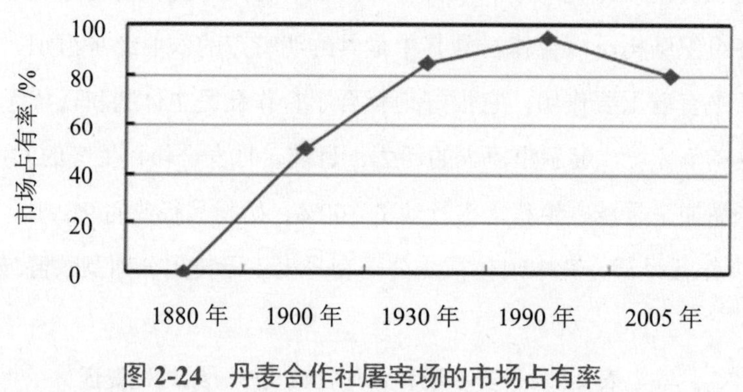

图 2-24　丹麦合作社屠宰场的市场占有率

二、丹麦“农业合作社”的特色：农产品输出的“组织平台”

（一）丹麦“农业合作社”的运作机制

丹麦“农业合作社”是丹麦农民在从事同类产业的基础上自愿结合组成的经济组织，这种组织通过合作形成竞争优势，使合作社会员都从中获益。它的主要运作机制主要有以下几个方面：

（1）合作社收购会员生产的产品，并进行加工、销售(包括出口)，但其价格由市场决定，合作社不为会员承担价格风险。

（2）会员按照向合作社提供的农产品数量取得收入，在合作社盈利中提取一定比例用于合作社发展的公积金后，剩余的部分按农户上缴农产品数量的比例为会员分红；利润留成和分红数量的比例由董事会在年初确定。

（3）合作社为会员、经营管理人员提供政策、信息、经营管理、技术方面的咨询、教育、培训、指导、生产资料供销等全方位的服务。

（4）合作社每年召开会员大会对重大事项进行表决，对合作社进行商业化运作和管理，负责委任高级管理人员对合作社进行市场运作和日常管理。

（5）合作社代表会员的利益对外交涉，参加国内、国际相关组织，以争取有利的法律和商业环境。

（二）合作社与现代企业的区别

丹麦的农业合作社组织与现代企业有很多共性，如合作社中会员代表大会和董事会的职能相当于企业里的股东会和董事会，但合作社与一般公司也有明显的不同之处，主要表现在如下几点：

（1）加入和退出机制不同：公司一般以现金出资入股成为股东，合作社会员则以提供农产品为前提加入合作社；公司股东转让股份后可退出公司，合作社会员退出合作社时不能拥有合作社资产。

（2）经营品种不同：公司经营范围非常广泛，无所不包，而合作社则专注某一领域的某类产品，如丹麦农业合作社中的貂皮、猪肉、奶制品等。

（3）投票权不同：公司根据股东持股比例分配投票票数，实行“一股一票”，而合作社则实行每个会员“一人一票”。前者强调的是资本的权利，体现的是效率原则，以保障资本收益最大化；后者强调的是社员的权利，体现的是公平原则，以保障社员收益最大化。

（4）报酬方式不同：公司以股东所持股份取得分红，合作社则主要根据会员提供的农产品数量获得报酬。

（5）利益驱动方式不同：公司追求投资利益最大化，合作社的主要利益驱动目标是会员按照与管理层商定的价格顺利出售农产品。

（三）丹麦“农业合作社”的社会影响

丹麦的农业合作化从其实际作用与运营方式来看，与其说是合作化组织不如说是农民自愿参与的与其农场经营领域有直接关系的股份合作制乡镇企业。

农业合作化企业是丹麦农业产业化组织结构的三大支点之一，几乎所有的丹麦农民都是

某个或几个股份合作制企业的股东。合作社通过对生产要素的优化配置和产业组合，实现了大规模的分工、分业生产，把分散的家庭农场经营活动纳入了一条龙的生产经营体系，从而最大限度地发挥了整体效应和规模效应。

合作社的直接作用：一方面，在购销环节取消了那些不必要的中间商，从而不仅使农户，也使农产品的最终消费者获益；另一方面，能按产业系列组织农业生产，通过生产要素重组提高农业经济效益和农业的集约化、专业化、企业化水平。

案例 2-2：阿拉福得——当今欧洲最大的乳品合作社

阿拉福得是 2000 年由丹麦的 MD 食品合作社和瑞典的阿拉食品合作社跨国界合并而组建起来的，在丹麦和瑞典分别有 8 900 户和 7 800 户牛奶生产者为其社员，雇员 1.8 万多人。两国合作社社员每年共向合作社交售 62 亿公斤鲜奶，相当于两国鲜奶总产量的 80%。合作社每年还从英国收购 9 亿公斤鲜奶，使之成为欧洲最大的乳品集团。该集团年经营额达 360 亿丹麦克朗，其中丹麦和瑞典分别占 24% 和 29%，其余是欧盟和欧盟以外的市场。

阿拉福得的组织结构由下而上大体为：第一层次是 16 700 户（两国合计）社员；第二层次是这些社员所属的 79 个地区组织；第三层次是全国组织，包括由 79 个地区组织的主席或副主席组成的 140 人代表大会（其中 130 名社员代表，10 名职工代表，每年开 3 次大会），由代表大会选举产生的监事会（相当于我国合作社的理事会，共 18 人，社员和职工分别为 14 人和 4 人）。

集团共有员工 1.9 万人，其中 1.01 万人在丹麦，5 000 人在瑞典，其余 3 000 人分布在世界各地的阿拉福得食品集团企业中。阿拉福得加工的主要乳产品在丹麦市场的占有率均达到 90%，在瑞典占 60%，此外还在英国的鲜奶市场上占有 25% 的份额。合作社在丹麦和瑞典共经营着 70 多个乳品加工厂，每个加工厂都有自己不同特色的产品。为了适应世界经济一体化的形势，阿拉福得与世界上主要跨国连锁超市都保持了良好的合作关系，并与这些跨国超市相伴在 18 个国家拥有自己的设施，随时提供方便的服务。在 5 个国家开设了生产加工企业，在两个国家有自己的品牌授权生产厂家。每年，在瑞典和丹麦以外的产值达 170 亿丹麦克朗。尽管，阿拉福得已发展成为一个彻头彻尾的跨国集团，但在合作社内部仍恪守着合作社的基本原则，社员拥有一人一票表决权，都可以参加合作社的决策程序。

案例 2-3：FDB 供销合作社——丹麦最大的零售企业

FDB 供销合作社成立于 1896 年，现拥有 9 个连锁零售链，包括 1 200 个商店和 2 万多名员工，拥有社员 130 万人，丹麦一半家庭是该合作社的社员，其零售业务占丹麦市场份额的 38%。

FDB 组织结构的基础有两大块，一部分是合作社代表大会，另一部分是商店委员会。两者共同构成合作社的地方委员会，各地方委员会的主席构成地区主席委员会，由地区主席委员会选举产生合作社的理事会。FDB 实行合作社的民主管理模式，社员代表大会是其最高权力机构。社员持有社员身份卡，凭卡可以在 FDB 所有设施中享受优质产品、优越服务和优惠价格。社员还按与合作社的交易量享受分红。合作社给社员的其他优待包括欣赏音乐会、免费提供有关文化和消费方面的刊物等。

FDB 的百货商店连锁链——科维克利是丹麦最大的百货商店连锁链，它共有 73 个商店，各商店的营业面积均为 1 500 ～ 5 000 平方米，一般设置于 2 万人的小城镇中，服务半径为 5 公里左右，经营的商品包括食品和非食品，服务对象主要是有子女的家庭。FDB 所属的连锁超市——布鲁格森是丹麦最大的零售连锁链，在全国范围内拥有 300 多个现代化超市，各个超市零售面积为 700 ～ 2 000 平方米，有员工 6 000 多人，这些商店主要经营肉类、果蔬、酒类、冷冻食品和面食。FDB 还在村庄和社区中开设有 200 多个地方连锁便民店，为当地居民提供方便的服务。

FDB 也生产自己品牌的产品，并在世界各地以统一的标准定做自己品牌的产品，这类商品一律标有特殊标记，这些标记象征着让消费者放心的货真价实的产品。为了降低采购成本，FDB 还加入了著名的国际联合采购集团 NAF 和因特谷，通过这些联合采购集团，FDB 的采购触须可以延伸到几乎世界各地。

FDB 的一个重大举措是与瑞典的 KF 和挪威的 NKL 两个合作社联合组建了北欧合作社，目的是通过联合进一步增强资本实力，形成规模经营，并发展合作社价值。北欧合作社于 2002 年 1 月 1 日正式成立，三国各选出 60 名代表共 180 名组成北欧合作社代表大会，代表大会选举出 15 名理事，丹麦、瑞典、挪威分别为 5 名、6 名和 4 名，其中各包括一名雇员代表。三国的产权分别占 38%、42% 和 20%。合并后的北欧合作社拥有 490 万户社员、4.1 亿丹麦克朗的所有者权益和 1 000 亿克朗的年经营额。

三、丹麦“农业合作社”对我国乡村发展的启示

丹麦“农业合作社”的发展迄今已经过了一百多年的历史，它在促进丹麦农业发展、增加丹麦农民收入等许多方面发挥了极其重要的作用。总结丹麦“农业合作社”发展的成功经验，有以下几点对中国农民专业合作社的发展具有重要的借鉴意义。

（一）推进农田的适度规模经营有利于农民增收

丹麦的“农业合作社”使得其家庭农场经营规模普遍较大，农业人均经营面积约 30 公顷，农场经营面积约 500 公顷；而中国农业户均经营面积仅为 0.1 公顷，农业规模经营发展迟缓。当然，从中国的国情出发，目前我们不可能搞那样大的规模经营或大农场，但是我们应该根据各地实际，加快推进农田适度规模经营。只有当农田的规模与农民的管理能力相当，农田的收入成为其全年的主要收入来源时，农民才会全身心地投入生产，农田才会有较好的利用和收益。

（二）促进农业专业化生产有利于实现高效益

丹麦“农业合作社”在农业生产的各个领域实行专业化生产，使得其牛奶、猪肉等产品在国际市场上极具竞争力。农产品实行专业化生产可以使农民成为他们所从事生产领域的专家，有利于提高农产品质量水平、产出效益和农产品的市场竞争力。因此，中国的农民专业合作社要重点突出专业化，加强社员的技术培训，以提高产品质量，增强市场竞争力。同时，要加快同产品、同产业专业合作社的联合，组建和运作好专业协会，充分发挥这些专业协会的作用，形成产业规模和产业优势，真正实现农业增效和农民增收。

（三）推行社员民主自治有利于实现全体社员利益的最大化

在市场经济以及民主管理的前提下，开展社员自治管理对合作社的发展非常重要。这有利于社员接受到大量的有用信息，也有利于社员以恰当的方式做出决策，使社员就共同拥有自己的合作社在经济利益上得到统一和最大化。丹麦农业合作社尽管在具体决策和执行的过程中，每个合作社之间的做法会有所不同，但做出的所有决策都以合作社的目标为宗旨，即让社员们的农产品获得尽可能高的价格。

（四）重视农业人才培养有利于克服中国合作社的发展瓶颈

配合丹麦农业合作社和现代农业发展的需要，丹麦政府特别重视农民的继续教育。丹麦大约有 2% 的年轻人从事农业，在他们进入农业之前必须受到相应的基础教育，全面了解农

业的必要知识。许多年轻人愿意去美国、加拿大、澳大利亚或英国的农场工作一段时间，获得绿色证书。每年获得绿色证书的大约有900人。丹麦法律规定，农民要想购买30公顷以上土地的农场必须持有绿色证书。农民也必须经常更新自己的知识，每年有6 000～7 000位农民参加所谓的"一周农校课程"，由专家讲授有关课程。另外，农场主、雇员以及州农业委员等也必须轮流入学，进行技术知识更新。目前，人才短缺已经成为中国农民专业合作社发展的最大瓶颈，中国应该广泛吸取丹麦经验，为农民专业合作社的发展注入强大的智力支撑。

总之，农业合作化是农业现代化的一项重要内容，在推动农业现代化发展的过程中发挥着极为重要的作用。丹麦在这方面的许多成功经验对中国实现农业经营方式的转变与推进农业与农村现代化有着重要的借鉴意义。当然，由于具体国情不同，在借鉴丹麦"农业合作社"经验的时候，也要注意结合我国实际，审时度势，有所选择，有所创新，走出一条富有中国特色的新型农业合作之路。

阅读看点

1. 农业合作社——其在丹麦的经济甚至是"政治生活"中都占有举足轻重的地位，很好地结合了合作社的民主体制与现代企业的运行机制。
2. 专业化生产——农业的专业化生产促进了农产品质量水平的提高与产出效益，也促进了农产品的市场竞争力。

本章小结

西欧乡村建设：保护“乡土风貌”的价值

西欧大多处于自然条件优越的平原地区，温和的海洋性气候滋润了这里的土地。悠久的历史，发达的经济，经典的文化，使得西欧在推动世界历史进程中发挥着重要作用。狭义的西欧，指欧洲西部濒临大西洋的地区和附近岛屿，包括英国、爱尔兰、荷兰、比利时、卢森堡、法国和摩纳哥等，面积93万平方公里。这里是资本主义最先发展起来的地方，工业革命的发源地，欧洲大陆最富饶的地区之一，也是全世界经济最发达的地区之一；广义的西欧，指欧洲所有资本主义国家，北临北冰洋，西临大西洋，南临地中海，位于欧洲西部、中部、南部和北部，面积约500万平方公里。本章突破广义、狭义上的西欧概念，在广、狭两种意义上理解西欧的概念，并以法国、英国、德国、荷兰、丹麦等国为例，概览西欧乡村建设的现实状况与基本经验，期望对中国的“美丽乡村”建设有所启示与裨益。

一、凸显“建设美好乡村”在西欧社会整体文明进程中的战略地位

在西欧国家，尽管农业占整个国民经济中的比重已经很小，如德国为0.9%，英国为0.9%，法国为2.1%，荷兰为2.4%，丹麦为2.0%，但是欧盟在制定相关政策时，没有简单地按照GDP的比重来考虑乡村发展，而是从社会整体文明提升的战略高度来审视乡村建设的重要地位。一方面，乡村地区是欧洲的重要组成部分，正是从山区到草原、从辽阔的森林到起伏的农田等广袤的大地，以及多样性的地理景观决定了当下欧洲的主要特征。据2005年欧盟统计局的数据显示，尽管从事农业生产的农业劳动力占整个就业人口的比例在3%～4%不等，但是欧盟50%左右的人口居住在占国土面积90%的乡村地区，而另外50%的人口居住在占国土面积10%的城市地区。现在，居住在乡村社区的居民总数正在日益增加，因此乡村的发展水平直接决定了在乡村生活、工作的人们的生活质量状况。另一方面，乡村建设的重要地位还表现在它既是“美丽西欧”的重要源泉与基本载体，也是市民放松心情、休闲娱乐和修

身养性的主要场所。如20世纪90年代以来，德国政府在倡导环保的同时，大力发展休闲农业，主要形式是休闲农庄和市民农庄，普遍认为在市民农庄里参与农艺劳作是最高尚的休闲娱乐方式之一，很多家庭也为能拥有一个农庄而感到骄傲与自豪。再如法国的普罗旺斯，“让乡间充满草香”这一理念使之成为世界闻名的薰衣草故乡和备受游人青睐的旅游胜地。总之，在目前和今后相当长的时期，乡村地区就像欧洲的“绿肺”一样是与气候变化战斗的重要战场，在生态环境保护中发挥着重要的作用。正是基于这样的认识，西欧国家在社会整体文明进程中对乡村建设和发展十分重视，并将乡村可持续发展与城市同等对待，努力建设基础设施，提供各种社会服务，以多彩的乡间生活增加在乡村工作和生活的吸引力，从而创造出各种新的工作机会，促进乡村地区经济增长与城乡统筹发展，最终为全社会的可持续发展作出贡献。

二、以“村庄更新”运动推进西欧乡村“村落风貌保护”

一般来说，乡村居民点不同于城市，基本没有一个建筑边界。相对周围的农田、河流、湖泊、小溪、沼泽、山坡、林木而言，村落有可能向各个方向扩张它的区域。然而，西欧在实践中发现，无约束的发展是存在问题的、有后遗症的、盲目的发展。因此，西欧对这类“发展”依法加以限制，特别是通过“村庄更新”运动推进“村落风貌保护”，使之成为科学的、健康的、可持续的和社会和谐的发展。“村庄更新”项目的重要目标是从保护区域或地方特征出发，更新传统建筑，扩建村庄基础设施，并按照生态系统的要求把村庄与周边的自然环境协调起来。另外，因地制宜地发展经济，促进乡村社区持续发展等。在做村庄规划时，西欧特别考虑了村庄扩张时可供选择的地理方向，其选择是否可以保护高质量的农田和其他自然资源。同时，也要考虑哪一个村庄有发展潜力，如水源、学校、公共交通等因素，需要熟悉乡村居民点各个规划要素的尺度、布局和功能等。如德国农业发展水平位居世界前列，城乡发展均衡，就得益于“村庄更新”运动。德国“村庄更新”始于20世纪50年代早期，当时德国城镇化水平已经达到60%左右。“村庄更新”的主要目标是改善乡村土地的拥有结构不至于过于分散、影响农业现代化。20世纪70—80年代，德国基本实现现代化。该时期村庄更新开始审视村庄的原有形态和村中建筑，重视村内道路的布置和对外交通的合理规划，关注村庄的生态环境和地方文化，并且强调农村不再是城市的复制品，而是有着自身特色和发展潜力的村落。进入20世纪90年代，农村建设融入了可持续发展的理念，开始注重生态价值、文化价值、旅游价值、休闲价值与经济价值的结合等。总之，西欧国家通过制定政策，要求城市和乡镇在建设中保留自然传统的乡村风貌。由此，很多居民住宅建筑风格、城镇标志性建筑、自然环境都依然有着中世纪的原貌；那些古老的民宅、教堂、水井、磨房……不管今天是否失去效用，都被完好无损地保存着，或者设立有农具或农业博物馆，用于教育和展示农业发展的里程。由此，在促进中国城乡一体化的发展中，要注意保留村庄的原始风貌，慎砍树、不填湖、少拆房等，尽可能在原有村庄形态上改善居民的生活条件，让居民望得见山、看得见水、记得住乡愁。

三、以欧盟环境保护政策支撑和推动西欧乡村社会的环境治理

作为最先工业化的地区，西欧国家在高速工业化的过程中曾使农业环境受到了严重破坏，土壤和水污染严重影响了农业的可持续发展。为了解决这些问题，发达国家及时推出了转变农业发展方式等农业可持续发展政策，使得西欧成为当前环境保护意识最强与环境保护措施最得力的地区。尤其是在西欧联合后，环境保护问题的重要性不断加强，目前已成为欧盟政策的一个重点。1987 年 7 月 1 日生效的《单一欧洲法令》在经济共同体条约中增加了环境保护的内容，建立了欧盟环境保护政策的法律基础，法令包括以下环境目标：维持、保护和改善环境质量，保护人类健康，审慎和合理地利用自然资源等。在 1992 年的《欧洲联盟条约》中，把“关于环境领域的政策”列为共同政策之一。2000 年 3 月，欧盟理事会制定了 21 世纪开篇的战略目标，即里斯本战略，其核心目标是强调经济、社会、环境的和谐发展。在 2001 年的哥德堡峰会上，环境又成为与经济、社会维度并列的第三个维度。经过几十年的发展，欧盟环境政策现已成为世界上先进的环境政策体系。欧盟先后共颁布了 300 多项有关环境的法令，确保了环境政策的法律地位。总之，在努力发展农业的过程中，欧盟通过共同农业政策强调了环境保护的重要性，欧盟在环境保护的制度建设方面一直处于世界领先地位，这种关注环境保护的做法，反过来促进了欧盟农业和其他经济领域的发展，并达到了经济发展与环境保护的和谐。近年来欧盟对农村发展问题日益重视，增加了支持农村发展的内容，其中，加强对农村环境保护、农业生产标准化、提高食品质量与食品安全等方面的支持，都值得中国在乡村建设中认真学习借鉴。

四、“组织化生存”：“农业合作社”在西欧乡村发展中的重要作用

在很多西欧国家，农业问题都至关重要，为了让农业生产更高效，很多西欧国家都采取了灵活的措施，其操作模式对我国农业的发展有着一定的借鉴意义。其中，农业合作社这一组织形态在欧盟地区农业部门中发挥了重要的作用。“农业合作社”是农民在从事同类产业的基础上自愿结合组成的经济组织，这种组织通过合作形成竞争优势，使合作社会员都从

中获益。据相关统计数据显示，2009 年欧盟有 1.18 亿人口居住在乡村，占欧盟人口总数的 24%，其中共有 3 000 万人口在农场工作，而合作社及相关生产者组织为 1 000 多万人口提供了就业机会，在食品生产各环节中，有超过 50% 的企业是生产者合作社。由于农产品生产对气候的天然依赖性，农产品市场与其他产品市场相比更加难以预计，由此需要农户依靠经济合作组织的力量，以增加其自身对市场价格的话语权和影响力。如农业合作化企业是丹麦农业产业化组织结构的三大支点之一，几乎所有的丹麦农民都是某个或几个股份合作制企业的股东。合作社通过对生产要素的优化配置和产业组合，实现了大规模的分工、分业生产，把分散的家庭农场经营活动纳入了一条龙的生产经营体系，从而最大限度地发挥了整体效应和规模效应。“农业合作社”的直接作用，一方面在购销环节取消了那些不必要的中间商，从而不仅使农户，也使农产品的最终消费者获益；另一方面能按产业系列组织农业生产，通过生产要素重组提高农业经济效益和农业的集约化、专业化、企业化水平等。为了解决中国乡村农地经营分散、资源浪费、效益低下等问题，2013 年 1 月 31 日，中共中央发布了 21 世纪以来指导“三农”工作的第 10 个中央一号政策文件，明确指出鼓励工商资本进入农村，扶植家庭农场。由此，我们可以从西欧“农业合作社”的操作模式中获得有益启示，建立农业合作化企业以推进中国乡村社会的发展。

第三章

东亚乡村建设：极具东方特色的“乡村改造”

阅读想象——空山新雨后，天气晚来秋。明月松间照，清泉石上流。

阅读导引——在唐朝诗人王维《山居秋暝》的这四句诗里，有“空山”与“新雨”，有“明月”与“山松”，有“清泉”与“山石”，它形象地描绘了一幅秋天山间小村的美丽晚景。2013年12月，在北京召开的中央城镇化工作会议上，中央以特殊的修辞方式对未来的城镇化建设导向提出了以下愿景：“让居民望得见山、看得见水、记得住乡愁。”“乡愁”观念的提出内含着中央决策对新型城镇化发展的冷静思考。

在本章所选择的导读图片中，就是一幅美丽的山间乡村图。在这幅图中，我们“既能望得见山，也能听得见水，更能记得住乡愁”，这可能就是我们美丽乡村建设的目标之一。也就是说，它的房子不一定是成排的、整齐的、高大的，但是它一定是居民们最喜欢的、最合乎他们生活的。

在本章中，我们选择了东亚地区的韩国、日本以及我国台湾地区美丽乡村建设的实践探索。我们深刻地认识到，东亚地区的乡村建设不同于西方发达国家的一个显著特点就是：它充分发挥了东方文化的魅力，保持了东方特色的“乡村风格”，进行了极具东方特点的“乡村改造”。典型的有韩国的“新村运动”、日本的“造村运动”与“一村一品”以及我国台湾地区的“综合农协”。东亚地区的乡村建设在追求乡村生活现代化的过程中，都极力保存了东方式的“乡土文化”，总体而言，它能够让居民“望得见山、看得见水、记得住乡愁”。因此，这也是我们应该选择的乡村改造道路。

第一节　韩国“新村运动”：国家与社会“双双给力”

韩国的新村运动在全世界农村发展史上占据着极其重要的地位和影响力，“新村运动”作为一个专有名词已被收入《大不列颠大辞典》。在谈及“江汉奇迹”时，朴正熙政府力量是讨论最多的话题之一。韩国政府的战略规划及其新村运动的成功，对当今发展中国家的农村发展有着重要的借鉴价值和示范效应。

一、新村运动的“国家发动”

（一）新村建设发动的多种因素

1. 城乡差距巨大、农业濒临崩溃

韩国政府在其第一、第二个五年计划（1962—1971 年）中重点扶持工业发展和扩大出口，导致工农业发展严重失调，农业发展缓慢。第一个五年计划时工、农业发展速度分别为 7.8%、5.3%，而第二个五年计划时则分别为 10.5%、2.5%，差距迅速从 2.5% 拉大至 8%。同时，城乡居民收入差距也颇大，1970 年农村人口中经营不足 1 公顷耕地的农户占 67%，年平均收入却不到城市居民的 50%，这导致农村人口的大批无序流动，从而带来了诸多的城市问题和社会难题。农村劳动力老龄化、弱质化、农业后继无人，再加上农业机械化发展滞后，导致部分农村地区的农业濒临崩溃的边缘，加剧了城乡和工农之间的差距。

2. 农村经济落后、农民生活困苦

农业萧条、生产落后的直接后果是农村经济落后、农民生活困难，“住草屋、点油灯、吃两顿饭”是当时韩国农民生活的真实写照。1962 年，韩国人均国民生产总值仅为 82 美元，农业增加值占国民生产总值的 43%，农业劳动力占就业总人口的 63%，全国 250 万农户中 80% 住茅草房，只有 20% 的农户通电，5 万个自然村只有 60% 通汽车。农业基础薄弱、农村

教育滞后、农民缺乏自信、生活缺乏保障。

3. 农村文化颓废、伦理道德滞后

一方面，农民生活困难所带来的民风浑浊、民心衰竭、环境污染以及农村黄赌毒等社会丑陋现象层出不穷，官商勾结、警匪勾结、军政勾结等社会腐败严重，乡村风气恶劣到极点，农村基层政权管理混乱，农民也失去了原有的善良勤勉、互助合作的社会美德；另一方面，国民的伦理道德水平也严重滞后，城乡失衡、官员腐败、学潮频繁、社会动荡等现象一次次冲击着原有的农村传统文化，农民健康、淳朴、自助、自立的精神也遭到腐蚀和异化。

因而，在此背景下，韩国政府于20世纪70年代开始发起并推进了轰轰烈烈的新村运动，通过发展战略思路的调整，把实现工农业的均衡发展放在首位，在“勤勉、自助、合作”的新村精神的培育指导下，以政府主导为核心纽带，以多方协同为依托，带动农民自发进行乡村建设。

（二）朴正熙总统——新村运动的发起者

朴正熙将军于1961年发动“5·16”军事政变，推翻民选政府并且借此上台，建立了军事政权，由此拉开了韩国现代化建设的序幕。

朴正熙总统是一个作风强硬且能凝聚民族精神的个人魅力型领袖，在他的领导下，韩国迅速转变了整个社会经济发展的方向，确立了“政府指导型”的社会经济发展方略。他认为，像韩国这样民主落后的国家，经济发展和民生改善才是首要的。在推动社会经济发展和实现政治民主化的关系上，朴正熙政府倾向于主张政府是一个实现社会经济增长的决策机构和执行机构，在他看来，政府的首要目标是通过经济的进步来实现政治的稳定和民族的复兴。朴正熙曾经表示：“在一个不发达的国家中从法制安全到政治、经济这些最根本的保障中，最紧迫的是经济保障，现代化的关键是工业立国。”工业的优先发展也成为日后新村运动能够取得成功的关键因素之一。

朴正熙总统自诩为“贫农之子”，拥有坚强的意志和信念，以国家复兴作为己任，每当谈及农民问题时，大多数情况下朴正熙总统都用农民的语言即兴演讲，他对农业问题的深刻理解和解决问题的诚意使农民充分信任于他，他对农业问题的认识是合理的，解决方法也是有针对性的。他旨在希望通过农村现代化的实现，加固其执政的合法性基础。在工业发展的基础上，为了改善农村现状、促进农业发展，把国民从水深火热中尽快解救出来，更为了韩国政府的经济复兴，经过一系列的调研和酝酿，1970年4月在道长官的会议上，朴正熙正式提出了新村运动的设想，朴正熙政府正式发动了一场自1970年开始的长达数十年的“新村运动”。朴正熙说：“我很有信心，如果我们抱着自我改进和自力更生的精神去艰苦工作，并

肩负起通过各种努力改造我们的村庄的任务，那么我相信所有的村庄都能够从落后停滞的传统村庄变成先进的现代村庄，很快有一个较好的生活环境，这个运动可以称为新村培养运动。”正是由于朴正熙总统坚决的态度和意志，这场自上而下的韩国“新村运动”设想才付诸实践，并最终取得成功。

二、新村运动中的政府力量

（一）政府引导——公共服务的提供

“新村运动”是由政府制定并引导开展的，根本目标是为了促进农村发展。在运动初期，一方面，政府制定了一系列的具体目标，比如培养农民的自立精神、积极提高农民收入、改善农民的居住环境、缩小城乡差距、发展各类农业合作组织等；另一方面，政府在运动初期也发挥了积极的引导作用，如为每个村庄提供水泥用于村庄项目改造，包括植树造林、拓宽道路、修建水塘、建立公共洗衣设施等。在运动逐步推进的过程中，政府也充分扮演了引导角色，主要体现在电气、通讯、公共基础设施、基础医疗服务、粮食生产等方面。

1. 农村电气化的建立

为了实现农村电气化，政府与电力部门展开合作并引导建立。政府提供了一个长期贷款来支持农民，“大约所有电力安装的80%的费用都是通过政府发放的30年一次性长贷款解决的，电力公司承担了13%的费用，剩下的仅7%则是由农户通过现金支付。”在政府的支持引导下，农村供电设施在短时间内即迅速建成。20世纪60年代末，韩国的农村还只有20%的农户拥有电灯，而到1978年全国98%的农户都装上了电灯，90年代全国即已实现了电气化，农民生活得到较大改善，大多农民都普遍拥有了电扇、收音机等家用电器，之后还普及了电视、电冰箱等，极大地提高和增强了村民们的生活品质。

2. 农村通讯服务的普及

村庄缺乏通讯基础设施服务的境况同样得到了政府部门的高度重视，朴正熙总统在听取意见后，决定与邮政局共同合作建立“村级电话系统”，即是在每个镇邮政局的原有电话线上牵引出一条线，并分别连接到各个村庄，如此一来，每个村庄就可以拥有一部独立的电话了。在80年代后，随着电话初装业务成本的迅速降低，农村私人电话的安装数量也急剧增加，农村通讯服务得到了广泛普及，加强了村庄与外界的信息沟通和交流。

3. 基础医疗服务的实现

在医疗服务方面，朴正熙总统要求卫生部提供帮助与协作，并提出两项措施：“一是向特别贫困的农民提供免费的医疗服务，二是以乡镇为单位建立一个农村诊所向农民提供基本的医疗服务，并计划在每个农村诊所里配备一个初级医生和一个护士，其中卫校毕业生招募为初级医生，可以允许不用参加强制性兵役，但要在农村诊所服务三年。”自此，农村的医疗服务也得到了初步的改善。

图 3-1　村民们在田间作业

4. 公共基础设施的改善

① 桥梁公路的修建。在运动初期，全国大部分农村都组织实施了修建桥梁、改善公路的工程。1971—1975 年，全国农村共新架设了 65 000 多座桥梁，各村都修筑了宽 3.5 米、长 2 ～ 4 公里的进村公路。到 70 年代后期，除了个别极为偏僻的农村外，全国都实现了村村通车。② 住房条件得到极大改善。1971 年，全国约有 80% 的农户住在苫有稻草的茅草屋中，但到 1977 年，全国所有的农民都住进了换成瓦片或铁片房顶的房屋，后来改善屋顶工程逐渐转变成以建新房为开端建设新农村的事业，政府也积极给予贷款支援农民改善居住条件和环境。

5. 农业粮食产量的提高

20 世纪 70 年代初期，为了改善粮食产量不高的局面，政府又从两个方面入手引导农村发展。一方面政府施行粮食高价收购制度，即高价收购农民粮食，低价在市场上销售，提高村民种粮的积极性；另一方面政府大力推广由日本水稻和印度水稻杂交而成的高产新水稻品种——“统一稻”。在政府的努力引导下，到 1977 年韩国水稻产量从 3.5 吨 / 公顷上升到 4.9 吨 / 公顷，到 1950 年则是增加到 6.1 吨 / 公顷，跃居世界第一。农民们在水稻生产中更是学到了共同合作的“集团栽培”方式，这种共同协作的“集团栽培”使得水稻高产品种在极短时间内推广到各地农户，极大地提高了全国农民的水稻栽培水平和粮食产量。

（二）政府支持——财政支援与政策支撑

政府对新村运动的支持，主要体现为两大方面：① 政府为新村运动提供了直接的物质和财政支持；② 政府制定各种政策，从政治上保证新村运动的顺利开展。

1. 财政支援

朴正熙政府对财政的支援主要涵盖两方面。① 物质支持，比如在运动初期的新村环境改造工程中，政府给全国3万多个村庄提供水泥，每村为335袋，总价值40多亿韩元；又如，1974—1982年，政府主导的78 000个工程项目大约雇佣了9 400万个工作日，政府投资了2 260亿韩元作为工资。② 直接的资金支援。在投资总额上，1972年政府对农村的投资总额为35亿韩元，1973年则增加到150亿韩元，1974年追加至300亿韩元，从1975年开始，除了1976年为880亿韩元之外，已经追加至1 200亿韩元以上，1979—1982年连续四年都超过了4 000亿韩元。到1994年政府和民间投资额高达11万亿韩元，90年代后期投入42万亿韩元。2003年，卢武铉总统在“农民日”纪念活动中提出，要加大对农业的投入以增加农民收入，进入21世纪，韩国政府将投入119万亿韩元发展农村和农业。

2. 政策支撑

韩国政府为了更好地支持和引导新村运动的发展，更是统筹和规划制定了一系列政策，以支撑新村运动的顺利开展。① 改革政府机构、建立领导体制。为了提高新村建设的效率，特地成立新村运动中央协议会，相关议员则专门负责制定支援农村开发的政策举措、基本方针和财政预算。② 建立新村教育制度。这旨在通过教育使国民认识新村运动的意义，并树立新村精神，更为韩国新村运动的开展提供了源源不断的人力、智力支持。③ 建立农业发展相关政策。例如，为了增加农民的收入，一方面政府为促进农业收入的增加，设定了限制农产品进口，积极促进农产品出口，降低门槛使农民和农民组织更容易进入食品加工业，同时降低农业生产资料价格，提高农业生产率，免除畜牧业用物资生产增值税，对青年农民提供优惠贷款和技术支持等政策举措；另一方面，为大力增加农民的非农业收入，政府又通过积极促进农业的工业化、发展农村旅游业等政策，开辟各种就业渠道，增加农民收入。

（三）政府监管——激励机制的运作

为了保证“新村运动”的顺利推进，政府除了制订计划、引导开展、提供资金政策支援外，更是对整个运动过程进行了监管和激励。这主要包括两大方面：物质激励和非物质激励。

1. 物质激励

为激发村民们努力把自己的村庄建成最好示范村的意识，在财和物的支援上，并不是采取平均分配的政策，而是奖励先进、鼓励竞争，即总统始终坚持政府只给那些能够自助自立的村社提供帮助，水泥和钢筋只分发给那些村民们积极参与的村庄，这在很大程度上激励了农民投身于建设村庄的积极性。例如，在运动初期，为了体现村社竞争的精神，政府即依据村民参与程度（从高到低）把全国乡村分成三个级别——“自立村、自助村、基础村”，通过把村庄划分为三个等级，旨在使那些低级别的村庄通过努力而不断改善，那些高等级的村社则会因此而再接再厉。这一分类方式之后得以延续，政府每年会根据最初确定的标准，对各个村庄的表现进行评估，并将评定结果划分为“初级阶段型、自助型、自给自足型”三个等级，在此基础上政府又确定了“先动先扶、不动不扶、优者多扶”的政策原则，而那些在项目执行过程中表现优秀的村民和村庄，将会获得更多的奖励和扶持，当然，政府也会对这三个级别的村庄比例进行更新统计，通过比例变化判断新村运动的发展情况。据资料显示，在 1979 年末，“自立村”比例已高达 97%（具体发展情况见表 3-1）。总之，通过这一物质激励，村庄间的竞争热情高涨，充分激励了广大村民参与新村建设的积极性，更是节约了乡村改造的公共资金投入。

表 3-1　分类别年度新村运动发展情况

年份	村庄总数	自立村		自助村		基础村	
		村庄数	比例 / %	村庄数	比例 / %	村庄数	比例 / %
1972	34 665	2 307	7	13 943	40	18 415	53
1973	34 665	4 246	12	19 763	57	10 656	31
1974	34 665	7 000	20	21 500	62	6 165	18
1975	35 031	10 049	29	20 936	60	4 046	11
1976	35 031	15 680	45	19 049	54	302	1
1977	35 031	23 322	67	11 709	33	—	—
1978	34 815	28 701	82	6 114	18	—	—
1979	34 871	33 893	97	976	3	—	—

资料来源:（韩）新村运动研究汇编:《新村运动 10 年史（Ⅱ）》。

2. 非物质激励

除物质激励外，非物质激励在新村运动中也起到重要作用，极大地增强了广大农民的内在凝聚力。对于那些表现特别突出的村庄，政府将立碑公示表扬，并把新村运动的积极参与者的姓名刻到立碑上去，以此向全国宣扬村庄建设的杰出成果，以进一步激励当地村庄农民的积极性和荣誉感，充分引导调动农民通过自己的参与来建设美丽的乡村。另外，按照政策虽然村庄带头人没有相应的酬劳，但若其所在村庄成绩显著，他会被推选为当月的最佳村庄带头人，从而将有机会见到朴正熙总统，这在韩国传统文化中，可是意味着一种最崇高的荣誉。正是这样的非物质激励，在很大程度上保障了新村运动的顺利进行。

案例 3–1：江原道“新农渔村建设运动”

江原道位于朝鲜半岛中部，有着韩国最洁净的自然环境和最美丽的自然风光，还是两部经典韩剧《蓝色生死恋》和《冬季恋歌》的外景拍摄地。为使村民自发地改变农渔村的落后现状，自1998年11月开始，江原道即全面开展了“新农渔村建设运动”，时任江原道知事（省长）的金振兟提出了名为“变化的新风——江原道的世界”的施政口号，并一直致力于扶植新产业、开发环保地区、实现社会福利、创造地域文化、加强与海外其他地区的交流合作等项目的开展，这也成为韩国最早的农渔村自律革新运动。经过多年的努力发展，在现有的2 000多个村中，已有1 600多个村参与了优秀村的评选活动，同时，江原道每年还选出32个新农渔村建设优秀村，其中优秀村30个，典型模范村2个，每年支持新农渔村建设运动的拨款达152亿韩元。现今的江原道已成为了中国和日本年轻人心中的麦加，这里每年要接待6 900万人次的韩国游客和100多万次的外国游客，2006年3月至2007年2月中国就有97个团体1 900多人对江原道进行了访问。如今，落后的农渔村已变成了充满朝气与活力的观光生态村，成为了韩国21世纪农渔村建设的典型模范。

1. 上西面新大理村——与市民携手种田

江原道华川郡（县）的上西面新大理村，共有89户农民，村里耕地面积378公顷，其中水田69公顷、旱田54公顷、林地255公顷。为了让农产品有稳定的销售渠道，上西面新大理村积极推进农村旅游项目，从而实现了农产品直销，目前直销量已达60%。2001年，为了使农产品更好地直销，该村开始尝试与城市市民携手共同种田的发展模式：春天城里的市民送来15只鸭子，秋天农民就相应地送8千克大米。在2007年2月已有1 150户城市居民加入了这项活动。另外，村里还根据大米品质的不同分为“绿色大米”和“普通大米”两类，分别贴上“土高美”和“新大理”标签，“土高美”品牌送到参与“携手种田”的城市会员手中，并以80公斤28万韩元的价格出售，“新大理”品牌则以80公斤20万～21万韩元的价格出售，这样既保证了品质又实现了增收。开展“新农渔村建设运动”以来，农民的年家庭收入从1 500万韩元增加到了3 800万韩元，提高了两倍之多。

2. 南面甲屯里村——堆肥生产获政府资金支持

甲屯里村属于仁济郡，坐落于崇山峻岭之中，有43户人家共计116人。为解决村里资金短缺的问题，村民们利用农闲季节开始堆肥生产，在生产堆肥的过程中，村民们逐渐形成了团体意识，2005年该村获得了郡支持的堆肥奖励金2 000万韩元，2006年又得到了900万韩元的奖励金。之后，该村利用堆肥奖励金进行精神教育，2006年该村被评为“江原道优秀村”，并获高达5亿韩元的奖金。

金振㤱知事（省长）在田间插秧作业

3. 文山二里村——践行生态农业发展观念

永越郡文山二里村现有51户居民139人，耕地55公顷，这是一个通过新农渔村建设运动而翻身的生态村，近几年该村被连续评为“自然生态优秀村”、“江原道新农渔村建设优秀村”、“信息化村”，更是被韩国农林部指定为“绿色农村观光村”，该村还拥有传统的农家乐等大量的无形文化遗产。

在新农渔村建设时，居民们制定了五大纲领：团结一致、优先考虑村集体利益、实践绿色农业、通过自然保护成为生态村庄、努力保留和传承传统文化。为了引导群众统一思想和行动，村里专门招聘了讲师进行意识改革教育，并通过制订发展计划、兴建网站、复原传统文化、实践生态农业等活动与城市进行交流，村里还选择了种植葡萄、粗粮、花卉、有机柿子、侧耳等高收入的农产品，以提高农产品的附加值。在2003年该村开始生产山葡萄酒，2005年起村里从山葡萄酒的销售额中拿出10%作为村发展基金，同时每年捡废品所得的200万韩元也用于集体发展资金，目前村里的发展资金已达7 000万韩元，居民的自来水费、税金及电费等每年大约1 000万韩元都由村发展基金支出。通过“新农渔村建设运动”，每户家庭的收入从1 500万韩元增加到3 000万韩元，翻了一番。

4. 屹一里村——生产最好的农产品

高城郡屹一里村位于海拔680米的金刚山脚下，“要生产最好的农产品”是该村的旗号。2004年始该村从种植白菜转为青椒种植，由于海拔高，白天与夜间温差很大，足有20摄氏度，因而，屹一里村在生产品质优良的农产品上具备强有力的先天优势。

为了生产最好的青椒，村里还投资了4亿韩元（行政支援1亿韩元，集体基金3亿韩元）引进了青椒自动化机械设备，于是通过村民们的努力，在2006年村里取得了青椒销售额达20亿韩元的成绩，每户的平均收入有7 000万韩元；2007年村里的青椒销售总额高达30亿韩元，其中每户种植青椒的平均收入更是提高至7 500万韩元。现在该村生产的青椒专门贴有屹一里特有的品牌标志，远销到首尔最大的农贸市场，且市场占有率达30%；另外，现今种植青椒的塑料大棚已由最初的250个增加至1 000多个，且2002—2004年每年出口到日本的青椒达到200吨。该村每年9月还要举办“青椒节”，已成为该村一大特色。

（案例来源：李秀峰：《韩国典范江原道新村》，参见《地理志》2008年第5期。）

三、新村运动中的“社会力量”

朴正熙政府开展“新村运动”的初衷在于改变农村贫困、落后、凋零、衰败的现实样态，使农民摆脱贫苦并逐渐走向致富。而随着运动的不断推进和开展，再加上朴正熙政府坚决的信念和力度，整个社会各个阶层都广泛参与到新村建设之中，从运动初期的“政府主导”逐步转变为“民众主导”，民众的积极性和智慧被大大地调动起来了，逐渐发展成为了一项汇聚全社会力量的新农村、新国家的建设运动。

（一）新村运动得到各阶层的广泛参与

从新村教育的培训对象上来看，主要涵盖了国会议员、各政党负责人、中央部委首长、大学教授、各级公务员、将军、新村指导员及新闻、宗教、企业界的高层人士和普通民众等。可以说囊括了社会中所有的阶层，他们在培训中共同讨论研究新村运动中的各种困难和问题，并提出各自的见解和解决方案，为新村运动的开展提供了不竭的智力支持。如：1970—1978年，参加新村运动的新村指导员就达27.8万人、公务员30万人，190多所大学的学生参加志愿者服务活动，使2 170万农民得到了农业技术培训，超过半数的国民参与了新村运动建设，并且总统和各级公务员都通过亲身参与社会实践，经常与农民、市民对话，拉近了与民众的距离，克服了官僚主义和形式主义。

（二）财政投入也得到社会的广泛支持

随着新村建设的顺利开展和推进，财政支持也逐步走向“民主导”。数据显示，在1971年对农村122亿韩元的投资额中，政府和居民负担的比例大约是1 ∶ 2；而到1978年对农村7 074亿韩元的投资额中，这一比例变成了1 ∶ 9。这充分显示出了社会各界对新村运动的支持与贡献。

（三）学者专家们也对新村运动高度关注

学者和专家的积极广泛参与是韩国新村运动的一大显著特征，一般而言，以往学者们的研究和教学都严格按照学科分类进行，很少关注社会热点问题，而随着新村运动的开展，学者们也纷纷把研究的中心建立在了国家经济和社会发展的基础之上，各个大学都纷纷成立了新村运动研究所，并有190所大学参与到新村运动中。相关数据表明，1974—1995年发表的有关新村运动的论文就多达1 860篇。同时，学者们通过广泛的社会调查，理论和实践相结合，有针对性地研究社会问题和技术创新，学者与专家的参与极大地提高了经济建设和政府决策的效率，促进了新村运动的有序发展。

阅读看点

1. 国家发动——韩国的新村运动是在朴正熙当政时极力推行的一个乡村建设活动；1970年，朴正熙政府正式发动了一场长达数十年的“新村运动”。
2. 政府支持——一方面，政府为新村运动提供了大量的物质与财力资源，另一方面，通过制定各种政策与制度，在政治上保证了新村运动的顺利开展。

第二节　韩国新村运动的“动力引擎”：新村精神

就韩国的“新村运动”而言，其内容主要包括三个层面：① 经济层面，新村运动的目的在于增加农民收入，实现国家的经济发展；② 社会层面，新村运动是为了改造村庄而进行的社会运动；③ 精神层面，“勤勉、自助、协同”的新村精神的培育，确立了劳动的伦理价值观、个人的责任感以及社会共同的奉献精神和协作意识。其中，“新村精神”的培育所形成的“共同体意识”是新村运动取得成功的精髓所在和本质源泉。

一、新村运动成功的精髓——“新村精神”的培育

新村运动的首要目的之一即是要改变广大民众的世界观，旨在培育农民“勤勉节俭、自立自助、团结协作”的精神意识，灌输诚实正直的价值观，确立牢固的国家认同观念和一致的共同理念。

具体而言，“新村精神”的实质即体现为韩国人的“勤勉、自助、协同、奉献和实践”。勤勉，即勤劳、勤快，相互勉励，充分发挥全体国民的力量和智慧，调动国民的积极性、主动性、创造性，几十万新村指导员和参与者在平凡的岗位上做出了不平凡的业绩；自助，就是自立、自强，即有一个正确的态度来对待面临的问题，最大限度地调动国民自觉性，激发国民信心，强调农民应相信自己可以战胜一切困难，以“自助”来鼓励农民改变他们长期以来形成的根深蒂固的“听天由命”的思想；协同，即发扬集体主义精神，倡导大家的事情大家一起想办法解决，团结一心、共同合作、一起奋斗，去实现建设家乡的理想和目标；奉献，即是把为共同的理想和目标献身工作上升为社区服务、志愿者精神和公民意识，这是建设和谐、文明的公民社会的基础；实践，即是身体力行，不空谈，不搞形式主义，从身边的小事一点一滴做起，改造公路、修建桥梁，互相帮助和鼓励。比如：村民会馆的兴办即是这一共同意识的具体表征，从新村运动的第二年

开始，各地农村纷纷兴建村民会馆，以便用来召开各种会议，举办各种农业技术培训班和交流会，同时，在会馆中还办起了公共食堂和公共交易场，降低产品流通费用。另外，会馆还收集了包括农业生产系统和农业收入在内的各种统计资料，并展示了本村发展的计划和蓝图，供村民参阅，这些均进一步强化了村民的凝聚力和新村建设的信心。

当然，新村运动中全体国民的共同理想和共同体意识培育的前提是树立国民平等意识。在20世纪六七十年代，韩国城乡、区域差距巨大，战争、分裂、失业、学潮等一系列社会问题广泛侵袭着韩国社会，民众怨天尤人、怨声载道、不得安宁。因而，新村教育的实施，悄然拉近了不同身份、不同地位者的距离，尤其是汉城奥运会和大田世界博览会的成功举办，使韩国国民的荣誉感大大增加，国民意识增强，逐步实现了平等、诚信、和谐的公民社会，从而极大地增强了民众对美好生活的向往和信心，激发了无比的热情和积极主动性，全社会的内聚性和凝聚力得到极大提升。这一国民共同理想和国民意识的确立，使韩国“新村运动”的开展一发而不可收拾，并成为新村建设的重要精神支柱，作为一项广大民众的共同事业和远大理想，全体国民全身心地投入到新村建设中，调动了一切力量与资源，新村运动也由初期的自上而下的政府“下乡式运动”阶段逐步转变到“官退民进”、“民众主导”的上下齐心共同建设的阶段，并由此取得了巨大成效。

二、“新村精神”培育的过程及成效

“新村教育”是新村运动的核心，是区域社会教育和新村运动同步进行的一切正规和非正规的教育活动，意在使全体国民树立“善用自己的勤勉精神、克服极限的自助精神、扩大自己的协同精神、热爱家乡的奉献精神、一定成功的自信精神”。其具体展开过程经历了两大阶段：运动初期的精神培育和新时期的教育开展，并在塑造国民性格、提高国民文化素养、提升农民技术水平、培养农民经营意识方面取得了巨大成效。

（一）新村精神培育的过程

1. 运动初期的新村精神培育

起初，新村精神培育的灵感来自于一所名为“迦南农民学校”的民间机构，该校的校训是“不爱干活就别吃饭”，比较注重培养学员们的勤劳、自强、合作的精神，于是朴正熙政府就通过“研修院”的建立来开展一系列的新村教育活动。

（1）1972年1月14日，政府成立了“笃农家研修院”（京畿道高阳农协大学内），朴正熙决定从每个市郡中选拔3名热爱劳动的当地最出色的农民，全国共计420名，分3期每期 140 名参加新成立的“笃农家研修院”，进行为期两周的培训（由于农耕时间的限制，后来缩短为一周）。培训内容以精神教育为主，培训形式由讲座、典型事例发言、分组讨论等几部分构成。培训共有 134 课时，包括一般科目 40 课时（30%）、专业科目 74 课时（55%）、其他科目 20 课时（15%）。一般科目包含新村精神开发、农民指导技术、国家安全和经济发展、维持自由的乡土秩序等，专业科目包括新村技术、村庄整修事业、新村建设成功案例、增加收入事业等。其中，小组讨论、典型案例、国家安全和经济发展讲座、培训人员的奉献精神四门课程被列为新村教育的核心课程。

（2）1973 年 4 月 8 日，“笃农家研修院”搬迁至水原的农民会馆，同年 5 月 31 日，更名为“新村指导员研修院”，起初隶属农林部管辖，后来由内务部统管。新村教育培训总是在摸索中不断发展的，起初研修院主要是对新村指导员进行教育和培训，为此，研修院的教育目标主要包含三方面：① 对新村运动指导员进行精英式教育；② 通过接受教育使指导员能够充分理解并有效发挥自助精神；③ 通过教育努力将韩国建设成为以“勤勉、自助、协同”为理念的福祉国家。随着新村运动不断向农村以外的地区发展，新村教育的需求也逐步扩展至城市及社会的各个阶层，之前主要针对男性指导员进行培训，1973 年后培训范围扩大了，如：有新村女性指导员、新村运动相关官员、青少年、社会指导层人士、高级公务员、职能团体负责人和热心外国人、企业负责人、大学生干部、大学教授、农协组合长、地域社会志愿者等，同时还对他们进行环境教育，对新村教育进行调查和研究以及从事前面各种业务所必需的附加业务等。在 20 世纪 70 年代与 80 年代初期设立的主要培训班有：骨干农民班、新村指导员班、农协组合长班、经济团体干部班、高级公务员班、社会领导及中坚阶层班、新村教育骨干人员班、大学教授班、企业人员班、大学生干部班、陆军空军士官生班、科学技术院学生班、医生班、新村特别教育讲师班、外国人研修班等。同时，朴正熙总统还亲自审阅培训计划，将农林部只重视农业技术的培训计划作了大调整。此阶段，“新村指导员研修院”教育就不仅仅是村庄事业教育了，更体现为一种以社会开发改造为目标的教育活动，新村教育也由此带来了一种巨大的感召力、凝聚力和推动力。

2. 新时期的新村教育开展

1990 年 1 月 1 日，“新村指导员研修院”正式定名为现今的“新村运动中央协议会中央研修院”。目前，中央研修院下设教授部、计划部、研究开发部和总务课。教授部下设教务课，研修一、二、三课和教育运营课。教务课的主要职能是制定教学课程计划，负责教师与教材的管理；研修一课负责新村精神教育及外国人新村教育和编写有关教材；研修二课负责设计开发国民精神教育及教材；研修三课负责设计和制定民主市民讲座及培训计划；教育运营课负责培训及研修生的生活、面谈等。计划部负责制定工作运转计划、新村教育信息、教育资源的发掘和确保国际交流等。研究开发部负责新村运动及精神状态方面的调查与研究，以及图书室、新村历史馆、通讯教材的制作与管理等。

进入新时期后，新村教育的内容和形式均有了一些调整，但本质上仍体现着新村运动初期的新村精神。具体而言，“中央研修院”的教育方法是通过集体住宿、集体讨论、生活教育来达到教育的目标，培训期间的时间安排也十分严谨，学员一律穿校服，早晨 6 点集结到操场，面向国旗唱国歌、做早操、跑步锻炼。教育内容主要包括七大部分：

① 地区社会开发教育。为地区负责人、公职人员等继续开展人类发展、地区文化、民主市民内涵、新村运动发展战略等课程教育，旨在使他们树立坚定不移的“共同体意识”，重新认识新村运动核心骨干的作用，提高有效开展和推动新村运动的综合能力。② 意识革新教育。为普通市民、区域共同体市民、妇女干部等进行民主市民、意识改造、文明建设等教育，继续培养全体国民积极向上的时代精神和生活态度。③ 经营革新教育。为企业职员及管理人员开展合作、创造、勤俭、文明等方面的教育，旨在培养现代企业所需要的实践能力强、勇于竞争的新时代企业家和公司职员。④ 青少年教育。通过此项教育，主要是为了培养初高中学生的时代精神和使命感、创造精神和进取心，以及正确的人生观、价值观和忠诚、自律、勤奋的观念。⑤ 外国人新村教育。主要是通过向国外研修人员开展为期一周的新村运动成功经验的讲解，来推进人类的共同繁荣和发展。截至 1994 年 4 月底，共有 52 个国家 1 036 人参加培训，7 315 人参观访问。⑥ 幼师培训教育。设立此项培训的目的在于开发妇女潜在的社会参与能力，拓宽其社会活动范围，提高家庭教育水平，推进社会教育的专业化。⑦ 市民教养教育。开展市民教养培训的目的主要在于培养文明、民主、成熟的市民，培训内容以家政、伦理、礼貌、家庭关系、书法、外语、文艺为主，并分设母亲大学课程和市民讲座。

（二）新村精神培育的成效

1. 培养出大量的骨干人才

新村教育以地区开发教育为起点，至今已成功开展 30 多年，现已成为现代化的国民意识教育运动。资料显示，20 世纪 90 年代中期以来，共培养出新村指导员 13.46 万人，社会各界负责人 2.93 万人，职能机关团体 0.36 万人，青少年 3.33 万人，外国人 1 036 名，其他行业 5.95 万人，民主市民教育 4.89 万人，共培训 134.17 万人。中央研修院通过新村教育，培养了一大批献身于国家经济发展的社会骨干人员，为推动韩国加入世界发达、文明国家的行列作出了巨大贡献。另外，韩国新村运动所取得的成就和经验更是得到联合国有关组织的关注和肯定，并受到发展中国家的重视，先后有 130 多个国家派出 1.2 万多人到韩国参观学习、汲取经验，甚至一些国家的总统、部长亲自带队考察学习，韩国新村运动可以说是乡村建设的成功典范。

2. 农村精神面貌焕然一新

新村运动通过一系列的项目开发和建设以及精神启蒙与各种训练、教育，引发了农民心理上、观念上、态度和行为方式上的一系列变化，激发了农民自主建设家乡的积极性和创造性，改变了过去陈旧的意识和观念，使人们勇于接受变化，敢于制订计划，积极乐观地对待未来。同时，政府还通过采取鼓励先进、惩戒落后的方式，来引导农民思想观念、精神面貌的转变，逐步建立起奋发图强、励精图治的精神。

3. 塑造了积极向上的国民性格

新村教育通过灵活多样的培训方式，启迪广大农民并引导农民换位思考，让国民切身感受到民族精神的感染力和号召力，最终确立了牢固的国家认同和自立、自助、协作的精神，提高了居民的整体素质和凝聚力。无论是农村居民还是城市居民都深深感受到了经济的发展和社会的进步，促进了城乡现代文明的良性互动，强化了国民的内在凝聚力，更是树立了一种遵守秩序、举止文明、团结互助的新市民形象，也真正实现了三大秩序运动（精神、行为、环境）的初衷，“勤勉、自助、合作”已成为了韩国人共有的精神财富。

4. 提高了农民的综合素质

通过新村教育，一是极大地提高了农民的文化素养；二是通过农业大学、农业协会的形式指导农民作物栽培、机械操作，极大地提升了农民的技术水平，拓宽了农民的知识面；三是通过特色养殖和种植的鼓励，培养了农民的经营意识。这些综合素质的提高，极大地改善了农民的生活状态，促进了农村地区的经济发展。

案例 3–2：庆尚南、北道的新村文化建设

庆尚南、北道是广为人知的新村运动的发祥地，到现在为止仍然延续着新村运动的精神，进行着新村建设。1969 年 8 月，庆尚北道新道里的村民们，在团结一致抵御水灾侵害的过程中，打出了“我们只要干就可以干好”的口号，成为了韩国新村运动的发起点。新村运动的三大精神是“勤勉、自助、协同”，也就是说提倡大家自觉团结起来，共同克服危机。庆尚南、北道以这样的新村运动精神为指导，通过“安东市农业技术中心”等市郡农业技术中心，针对地区特征、村特征、农产品特征等，积极地支援

都兴里香瓜村塑料温棚及香瓜工厂

着新农村的开发。

1. 都兴里香瓜村——农业经营模式的现代化

以香瓜电子商务知名的都兴里香瓜村是靠网络电子商务取得巨大成就的。2000 年，继单一品目集团电子商务最初的模型成功后，该村不断地完善信息化，加强竞争力，收入不断提高。该村的香瓜产量目前已占全国的 35%，采用绿色农业法及尖端设施创造了农业经营模式的现代化典范。塑料大棚内的温度、湿度、日照，外部的温度、湿度、日照通过 5 个传感器与电脑或手机的“实时农业体统”相连，即使不进大棚也可以对农作物的栽培及相关的信息进行实时监控，这种实时系统的引进使香瓜村走在了科技兴农的前沿，中国及亚洲其他国家前来取经的人士也纷至沓来。

安东河回民俗村

平里村信息中心及信息化培训厂

2. 安东河回村——文化遗产和农业资源观光化

安东河回信息化村是韩国传统文化保存最完好的地方，该村唱响“传统、体验、自然”三部曲，建成了安东河回民俗村，以传统文化遗产为基础，同时结合草莓、西瓜、香瓜等农业生产和体验活动，成为将文化遗产和农业资源观光化的成功典范。在自称为“韩国的精神文化首都”的安东河回村和邻近的岐山、光德里中，信息化网络已经建成，家家户户通过政府补给的电脑，不仅在互联网上对草莓、西瓜、香瓜等农产品进行买卖，而且还通过网络吸引游客来家中进行农家院住宿体验。信息化工程是现代农村发展的原动力，也体现了庆尚南、北道新村文化将传统与尖端相融合的特征。此外安东市农业技术中心也首次将病害虫预防及暴雨、台风等灾害的预防，绿色农产品的生产和宣传的观念，实质性的兴农教育等多样化的教育设施落到了实处。

3. 平里村——农民自立意识的养成

绿色环保村平里村是将农民自立意识的重要性体现到极致的典范。平里村共有农户 85 家，村民 210 名，原是一个以大枣种植为主业的普通村庄。村民们意识到只靠大枣是没有出路的，于是前往江原道的上高米村和忠清道的文塘里绿色农村等成功村落取经，因地制宜地建成了绿色环保村。被政府选为绿色农村体验村和信息化村后，平里村的发展更是一日千里，成为将农村的生产力发展到极致的新村代表。

（案例来源：http://chinese.visitkorea.or.kr/chs/SI/SI_CHG_2_5_2.jsp）

三、韩国"新村精神"培育对我国乡村建设的启示

（一）新村精神培育的成功要点

1. 突出国民精神的教育培养

20 世纪 60 年代，韩国政府曾启动过农村地区的综合开发，但由于体制、机制、农民态度冷漠等因素而并未取得满意效果，对此，韩国政府认识到，农村建设必须要有村民参与。于是，在之后的新村运动中，韩国政府十分重视国民精神的培育，他们坚信农民一旦焕发精神，农村建设将取得事半功倍的效果。所以，政府在新村运动中，一直倡导以农民为新村运动的主导，并强力推行新村建设理念，确立全国团结一致的思想，并以"我们能做，且我们能够成功"为指导来加大政府宣传、激励农民。应该说，韩国政府正是看准了农民性格的根本，才切中了农民懒惰、怯懦的命门，唤起和培养出了民众的勤勉、自助与协作的精神。

2. 注重现代意义上人的培养

韩国政府准确地理解并构筑出了这种氛围，在对国民精神的唤起和培养中，虽然新村运动非常注重培育现代意义上的人，但政府没有期望农民自己主动去接受这种转变，而是努力通过示范效应和政策导向去营造一种教育环境氛围，让农民在先进文化知识的接受中不自觉地前行，从而提高了各种知识能力；同时，也刻意制造各种紧张、危机的气氛，以培养农民积极向上、奋发进取的责任意识、竞争意识和合作精神，使农民的思想观念得到改变，最终完成自我改造。比如，政府通过采取各种措施向农民宣传建设新村运动的性质和目的，并通过各种具体政策和具体活动来培育新型农民，成立专门的研修院、举办各种培训班、培训新村运动骨干、统编培训教材、邀请有实践经验的基层农民去讲课等，全面开展新村精神教育，使农民逐步地抛弃旧的思想观念，养成"勤勉、自助、合作、竞争"的意识，成为具有新思想、新观念的新型农民。同时，还提出"只要干，我们也能成功"、"创造美好的生活"等口号，营造社会氛围，使广大农民在参加运动的过程中感受到建设新村运动就是摆脱贫穷，让农民富裕、农村富裕起来的运动。

3. 注重"协助"而不"包办"

韩国政府虽然大力支持新村建设，但并未包办。新村运动中政府更多地体现为"协助、支持"的角色，倡导的是农民间的"自助"理念和"合作"精神来展开建设。运动初期政府就着眼于发挥村民的主体作用，引导农民参与，完全尊重农民意愿，让农民自己去做、去管。同时，政府对于不努力、不合作的村庄还实施不给予补助的政策，从根本上唤醒了大家的自助自立精神，调动起广大民众自力更生、改造家乡的积极主动性，从"要我做"转为"我要做"，

实现了理念的升华，也达到了新村改造运动的初衷和目的。

（二）新村精神培育对我国乡村建设的启示

1. 新农村建设要注重农民精神的培养

新村精神的教育培养是值得我们学习和借鉴的重要经验，就中国而言，建设新农村必须首先启发农民，转变农民长期以来形成的封闭保守、自私落后的精神观念，用先进的文化来塑造积极进取的精神，改善农民群体的消极性格，从意识形态上激发农民脱贫致富、建设家园的精神动力，建立改变农村落后面貌的信息。具体来说，可以把教育放在优先地位，通过对农民的再教育，来帮助他们克服一系列的阻碍，以教育为突破口，在不断提高农民综合素质的同时，逐步推进农村综合改革，最终实现新农村建设的目标。

2. 新农村建设要以农民为行动主体

民众力量的参与也是新村运动取得成功的一大利器，通过政府与民间的互动交流，最终实现农村的全面发展。同样，中国农民也是新农村建设的行动主体和力量之源，新农村建设一定要以农民为主体，尊重农民意愿和主体地位，坚持以人为本，这是加快农村全面建设的根本所在。中国地域辽阔，单单依靠政府力量解决农村问题不切实际，必须依靠广大民众的力量参与建设，形成一种政府引导、群众参与、社会支持的新农村共建格局。

3. 新农村建设要注意因势利导

建设新农村是一个系统工程，再加上中国特殊的地域差异条件，新农村建设在各个地区不可能模式统一，因此在诸多建设内容中，政府要遵循农业、农村、农民的发展特点和规律，坚持把政府的有效指导与农民的自主建设相结合，因势利导，立足乡村特色，进行科学统筹规划，因地制宜，有步骤、有计划地逐步量力推进，并通过政府引导、农民自愿、示范带动等创造性地开展新农村建设。

阅读看点

1. 新村精神——它旨在培养“勤勉、自助、协同”的社会“共同体意识”，对于韩国新村运动起到了价值观上的支持。
2. 新村教育——政府与社会通过灵活多样的培训方式，让他们感受到韩国民族精神的力量，并树立遵守秩序、举止文明、团结互助的市民形象。

第三节　韩国的“新村协议会”在乡村改造中的作用

一、新村协议会：一种非政府组织

韩国的“新村协议会”既是一种非政府组织，因为其是经过当地居民选举产生并得到政府承认的社会组织，又从职能上看具有一定的管理地方公共事务的权力，具备了地方自治团体的性质，有责任为当地公共利益提供服务。因此，从韩国的政治体制和法律制度的角度可以将韩国“新村协议会”做如下界定：“新村协议会”即是经过居民选举产生，致力于推动地方发展、改进公共服务、满足公共利益、连接政府和村民的一种非政府组织。“新村协议会”受政府委托或者根据当地实际情况，采取实际行动来推动地方性公共利益的增长。20世纪70年代以来，新村协议会在承担地方工程建设、政府农村开发项目管理、组织动员、农村精神重塑等诸多方面发挥着越来越重要的作用。其治理的合法性、管理的有效性以及与政府的良好合作，共同推动了韩国新村建设运动的快速发展。

自1970年朴正熙政府正式发动“新村运动”后，新村建设便轰轰烈烈地在全国发展开来。为了有效推进新村运动的顺利实施，完成中央制定的各项政策举措和财物支援项目，减少扯皮、内耗的重复环节以及政府内部互相推诿现象的发生，朴正熙政府专程进行了政府机构改革，合并或取消了一些机构，并于1972年新成立了“新村运动中央协议会”，以适应新村运动的需要，地方各级按照中央模式，设立相应的地方协议会，村级设立开发委员会，由10～12名村里的有识之士及农民代表、新村指导员组成，里长或新村指导员任议长，具体筹划、协调和执行村级新村运动，村开发委员会根据中央协议会的基本方针，制定具体的开发项目、实施操作方案，再经县促进委员会，市、郡协议会，逐级报到道、中央协议会，重大事项由中央、道协议会研究解决。1974年中央协议会开展了对社会指导层的新村教育，众多的新村建设活动在全国顺利开展，比较具备代表性的如屋顶改良、村庄道路铺设等。1980

年新村运动中央本部成立，同年制定了新村运动组织育成法，依据法律的规定“新村协议会”成了合法的受到中央政府支援的民间团体。1982年省、市分会相继成立并开始开展业务，同年还成立了“新村指导专家协会”、“新村妇女会”等。1984年市、县、区分会也各自设立办公室并开始运营。从20世纪70年代到80年代，整个韩国建立了从中央到地方新村协议会的整体组织体系（图3-2），韩国的“新村协议会”已经形成了一定的规模体系，除了各行政等级单位的协议会外，还有各种支援团体，如教育指导、资金支持、知识技术支持等，以及妇女协议会、就业协议会等辅助团体。

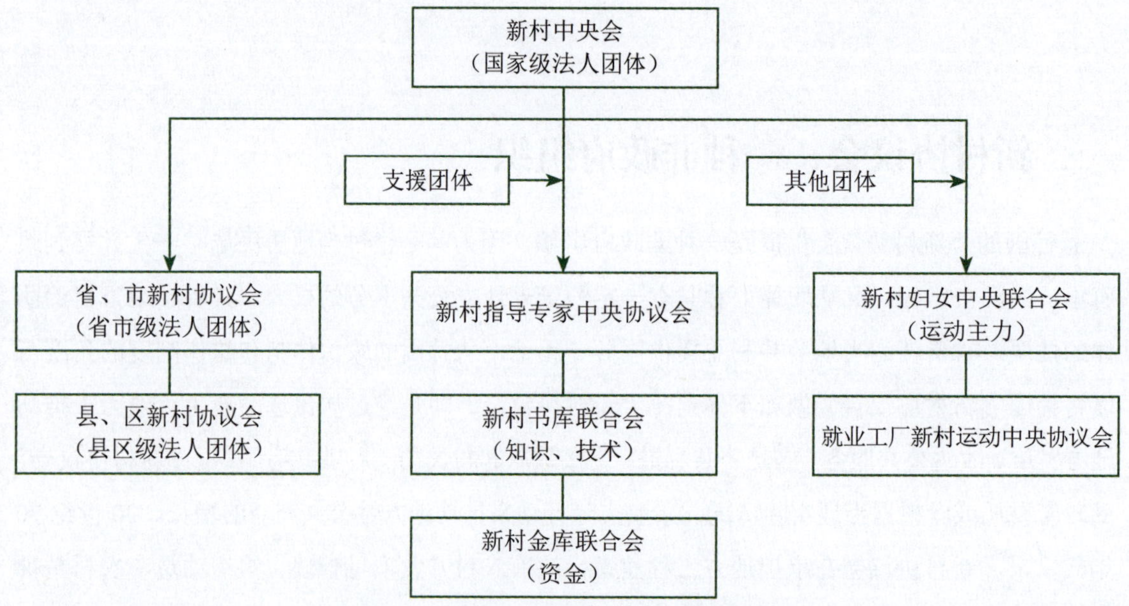

图3-2　韩国新村协议会组织系统示意图

资料来源：高恩新，郭青：《组织动员与持续发展——韩国新村运动中的新村协议会》，参见《中共浙江省委党校学报》2007年第4期。

这里以韩国“礼泉郡”新村协议会为例来具体说明地方新村协议会的组织体系构成情况（图3-3）。礼泉郡的新村协议会是由新村指导人协议会、新村妇女协议会和新村书库协议会组成。新村指导人协议会由会长，12个邑、面分会长以及265个行政里新村指导人组成；新村妇女会协议会的组织结构与新村指导人协会相似，各行政里设有新村指导人一名或者以村为单位安排妇女会长一名，再往下还有妇女会员的参与；新村书库协议会的结构与前两种相同，只是指导人并不是每个行政里都具备，显现出了一定的不均衡性。

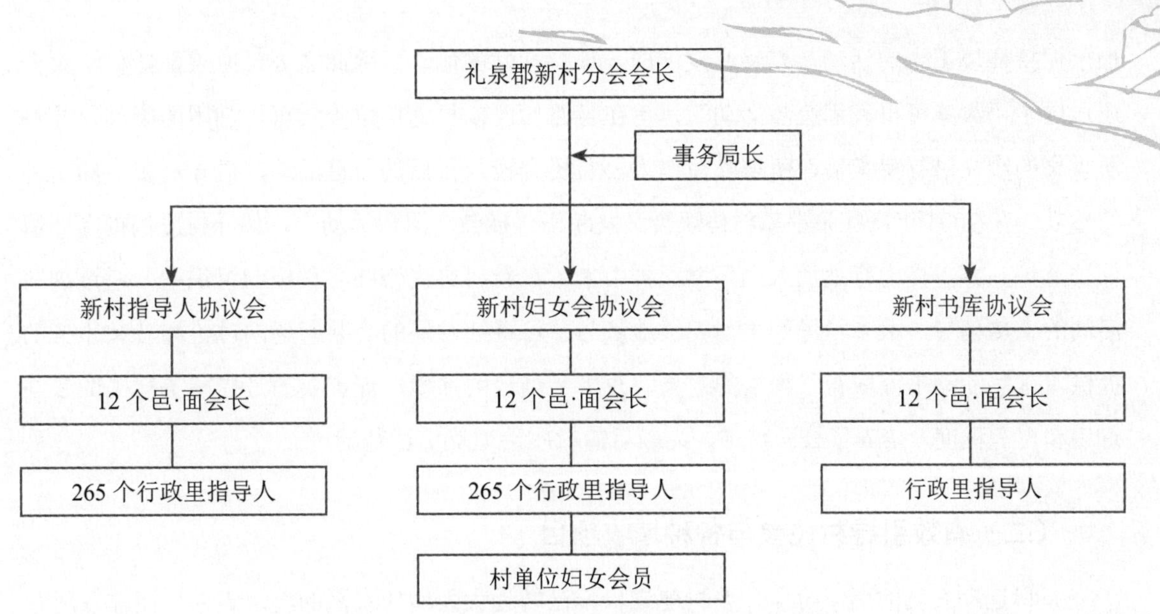

图 3-3 韩国礼泉郡新村协议会组织体系图

资料来源：高恩新，郭青：《组织动员与持续发展——韩国新村运动中的新村协议会》，参见《中共浙江省委党校学报》2007 年第 4 期。

二、新村协议会在新村建设中的作用

韩国“新村运动”的实施大体可分为五个阶段：1970—1973 年的基础建设阶段，1974—1976 年的扩散阶段，1977—1979 年的充实提高阶段，1980—1987 年的国民自发运动阶段，1988 年至今的自我发展阶段。所进行的工程项目大体包含三方面，分别是改善生活条件、发展生产和增加收入、精神启蒙。在 70 年代时，朴正熙政府主要通过强大的财力物力支持新村建设，然而随着 80 年代后“新村协议会”这一组织体系从中央到地方的完备建立，“新村协议会”逐渐成为韩国新村运动的主导性力量，并将韩国农村带入到了可持续发展的状态之中。具体而言，“新村协议会”主要有以下四方面的功能和作用。

（一）积极推进村庄生活环境的改善

随着新村运动进展的不断深入，村庄生活所必需的基础设施大都得以修建和完善，生活环境的改善成为了新村协议会的重要工作。就以韩国礼泉郡来说，在 2001 年，礼泉郡新村协议会即开展了“花草美化村路和村庄活动”，在各个邑、面组织村民种草种花，以达到美化村庄的目的。据统计，礼泉郡新村协议会于 2001 年共组织了 32 次活动，合计有 450 多名村民参与其中，并成为了美化生活环境的一项持续性的项目。同时，“新村协议会”在 2001 年还组织了“大清扫运动”，在指定的 12 个邑、面共组织这一运动 35 次，累计有 1 050 人参加了保持环境卫生的活动，亦将此发展成一项持续性的运动。除此之外，礼泉郡新村协议会还通过了“收集可再利用废品活动”，旨在号召村民以村为单位收集可再利用的废品，并将所收集的废品进行变卖后，所得收益作为公益资金投入日后的公益活动，倡导资源节约精神的建立。在2003年，礼泉郡新村协议会又发起了“拯救小河川运动”，倡导村民们提高环境保护意识，并身体力行地加入到环境保护中来。在新村协议会细心积极的组织下，通过这些活动的宣传倡导，很多村民都主动积极地参与了可持续发展的公共问题的讨论和公共服务的提供，这些活动不仅取得了积极的效果、改善了当地的环境，更重要的是提高了村民的参与意识和自觉程度，培养了公民精神，为以后的村庄治理奠定了基础。

（二）有效引导村民参与各种增收项目

新村运动发展的后半阶段，乡村建设目标已转为大力增加农民的经济收入，而非农村基础设施的改善。礼泉郡新村协议会即是通过不同的活动项目来增加郡内农民收入的。比如，在2001年，礼泉郡新村协议会组织“休耕农田耕种”的项目，引导村民在长年休耕的土地上种植水稻、萝卜等类型的经济作物，并将此项目的经济收益作为团体基金，以便来帮助生活贫苦的村民们。同时，礼泉郡新村协议会还通过发起的“制作低公害肥皂”活动，意在指导村民利用废食用油制作肥皂，培养节约意识。数据显示，仅2001年就制造了9 500块肥皂，后来这一项目也作为一项持续性的活动而连续开展下去了。除此之外，在新村协议会的组织下，村庄还根据自身所具备的地域资源特色，因地制宜、因势利导，充分发展蔬菜种植、村庄旅游、经济作物培养以及其他的经济发展项目，这些项目不仅大大提高了村民收入，同时更极大地增加了新村协议会团体基金的总量，有利于新村协议会开展更多的活动。

（三）注重村民生活伦理道德建设

“生活伦理道德”建设一直是新村运动自始至终的内容之一，特别在20世纪80年代后，伦理道德的引导更是成为了新村建设的重要内容。大多数学者、专家都有一致共识，即认为韩国新村运动之所以能取得重大成功，原因之一即在于政府注重村民生活伦理道德的建设引导。就拿韩国的礼泉郡来说，礼泉郡新村协议会在“生活伦理道德”建设方面组织的活动有：2001年组织的“帮助生活条件差的邻居活动”；2002年开展的“独居老人房屋修理运动”、“爱的大米收集运动”、“国庆节挂国旗运动”以及“泡菜分发活动”；2003年实施的“劳作庆祝大会”、“爱水运动”等。通过这些活动的举办，礼泉郡新村协议会正确引导村民们树立了“勤勉、自助、协同”的精神，极大地提升了村社的生活伦理道德水平，更形成了强烈的共同体氛围，增强了爱国意识和美好社会意识，为新村运动的成功奠定了文化基础。

（四）鼓励教育培训、吸纳乡村精英、服务地方社会

一直以来，韩国都深受着中国儒家传统思想的影响，将教育看成是每个家庭培养年轻后代的头等大事，因而在新村运动中，教育便自然成为了其主要内容之一。比如，在2001年，礼泉郡新村协议会就通过设立“新村指导人子女奖学金”的制度来鼓励乡村地区的精英担任地方新村建设的负责人。据统计，共向31名指导人子女发放了1 500万韩元的学习资助金，并且该项奖学金已经成为礼泉郡新村协议会的一个持续性项目，每年都会向指导人子女中优秀学生提供资金支持。又如，在2002年，礼泉郡新村协议会又组织了一个“指导人育成”项目，即通过网络教育的方式和途径，来培养各个村庄的指导人并取得理想的效果。再如，礼泉郡新村协议会还于2003年成立了“新村图书馆”，为所辖地域的村民提供图书购买和出借服务，以此来提倡读书，这亦成为新村协议会致力于提高村民文化教育水平的一项持续性活动。除此之外，礼泉郡新村协议会还通过组织“夏季运动会”，鼓励地区内的村民积极参与运动会，这不仅可以培养村民们的共同体意识和强身健体的理念，同时还可将运动带来的收益纳入团体基金，为新村协议会向村民提供其他的公共服务奠定基础。

总之，韩国“新村协议会”通过一系列活动的组织与开展，使得新村运动在很好地保留了传统精神道德风貌的同时又积极引进西方的科学和技术，既增加了村民的收入，改善了他们的生活水平，又提高了村民的主人翁意识和公民参与意识，使韩国在新村运动后期逐渐克服了新村运动早期存在的一系列问题，在推动新村建设走向成功的道路上起到了不可磨灭的重要功能和作用。

三、新村协议会在新村建设中的“中间性”

从整体上看，新村协议会在政府和村庄之间扮演着一种媒介角色：一方面，在贯彻政府政策和项目上，它既是直接的执行者；另一方面，在村民组织和动员、精神塑造、村庄管理等方面，它又是直接的领导者和管理者。

（一）新村协议会是政府政策的执行者，与政府相互依存和包容

具体而言，80年代之后的新村协议会与政府的关系主要从三个方面加以体现：

1. 新村协议会是新村运动政策落实的必要前提

政府要开发农村、发展农村经济，必须要借助一定的组织力量，以便在行政系统无法深入到的社会最基层的地方去有效贯彻执行政府政策，而将政府项目委托于非政府组织不失为

一种有效的办法。新村协议会即是这种非政府组织的典型代表，它不属于政府机构，也不是营利性企业，它是介于政府与民众之间的，既为政府服务也为人民服务，既转达政府的政策同时又为人民谋取相关福利，起到一个桥梁纽带的媒介作用，所以新村协议会的设置就显得尤为重要。特别地，新村协议会本身作为一种具有合法性的地方社会团体，往往能够获得政府和当地村民的高度认同，由此获得了行动上的合法性。而这种合法性对于保证项目实施的有效性，提高村民的参与度以及保证政府政策的持续性和支持的连续性，都是一种相当重要的资源。

2. 政府对新村协议会的资金支撑是其有效运行的基础

在新村协议会开展的众多项目活动中，其中有相当大的一部分项目启动资金都来自于政府的财政支持，比如：休耕农田耕种、收集可再利用废品活动、指导人育成活动、爱水运动等都受到了来自政府的支助，这为新村协议会得以正常运作提供了必要的保证。当然，除了政府的补助外，其他资金还都是依靠集资和耕作任务之外的项目收益基金来解决的。只有一

案例 3–3：忠清南、北道的新村建设

忠清南、北道的农村，水量充沛、自然资源丰富，除生产大米、大麦等一般农作物以外，还开发和生产其他地方特产及具有战略竞争力的农产品。为了宣传地方特产，建立了“锦山世界人参展览馆”，通过召开农产博览会拓展了国内外销售市场，并紧随世界潮流的变化及多元化农产品开发与销售渠道的变化，忠清南、北道的新村文化也正在努力迈向新的台阶。另外，在忠清南、北道拥有战略型农业和国际型农村信贷的特色农业企业相当多，为了支援这样的农村企业和村庄，一些咨询公司也应运而生，在专业咨询公司的指导下，农村企业的经营能力及农业投资的回报率得到了较大提高。而这些咨询公司也由此成为忠清南、北道新村革新的重要力量，同时为了提高农业附加值，在发展尖端生命科学的同时，也加强了农村的多元化职能，开展农业试验研究和农业咨询业。在各个相关部门的配合下，忠清南、北道农业走上了21世纪的富裕型新村建设的快车道，对传承新村运动的核心精神起到重要作用。

1. 文塘里农村——“鸭农法”的引入

作为绿色农村共同体，韩国国内大名鼎鼎的文塘里绿色农村是韩国新村运动取得飞跃发展的忠清南、北道的典型代表。1993 年，文塘里绿色农村首次将“鸭农法”引入韩国，并于 1998 年获得了政府指定的“有机栽培园地”认证。利用鸭农法生产的亲环境大米价格比一般大米高出 45%，目前该村总面积约 240 万平方米，住有农户 700 余

些项目规模大、内容丰富、对社会影响效果显著的项目才可以获得政府补助，因而为了提升新村协议会这一非政府组织的自我生存能力，开发符合地方特色的收益性项目就特别重要。

3. 政府与新村协议会相互依存和包容

一方面，政府的财政支持是新村协议会有效运作的重要因素，从这个角度讲，新村协议会必须依赖于政府，政府对新村协议会表现为一种“硬性约束”和“支配地位”；另一方面，政府政策的执行也离不开新村协议会的协助，更重要的是政府领导人要想获得民众支持，还需依靠新村协议会联系村民选票，因为新村协议会作为一个合法性的社会团体，能够积极影响地方政府在村民心中的形象，并利用选票作为制约地方政府的一个重要手段，如果政府实际表现不佳，新村协议会领导人即会表现出对政府的抵抗和批评，从而政治领袖的选票也会受到影响，所以从这个意义上讲，新村协议会对政府也表现为一种“软约束”状态。总的来说，韩国政府和新村协议会之间的关系可以定位为协作、支持、包容和共存。

家，大米和销售亲环境大米所得已经达到 833 400 万韩元。每年都有上万人从全国各地赶来这里学习鸭农法，为此文塘里绿色农村设立了系统介绍绿色新村环境的农业教育馆，站在了普及绿色农业的前线，并且为了村庄的发展制订了“百年计划”，全力建设更加系统的新农村。

2. 加波农村——复合运营地区特产

利用自然资源来创收的加波农场体验村不愧是创新发展的又一个好典型。加波位于被誉为“忠清南、北道的阿尔卑斯”的清阳郡，村民们充分利用当地的优美自然环境，并配合枸杞、辣椒等土特农产品的种植，大力发展旅游业，实现了农业的复合型发展模式，成为了将自然环境资源化的代表，并被选为国家大力支持的“观光资源开发模范企业”示范点。截至 2005 年，各生态体验项目已创收 37 000 万韩元。

绿色鸭农法

文塘里村信息化中心

加波农村体验场

加波复合运营地区特产

案例 3-4：全罗南、北道的新村建设

全罗南、北道是韩国典型的农业道，因为地处平原地带，气候温暖，降水量丰富，自古以来就生产大米、小麦及豆类等农作物，产量居全国之首，被誉为“韩国的粮仓”。目前，全罗南、北道为生产高品质的绿色大米，进行了各种各样的农业技术开发，以迎接大米市场全面对外开放的挑战。同时，改良禾苗的品种，使产量有了极大的增加。此外，全罗南、北道还努力开发和供应多种特色作物，在全罗南、北道农业技术院的支持下，油桃、柚子、无花果等热带果树栽培成功，得到了消费者的青睐。全罗南、北道还制订了总投资预算 5 400 亿韩元的“绿色农业五年计划”，并建成大规模的绿色农业园区，开展一年一度的以“绿色、生命、农业”为主题的农业博览会，并投资开发有机农业技术和农药低投入的绿色农业技术，逐渐奠定了全罗南、北道“绿色农业学术圣地”的地位。

1. 唵川村——土虾米

在全罗南、北道，越来越多的农民和兴农法人高举绿色生命农业的大旗，紧跟建设 21 世纪新农村的时代步伐，走在绿色农业的康庄大道上。其中，排除本地污染源，将全村设立为绿色农业特区的“康津唵川绿色农业特区”就是一个典型的代表。在这里，不使用农药的绿色大米土虾米生产区形成了自己的品牌，还开发了用韩药材和米酒饲养的唵川麦牛等绿色畜牧业，增加了收入所得。由绿色大米试验园区组成的唵川绿色农业特区，配备专业指导人员和农业籍公务员各 1 名，正在进行绿头鸭、米糖、微生物、稀有元素锗的活用农法的开发。凭借着绿色大米的开发，将穷乡僻壤改造成了充满希望的土地。

2. 永兴村——黄瓜种植

从前的永兴村只是一个贫穷落后的村落，靠栽培水稻维持生活，在选择黄瓜作为特色农作物并开始集体种植以后，永兴村逐步摆脱了贫困，成为康津地区屈指可数的富裕村。1975 年，永兴村黄瓜种植班的尹永昌班长等 5 户农家试验栽培黄瓜，成为黄瓜村的起步点。“最早我们试验种植了黄瓜、番茄、辣椒三种农作物。在这个选择的过程中，我们发现黄瓜最合适，结果真的取得了成功。在当时，几乎没有集体种植特殊作物的村庄，虽然大家都在各自的地里种植了这样那样的农作物，但集体种植使我们在引进新技术、防止病虫害以及机械的使用方面可以共享。”尹永昌班长说：“整个村庄一起栽培特殊农作物之后发现有这样的好处：第一是危险减少了，第二是大家可以共享有效的种植方法。”永兴村黄瓜耕作班的成功，就是因为他们有展望未来的能力和敢于转换耕作模式、向主力农作物挑战的勇气。

（二）新村协议会是村庄运动的领导者和管理者

新村协议会和所在地域村民之间的关系和新村协议会本身的性质是分不开的，二者的关系可从以下两方面加以阐释：

1. 村民积极参与是新村协议会运作的基础

“新村协议会”的会员是由各行政里的居民推举产生的，之后在各邑、面新村会议时接受任命，而各邑、面的会长则由会员推举产生，之后在郡协议会上接受任命。新村协议会会长主要由会员间接选举，依据郡协议会的邑、面新村指导人，妇女会长团和新村书库会长团的选举产生，即使原来不是会员，如果有一定的财力和地方支持也可以当选。因而，从选举的角度看，并不是所有的居民都可以作为协会的会员，但是新村协议会事业的进行却要立足于居民的积极参与和支持。

2. 新村协议会对新村运动起着领导和组织的作用

一个新村领导人所必须具备的资质就是具有优秀的掌控能力、拥有能够凝聚组织内的成员和集团的能力以及可以能动地调节事业和活动进行的能力，这样可以有效领导年轻的会员对项目进行评价并且可以独自发现问题并解决问题，从而达到组织和团体的目标。因而，可以说新村开发成败的关键就掌握在新村领导人的手上，是新村运动不可不考虑的一个重要因素。所以，新村领导人不仅仅是单纯的村庄新村运动的指导者，以及村庄事务的实施监督者，更重要的应是一个新村运动的积极参与者，这样才能实现新村团体设立的真正目的。从目前的实践来看，新村协议会已经成为一个具有强大的动员和组织能力、善于开发和利用地域资源的社会团体，这是其他民间团体所不可比拟的，在一些地方“新村协议会”甚至已经成为一种开发村庄资源的“公司”，带领所有村民不断地改善生活条件。当然，新村领导人往往发挥着类似于“董事长”的作用，领导并管理着新村项目的组织和实施。总的来说，新村运动的成败与新村协议会运作是否有效，特别是新村领导人的能力大小具有重要的因果关系。

阅读看点

1. 新村协议会——自治性的非政府组织，类似这样的组织在韩国新村运动中有很多，比如“新村指导专家协会”、“新村妇女会”等。
2. 新村领导人——新村协议会的会长就是新村领导人，其在新村建设中常常发挥着经济组织中“董事长”的角色。

第四节 日本及东亚的“综合农协”：正在兴起的力量

一、日本“综合农协”的产生与发展

（一）日本农协的产生

日本农协全称为“日本农业协同组合”，其前身为1900年建立的“产业组合”，重组于1947年。战后的农协是依据《农业协同组合法》成立的互助合作组织。农协是农户本着“相互扶助”的精神，以改善农业经营状况、提高生活水平为目的而建立起来的协同组织。

日本农协规定所从事的各项事业的前提均是最大限度地为社员服务，而不是以盈利为目的。多年的实践证明，日本农协对于农产品的生产、销售，为农民购买生产资料，提供金融、技术、市场的信息等多方面都已经起到了显著的成效，促进了农村城市化的发展。

（二）日本农协的发展阶段

1. “农业产业组合”阶段：1900—1936年

1900年日本政府颁发产业组合法，并指出农民和工人都可以维护自身权益，可以依法成立产业组合。1905年，“大日本产业组合中央会”的成立使全国范围内的产业组合开始起步。

1925年，“全国购买组合联合会”、“产业组合中央金库”等全国性组织的建立，加速了产业组合的深化。1933年，以“全国稻米销售购买组合联合会”、“全国产业组合制丝联合会”、“大日本柑橘销售联合会”为代表，农业产业组合模式在日本已经取得了初步成效，得到了社会各界的普遍认可。

2. “农业协同组合”阶段：1947年至今

1946年日本实行了农村土地改革，并颁布了《农业协同组合法》和《农林渔业组合再建整备法》，在广泛动员农民加入农协的基础上又在县市一级迅速成立农协，经过5年的经营，取得了很好的成效。

1954年，日本设立了国家一级的“农业协同组合中央会”，提升了农协的专业性和组织性，同时进一步加深了与农民之间的联合。1955—1966年，日本政府在全国开展了“农协综合事业计划运动”、“农协刷新扩充3年计划运动”、“农协体质改善运动”，对农民、农业的发展及充实农协事业都起到了重要的作用。

1961年，日本政府颁布《农业基本法》，以应对工业化、城镇化带来的农村人口外流的局面，这一举措缓解了农业收入过低的现状，均衡了各产业的经济水平，同时对于农协的综合职能提升和组织创新都起到了不可忽视的作用。

二、日本“综合农协”的发展现状

（一）基本状况

截至2003年年底，日本共有综合农协947家，较1997年减少了1 165家。其中37家位于都市地带，185家位于丘陵、山区地带，254家位于都市附近的农村地带，471家位于农村地带，处于城市区域的综合农协仅占全国综合农协总数的3.91%。

日本综合农协正式会员人数近20年仅下降了8.3%，非会员人数由1983年的241.6万人增长到2003年的399.2万人，增长了65.2%，而且非会员比例由1983年的30.3%上升到2003年的43.9%，2003年拥有会员人数910万人，较1983年增长了111.4万人。其中正式会员5 108万人，非正式会员3 992万人。雇用职员24.8万人，较1997年减少近4万人，办公人员由1997年的44 578人减少为2003年的24 786人，下降了44.4%。

（二）经营状况

截至2005年3月末，日本农协拥有金融店铺11 750家，吸收存款余额77.7万亿日元，发放贷款余额20.7万亿日元。2003年，综合农协实现毛利润2.074万亿日元，其中信用事业盈利0.733万亿日元，共济事业盈利0.564万亿日元，购买事业盈利0.479万亿日元分别占比27.2%和23.1%。在综合农协所从事的业务中只有其他类事业自1998年以来始终保持正增长，由1998年的0.7%上升到2003年的17%；截至2005年3月末，其他类事业实现净利润0.136万亿日元，利润率2.55%。

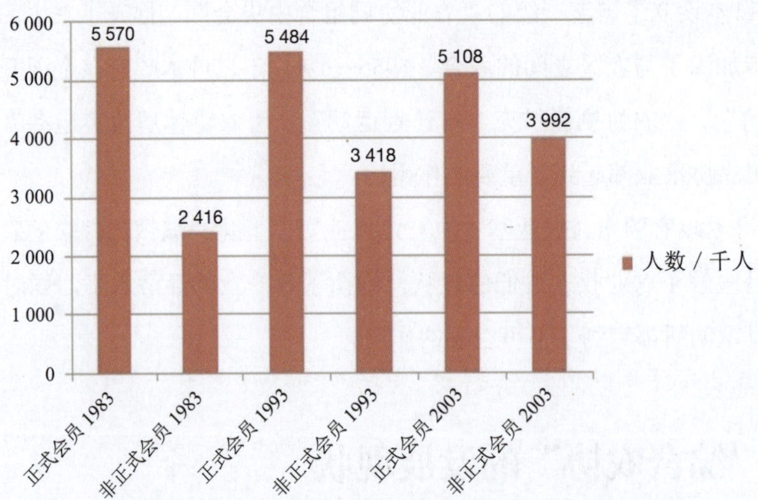

图 3-4 综合农协正式会员与非正式会员变动情况

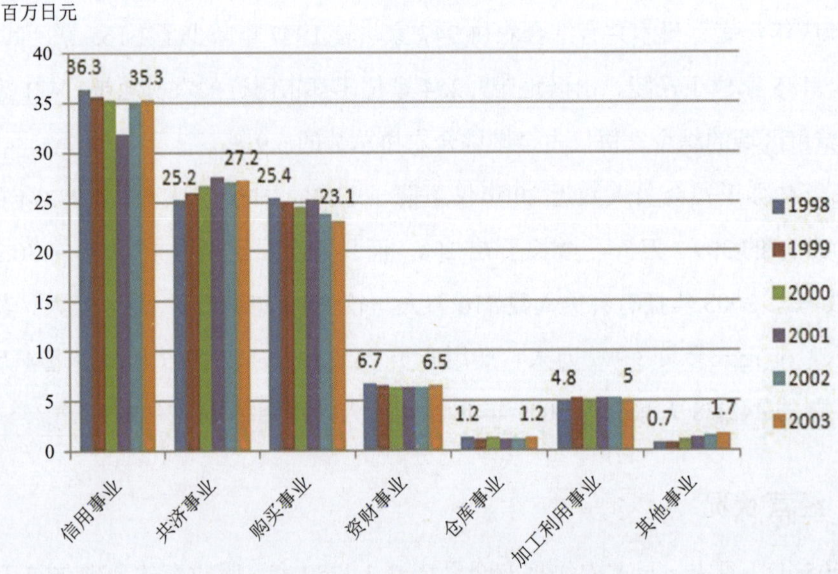

图 3-5 综合农协各部门毛利润比重情况

三、日本"综合农协"的组织结构和主要业务

（一）日本农协的组织结构

日本农协已经在全国形成了一个完整的体系，拥有地方性组织和全国性组织，可按地域范围划分为三个层次，即市、町、村层次，都、道、府、县层次，全国层次。农协结构的基

层是由市、町、村等行政区域单位组成农协，中层结构是由基层农协组成都、道、府县级组织，高层结构是由都、道、府县级农协组成全国一级的组织。

农协组织因其不同的业务而分为两大系统：① 主要从事指导业务的“全国农业协同组合中央会”（以下简称“全中”）系统；② 主要从事经济事业的“农协联合会”系统。“全中”是农协的综合性指导机关，主要任务是对下一级农协的组织、业务及经营进行指导，协调各联合会之间的联系和纠纷，同时就农协和农业政策问题向政府有关部门提出建议。农协联合会又分为综合农协和专门农协两种，其中综合农协与农民生活、农业生产关系更为密切，其规模通常也比专门农协大。日本为农协制定了《农协法》，并详细规定了各级组织的业务范围，禁止交叉经营，并规定上级农协不得剥夺下级的权利，同时要求各级组织接受监察部门的监督。

（二）日本农协业务介绍

日本农协的业务主要分为以下 12 项：

信用事业——农业生产生活资金贷款及接受存款；

购买事业——生活生产资料购买；

利用事业——农民农业生产设施建设和公共设施建设；

贩卖事业——农产品的贩卖、储藏、运输；

农业生产事业——农用地建设、改良和水利设施建设、提高农业生产率等多项事业；

加工事业——农副产品的加工；

指导事业——培养农民提高技术；

保险事业——生命财产及建筑物的保险；

受托事业——接受会员的委托从事某些农业作业；

农地信托——农地等信托业务；

住宅地供给事业——接受转用农地的委托进行买卖；

后生事业——医院、疗养院等建设。

以上事业主要依靠指导业务、经济业务、信用业务、共济业务四种组织方式进行运营，需要指出的是指导业务是一种软服务，是结合经济、信用、共济业务进行的。四种业务方式包含了农业生产生活的方方面面，指导业务提升了农户生产的效率和农协的综合效益；经济业务又分为贩卖和购买业务，联合了分散的农户，形成规模效应；信用业务为农业生产生活提供了强大的保障；共济业务不仅具有救济、融资的功能而且提供农户以生活福利，提升了农户的生活水平。

四、日本“综合农协”在生产与流通领域的作用

（一）在农业生产经营领域的作用

1. 营农指导

营农指导员是日本农协为指导农民生产、经营而专门设立的职位。营农指导员的业务范围十分广泛，但以担任蔬菜、耕种、畜产指导为主。

日本十分重视提升农业技术与推广新技术，日本的农业推广体系分为官办农业推广体系和民办农业推广体系，前者从中央到都府及县都由行政职能部门负责，后者其职能主要由农协承担，农协营农指导员是处在第一线的技术推广员。两大体系互相合作，协调工作，共同推进农业技术推广改良事业的发展。

此外，在推广技术的同时，区域农协会还会了解不同农户的生产实际情况和诉求，共同制定生产与销售计划，并提供设备购买、设备使用、税务知识、产销信息服务等相关咨询服务。有部分区域的农协还自办研究所、信息中心，加速研究环节转化到生产环节。长期以来，日本农民对农协的利用率很高。

2. 资金融通

农协的信用组织是农业生产资金链中的重要环节，农协面向农村的贷款主要是依靠农协自己的金融系统吸收大量流动资金。农业信用系统以略高的利率吸收农户的存款，在农户资金面临短缺时，农协信用系统以优惠的价格为农民发放贷款，帮助他们走出困境。农协所办的信用业务使以家庭为单位、分散经营的日本农家能以较低的利息相互融资，促进了生产的发展。

3. 社会化服务

受农村人口老龄化、人口流失短缺、部分农家经营规模扩大、农业机械大型化等影响，日本家庭农业对产前、产中、产后社会化服务提出了更高要求。为适应农村经济的这一变化，农协出资添置了农民无法个人购买的大型农机设施，如提供粮食加工、育苗、育种、贮藏设施、农机具服务站、汽车修配站、机械服务中心等。此外，面对农村老年人无人看护的情况，兴办了老年人看护中心。农协的社会化服务措施，提高了日本家庭农业生产要素的规模效益，促进了农业的集约化，对农业生产力的发展起到了重要的作用。

（二）在农村流通领域的作用

在农村流通领域，农协的经济业务主要是销售业务和购买业务。农协将农户组织起来联

合销售与购买，从而在农产品的市场销售、农用生产资料购买等方面形成批量买卖，获得有利的成交价，防止了不良商贩占据流通环节以获得差价的行为。

农协几乎包揽了所有日本农产品的销售，日本农产品的销售程序是：首先农户只负责农业生产，生产出来的农产品再统一交给当地基层农协集中、分类、包装，然后由基层农协根据各地农产品的销售情况把农产品发往不同销售地区，各大地区的农产品批发市场都是由农协直接参加组织，农户上缴的农产品在批发市场上销售，或者向上缴与更高层次农协统一销售。

图 3-6　农产品销售流程

此外日本农协还在不同区域建立了加工厂、包装厂、冷藏库、运输中心、超级市场等基础设施，并在全国大中城市果蔬批发市场中建立了分支机构，用来提高农产品的附加值，增强农产品的信息化、标准化。农协有完善的组织系统，拥有加工、包装、运输、信息网络等多种优势，因此集中销售的农产品具有统一的规格和质量标准，计划性强，销售量大，农产品滞销的情况很少，使农民和消费者实现了双赢。

在收益结算方面，为了避免不同农户因销售时间不同而受市场价格波动的影响，农协对所有农户同类同档次产品实行平均结算，农协还会指导农家降低生产成本，尽可能地将共同销售的得益留给农家。因此，大部分农户乐意和农协保持合作，愿意让其代销。农协连接着市场和农户，在充当代销角色的同时会将市场上消费者需求的变化反馈给农户，指导农户根据市场需求的变化进行生产和销售。

农协系统的购买业务是以组合员为主要对象，由代销角色转变为代购角色，为其购买生产资料和生活资料。当组合员有购买商品的需求时，可先向本地区的综合农协发出订货请求，综合农协将订单经县经济联至全国农协联合会汇总后，统一购买，送货到户。因为农协拥有全国广泛的组织系统，针对组合员的购买业务量不亚于任何大型综合商社，这些都为农户农产品的生产与销售创造了良好的条件，完善了日本农产品从产前到产后的流程。

五、韩国"综合农协"的发展情况

韩国有 5 008.7 万人口，100 210 平方公里，人均耕地 0.6 亩，2002 年 GDP 达 4 766 亿美元，人均 1 万美元。韩国农协作为韩国农村最大的经济组织对于韩国的农业发展、协调城乡经济起到了重要的作用。

韩国农协产生于 1961 年由农协和农业银行合并而成，以"一切为了农民、方便农民"为宗旨，其组织结构由农协中央和 15 个市道支会、143 个郡支会，以及 1 425 个基层组合和 43 个专业性组合构成的。韩国农协的工作内容主要是对农民进行生产指导，提供市场信息，建立良好的流通渠道，完善农业生产、销售所需的基础设施，如批发市场、集配中心、超级市场等。

韩国农协管理结构由基层农协和中央农协构成，基层农协主席由会员直接选举，中央农协主席由基层农协主席选举。中央农协有 16 个地区性总部，80 多个分支机构和附属公司，业务区域重点在城市。基层农协 136 个，有分支机构 2 462 个，业务区域主要在农村，农协共有 9 万名员工，其中中央农协 2.2 万人，基层农协 6.8 万人。

韩国农协的经费主要来源于开办商业银行和各种经济实体获得，政府拨款只占据 10%。对于农产品流通设施的建设资金比例，50% 由政府无偿拨款，20% 由农协中央会以 5% 的利率贷款，地方农协自筹 30%。

支撑整个农协服务体系经费的银行，分为中央商业银行和地方组合社的互助银行，后者不以盈利为目的，主要为农民融资服务，前者以盈利为目的。其中商业银行共有 500 多个网点，每年吸收存款约 30 兆韩元，并以高于存款利率 2 个百分点的利率贷给农民，每年纯收益 9 000 亿韩元，农协中央会就用这笔钱为农民提供各种服务。总结韩国农协的成功，可以发现完善的运营机制、政府的大力支持、对现代信息技术的合理利用等是其成功的重要原因。

六、中国新农村综合发展协会的发展情况

2010 年 12 月 20 日，全国 50 个乡镇在四川仪陇表示 2011 年将尝试发展一种被称为"新农村综合发展协会"的新协作组织，它将承担农村资产经营、技术引进、社区管理、金融互惠的职责。新农村综合发展协会将采用引入集体、个人出资、政府补助的方式，由专业团队进行经营，在治理结构上由参与的村民选出自治理事会，理事会任命经营团队，当地政府则对经营团队进行监督。

早在三年前，这种组织形态已经在湖北建始县得到了完整的实践。2008 年建始县委、县

政府特邀中国社会科学院社会政策研究中心、中国青少年发展基金会等机构，在该县三里乡水坪村进行首个新农村综合发展协会的试点。

截至2011年，河水坪新农村综合发展协会共覆盖三里乡的农科、枫香科、杨柳、擦擦坡、河坪、村坊6个村，协会章程、组织细则已经建立，实行理事会领导下的总干事负责制。目前，已经有入会农户1 300人，占总农户的50%以上，开展的事业项目主要有：① 设立农资直营店，以低于市场价的价格向会员出售农业生产资料；② 开展“健康强农计划”，整合六个村的卫生室，为会员提供更全面、细则的健康服务；③ 建立二元母猪繁殖基地；④ 在擦擦坡村建立一个农民资金互助社；⑤ 根据当地农民的生产生活实际，适时开展文艺宣传、推广农机具等活动。

我国台湾地区的农业现代化程度高，2010年农业增加值为68亿美元，占GDP的1.6%，与发达国家一致；人均农业增加值为1.33万美元，是大陆地区的10倍；农产品地区化程度高，出口依存度高达59%。台湾农会目前共有农事小组4 711个，2010年共有团体会员287个。

中国台湾农协做到了完全为农服务，同时很好地协调了农户与市场的联结，这是其实践多年的成功经验。台湾农协以“农有”、“农治”、“农享”作为完全为农服务的宗旨，不仅使农民拥有主导团体的权利，而且创造了农民自己进行民主科学管理的空间，同时为农民提供全面的服务，收益由农民共享。

图 3-7　建始县河水坪综合农协办事处

在联结市场和农民方面，农协作为多功能、综合性的有机经济体，在设有供销部、信用部、保险部、推广部等的基础上，将分散的农户集中起来形成规模效应，有助于抵抗市场风险和提供农民收益，这主要得益于农协完善的金融服务功能、合理的供销经营模式、作为核心职能的技术推广和质量安全的严格审查环节。此外，官方对于农协不直接干预，尊重其主体地位，对农会非主导而是辅导与服务，力促其健康发展，台湾官方的扶持与帮助也营造了对农协有利的外部环境。

总体来说，中国内地的农业合作经济组织明显落后于世界其他地区，但是2007年中国颁布的《农民专业合作社法》已经表明，中国政府已经从严格禁止农民组织转向逐渐允许专业经济组织的建设，是农业专业合作经济组织起步的标志。截至2009年底，中国农业合作经济组织已经有24.6万家，入社农户约有2 100万人。虽然现有农民组织仍然十分落后，尤其缺少能够真正代表农民利益、真正为农民服务的组织，但是目前东部地区需要建立综合农协的呼声也在日益高涨。

阅读看点

1. 综合农协——它是农户本着“相互扶助”的意愿，以改善农业经营状况、提高生活水平为目标而建立起来的协同性组织。
2. 台湾“综合农协”——以“农有、农治、农享”为根本宗旨，在为农户服务的基础上也培养了农民自主管理的能力。

第五节　日本“造村运动”对“地域过疏地区”的启示

一、日本发起“造村运动”的背景

随着第二次世界大战后日本经济的复苏，日本致力于城市重建工作，因此加快了其产业化以及城市化的发展。由于城市化的进程的加快，日本农村大量的人口流入城市之中，造成了日本社会空间结构的巨大变化，产生了乡村“过疏化”和城市人口“过密化”的问题。

（一）乡村人口过疏化的问题

“过疏”一词最早使用于1966年的日本经济审议会议的一项报告中。该报告指出：在日本经济飞速发展的过程中“人口的地域移动呈现出强劲的由乡村后进地域向都市先进发达地域快速流动的趋向，这一由经济发展而引发的地域变化也同时引发了严重的地域问题”。到1968年，内藤正中在《过疏和新产都》一书中将“过疏”定义为：“以人口急剧减少这一环境条件为前提，在农村山村地带生活的居民意识消沉、衰退，以地域的基础单位——部落(村落)为中轴的地域社会，在生产生活的基础条件崩坏的背景下，地域居民的生产生活难以为继。”从此，在学界和政界中对乡村“过疏”问题的关注度逐渐加深，对于乡村“过疏化”的研究也越来越多。

通过学者的研究，乡村“过疏化”的表现包括以下几个方面：① 乡村过疏地域的人口和户数急剧减少；② 过疏地域人口老龄化加快。由于乡村里大量青年离开家乡，过疏地域的老年化速度加快，乡村失去原有的生机；③ 过疏地域的壮年劳动力流失，经济萎靡，生活条件落后。

（二）城市“过密化”的问题

由于日本乡村过疏化，乡村大量人口流入城市，引起日本空间结构的变化。因此，在日本乡村出现过疏问题的同时，日本城市出现了人口过密的现象。在 1965 年加藤秀俊便意识到日本的“过密”问题，他还提出了“高密度社会”的概念。学者们在“过密”问题上已经达成了共识，他们一致认为过密现象是指“因人类大量集中而发生的各种社会问题，但在判断某地区是否存在过密现象时，又因其文化背景、生活样式、地理条件、技术水准等而存在较大的差异”。

日本的城市过密化经历了两个阶段。第一个阶段是早期过密，主要是指在“二战”后，日本大量乡村人口流入城市，形成了大量的人口流动迁徙。据统计，1975 年东京、大阪、名古屋三大都市圈内的总人口达 4 706 万人，占日本人口总数的 42%，人口集中区域的人口数合计 3 847 万人，占全国人口集中区域人口数的 60.3%。这一阶段的城市过密主要还是对比于一些偏远乡村的过疏现象。从 1980 年开始进入第二阶段，日本城市出现新的过密问题。据统计，到 1992 年以东京为中心，由神奈川、千叶、琦玉一都三县构成的东京圈虽然仅占国土全部面积的 3.6%，但人口却大约有 3 000 万人，占全国总人口的 1/4。新过密化的最大特点是东京圈的一极集中化。相比东京圈，其他城市圈的过密化现象几乎停滞，形成了一边是繁荣的东京，另一边则是不景气的现象。

二、日本“造村运动”有哪些动力因素

（一）为解决地域“过疏”问题

由于日本在第二次世界大战之后经济上遭受严重打击，为了战后的重建工作，把主要力量和资本都集中在东京、大阪等大都市上，造成了城乡差距拉大。由于城市建设拉动日本现代化发展，日本的工业和非农人口逐渐增加。1955—1971 年的 16 年间，增加了 1 830 多万人，达到了 4 340 多万人，占就业总人数的比重从 61% 提高到 85%；与此相反，农业劳动力从 1 600 万人减少到 760 多万人。这就是说，日本战后如此迅速增长的劳动力，有一半以上是通过农村劳动力的大量转移而得到补充的。农村因为青壮年人口大量外流到城市，农村就业人口中老年人和妇女的比例越来越大，1980 年从事农业的人均年龄男性为 53.3 岁，女性 51.0 岁。由于农村的地域过疏现象越来越严重，致使农村人口急剧减少，农业生产力下降，农村面临瓦解的危机。因此，以重新建设农村为目标的“造村运动”在乡村自动地展开了。

图 3-8　两层私人住宅建筑设计

（二）为了增加农村人口收入

日本的经济虽然发展起来了，但是其农业却又陷入危机之中。据1975年统计，日本共有477万农户，其中不足0.5公顷耕地的农户占41.3%，0.5～2公顷耕地的农户占52.2%，2公顷以上耕地的农户只有6.5%。显然，以分散的个体农户为主的经营，不仅不能充分发挥农业现代化的效能，反而降低了农业生产效率。个体农户的农业生产成本日益增加，机械的浪费现象愈加严重，农民的生活水平降低，单纯依靠农业生产的农民收入太低，难以维系生活，造成人口流失。因此，亟须加强农村建设来重建新农村，所以造村运动受到了广大农民的大力支持。

（三）实现经济可持续发展的需要

20世纪70年代产生的石油危机引起了全球性的经济危机，日本的经济遭受到了严重的打击，造成了日本的工业生产以及消耗石油的工业技术、企业、项目无法启动，甚至以前以廉价的石油为依托的交通运输也越来越昂贵，政府和人民不堪重负。因此，大力兴建城市的行为也受到了很大的质疑。在能源成为日本经济的严重制约因素时，实现经济的可持续发展成为政府必须考虑的问题。因此，不用消耗石油的中小企业成为人们欢迎的项目。而且，当时日本的政府财政能力越来越弱，以农村自下而上的造村运动在不需要太多的政府财政支持以及消耗太多能源的情况下，能更好地建设农村，实现经济的可持续发展。

（四）迎合信息化时代，防止农村人口外流

大分县的前知事平松守彦是造村运动的倡导者，他指出信息化时代的到来是人口由乡村大量流动到城市的主要原因。由于人们对信息的需求量增多，需要人们聚集起来交流不同的信息，并且在信息化时代尽管信息量非常大，可仍有可能得不到自己需要的信息。由于信息不对称，人们更愿意到一个信息更加流通的大城市中去获得自己需要的信息。这样相对城市而言信息不够流通的农村，人口就会大量地流入城市当中。平松守彦提出了“磁场理论”：如果强磁场与弱磁场之间放一块铁板，铁板自然会被强磁场吸引而去。为了迎合信息化时代的到来、防止农村人口外流、促进各地区均衡发展，就应该把农村建成不亚于城市的强磁场，这样才能把青年吸引过来。因此要立足于本地区的条件，发展具有地方特色的产业，提高农业的生产率，这就成为村民积极参与造村运动的主要动力。

图 3-9　乡村风光

三、日本的理论研究及其政策思路

（一）日本对“过疏”问题的理论研究

日本学术界在 20 世纪 90 年代对于“过疏”问题的研究基本上达成了共识。而对过疏问题做出比较全面解释的是在 1993 年出版的《新社会学辞典》：“所谓过疏，是农村人口和农家户数发生急剧大量外流，导致其地域居民的生产和生活发生诸种障碍，使地域生产缩小，生活发生困难，最终导致村落社会自身崩坏的过程。也就是说，过疏是作为生产和生活空间的村落社会的解体过程而存在的。在 60 年代的经济高速发展时期，由于人口大量集中于城市，使得过疏问题成为日本农村，尤其是山村地域严重而深刻的问题。”

由此可见，“过疏”现象实际上就是在现代社会急剧变动的情况下，城市过密地带与乡村过疏地带空间关系的结构重组。过密的中心城市地带对过疏的边缘乡村地带造成了巨大的“挤压”使得乡村无力回应来自外部的压力，因而造成了乡村人口大量流入城市，使得乡村失去了原有的活力，也丧失了自我调节的功能，最终面临崩溃。

（二）日本政府在“过疏”问题上的政策

日本在“过疏”问题上的政策始于 1968 年，在岛根县知事和县议会议长的倡议下，成立了有 20 个县知事参加的“过疏地域对策促进协议会”和“全国都道府县议长会过疏对策协议会”。然后又成立了“过疏地域对策自民党国会议员联盟”，开展了“过疏地域振兴法制定促进运动”。

日本政府面对“过疏”问题，从20世纪70年代开始相继颁布和制定了《过疏地域对策紧急措置法》（1970年）、《过疏地域振兴特别措置法》（1980年）和《过疏地域活性化特别措置法》（1990年）等法规，形成了日本应对过疏问题的三个阶段。这三个阶段相互联系，构成了“过疏对策”体系。日本对过疏的对策在70年代形成了许多派别，主要有“现状维持论”、“据点形成论”、“集团移动论”、“自由放任论”等。

日本政府通过了《过疏法》，实施了教育文化整顿计划、当地产业振兴计划、公共交通通信整顿计划等。通过上述一系列的政策和计划的实施，日本政府对过疏地域的整顿成效巨大，推动了日本地域的协调发展，改善了过疏地域发展滞后的状况。

表3-2　日本“过疏政策”三个法规的比较

全　称		《过疏地域对策紧急措置法》	《过疏地域振兴特别措置法》	《过疏地域活性化特别措置法》
简　称		《旧过疏对策法》	《旧过疏振兴法》	《新过疏法》
时　间		1970—1979	1980—1989	1990—2000
实施目的		对人口剧减地域采取紧急措施，以保障国民生活环境得以最低限度地维持，整备产业基础，防备人口的过度减少	解决过去人口剧烈减少所带来的后遗症，尤其是地域社会的老龄化和功能低下等问题，增加居民就业机会和社会福利	伴随着老龄化进程的加快，地域社会的活力低下，人口减少率增加，为解决过疏地域后进性问题，以通过发掘过疏地域自主的、主体力量的努力，以实现活性化发展
过疏化指标		① 1965年人口普查数字同1960年相比，五年间减少10%以上；② 1966—1968年的平均财政力指数低于0.4	① 1960—1975年间人口减少率在20%以上；② 1976—1978年的平均财政力指数低于0.37的市町村	① 1985年人口普查数字同1960年相比，人口减少率在20%以上，但65岁以上者比例高于16%；15岁以上30岁以下者比例为16%；② 1986—1988年的平均财政力指数低于0.44
过疏化市町村数量（个）	公布时	776	1 119	1 143
	失效时	1 093	1 157	1 230

（资料来源：田毅鹏，20世纪下半叶日本的“过疏对策”与地域协调发展）

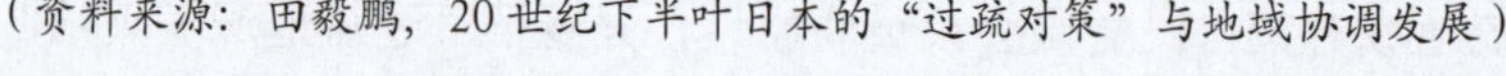

四、“造村运动”的原则及做法

（一）造村运动的原则

造村运动的原则主要有以下三点。① 立足于本土，放眼于世界。大分县的前任知事平松守彦就认为生产产品应该有自己的特色，越有特色的产品，在国际上的价值就越高也越能受到肯定。生产虽然是区域性的，但是眼光却要放到国际上，要放眼于国内外的市场，打造特色产业知名品牌，提高产品知名度，增加地域收入。② 自力更生，顺应民意。当地居民不能仅仅依靠政府的行政命令来办事，应该以当地居民为主体，自我掌握发展的方向，结合本地特色，自力更生，努力奋斗。③ 培育人才，迎接未来。“造村运动”不是简简单单的仅仅为当地创造物质的运动，其中更重要的精神在于培育人才、创造人才，人才的培养才是该运动的最终目的。为了创造更美好的未来，需要众多人才，不仅要有远见的领导人，还需要人民大众的力量，这样才能带动地域的活力，更好地改善和发展地域经济。

（二）造村运动的做法

日本在造村运动中最知名且最具影响力的形式，是大分县的平松守彦知事在 1979 年提出的“一村一品”运动。其实质是指在政府的引导下，结合地方的特色，根据自身的特点和条件发展特色产业。造村运动的主要做法有如下几点：

1. 开发农特产品，培育优势产业基地

比如日本九州岛的大分县，地形复杂，林地的占地面积在 70% 以上，几乎没有草原，因此大分县有各种各样的农特产品，而且有自己的独特优势。造村运动可以在这些村镇开发自己的农特产品。在开发农特产品的过程中，还要开发产地的建设和建立品牌意识。在产地建设上，可以因地制宜地培育优势的产业基地，如以朝地町、九重町等为代表的丰后牛产业基地：以大田村、国见町等为代表的香菇产业基地等。政府在开发产业基地的过程中起到非常重要的作用。培育产业基地离不开政府的支持：① 政府应该通过财政转移支付补贴农业，保证农产品的销售量；② 政府应建立农产品价格风险基金，保证农产品价格，确保农民收入；③ 应加大农村基础设施建设，提高农业资本的收益率。

2. 开展多元化农民教育，培养农业人才

平松守彦认为，培养出一个具有国际水平的高素质人才，是一个地区是否能够获得新生的关键。造村运动的最终目的还是在于创造人才。日本在农民教育上体现出的是一种多元化的教育模式，有各级农业科技教育培训中心、各级农民协会、各类培训服务机构、各种农业

院校等。这种多元化的教育模式能够使政府、学校和民间充分发挥出教育的作用，能够更好地培养出出色的农业人才。为了培养人才，大分县政府还开设很多免费的讲习班，如海洋养殖讲习班、农村技术讲习班、商业讲习班等，这样能够充分调动起当地人接受教育的积极性，能够更好地发掘农业人才。

3. 促进农产品的流通，扩大农产品的市场

日本的农业协同组合在促进农产品流通上发挥了巨大的作用。日本的农协通过兴办各种服务事业，把分散经营的个体农户和全国统一的市场联系起来，推动了农产品的市场化进程。农协系统通过把单个农家组织起来，开展联合购买和销售，在农产品的销售市场和生产资料市场上争取到价格上的优势，以组织中间商谋取利润。

4. 为农业发展提供低息贷款，创立合理的融资制度

农业的发展需要大量的资金投入，因此要创立一个合理的融资制度。日本的农协主要负责这项工作。日本农协通过较优惠的利率把农民手中闲散资金吸收到一起，以一个比较低的利息贷款给农户。这样，农民能够以一个较低的利率来进行相互之间的融资，并且农民向农协的贷款并不仅限于农业的投资，只要有需要都可进行贷款。据统计，农协贷款余额中，对社员发放的农业和生活贷款占 80% 以上。另外，政府发放的政策性贷款和向农业部门投入的贷款资金和利息补贴资金也通过各级农协的窗口发放给农户。

5. 复兴农村文化传统，促进农村文化建设

由于城市化建设，导致农村人口锐减、农业不振、农村的许多传统文化业衰落。村民们因此开展了一系列的文化活动，复兴农村的文化传统。如 1981 年三岛町发布《三岛町振兴计划》，提倡“生活工艺运动”，即由町民自己构想、自己描绘“明日的三岛町”。这种工艺运动是为了村民能够更好地传承和创造当地的文化传统，建立各种生活工艺馆，不仅可为文化的传承提供了保障，还为农民的生活增添了色彩。

五、“造村运动”的成效及对我国启示

（一）造村运动所起到的成效

以大分县来说，造村运动开展之后，其农特产品无论是在质量上还是数量上都有显著的提高。据研究，1980 年大分县有 143 项特产，2001 年全县的特色产品达到 336 种之多。经过了 20 多年的努力，大分县的造村运动使农民的收入大幅度提高。大分县也因造村运动而发生了翻天覆地的变化，由普通的县城变成了环境优雅、生活安定、经济发达、人人向往的地区。

图 3-10　县内旅游

从总体上看，日本经过二十几年的造村运动使农村发生了巨大变化，不仅消除了城乡之间的差距，改善了农村的生活质量，还增加了农民的收入。据经合组织统计，2002 年日本农户的收入已经超过城市家庭，户均收入为 550 万日元，折合 4.4 万美元，其中的非农收入在农业收入中占 86%。造村运动还刺激了农村消费更加的多元化，开拓了农村的市场，使得农村的人民更加富裕，生活更加美好。

（二）造村运动对我国过疏地域的启示

1. 确定政府的职能

造村运动的开展与一般的政策推行大不相同。为了确切传达理念给每一个县民，平松守彦访遍了全县 58 个町村，直接与居民对话，让他们明白，凡是尽力参与运动者，政府必然会支持。政府起的是指导作用，不应干涉农民的自主性，也不应该直接给予资金上的援助。应起到引导的作用，把农民的主观能动性调动起来，唤起村民建设家乡的积极性。政府应该加强对过疏地域农业技术上的指导，这样才能为农村的建设起到更大的作用。

2. 促进农村农民组织的发展，强调农民自主、自立、自我管理

日本的农协组织在日本的造村运动中发挥了巨大的作用。在这方面，中国的农民组织可以借鉴日本的农协组织，结合本国自身的特色，多种组织共同发展，充分发挥农民组织在农村发展中的作用。利用联合的力量，为农民提供及时、周到、高效的服务。农民只有自主、自立地管理才能在农村建设中发挥更大的作用。

3. 加强对农民的教育培训，培养新型农民

教育永远是一个地区发展的关键性因素。由于中国农民的知识素质普遍较低，并且人口基数较大。农民的教育是一个艰巨的任务，中国在农民教育上可以借鉴日本对农民的教育，

结合国家和民间两种形式开展对农民的教育。首先要完善农民培训体系，来解决农民应用高新技术的培训，重点解决农民在实际操作中的技能知识问题；与此同时还要在国内建立一些地方农民专业协会，也可加强网络教育，为农民提供各种信息，更方便地为农民提供专业培训，更好地培养出高素质的新型农民。

4. 激发村民积极参与建设的意识

乡村的建设不能只依靠政府的扶持，更主要的还是要靠村民自己的努力，自主地参与进农村建设中来。只有让村民自己建设自己的家乡，看到自己的家乡变得更好，才能更好地调动村民的积极性和参与建设的热情。如日本的造村运动就是通过农村自下而上的参与，才使得造村运动如此成功。政府应该鼓励村民参加公共事务，为乡村建设尽自己的一份力，积极参加政府举办的各项培训活动，这样才能在建设新农村的过程中培养出优秀人才。

阅读看点

1. 乡村“过疏化”——这一现象表现为乡村人口减少、人口老龄化、壮年劳动力流失，对此在日本掀起了“造村运动”。
2. 造村运动——本质上不是重新建造一个新村的意思，而是通过乡村经济发展增加乡村对于国民吸引力的一种社会运动。

第六节　日本“一村一品”：乡村社会发展的一个范例

一、“一村一品”运动简介

（一）“一村一品”的发起人——平松守彦先生

“一村一品”运动是日本大分县前知事平松守彦先生于1979年倡导的。平松守彦是日本大分县人，1949年大学毕业后进入日本通产省工作，后来担任过国土厅地方振兴审议官等职。为改变家乡的落后面貌，1975年他毅然辞职回到家乡，一开始担任大分县副知事，从1979年起任大分县知事。在家乡任职期间，他倡导并推行了“一村一品”运动。他首先以政府的名义在全县（相当于我国的省）开展“一村一品”运动，利用电视、广播及会议等机会宣传“一村一品”，制定优惠政策扶持“一村一品”，采取积极措施推广“一村一品”，起到了一定作用。

（二）“一村一品”运动在日本的兴起

大分县是日本“一村一品”与农业产业化的发源地。该县位于日本西南部，面积6 337平方公里，人口约124万，由于境内多山少地，自然条件差，人口流失现象非常严重。平松守彦上任伊始，就到县内各地视察，所到之处尽是“我们村里没有资源”、“我们没有学校”、“道路条件太差”等叹息声。平松守彦认为，无论怎样抱怨都摆脱不了贫困，于是提出将一个村子或一个地区值得骄傲的东西，如已有的土特产品、旅游资源，哪怕是一首民谣，无论什么都行，开发成在全国以至全世界都能叫得响的产品，这就是著名的“一村一品”运动的开端。

开展“一村一品”运动20多年来，大分县培育出有特色的产品336种，比1980年增加了2.3倍。其中产值达到100万美元以上的有126项，产值达1 000万美元以上的有15项。人均收入在1994年就达到27 000美元。

（三）日本大分县的 kabosu 柑橘和“一村一品”运动

大分县是日本最早开展“一村一品”活动的地方，像 shiitake 香菇（しいたけ）、kabosu 柑橘（カボス）都是全国有名的特产。kabosu 柑橘，富含柠檬酸和维生素 C，发散着清爽的香味，是大分县值得骄傲的农产品。它在日本的产量 98% 来自于大分县，一般认为只有大分县才适合种植，以前在大分县的竹田和臼杵地方的民宅庭前作为药用果树栽植。

图 3-11　kabosu 柑橘

传说是江户时代一个医生将树苗从京都带回了臼杵市乙見地区而开始的。如今，在臼杵市内能看到树龄 300 年的古木存在，树龄 200 年前后的古木也有很多棵。这种柑橘外皮绿油油的，果肉很酸，可以用于生产食醋。在料理上，还用来与烤鱼、鸡肉和牛肉等肉类食物相配，以衬托后者的味道，它总是能和各种食材达到很好的协调。当然，它也可以直接食用，酸酸的，绝对是让人的味蕾难以忘记。这么说来，它同时具有柠檬和柑橘的特点，难怪有人把它称为“柠檬和柑橘的结合体”。

日本的“一村一品”，简单而言，就是一个村子一个特产品牌。经过 30 年的发展，这一活动不仅在全日本，而且在世界特别是亚洲都有较大影响。其实质就是根据各地的条件发展特色块状经济，千方百计培养人才，培育地方名牌，从而振兴地方经济，增加农民收入。

（四）“一村一品”运动的国际影响

“一村一品”运动发展到今天，其内涵和外延不断延伸，不再局限于传统的定义。“一村”可以扩展到“一镇”、“一县”，甚至“一国”；而“一品”也不仅仅是农产品，可以是工业产品或文化、旅游等服务业产品。“一村一品”其意义不仅在于振兴农村，而且直接关系到一个地区、一个产业乃至一个国家的竞争力，今天它已在日本全国得到有效推广。

日本的乡村建设大多具有以下特点：多数乡村设有自己的乡村博物馆；几乎每一个乡村都有几座或十几座古老的民居被政府认定为保护单位，政府给予民居主人以资助，以便为民居进行修缮保护；把乡村里在工艺技术上或表演艺术上有"绝技"、"绝艺"、"绝活儿"的老艺人认定为"人间国宝"。一旦认定后，国家就会拨出可观的专项资金，录制他的艺术，保存他的作品，资助他传授技艺、培养传人，改善他的生活和从艺条件；建立了覆盖全国乡村的"保护重要乡村文化"专业协会，凝聚了千万乡村文化艺术的传人，从事乐舞表演和传承活动。几十年来，对乡村文化激励机制的推行，已经使日本乡村戏剧、乐舞、曲艺等表演艺术比如"能"、"文乐"、"狂言"、"讲谈"等从濒危到重生再走向新的繁荣。

目前除中国外，韩国、泰国、马来西亚、印度尼西亚、越南、老挝、柬埔寨、菲律宾、蒙古、斯里兰卡、马拉维、突尼斯、哥伦比亚、秘鲁、巴拉圭等许多国家都将"一村一品"作为脱贫致富的有效手段进行推广。

2006 年，中国河南省也开始推广日本的"一村一品"发展模式，截至目前已在全省建立"一村一品"引智示范基地 104 个。之后，该省将再命名 30 个"一村一品"引智示范基地，认定 20 个"一乡一业"乡镇引智示范基地 (试点)，使"一村一品"、"一乡一业"引智示范基地总数超过 150 个。

2009 年，平松守彦获得"新中国成立 60 年来对中国最有影响的 10 位海外专家"和"中国缘十大国际友人"的荣誉称号。

案例 3–5：大分县的"雪子寿司"

大分县本匠村一位名叫高桥文子的妇女本来是开理发店的，"建设丰之国学校"给了该村 3 个参加培训的名额，其中要一名妇女， 村里就让她去，培训结束后，她回到村里，组织部分村民成立了一个"家乡本匠会"，准备做点什么有创意的事情。一开始，他们想到的是组织"元祖 / 家乡特产邮寄"活动，即将当地出产的农产品包装装箱后邮寄给在外地工作的当地籍人，可以借此宣传本地的农产品，但这只是一种简单的包装装箱，高桥文子觉得很不满足，她想如果利用这些材料加工制作成美味食品应该更有意思。

于是，"家乡本匠会"会员反复思考、试验，试做成了"香鱼寿司"、"竹笋寿司"这样一些以前没有过的寿司，但并没有名气。2001 年，一个香菇种植者提出可否利用当地产的香菇制作成什么食品，还有人建议将制作的食品再送到林业厅举办的食品竞赛去参加评比，高桥文子采纳了他们的建议，用萝卜、大叶和香菇混合制作成寿司饭，取名"雪子寿司"， 并参加了林业厅的食品竞赛，夺得第一名，后又被选送代表大分县参加全国竞赛，又夺得第一名，立即引起了媒体的关注，被媒体大肆宣传报道。从此，毫不知名的一种寿司便成为本匠村乃至大分县的名牌产品，被摆放到高速公路休息区、铁路站点和高级百货店作为名特产品销售，还吸引了很多旅游者慕名前来当地旅游观光，不仅增加了村民的收入， 同时也增加了就业岗位。

香菇——大分县的地产品

雪子寿司图——“雪子寿司”使用肉厚形佳的香菇制作而成

案例 3–6：大分县的“品尝肥牛大喊大叫大会”

大分县的“丰后牛”是日本有名的食用肉牛品种之一，据称其肥嫩的口感堪称世界一流，价格很贵，产量很少。而汤布院是日本闻名的温泉胜地，几十年以前周边也有很多农家饲养耕牛，但随着农业机械化的普及，耕牛已经越来越少。到了 20 世纪 70 年代初， 为了有效利用原来饲养耕牛留下来的大片草地， 当地人自发开展了“一头牛牧场”运动，他们以 20 万日元为一个认养单位， 以居住在大都市的居民为对象，开展了认养肉牛的活动，他们以当地的特色产品作为利息每年寄给认养肉牛的主人。

从 1976 年开始，这种认养活动发展为每年一度举办“品尝肥牛大喊大叫大会”，即每年秋天， 饲养肉牛的农家邀请认养肉牛的主人（可以带小孩，别的人也可以参加，全部实行人数限定收费制）到牧场来欢聚， 现场烧烤品尝肉牛。酒足饭饱之后再根据抽签选出 100 人依次向着蓝天在噪音测定器前大喊大叫，把自己平常不敢、不愿说的一些心愿、牢骚、不满等喊出来，根据噪音大小、喊叫的内容是否独特有趣等评选优胜者，发给奖品。凡聚会参与者都可以通过抽奖获得奖品，奖品都是大家喜欢的当地产的葡萄酒、调味品、大米、烧酒以及当地的酒店住宿打折券等实用的东西，活动持续一周左右。

这样的活动受到了城乡居民的欢迎。通过这样的活动不仅振兴了当地的畜产业，使闲置的草地得到了再利用，同时也促进了旅游业，使都市居民能够有机会与乡村居民进行面对面的交流、亲近自然，还给了都市居民们一个宣泄紧张情绪的机会。

案例 3–7：群马县的"世田谷区民之健康村"

群马县川场村总面积 85.29 平方公里，人口 3 800 人，从东京市中心驱车走关越高速或乘新干线列车约两小时可达。该村以发展"农业＋观光业"为基本政策，主要靠创意与自主自立进行村落建设和发展。他们认为，要发展"农业＋观光业"离不开城乡交流与融合，离不开品牌建设。为此，川场村于 1981 年与东京都世田谷区结为姐妹关系，由两区村政府出资设立公益性企业运营管理"世田谷区民之健康村"，通过开办森林教室、农业教室、木工教室、茅草屋教室、世田谷大学，开展山村留学活动以及苹果树认种制、梯田认植制、宿营等富于创意的活动，从自然环境、农林业、教育、文化、体育、观光等方面开展全方位的城乡交流。

世田谷区民将川场村作为第二故乡，区政府经常组织区民到川场村观光旅游、购物，而川场村村民则通过周末在世田谷区的各个公园、超市以及各种节庆和文化活动中举办川场村物产展示销售会，向世田谷区民提供"安全、安心"的农产品而创出了品牌农产品，扩大了销路，观光业也得到了很大发展。2004 年，川场村年接待游客人数从 1985 年的 4 万人增加到了 66 万人。

二、"一村一品"的成功基石——日本支农政策措施

（一）变明补为暗补，提高关税力保农业

日本农业保护政策主要体现在税制、补贴和控制进口三个方面。日本农民与城市居民一样，每年需要缴纳与土地关联的税收，但是如果农业用地被继承人继续用于农业生产，遗产税总额超过土地交易价格的部分便可以延期缴纳；如果继承人死亡或者从事农业生产满 20 年后，未缴纳的部分税收可以免除。在其他税种中，日本政府也对农业网开一面，如从事农业生产的企业或个人可以在法人和个人事业税、法人和个人所得税、继承税、赠与税等许多方

面得到优惠。

（二）培育农业科研推广与社会化服务体系

日本在全国建有国立和公立科研机构、大学、民间（企业等）三大系统组成的农业科研体系；推广服务主要由政府的农业改良推广所和农协负责，从中央到地方形成了一套完整的体系。据统计，目前全国有485个地区改良推广中心，平均每个中心有推广员20人，中央政府每年下拨的技术推广经费约350亿日元，占农业预算的1.2%，都道府县配套与此相当的资金用于农业技术推广。日本农协则成为一个代表农民利益的基本完善的组织体系。1996年，全国有农协组织5 985个，营农指导员近2万名，围绕农业生产的产前、产中和产后开展多元化、社会化服务，在促进农业发展等方面发挥了重要作用。

（三）推行农业改革，发挥农业的多功能作用

为在21世纪保证农业的持续发展，日本对农业进行了一系列改革，采取了一些新措施。1999年，他们制定了《食物、农业、农村基本法》，并提出了《食物、农业、农村基本计划》。日本在战后制定了《农业基本法》，在保证农业增产、缩小城乡差别、促进流通等方面发挥了重要作用。这些都是应对新挑战的需要，对农业管理本身赋予了多方面的功用，即不仅确保了食物的稳定供给，努力提高食物的自给率，保证农业可持续发展，还要起到保护国土、水资源、自然环境和提供美丽的景观等作用。

（四）鼓励企业介入农业领域以促进规模经营

多年来，日本政府期望农民离乡弃农，促进土地集中，逐步形成规模经营。然而，实际上许多农民依靠农业的补贴维持自给自足，不愿放弃土地。许多学者认为，解决这一问题的关键是如何让企业进入农业服务领域。为此，日本政府允许企业通过合作、融资、出资等手段参与农业生产管理与流通，帮助农民开发高附加值的农产品，并于2000年修订了有关农用土地和农业法人企业相关法规，使不拥有土地所有权和使用权的地方公共团体、企业或个人出资者都可以介入农业经营。

（五）积极调整作物结构，鼓励发展蔬菜生产

近年来，日本一直实行作物结构调整政策。由于政府采取了一系列措施鼓励种粮，进行价格补贴，从而保证了大米生产和粮食自给，但现已供过于求。于是，政府一方面对农民种

图 3-12　一村一品乡间景色

植水稻实行严格的面积控制，以免过多种植加重财政负担；另一方面，鼓励种植蔬菜等经济作物，对改种蔬菜、饲料作物的农户给予一定的生产补贴。这些措施目前已收到一定效果，生产结构渐趋协调，水稻种植面积已从 1997 年的 251 万公顷下降到 2003 年的 168 万公顷。蔬菜种植面积扩大，特别是设施栽植面积明显增加。

（六）实行集约化管理，开展区域化生产

由于人多地少，日本十分重视集约化生产和机械化耕作，积极开展品种引进和改良，大力发展堆肥和高效农药，科学防治病虫害，目前有 90% 以上的农业作业实现了机械化。同时，根据各地的气候特点和地势推行区域化生产：如在凉爽的青森、长野县集中生产苹果，两县的产量占全国的 80%；北方集中生产优质大米；蔬菜生产已从大中城市向远郊转移，并积极利用高新技术，提高劳动生产率。

（七）重视食品安全，狠抓无公害农产品生产

日本政府为确保消费者的身体健康，切实加强对农产品生产的监管工作。重点是促进生产者进行标准化生产，同时产品上市也按标准进行严格筛选、分级。农产品批发市场经销的产品都标明产地、生产者、电话等，既表明诚信经营，又在万一出现问题时便于追溯。由于日本人喜欢生食，所以他们高度重视食用农产品的生产、销售等各个环节的安全工作，管理也非常严格。

（八）追求食品的营养口感，力创品牌效应

日本的农业生产并不片面追求高产，而是不惜成本地提高产品的营养含量和改善口感。日本国产农产品价格普遍高于进口产品，然而在日本人的心目中，本国农产品的地位仍然不可动摇，这与日本农产品的品牌效应有直接关系。比起进口产品，日本更重视通过精心策划的宣传来创造农产品的品牌效应。在日本的农产品广告中经常可以看到“用心培育”的字样，详细地介绍产品是怎样生产出来的。国内媒体也都一边倒地赞扬本国农产品的美味、营养与安全。因此，在日本人心目中逐渐形成了国产品“货真价实”的消费观念。

三、“一村一品”的精髓

（一）“一村一品”的内涵：开发“特色与优势产品”

“一村一品”运动的基本内涵是指要发挥出各地在资源、技术和生产上的比较优势，因地制宜、结合当地实际开发特色、有优势的产品。而不仅仅指一个村庄生产一种产品。平松守彦先生在上任后主要就抓两件事，一个是开展“一村一品”运动，另一个就是进一步开发尖端技术。平松守彦坚信只要积极发挥人的聪明才智，结合当地的实际情况，发挥优势，一定能够改变农村贫穷落后的局面。

图 3-13　一村一品茶园

（二）“一村一品”成功的关键因素：优秀的干部领导

“一村一品”运动的成功，得益于其优秀干部的作用。优秀的干部不仅需要有高度的责任心，还要有相应的能力来履行职责。平松守彦先生就是这样一个既有高度责任心，也很有能力的人。他曾五六十次下乡访问，了解村镇的历史、地理环境、资源状况，倾听农民们的意见，探讨当地的发展潜力。就在这样的反复研究中，平松守彦先生才产生了“一村一品”的构想。

（三）“一村一品”成功的重要因素：确立农业人才的激励机制

要开发一个落后地区，人才的培养是一个非常关键的因素。大山町在农业人才的激励机制方面做得就非常出色。大山町在1957年就立下规定：凡是进农业高中或大学的学生，每个月都由农协给予一定的经费补助。大山町还经常派青年去海外考察，提供贷款给青年去海外学习。因此，在人才的培养方面取得了明显的成就。比如，一位名叫矢蟠欣治的大学生引进了“豆芽蘑菇”项目，仅此一项就带给大山町年收入多达十几亿日元。

（四）“一村一品”的实质：激发了村民的竞争、创新与自立精神

平松守彦认为，“一村一品”运动的目的在于激发各地之间的相互竞争，各地都能够发挥出自己的比较优势，开发出当地有特色的产品。这样，各地之间的竞争又能推动人们的创新精神，由此形成一个良性循环。“一村一品”运动还鼓励人们自力更生。“一村一品”就是要当地人们发挥自己的想象力和创造力，开发出当地的优势产业或产品。如果有依赖思想，“一村一品”运动就很难取得成功。

（五）“一村一品”运动能够顺利展开的前提：政府的服务和支持

政府的支持和帮助主要体现在四个方面：① 培养技术骨干和精英管理者；② 对农业和工业的产业化进行技术指导；③ 提供必要的低息贷款；④ 改善农村的基础设施建设。

阅读看点

1. 一村一品——指一个村子就有一个特产品牌，这是造村运动的一个典范，到今天它已不再局限于“一村”，可以是“一镇”与“一县”。
2. 培育农业人才——这是一村一品成功的经验，具体的做法有两点：一是引进高中或大学生，给予经费支持；二是派青年外出学习与考察。

第七节 日本边远地区的乡村开发：“内生式发展”模式

一、日本山区半山区的“三农”问题

山区半山区的概念来源于日文的“中山间地区”，指的是山间地区（山区）和山间至平原地区之间的中间地区（半山区）两者的合称。截至2005年，日本属于边远过疏地区的市町村有1 167个，占全国市町村总数的37.6%，过疏地区的面积占全国的49.7%，相当于全国一半的面积，而人口仅占全国的6.1%，约770万人。

山区半山区具有人口密度低、林用地比例远远大于农用耕地比例、耕地倾斜度大等一般特征。由于农耕地比例小，而且分布较分散，倾斜坡地多而平整，所以农业生产成本高于平原地区。此外，山区半山区距离经济活动中心和城市地区较远，受到交通不便的影响，居民的工作机会、生活便利度等相对较低。

因此，山区半山区的地理条件和人口决定了其农业生产基础条件、公共设施利用率、财政投资等相比于城市地区要落后很多，这也使得地方政府财政短缺、能力有限，从而影响到山区半山区的基础产业建设、生活基础设施建设、交通建设的发展。由于日本地域间发展的长期失衡，日本山区半山区的“三农”问题一直得不到解决，具体来说分为三大主要问题。

（一）人口锐减，乡村衰落

面对高速增长的日本经济，山区半山区的青壮年劳动力大量涌入经济水平高的城市中，这一阶段日本山区半山区的人口减少主要是人口的社会性减少；至20世纪80年代，由于生育年龄的人口大量流向都市，山区半山区的人口出生率不断下降，人口死亡率超过了出生率，这一阶段的人口减少主要是人口的自然性减少，同时人口老龄化问题也相伴而来。在这些地区，65岁以上劳动力的比例从1970年的10.7%上升到1980年的14.9%，而后又上升到1985年的17.1%、1990年的20.8%，远远高出全国12%的平均水平。部分偏远地区情况尤其严重，某些村落65岁以上劳动力的比例甚至已高达35%以上，“无人村”的现象也逐渐增多。

（二）弃耕导致土地荒废和环境问题

弃耕的最直接原因是缺少青壮年劳动力。由于大量青壮年劳动力不断流向经济发达地区和人口老龄化加速，很多农用地不种植任何作物处于弃耕的状态，有统计表明：日本山区半山区的弃耕比率不仅远高于平原地区，而且也高于全国平均水平。在山区半山区从事农业的人口中，65岁以上的老人所占的比例高达20%～23%。此外，因放弃耕作而被荒废的土地引发了多种环境问题。山区半山区大多以种植水稻为主，对于防止水土流失、涵养水源起到了重要作用，特别是层层梯田对于倾斜度大、雨水多的山区起到了重要的保护作用，因此当大量山区半山区农业用地被弃耕，就会带来如水土流失、下游洪水等自然灾害。

（三）农业脆弱，不能抵御贸易自由化的冲击

山区半山区的农业经营处于不利的自然条件和规模化程度低的局面，不仅无法与本国平原地区的农业经营相竞争，随着大米市场的放开和外国大米的进入，更无法与外国大米进行竞争。1997年，山区半山区大米生产量占全国的35.7%，与全国平均水平相比，劳动生产率和土地生产率都不足全国的68%，户均农业收入也只有全国平均水平的51.6%，因此山区半山区脆弱的农业基础不能独立抵御贸易自由化的冲击。

二、日本边远过疏地区传统开发模式的反思

（一）日本边远过疏地区的社会经济特点

日本的经济增长呈现出非常明显的两极分化，形成了以东京、大阪、名古屋为中心的高收入地区和北海道地区、东北地区、山阴地区、九州岛地区共17个道县的低收入边远地区的分化格局。自20世纪70年代后期以来，随着新的产业结构调整和财政转移支出的减少，在受到贸易自由化的强烈冲击下，传统产业处于低迷状况，因而导致边远地区的经济停滞不前，两极的差距在不断扩大。1994年，岛根、高知、宫崎、鹿儿岛等地的人均收入水平只有东京的52%左右，最低的冲绳只相当于东京的48%。据统计，边远过疏地区平均每10亩的农业生产收入约6.9万日元，仅相当于都道府县平均值的79%左右。与三大都市圈相比，边远地区仍然以传统的原材料和农林为主，其产业结构主要以农业和林业为主，第一产业发展缓慢，加之自然条件不利、人口流失、规模经营程度低，以及交通不便、运输成本高等因素，农业

经营的成本高、收入低。

（二）日本边远地区的财政自给能力

边远过疏地区的经济低迷也体现在财政自给能力上（表 3-3）。财政自给能力指数是指日本地方交付税计算中基准财政收入额除以基准财政需要额得出的数值。根据表 3-3 对过疏地区的分析，到 2002 年财政自给能力指数在 0.1 ～ 0.2 之间的有 611 个市町村，占总数的 52.4%。在 0.2 ～ 0.3 之间的有 358 个市町村，占总数的 30.7%；财政自给能力指数不足 0.1 的有 64 个市町村。此外，从表 3-3 可以看出，大部分边远过疏地区的财政自给能力较差，只能依靠国家的财政扶持。

表 3-3　过疏地区财政自给能力状况

按财政能力指数划分		2001 年度		2002 年度	
		市町村数	市	町村	合计
过疏地区	0.1 以下	77（6.6）	2（2.9）	62（5.6）	64（5.5）
	0.1 以上 0.2 以下	629（53.9）	12（17.6）	601（54.7）	611（52.4）
	0.2 以上 0.3 以下	345（29.6）	27（39.7）	331（30.1）	358（50.7）
	0.3 以上 0.42 以下	111（9.5）	27（39.7）	98（8.9）	125（10.7）
	0.42 以上	5（0.4）	0（0.0）	7（0.6）	7（0.6）
	合计	1 167（100.0）	68（100.0）	1 099（100.0）	1 167（100.0）

注：括号内数值为这一类的市町村占过疏地区市町村总数的比例。

（三）日本乡村传统开发模式及其局限性

1. 缺乏统一理念的区域开发政策体系

日本从 20 世纪 60 年代开始就制定了一系列的法律和政策，以解决地区发展不平衡的问题，缩小地区间差距。制定的法律法规大致分为两类，一类是全国性的国土开发法，以《全国国土开发法》为主，后因边远过疏地区问题凸显，又专门制定了一类针对边远过疏地区的法律——《过疏地区活性化特别措施法》（以下简称《过疏法》）。《过疏法》以发展边远过疏经济、提高当地居民生活水平、调整区域社会结构为目标，将实施重点放在对产业设施的建设，改善交通、医疗、通信等设施，提高居民生活环境和福利等，其具体政策手段的实行主要以地方过疏债券发行为主，此外还有中央财政补贴、税收优惠政策和放宽融资政策。

虽然出台了众多与边远过疏地区发展相关的政策，但是由于缺乏统一理念的区域开发政策体系，出现了政出多门的问题。以《过疏法》与《全国国土开发法》出现的政策矛盾为例，《过疏法》要求通过各种政策手段，试图阻止边远地区人口流向经济发达地区，而《全国国土开发法》则从经济发展的角度出发，强调劳动力资源分配的经济合理性，鼓励农村人口从劳动生产率低的行业转移到劳动生产率高的行业，从而激化了过疏地区人口流失的问题。

2. 追求社会资本积累，忽视了当地产业的投入

20 世纪 60 年代，日本边远过疏地区开发政策注重社会资本的积累和基础设施的建设。经历了近 30 年的开发，市町村道路改良率在 1970 年为 9.1%，1979 年提升到 21.3%，1989 年又提高到 43.3%，边远过疏地区的各种基础设施有了很大的改观，但是人口流失问题和边远地区产业建设问题仍然没有得到解决。

一方面，边远过疏地区经济发展的关键原因在于人口流失，《过疏法》的重点目标也是试图阻止人口流失，由于长期以来对于交通通信设施的大力建设，反而为人口流动增加了便利性，为阻止人口流失起到了反作用。另一方面，忽视了解决地方经济发展的关键因素是地方产业的发展，将投资集中在基础设施建设上，自然会减少对于地方产业建设的投入，导致不能合理地调整边远地区的产业结构，而受到自然条件和经验规模的约束，边远地区主要产业农业、林业又不能担负起支撑地区经济发展的重任，没有主导的产业建设，缺乏完整的产业体系，地区开发缺少坚固的基础，因此边远过疏地区财政显得十分脆弱。

3. 脆弱的公共事业投资

日本政府虽然也认识到通过发展当地主导产业是开发边远过疏地区的重要方法，但是由于“一刀切”的政策限制，中央财政补贴和地方债券发行主要是投入到基础设施建设中，这样就造成了承揽各种公共事业的工程建筑业逐渐成为边远地区的主要就业场所。

同时，地方政府更多的是希望外部企业入驻，但是外部企业很难成为地方产业体系的有机组成部分，容易受到经济环境和市场环境的影响，不易扎根在边远过疏地区，许多企业更倾向于在国外投资，真正进入边远地区的外部企业很少，在这样的背景下，建筑业成为维系当地经济循环的必要组成部分。需要指出的是，这种依赖政府公共事业投入的产业结构是非常脆弱的，当公共事业财政紧缩，当地经济必然处于低迷状态，同时也削弱了地方的自主开发意识，失去了对于开发本地特色地方经济的动机。

4. 衰退的农林业

农林业是边远过疏地区的主要产业，占据全国的农林业重要份额，在近 30 多年的开发过程中，农林业发展始终是开发的重点，但是自 20 世纪 70 年代开始日本经济处于高度经济增长的时期，边远地区大量人口流向经济发达地区，从而带来的是农林业的衰退。日本政府为了克服这些不利条件，采取了多种措施以推进农业生产，改善道路、生活环境，但是受到地理因素的影响，其付出的成本远远高于平原地区，因此山区半山区的边远地区农林业生产条件依然处于相对落后的状态。此外，这类地区更容易受到贸易自由化的冲击。据统计，边远地区的粮食产量占全国的35.7%，与全国平均水平相比，劳动生产力和土地生产力都不足全国的68%，户均农业收入只有全国平均水平的51.6%。

三、乡村建设“内生式发展”模式的提出

日本近30年的边远地区开发模式和各种政策并没有解决边远地区的“三农”问题，在新时期的边远地区，反而处于更加困难的状态，人们逐渐认识到“外生式开发”模式的局限性，开始关注与区域环境相协调的“内生式发展”模式。

（一）内生式发展模式的演进

内生式发展模式理论起源于20世纪60年代末，1969年由日本社会学者鹤见和子在提出。他认为，现代化的演化过程可分为“外发的发展”及“内发的发展”，外发的发展模式以政府的大投入、吸引吸收外部资金为主，以经济快速增长为目标；内发的发展模式是一种土生土长的发展模式，注重保护生态环境和当地的文化，构建和谐的小区秩序，坚持区域的可持续发展，这种理论在日本被称为“内发的发展论”。

20世纪70年代初，联合国社会经济理事会在针对不发达地区的经济发展方面提出了以下五点共识：① 社会发展的成果应该让社会大众都能平等地享受；② 当地居民参与机制应被引入在项目开发过程中；③ 在区域开发过程中实施必要的行政手段；④ 对基础设施进行城乡统筹配置；⑤ 保护环境。以上五点共识来自对以往发展的经验总结，将平等、自由、经济民主化作为发展中国家进行建设的新特色，有别于目前发展中国家普遍实施的外生式发展模式。

日本学者守友裕一，于2000年将内生式发展模式归纳为以下四点：① 选择内生式发展的区域只在必要时依靠外来的经济支持，主要依靠当地居民立足本土的优势，构建区域内主导产业；② 区域的发展不强调过多增加账面营业额，而是强调保持健全、稳定和可持续的经济增长，将区域的市场作为重点运作的对象，尽可能地在区域内谋求经济增长空间；③ 注重培养区域品牌，尽可能地保持区域内各产业的相互关联，保证原材料的充分利用，提升区域产业的竞争力；④ 将政治精英和学术精英的行为和民众的意愿相联系，疏通多方的信息流通渠道，建立全面参与制度。

近些年，我国一些学者对于内生式发展模式，也持有积极赞赏的态度。社会学者陆学艺

认为，选择内生式发展模式的地区，地方政府和中央政府在农村基层组织的外生权力和村落的内生权力得到了有机地结合，内生式发展模式应该成为中国农村发展的理想形态。胡霞也认为，内生式发展模式为今后中国的西部开发打开了思路，在西部开发的过程中如何将外部力量和内部力量有机结合，是值得继续思索的新方向。

（二）内生式发展模式的基本特点

（1）内生性是内生式发展的关键。因此它强调：边远落后地区依靠自己的力量改变区域现状，建立主导产业，发展地方经济，而不是依赖国家扶持和外部企业、资金的进入。作为体现“内生性质”的手段，它主张应该有更多的当地居民积极参与到地区开发的规划和活动中，地方政府应充分体现当地居民的意愿，拥有足够的自治权和灵活的财政权，以避免中央政府的包办式做法和大企业资本的无序进入。

（2）内生式发展模式将“传统的再创新”作为其实现目标的手段，要求在保护区域内自然生态环境的基础上，将引进的先进技术和地区内自然资源、文化资源等进行有机结合，以提升区域内的产业价值。因此，内生式发展不仅追求生活水平的提高，更重要的是增强后进地区人们富于创新的精神面貌。

（3）具有创新能力的核心人物是推进内生式发展不可缺少的因素，他们不仅对地区的资源、文化等有深刻的了解，而且有能力引进外部的先进技术、制度。

（4）内生式发展模式要求构建内生式产业体系，发展壮大现有的产业，特别是与区域内生态环境相协调的农林业、旅游业等，并根据市场和社会需求的变化进行合理的产业结构调整，在构建的过程中要尽可能地利用当地的资金、资源、技术、人力。

总之，尽管边远后进地区在很多方面都存在先天的不足，但是边远地区也拥有可进行内生式发展的条件：① 处于落后地区的居民，发现在外部力量支撑下仍然不能有效促进区域经济水平的提升，居民会形成危机感，进而推动人们自主的创新活动；② 现代社会中消费者需求逐渐由大量生产、大量消费转向追求个性化、健康化、自然化的消费方式，从而为过疏地区的小型但有特色的产业开发，提供了有利的市场条件；③ 许多边远落后地区的交通通讯等基础设施已经获得大幅度的改善，为区域产业产品、资源的输入输出创造了先行条件。

（三）内生式发展模式在日本的实践

随着对内生式发展问题讨论的加深，它也逐渐体现到20世纪90年代以后世界各地边远过疏地区的开发政策实践中。以日本为例，早在1990年发表的《过疏地区白皮书》中就提出边远过疏地区发展思路不应局限在外部力量的支撑，应该立足本地资源，强调应当将过疏地

图 3-14 雪后民居

区的市町村作为地区开发的主体。

后来，日本为了解决大量过疏地区的社会经济水平与三大都市带等地区之间的差距，1998 年审议通过日本第五次国土开发计划，提出了“多轴型国土开发”的目标。计划专门强调了边远后进地区应发挥自身的主导作用，根据本地区的资源和传统来推进地区建设，并将边远地区的自主选择和自主努力作为建设核心，这无疑是受到了内生式发展理论的影响。

在新一阶段的开发政策中，日本政府尊重和发挥地区自身主体性成为了过疏地区开发政策的新特点。2000 年审议通过的《过疏地区自立促进特别措施法》中特别指出：过疏地区的开发过程中应充分尊重自身的创意和努力，充分发挥区域市町村主体性作用。日本的内生式发展模式不仅体现在各种地区开发政策中，也对现实中的地区开发实践活动产生了指导作用，其中大分县的“一村一品”运动就是早期的内生式发展的典型案例。此外，日本其他地区也在遵循内生式发展模式的前提下，逐渐探索出区域发展的新道路。

四、我国中心与边远地区经济发展的现状及新思路

我国共有 34 个省级行政区，除港澳台三个特区之外，尚有 4 个直辖市、5 个自治区、22 个省级行政区。22 个省中面积最大的是青海省，共 72 万平方公里，最小的是海南省，3.39 万平方公里。其中面积在 10 万～ 20 万平方公里的省有 14 个，20 万～ 50 万平方公里的省有 6 个，50 万平方公里以上的省只有 1 个。人口最多的省是河南省，人口最少的省是青海省。人口 1 000 万以下的省有 2 个，1 000 万～ 3 000 万的省有 2 个，3 000 万～ 6 000 万的有 9 个，6 000 万以上的有 9 个，而世界超过 6 000 万人口的国家仅有 15 个。

从生产总值 (GDP) 来看，广东省最高，青海省最低。1 000 亿元以下的省仅有 2 个，1 000 亿～ 3 000 亿元的省有 7 个，3 000 亿～ 6 000 亿元的省有 9 个，6 000 亿元以上的省有 4 个。从人口、土地面积和 GDP 三项指标比较分析，中国的省域面积大，省区人口多，多数省的经济实力都很强。

弗里德曼的“核心－边缘”理论指出，中心与外围两个空间子系统组成了一个区域的空间

系统，中心区发展条件较优越，处于支配地位，外围区发展条件较差，处于被支配地位，因此各生产要素必然从外围区向中心区发生转移，形成中心空间集聚态势，外围地区受到抑制，其发展相对滞后，而又不得不依赖于中心。中国的“核心一边缘”结构特点具体表现为：① 以省会城市为中心，其经济发展水平呈现随距离递减的规律；② 省际交界地区和各自中心区域相比较，多数是经济最不发达地区；③ 除沿海地区之外，边缘地区也是城镇化水平最低和城市发展最缓慢的地区。与弗里德曼理论有很大不同的是，中国的“核心一边缘”结构形成的一个重要原因是政治因素和自然因素，而非市场因素。

因此，我们可以借鉴日本边远过疏地区的“内生式发展模式”的经验以提升我国边远地区开发的实践，至少有以下几点值得我们关注。

（1）目前，中国边远地区的开发思路基本上都属于外来型的发展模式，即依赖于中央和外部企业力量的支撑。经过多年开发，边远地区虽然完善了区域的基础设施建设，并为当地构建产业体系作出了努力，但是，各种投入不能收到应有的效果，产业发展政策泛泛而谈，产业振兴措施不到位，传统产业也逐渐衰落，各地区只能依靠基础设施建设带来的建筑业维系短暂的繁荣。

（2）开发过程中都采用政府包办式形式，忽视了当地居民的主体性作用，这种依赖外部力量的后果严重降低了居民的自主性，增加了其危机感。事实上，应当将当地居民作为真正的开发主体，充分发挥其主体性的创造力。

总之，结合日本边远地区开发的经验和内生式发展模式，我们如何合理支配外部力量和调动内部动力，如何选择符合自身条件的内生式发展方式，是我国未来边远地区开发仍需要探索的新思路。

阅读看点

1. 山区与半山区——人口锐减导致乡村衰落；弃耕导致土地荒废与农村环境问题；农业脆弱不能抵御市场冲击，这是它的特点。
2. 内生式发展——这是日本人针对“山区与半山区”的特点而探索出来的一种乡村建设模式，它强调依靠自己的力量来改变区域现状。

第八节 日本的农业推广事业：坚持长期性与分阶段性

日本国土面积仅有约37万平方公里，人口却超过1.2亿，是一个人地矛盾突出、自然资源匮乏的国家，但另一方面日本又是世界上农业现代化高度发达的国家之一，多项农业指标居于世界领先地位，比如最具战略意义的粮食——大米的自给率就接近100%。农业推广事业在其中发挥了重要作用，日本上下也将其视作一个长期的、分阶段的巨大工程。

一、日本农业推广事业的历史进程及现状

日本农业推广活动的发展随着农业和农村整体情况的变化大体上可以分为以下几个阶段。第一阶段为1945—1955年，战后日本粮食不能自给，这一阶段主要是推广单项农业技术，解决粮食自给问题。日本政府于1948年制定了《农业改良促进法》，奠定了日本农业推广事业发展的基础。第二阶段为1955—1965年，日本进入经济复兴阶段。新农村建设促使日本农业生产向市场化、机械化、标准化推进，农业推广由单项技术向综合技术发展。第三阶段为1965—1975年，日本经济高速增长，农村人口急剧减少，粮食供应不平衡。农业推广侧重于综合技术及重点地区的指导。第四阶段为1975—1985年，日本经济稳定发展，农用耕地减少，农业推广向耕作制度的完善和培养未来农民的方向发展。20世纪90年代中期政府进一步充实了农业推广机构职能，设置了地区农业改良推广中心。在推广中心中设有专业技术人员与改良推广员两类人员，直接或间接地为农民提供服务。如今，日本农业和农村生活进一步优化发展，农业推广方向主要是先进技术的普及、环保型农业体系的构建。

二、日本农业推广事业的体系结构

日本农业推广体系是以政府为主导、农协为纽带、科研机构为支援的多维立体结构，其主体组织是农林水产省—都道府县—地域农业改良普及中心；农民自治组织——农协在基层农业科技推广中起到重要的辅助作用；科研支援组织是指国家与都道府县农业教育和研究机构、农业试验研究机构和农业大学等。

（一）政府主导

日本农业科技推广的最高机构是农林水产省农蚕园艺局设立的普及部，负责全国农业技术推广的规划、经费预算、组织协调、成果管理以及专门技术员的资格考试、普及员培训等。

各都道府县设立农业改良普及中心，主要负责本地区农业技术推广规划的制定，改良普及员的资格考试、录用和安置，编制农业技术推广资料等。

基层组织——地域农业改良普及中心（农业改良普及所）设置与农民直接联系的改良普及员，统称的农业普及员由“专门技术员”与“改良普及员”构成。其中，专门技术员承担

对改良普及员的进修、指导和日常与行政、试验研究机构的协调、建议、调查研究、策划推广计划，帮助推广员工作、评价等；改良普及员直接为农民服务，由承担农业技术的农业改良普及员与承担生活改善的生活改良普及员组成。

2011 财年，日本用于协同农业普及事业的资金达到 562 亿日元（约合人民币 45 亿元），主要用于各种农业科技普及活动。政府科研机构向农民提供科研成果和接受农民要求从事科学研究，不存在专利问题，也不会让农民出钱，因为政府科研机构由政府拨款，主要任务就是要把科研成果推广到田间。日本农林水产省在网页上每年都会公布大量农业新技术，并制定普及计划。

（二）农协纽带

日本农协是覆盖整个农村社会、经营范围覆盖整个农村经济的农民组织，通过建立从“农户—基层（市、町、村）农协—县（都、道、府）农协中央会—全国农协中央会”的组织体系，成为基层农业推广的组织保障和物质依托，不仅负责把新农业科技落实到具体农户，还负责展示农业科技的成果。例如，东京农协组织每年都在明治神宫举行一次大型农产品展览——东京农业节，截至 2011 年已经举办了 40 届。东京地区的农民可以把自己最成功的品种在此展示，有效地宣传了农业科技成果。如今，日本农村几乎 100% 的农民都加入了农协，农协在生产资料、技术指导、产品销售、信用合作、社会服务和权益保障等方面提供服务。

表 3-4　日本农协数量变化

年份	综合农协		专业农协		合计	
	数量 / 个	比率 / %	数量 / 个	比率 / %	数量 / 个	比率 / %
1960	12 221	40.9	17 682	59.1	29 903	100.0
1985	4 303	47.7	4 724	52.3	9 027	100.0
2005	929	27.1	2 505	72.9	3 434	100.0

资料来源：日本农林水产省“综合农协统计表”。

表 3-5　日本农协组合会员数的变化

年份	正会员		准会员		合计	
	会员数 / 万人	比率 / %	会员数 / 万人	比率 / %	会员数 / 万人	比率 / %
1960	578	88.8	73	11.2	651	100.0
1985	554	68.6	253	31.4	807	100.0
2005	500	54.4	419	45.6	919	100.0

资料来源：日本农林水产省“综合农协统计表”。

（三）科研支援

和日本大多数行业的科研机构一样，农业科研机构也非常注重其科研成果的应用价值和社会经济效益。日本政府在 20 世纪 90 年代取消了国立农业科研机构的项目行政审批制度，建立了简明、快速、高效的注册备案制度。新制度生效后，国立大学和国立科研机构的年度科研经费申请表直接由教授填写，在学院通过后就可直接申报，无须审批。只要将申请经费数额备案，事后与实际使用经费进行核实即可。这一举措从制度上简化了繁琐的审批程序，避免了时间的浪费，同时调动了科研人员的工作积极性。

三、日本农业推广活动的运行特点

（一）高效的双轨运行制

日本农业推广实行的是政府和农协双轨推广制。政府设立了从中央到地方一整套健全的技术普及与推广组织系统。中央一级推广机构由农林水产省掌管，农林省在全国设立地方农政局，地方农政局生产流通部设有农户普及课。农协即日本农业协同组织是开展农村综合服务工作的民间组织，农协作为农民自己的组织在生产资料、农产品加工、销售、农村信贷、保健和健康等方面最大限度地为农民提供服务。

（二）广泛而通畅的农业科技推广传播途径

国家实验研究机构以及农业大学推出的科技成果技术，一般首先传授给农林水产省的技术员，由他们对所在地区的改良普及员进行培训指导，再通过地方农协、保健所和教育委员会等组织的宣传传授到农民手中。农民在使用新技术的过程中，可将遇到的问题及需要改进的具体要求向相关研究机构反馈，“传授—反馈”的方式让日本农业科技不断革新进步。国家专门技术员、农业大学和改良普及中心的改良普及员可直接为农民提供技术、信息服务，所有推广费用由国家和地方政府负担。

（三）严格的人员录用、工作考核、研修培训制度

人员录用方面，日本农业推广人员均为国家或地方公务员，工资分别由国家财政和县财政直接发放。人员招聘实行严格的考试录用制，基层改良推广中心的改良推广要求报员的录用要参加两次考试，专门技术员的聘用条件更高，要求报考年以上改良推广员工必须具备大学本科以上学历，由农林水产省组织录用资格考试，通过后才有被聘用的资格，其考试合格

率仅为20%。工作考核方面，专门技术员与改良推广员的工作实行考核制，每项考核内容都有具体的量化指标。推广员工作考核以推广活动内容的时间计算，其工作平时都有记载，并反映在个人作出的推广计划、课题计划中，每月小结一次，每年总结两次，作为半年和年终考核的基础。研修培训方面，日本推广体系内部的培训制度很严密。国家每年制定“协同农业普及事业运营指针”，地方根据国家文件精神制订相应培训计划。培训计划对培训课题范围、方法、结果和报告等也都有详尽的规范，按培训对象及培训目标不定。值得一提的是日本人称之为“课题法”的参与式培训方法，以富山县农业综合研修所为例，其做法是：培训组织者根据国家和富山县政府的农政动向以及当地推广活动状况，与县农林水产部等管理机构共同协商，选择重要而急需的课题作为培训的主要内容，制订培训计划，并提前1个月将培训计划送至参训人员手中，要求其参加培训时准备好课题研究报告。组织者将按课题特点聘请与课题直接相关的掌握最新技术信息的专家、教授、专门技术员做专题讲座并在培训中指导课题的讨论和研究。这种参与式培训既归纳总结了经验、更新了知识，又研究解决了推广课题，同时对受训人员综合能力的提高有明显的作用，真正起到了通过培训，不断提高推广人员业务水平的目的。

（四）以人为本的科研与服务体系

日本农业推广活动建立了以农民为核心的科研与服务体系。日本农林水产省有29个直

案例3–8：长野市苹果种植

我国陕西省果业协会组织的果业考察团曾经对日本长野市的苹果生产流通情况进行过考察，并与长野市农协负责人进行过深入交流。

据介绍，该地区果农十分重视品种的搭配组合以及接班品种的选育。日本虽然是红富士苹果的故乡，该品种在当地也有不俗的表现，但他们并不拘泥于这个单一的品种（红富士面积在日本仅占60%）。考察团在长野市参观的果园有着130多年的种植历史，果园园主也是远近闻名的技术能手（地区果业名誉顾问），他的园里有红富士、玉林和红玉等品种，表现都很好。他新近选育出一种丰产性、商品价值更高的信农黄金，价格是红富士的5倍。

作为农民与外界的纽带，日本农协在组织果农进行苹果种植流通的过程中发挥着巨大的作用。其中，基层农协对果农提供技术培训，生产指导及产品收购多项服务。长野市农协每个果农每年向农协交1500日元的会费，每户每年交1000日元的服务费，农协基本是自收自支。由于大量青年注入城市就业，农协多是留守的老年人加入。该考察团参观的长

属农业科研实验场，这些实验场负责基础性和重大课题的研究。此外，各县、都、道、府也有自己的农业研究机构，负责区域农业应用研究。联系科研单位和改良普及中心的人员是各县级农政厅的专门技术员，他们既对改良普及员进行指导、培养，又及时和各试验场（科研所）进行联系。多数专门技术员和改良普及员同时也是大学老师，有些人就住在对口专业的试验场，参与其科研活动。他们将农民在生产中遇到的问题和要求及时反馈给试验场和农业大学，又及时用从农业试验场获得的最新农业科研成果和信息直接指导农业生产者。因此，日本的科研、教育、推广以民为核心，与农业结合得非常紧密。日本农协是农民自发组织的自我服务体系，日本政府对农协有补贴和融资，并进行部分行政指导。农协在技术指导、生产资料采购、农产品加工、销售、农村信贷、农业保险和健康保障等方面，为农民提供多项服务，是农业推广方面不可忽视的辅助力量。虽然日本农协提供的农产品销售、信贷、技术指导等服务是有偿的，但农协是农民自发组织的，并交纳会费（基至能吸引大量非农人口参加）。因此，对农民来说也是理所当然、非常必要的，是提高农业生产效率不可缺少的重要环节。

四、日本农业推广事业的成效

日本农业推广体系独具特色，短短几十年间在日本取得了卓越的成效，主要体现在三个方面：

（1）农民技术水平得到了快速的提高。农业劳动力减少和人口老龄化等消极因素并没

野市农协有256户加入，占总农户560户的45.7%。该农协正式工作人员仅2名（其中6名为技术人员）其余人员都是季节性的临时工。农协有自己的选果车间，将会员的果子按级别论价，收购来后经过自动线（按糖分含量，果个大小等指标分级）后分级包装（按10千克的个数表示果个大小），以农协的名称作标识进入批发市场和超市。果农向农协交果时，农协兑付很少的一些费用，果子卖完后，农协才和会员进行结算，并抽取7%的管理费，向全国农协上交1%的加盟费，其余用于分配。有些加工厂在建设时果农集了资的，还要在赢利中按股分红。全国农协收取了县级农协1%的费用后，主要向县级农协介绍销售渠道，提供新技术以及承担市场风险保证金。

苹果授粉技术

有阻止日本农业发展的脚步。

（2）农民消化和吸收新技术的能力得到了加强。在日本主要依靠推广事业把试验研究单位开发的新技术通过试验示范和推广向农民进行普及。

（3）走向了可持续发展的道路。农业产业结构得到了优化，地域农业和农村经济得到了推动，日本把它作为试验研究成果转化为生产力的桥梁、科学研究和行政手段并列的最基本的农业推进措施来实施，并以《农业改良促进法》的法律形式加以规范。

五、日本农业推广事业对我国的启示

（一）完善现行农业推广法律法规体系

我国现行的《中华人民共和国农业技术推广法》和《关于稳定基层农业技术推广体系的意见》等法律条款还不够具体，缺乏因地、因时制宜的适应性。要革除这些弊端，应进一步完善农业推广法规和制度，做到有法可依；保证农业推广工作的严肃性和稳定性，做到有法必依；中央还要给予地方更大的立法空间与权力，鼓励与敦促各地方以自身农情为依据，制定适合的推广办法，因地制宜。

（二）稳定农业推广机构和队伍

我国该领域既要解决农技推广、病虫防治、畜禽防疫等公益活动难以开展的问题，又要避免相关固定资产流失、基层农技推广体系断层、人心涣散和功能弱化等现象。各地政府应高度重视，严格按照有关法律法规抓好落实、扭转局面，保证农业推广机构作为国家公益性的全民事业单位做到“性质不变、机构不撤、队伍不散、经费到位”。

（三）建立新型的推广体系，革新运行机制

一方面，要打破单纯的政府主体的推广模式，实现政府角色由“主体”向“主导”的转变。另一方面，要不断改革农业推广体系的管理和运行机制。革新计划经济下冗余的科层式的管理体制和职能式的管理体制，努力形成以农技开发部门为依托，以农业和农民需要为中心的运行机制。要充分挖掘与发挥农协的作用，以点带面，促进农业科技推广事业的发展。

（四）培育农民专业合作经济组织

农民专业合作经济组织是农户(专业户)自愿组织起来，在技术、资金、信息、购销、加工、

储运等环节实行自我管理、自我服务、自我发展，以提高竞争能力、增加成员收入为目的的专业性合作组织。农民专业合作经济组织对成员提供的农业技术指导和培训具有直接性和针对性，使分散成员应用推广先进实用技术的作用不可低估、不可替代。各级政府要强化政府服务功能，为组建农民专业合作经济组织搭建多形式的平台，出台扶持优惠政策，要重视典型示范，指导农民依托龙头企业、主导产业、农村信用社、农技部门、村委会等来组建，成熟一个，培育一个，壮大一个，真正做到“建一个组织，兴一项产业，促一方发展”。

（五）组建高素质的推广人员队伍

我国目前还没有完善的农业推广人员的选拔与培训制度，部分技术员知识严重老化，因此必须改革现行的农业推广人才的管理制度。可以学习日本的从业人员择录办法，采用严格的考试方法，不断提高推广人员的学历与技能准入标准，通过提高农业推广人员的社会地位和物质待遇等方式，进一步保证队伍的稳定性；完善农业推广人员培训体系，不断更新农技人员的知识，使其成为有知识、有技能的农业推广者。

（六）注重农、科、教有机结合

在新形势下，农业的弱质性进一步明显化，十分需要科研、教育事业的配合和支持。必须根据当前的农业发展形势及各地的农业实际，使农业、科研、教育三者之间有机互动和统一，科技部门的研究课题必须来自基层、用于基层，符合农村实际需要和农业发展水平，农业学校或农村各类培训学校应重视对实用农业技术的传授，可聘请部分科研单位和农业技术推广部门的科技人员任教，以提高科技成果的转化率，降低农业成本，促进农业快速、持续发展。

日本农业推广事业的历史发展进程、完善的体系框架、成熟的运行机制及有目共睹的卓越成效给予我们宝贵的经验，我们理当充分借鉴其优势之处，结合当下，着眼未来，一步步坚定不移地建设我们美丽的乡村。

阅读看点

1. 农业推广事业——以政府为主导、农协为纽带、科研机构为支撑的一个有计划的农业技术推广战略，这一战略在日本农业发展中起了很大作用。
2. 日本农协——几乎覆盖了日本整个农村社会，其经营范围也几乎覆盖整个乡村的经济组织，农协还是基层农业推广的组织机构。

本章小结

东亚乡村建设：东方特色"乡村改造"的意义

城市繁荣、乡村凋敝的二元经济社会现象是日本、韩国等东亚国家共同存在的问题，为了有效缩小城乡差距、提高农业生产效益、增强农村经济水平，这些国家都先后加强了对农村的综合改革和开发，比如：日本的造村运动、韩国的新村运动等。中国新农村建设的背景、条件以及所遇到的问题矛盾，与韩、日等东亚国家的状况基本相似，因而这些国家乡村建设的成功实践对我国的新农村建设和城乡统筹发展有着重要的借鉴意义与启示作用。

一、东亚乡村建设的主要经验

（一）强化乡村教育以提升村庄凝聚力和人力资源水平

注重农民的精神教育和技能教育是推动乡村发展和缩小城乡差距的关键。韩国和日本都非常重视农村的教育问题。韩国的农村教育主要在于"新村精神"的培养，以建立村社整体的凝聚力和共同体意识，因为"共同体"对于保证村庄内部的认同感、关联度以及稳定的内生秩序有着重要作用，这种乡村"精神共同体"的塑造可有效增强村社的合作力和一致的组织行动能力。具体来说，其主要通过"研修院"的建立来开展地区开发教育、意识革新教育、经营革新教育、青少年教育、幼师培训教育、市民教养教育等，从而建立"勤勉、自助、协同、奉献和实践"的新村精神，这一精神教育举措不仅培养出大量的骨干人才，更是塑造了国民积极向上的精神态度，使得乡村建设具备了较强的凝聚力。日本政府同样非常重视农村教育的开展，日本政府与学校和民间组织共同构筑起多元化的农村教育体系，大力发展农民职业技术教育，推广农业科技知识，组织开办培训班，举行农业科技知识讲座，指导农民发展新型现代农业，极大地提升了乡村的人力资本水平。

（二）明确政府职能以“自上而下”地引导乡村建设

东亚国家作为后发型现代化地区，在乡村建设的推动进程中，普遍实行了政府主导的策略。韩国的农村现代化建设即是以政府为主导而顺利开展的，韩国政府主要从公共服务的提供、财政资金的支持、村庄建设的监管激励三大方面来引导新村运动。比如，为农村提供电气化建设、引导农村水电路桥等基础设施的建立，同时，政府还提供上百万亿韩元的物质支持和直接的资金援助以引导新村建设。另外，对于表现出色的示范性村庄，政府还不同程度地给予物质激励和非物质的立碑表扬激励，以极大程度地积极推动乡村建设。同样，日本政府也“自上而下”地引导乡村建设的综合开发。比如，在农地改革中主要由政府从地主手中收买土地，再低价卖给农民，并由政府在财政、金融、价格等方面对自耕农的小规模经营给予支持和保护，同时由政府采取政策扶持农村工业，引导工业下乡，从而使得农村的经济、社会和政治关系发生重要性变革，也比较顺利地实现了工业化和城市化。

（三）注重社会参与以“自下而上”地推动乡村建设

社会力量的积极参与是韩国、日本乡村建设得以成功的又一关键所在。一方面，韩国新村运动进入中后阶段时，得到了社会各阶层的广泛参与，例如有各级公务员、新闻、宗教、企业界的高层人士、普通民众以及学者专家们的积极关注，在财政资金上也得到了社会各界的积极支持。同时，一些社会中介组织也对新村建设起到了“自下而上”的积极推动作用，比如，韩国的农协不仅提供农业生产资金，还为农民提供大量化肥和农药，以及农资、建材、家电等物质支持。

另一方面，日本在“造村运动”中村民也是积极参与的，通过设立由村民代表、专家等组成的委员会或协议会、审议会来听取村民的意见，并不断引导民众参与到新农村建设中来。比如，“一村一品”即是民众诉求的结果。另外，日本农协组织也是乡村建设的重要参与者，其利用组织系统的优势，以及保鲜、加工、包装、运输、信息网络等现代技术的优势，将农民生产的农产品集中起来进行统一销售，极大地提高了生产效益，促进了乡村的经济发展。

（四）健全政策法规以保障乡村建设有法可依

在乡村建设与开发上，韩国和日本都是先制定相应的政策法规，以保证乡村建设有序进行。比如，20 世纪 90 年代开始的农村定居生活圈开发，韩国政府通过制定《农渔村发展特别措施法》和《农渔村整备法》，有效保证了预算计划和发展规划的顺利实施。另外，为保证新村精神培育能顺利开展，建立了新村教育制度；为促进农业收入的增加，设定了限制农产品进口，积极促进农产品出口的政策；为大力增加农民的非农业收入，政府又制定了积极发展农村旅游业等政策。

日本政府在乡村建设上也主要通过相关立法的不断完善来推进农村土地制度改革和农业发展的。乡村运动之初，日本政府就先后创设了综合资金制度、农业人口养老金制度，并颁布了《农业基本法》、《农协法》等法律法规。1951 年日本政府还颁布了《土地征用法》，从而确立了农民土地所有制。在 1971 年还制定了《农村地区引入工业促进法》，从而有效解决了农民就业问题，为农民提供更多的非农就业机会。此外，为了区域的协调发展，日本政府还制定了《孤岛振兴法》、《山区振兴法》、《过疏地域对策特别措施法》等法律法规。

二、东亚乡村建设对我国乡村建设的启示

（一）构建新型农民职业教育体系，增大人力资本存量

东亚乡村建设的成功经验之一即在于农村教育的开展。这就启示我们在新农村建设的进程中，要特别注重构建培养新型农民的农村职业教育体系，以促进农村地区经济的提升和人力资本集聚，从而推动新农村建设和缩小城乡差距。一方面，农村职业教育是对农业从业人员展开的教育和培训，旨在培养出有文化、懂技术、会经营的新型农民，有利于现代化农业的建立和农村的经济发展；另一方面，农村职业教育也为已转移或准备转移到城镇务工人员实施各类职业所需要的知识、技能教育或培训，从而增强人力资本存量。比如，可在农村专门建立基础性教育培训班，为其进行基础性知识辅导；可建立专门的技能培训班，培育乡村建设所需的人才等。

（二）立足乡村本位，强化政府的支持与引导

政府“自上而下”的支持是东亚国家乡村建设的关键。与韩、日相比，我国新农村建设的政府支持力度仍较为薄弱，这启示我们要进一步加大对乡村地区的补益和供给。党的十八届三中全会就指出：“要加快构建新型农业经营体系，赋予农民更多财产权利，推进城乡要素平等交换和公共资源均衡配置。”因而，一方面要加大政府的转移支付力度，并可设立新农村建设专项基金，以保证农村的基础设施建设能得到有效保障，确保农业生产以及公共产品的供给能有效落实到位；另一方面可加强物质或非物质上的激励与引导，比如，对于表现好的村庄设立乡村建设资金奖励以及一些乡村建设材料的补给。另外，政府也应加强新农村建设的监管力度，保证乡村建设的顺利进行。

（三）加快农村合作组织建设，促进农民参与合作

农村合作组织对于新农村建设的开展和村民的参与合作有着积极的作用。与韩、日相比，我国的农村合作组织仍存在规模小、组织化程度低、高技能成员缺乏、内部活力缺失等问题。因而，要进一步加快合作组织建设，积极组织农民创办各类专业协会。各级政府部门要明确职责，通过规范化、法制化的路径为组建农民专业合作经济组织搭建多形式的平台，出台扶持优惠政策，要重视典型示范，指导农民依托龙头企业、主导产业、农村信用社、农技部门、村委会等来组建。各地也要结合农村的实际情况，制定包括合作组织建设的目标、服务内容、保障措施等方面的工作规划，把规划纳入政府总体工作之中，并启动规模宏大的培训工程，努力为合作组织培育大批人才，以提高农村合作组织的整体素质。

（四）强化制度供给，为新农村建设提供保障

制度上的缺失是我国新农村建设缓慢的本质原因。所以，必须依据城乡统筹的思路、科学发展的方针，积极推动新农村建设重大制度建设的深化。比如，要逐步建立城乡一体的社会保障制度，保障农村居民的应得利益；要从根本上改革城乡二元户籍制度，还原户籍制度人口管理、迁移等基本功能，而将带有就业、教育、社会保障、民生福利等职能的制度彻底改变，消除公共产品供给的城乡差异性；当然，还有必要实行土地产权有效分离的制度创新、全国统一劳动力市场的用工制度创新等，合理配置生产力要素，切实解决农业增效、农民增收、农村转型、农民工维权等一系列问题。另外，从长期发展考虑，还要强化法制建设，比如《农业技术推广法》等，做好农村发展的立法和执法工作，真正为新农村建设提供制度保障。

第四章

澳洲与南美乡村建设：“现代农业”理念的践行

阅读想象——山重水复疑无路，柳暗花明又一村。

阅读导引——在澳洲、南美的乡村建设中，他们都经历了一个艰难的探索过程，尤其是南美的乡村建设。在这一探索的过程中，最终他们都选择了“现代农业”的发展模式，这一过程正如宋朝诗人陆游在《游山西村》里所说的两句话，即“山重水复疑无路，柳暗花明又一村”。

从景观来看，澳洲与南美的现代性乡村建设也基本上具有这一特色，因为，澳洲与南美的自然环境不同于北美、欧洲与东亚等地区，相对来说，澳洲与南美地广人稀、原生态性的自然环境是一个独特的景观，而在其中建立起来的现代农业区就给人一种“柳暗花明又一村”的神秘感受。

在本章中，我们选择了澳大利亚、新西兰、巴西与阿根廷四个国家美丽乡村建设的实践思路，总体来说，他们在探索的过程中都选择了践行现代农业的发展理念，无论是澳大利亚的“精准农业”、新西兰的“农业资金资助”，还是巴西的“农牧研究院”、阿根廷的“有机农业”都是在遵循“现代农业”的发展思路。因此，对于“现代农业”的发展，这些国家在政策、制度、规则及其技术等方面都给予了大力支持，也探索出一条适合自己国情的乡村建设路径。

第一节　澳大利亚：“精准农业”和“生态农业”建设

一、什么是精准农业和生态农业

传统农业把田地的水、肥等植物生长的要素看做是均匀的，采用统一的耕作、播种、灌溉、施肥、喷药等措施。实际上，同一农田内的不同地方存在着明显的时空差异性，而实行大田均匀施肥、均匀灌溉、均匀喷药，造成了水、肥、药的浪费，增加了农业的生产成本，农作物的生长也不均匀，降低了农业的产量和经济效益，而且过量施肥、施药造成了严重的土壤污染和水体污染。在这样的背景下，精准农业和生态农业这两种新型的农业发展模式应运而生，成为当今农业发展的新潮流。

那么，什么是精准农业和生态农业呢？

（一）精准农业

精准农业 (Precision Agriculture)，也叫精细农业，受到全世界的广泛关注。它是将全球定位系统（GPS）、遥感、地理信息系统（GIS）、人工智能等高新技术用于对农作物进行精确管理的方法。它可以根据土壤构成、温度、肥力状况、杂草、病虫害、作物生长情况等因素的差异来调节种子、水、化肥、除草剂和杀虫剂等的施用量，即按照田间每一操作单元的具体条件，精细准确地调整各项土壤和作物管理措施，最大限度地优化使用各项农业投入，以获取最高产量和最大经济效益，同时保护农业生态环境、土地等农业自然资源。

精准农业由多个系统组成，可用图 4-1 表示：

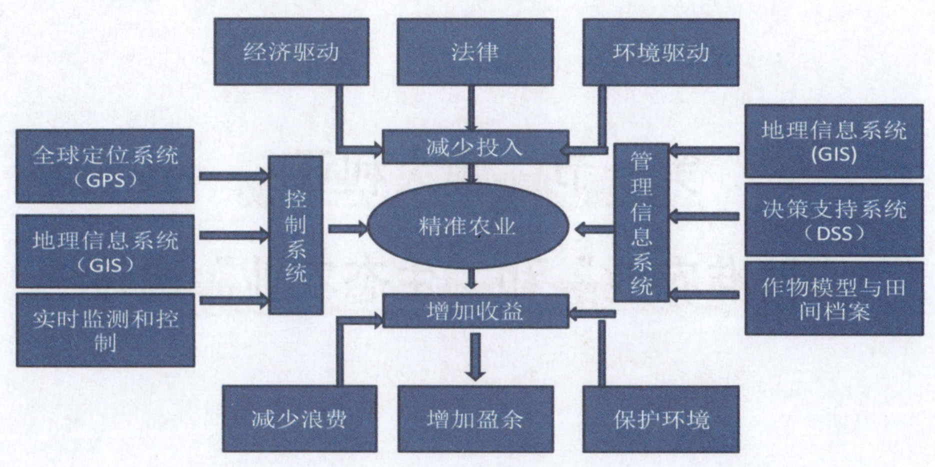

图 4-1 精准农业系统构成

精准农业技术是现代信息技术、生物技术、工程技术等一系列高新技术在最新成果的基础上发展起来的一种重要的现代农业生产形式，主要由全球定位系统 (GPS)、农田遥感监测系统 (RS)、农田地理信息系统 (GIS)、农田信息采集系统、农业专家系统、智能化农机具系统、环境监测系统、培训系统等构成。其核心是“3S”技术（即 GPS，GIS，RS）和计算机自动控制系统。精准农业的技术构成系统详见图 4-2：

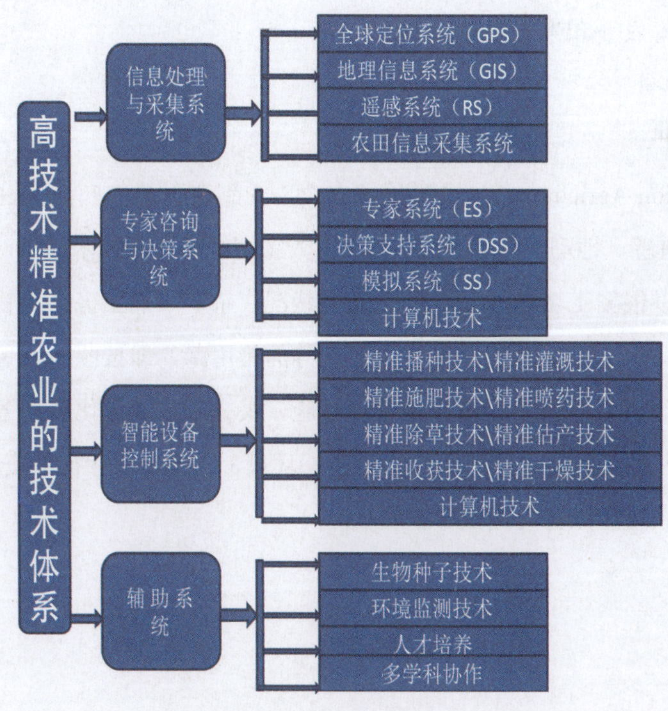

图 4-2 高技术精准农业技术体系构成

（二）生态农业

生态农业最早于1924年在欧洲兴起，20世纪30年代在瑞士、英国和日本等国得到发展。1970年美国土壤学家W. Albrcche首先明确提出生态农业的概念，后又经过P.Merrill和N.Worthington等学者完善与充实，其基本理念是主张不使用或尽量少使用化肥、农药，用有机肥或长效肥替代化肥，用天敌、轮作或间作替代化学防治，用少耕、免耕替代翻耕。其目的是在洁净的土地上用洁净的生产方式生产洁净的食品，提高人们的健康水平，促进农业的可持续发展。

生态农业总结吸收各种农业生产方式的成功经验，运用当代先进的农业科技和现代管理手段，按照农业生态系统内物种共生、物质循环、能量多层次利用的自然规律，建立人类生存和自然环境间相互协调、相互增益的经济、生态、社会三者协调发展的现代农业体系，一改传统的“单程农业”为“循环再生农业”，促进农业生态系统物质、能量多层次利用的良性循环。它是全面规划、总体协调、良性循环的整体性农业，是无废气物、无污染、优质、高效的农业。

二、澳大利亚精准农业和生态农业发展的客观条件

澳大利亚位于太平洋西南部与印度洋之间，四面临海，是一个海洋性气候明显的岛国。澳大利亚拥有世界上最平坦、最干燥的大陆，中部洼地及西部高原均为气候干燥的沙漠；沿海地带，特别是东南沿海地带，丘陵起伏，水源丰富，土地肥沃，除南海岸外，整个沿海地带形成一条环绕大陆的“绿带”，正是这条“绿带”养育了这个国家。

澳大利亚总面积770万平方公里，全国人口1 770万，农业人口80万，占总人口的6%左右。大陆有1/3的地区不适于发展农牧业，另外1/3的地区只适于发展畜牧业。农牧业用地约408亿公顷，约占国土面积的63%。农用地的90%以上是天然草场，达4.4亿公顷，耕地面积只有4 876万公顷，仅占全国面积的2%，其中灌溉面积仅占4%。但是，澳大利亚人均占有的土地资源高居世界前列，人均农牧业用地27.1公顷，人均耕地面积2.75公顷，人均森林和林地面积6公顷，是一个典型的地广人稀的国家。

澳大利亚地处南半球，由于地域辽阔，气温相差较大，北部为27℃，南部为14℃；全国有31%的地区年降水量不足500毫米，有39%的地区年降水量不足250毫米。水是澳大利亚农业的主要制约因素。昆士兰西部有一自流井区，面积达175万平方公里，是世界上最大的自流井区，但井水盐分太高，不宜灌溉农田。澳大利亚共分为6个州，其中昆士兰州为

主要的农业州，农业生产的气候条件复杂，新南威尔士州、昆士兰州农业生产较为发达。从总体上看，澳大利亚干旱缺水，沙漠面积较大，有辽阔的草场，适宜发展畜牧业。农业生产受到人口、气候、土壤分布、水等多重因素的制约，恰恰也是因为这些因素的制约使澳大利亚走上了精准农业和生态农业的发展之路。

图 4-3 澳大利亚的气候类型

三、AICA* 特色培训项目：澳大利亚精准农业及生态农业培训

澳大利亚是世界农业大国，是农业高度发达的国家，拥有完善的生态农业发展体系，并投入了相当规模的人力、物力和财力进行生态农业的科研。先进的生态农业体制和科研成果为澳大利亚现代农业的发展起到了很好的推动作用。目前世界上实行生态管理的农业用地约为 1 055 万公顷。其中，澳大利亚 529 万公顷，占世界总生态用地面积的 50%。此外，澳洲对精准农业的技术基础、在各种作物上的应用、农业生产有关的自然资源的时空变异性、经济效益和前景都进行了广泛的研究，能为各类用户提供动态目标的三维位置、三维速度和时间信息，将一定精度的 GPS 安装在联合收割机、土壤取样车等设备上，进行田间管理操作的同时就可以获得及时的位置信息，使作物生长的数据、产量及土壤信息具有地理属性。澳大利亚还运用卫星遥感技术进行作物的估产，精确率达到 90% 以上；利用 3S 高新技术，发展定量化农业生产，主攻目标是降低水等生产资料的投入，强调适应自然生态环境和持续生产力。在生态农业和精准农业发展方面，澳大利亚有许多经验与成功的做法。为此，澳大利亚联邦国际合作协会推出特色培训项目——澳大利亚生态农业及精准农业培训项目。

* AICA 即 Association for International Co-operation Australia，澳大利亚联邦国际合作协会。

图 4-4 德国前银行家菲利普·绍姆韦贝尔带领一个年轻团队在澳大利亚南部奥古斯塔港郊外的沙漠中打造出"沙漠温室"，被视为生态农业的成功典范

此项目的培训内容包括澳大利亚生态农业发展概况、澳大利亚生态农业发展的有效措施、澳大利亚生态农业发展的先进技术、澳大利亚精准农业发展的先进技术等几个板块。就澳大利亚生态农业发展的有效措施来说，他们的成功做法包括：粮草作物轮作种植制度、生态农业产业化发展措施、草地保护的"种养结构调整"措施、人工草场的种植与科学利用措施。澳大利亚生态农业发展的先进技术包括：农业生物工程技术研究、生态农地的土壤保持系统和技术、良性循环的农业作业方式、生态农场无公害农产品生产技术、生态农业的节水灌溉系统、草地保护性耕作技术。澳大利亚精准农业发展的先进技术包括：精准农业与免耕技术、农作物"穴播"点种技术、3S 技术 (GIS/RS/GPS) 在农田节水灌溉和水资源管理中的应用、基因芯片技术、基因 GM 遗传修饰技术在农业中的应用、分子生物 DNA 标记技术、水肥管理技术在农业中的应用、数字化农牧场管理计算机软件研究等。

四、澳大利亚精准农业和生态农业的成效

澳大利亚农业年生产总值占国民生产总值的 3%，农业从业人员占就业总人口的 3.3%，但是澳大利亚却是世界上最主要的农业大国之一。2008—2009 年，澳大利亚农业生产总值位居世界第 13 位，但在世界排名前 15 位的国家中，其人均农业生产总值排名第一，全国农业劳动力人均 GDP 高达 6 万多澳元。气候复杂的农业生产条件、较低的土地出产率却造就了较

高的劳动生产率，究其原因与澳大利亚大力发展精准农业和生态农业紧密相关。据有关方面估计，现在全球每年生态农业产品总值达到250亿美元，其中，欧盟100亿美元，澳大利亚35亿美元，美国和加拿大100亿美元。从生态农业效益的地域分布来看，澳大利亚的生态农业是三分天下有其一。2012年，澳大利亚昆士兰州种植甘蔗的农民赢得了2012年美国年度“精准农民奖”，这个奖项主要表彰那些使用卫星影像或全球定位系统等新科技进行精准种植的农民。具体来说，澳大利亚在发展精准农业和生态农业方面的成功做法主要有以下一些方面。

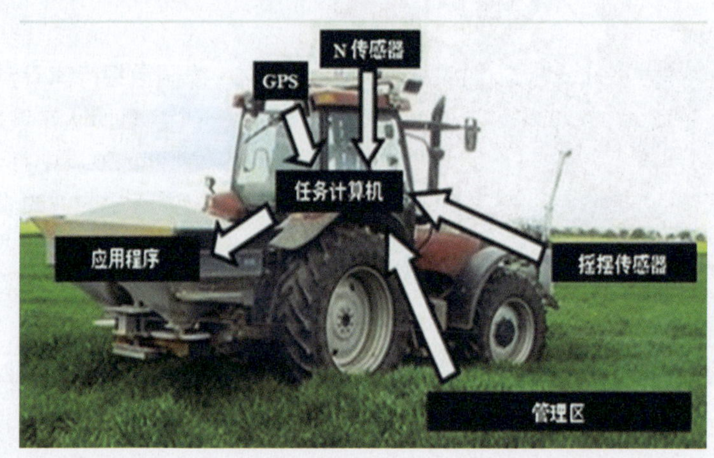

图4-5 精准农业的工作原理

图4-6 与植物可以说话的磁传感器

案例 4-1：澳大利亚的保护性耕作

保护性耕作在澳大利亚发展很快，在2 000万公顷作物播种面积中，1/4的夏季作物（主要分布在昆士兰等中东部地区），其中有95%以上采用了保护性耕作；3/4的冬季作物（主要分布在西澳及南部山区等地），其中60%以上采用了保护性耕作。据统计，在1996—2000年间，澳大利亚73%的农民在改变耕作方法中受益。目前澳大利亚全国免耕播种和精准农业面积已占耕地面积的15%。

澳大利亚昆士兰大学荣誉教授，国际土壤耕作研究组织前主席 Jeff Tullberg 在中国农业大学等单位联合主办的“中国保护性耕作20年国际研讨会”上发言

昆士兰大学 Jeff Tullberg 教授多年来研究的结果表明：保护性耕作可以明显改善土壤结构，减少土壤压实，增加土壤中有机质和蚯蚓含量，蚯蚓数量由每公顷134万条增加到150万条。澳大利亚的实践证明，实施保护性耕作，在减轻土壤侵蚀、蓄水保墒、培肥地力、控制沙尘暴等方面成效显著。实施保护性耕作还可实现秸秆还田，避免了焚烧秸秆现象，减轻了大气污染。保护性耕作在澳大利亚给农业和农业机械化的发展带来了一场革命，这一技术逐步被广大旱区农民所接受。他们认为要是没有这种耕作方式，许多半干旱地区和绝大多数干旱地区就不可能进行农业生产。

据 Jeff Tullberg 教授介绍，澳大利亚在实施保护性耕作方面主要具有以下特点：

（1）广泛采用固定道作业式保护性耕作。随着农场规模的扩大，大型农机具不断得到普及应用，拖拉机行走造成土壤压实的问题越来越严重。澳大利亚从20世纪90年代开始积极探索拖拉机固定道行走的作业模式，以克服因大型农业机械多次进地作业造成的土壤压实和影响作物生长的问题。昆士兰大学的实验证明，固定道作业避免了土壤压实，提高了水分入渗及利用率，减少土壤侵蚀，增加蚯蚓数量，有利于作物根系发育。采用固定道保护性耕作可节省50%的拖拉机动力能耗和油耗，降低作业成本30%左右，农机进地作业次数由10多次减少到3次左右；与传统耕作相比，每公顷小麦产量由3.5吨提高到4吨，增产15%左右。

（2）广泛使用保护性耕作机具，全面实现机械化作业。澳大利亚家庭农场的经营规模一般在3万亩左右，一个家庭农场拥有的劳力只有2～3个，人地比例较大，所以，播种小麦使用小麦免耕播种机，播种棉花使用的是棉花免耕播种机，田间中耕管理使用锄草机、喷药机、松土机等，收获有小麦收割机和棉花收获机，所有过程均为机械化作业。可以说，没有保护性耕作机具的广泛应用，就没有澳大利亚的保护性耕作。

（3）农机与农业部门紧密结合。保护性耕作是耕作制度的一场革命，是一项综合性的农业技术，在推行保护性耕作的过程中，每一项试验研究都要有种子、土肥、植保、农艺和农机等各个领域专业人员的共同参与和配合，需要各种技术的互补和适应。例如，在小麦免耕播种过程中，为实现机械化作业，从农艺上采取了44厘米小麦宽行播种，很好地解决了小麦免耕播种机通过性的难题。

（4）十分注重病虫草害的控制和防治。根据澳大利亚多年的实践表明：保护性耕作推广可能带来的主要问题是病虫草害的增加，为此澳大利亚在推广保护性耕作技术方面十分注重病虫草害的控制和防治。前些年曾有主要依靠化学药剂除虫草的做法。后因多年连续使用化学除虫草剂之后，有些虫灾、杂草具有抗药性，因此改为采用化学药剂、机械和生物相结合的办法来控制和防治病虫草害。

（一）澳大利亚建立了对水分、土壤、气候资源的系统性监测、模拟预测和管理体系

澳大利亚政府、各州政府针对降水量少但分布均匀，热量条件充足，水土流失较重和土壤肥力不足等特点，非常重视水、土、资源和气候资源的监测、模拟研究，环境资源保护和合理利用研究，实现农业生态经济的可持续发展。澳大利亚各研究机构都设立了水、土、气候资源信息和水土综合治理研究项目，按照各州不同地区的气候条件及水分、土壤、动植物资源的分布特点，建立了水、土、气候等自然资源数据、信息的系统采集监测和模拟预测系统，依据模拟预测系统进行中、长期预报，确定农作物布局和结构，指导农作物生产管理，使农作物、蔬菜、花卉的生产能在雨热同步的良好条件下进行，水土流失得以控制，土壤有机质含量稳定提高，如昆士兰州的粟钙土壤有机质含量达2%的高水平。

（二）建立了农牧结合，粮、经、饲相结合的可持续发展的农作体系

澳大利亚各地针对降水、土壤肥力、气候特点等，发挥人口少、土地资源充足、光照条

件良好等有利条件，通过长期定位观测、系统模拟和试验研究，普遍建立了禾谷类作物—豆科作物/豆科牧草作物轮作种植制度。在这种轮作系统中，由于引入了高产、优质、抗旱、抗病的豆科作物和牧草，通过合理轮作，收到了水土保持和培养地力的双重效果。与此同时，种植业的轮作体系又与畜牧业生产有机结合，构成粮、经、饲（牧）的合理三元结构，促进了农牧业的可持续良性发展。

（三）严格进行水管理并成功应用专家系统管理农场

澳大利亚对水的管理十分严格，国家层面有水资源管理委员会，水务管理是联邦政府和州政府的重要职能，政府全面负责水资源规划、水资源定价和水权交易，范围覆盖城乡。一般情况禁止采集地下水，大力提倡和鼓励对雨水的收集利用。农场、农产品加工企业、农产品交易市场都重视对雨水的收集利用。大一些的农场都有水塔、蓄水池，对收集的水进行循环利用。而果园树下铺麦秸，园地中撒木屑也成为行之有效的节水措施。持之以恒的水资源节约保护使澳大利亚境内的河流几乎没有污染的情况，且水量充沛，为农业的可持续发展奠定了基础。此外，澳洲政府对农业专家系统的研究和应用非常重视，开发出的农业专家系统有39个，已投入使用15个，如：主要作物的施肥、节水灌溉、植物保护、栽培管理专家系统，畜禽、水产饲养管理专家系统，农村经济决策支持系统等，实现农业生产的自动化和智能化，取得了可观的经济效益。例如：澳大利亚某农场主利用计算机管理猪场，数据库中有崽猪断奶头数及重量的记录、所用饲料和出售的崽猪头数等，一目了然；他还利用决策支持系统管理猪场的财务，记录流通的现金账目，把猪场管理得井井有条。

（四）应用3S和3M技术管理农业生产

3S技术是指地理信息系统、遥感系统、全球定位系统，3M技术是指制图系统(Mapping)、监控系统(Monitoring)和管理系统(Management)。目前，澳大利亚已将3S和3M信息管理技术在农业上进行了应用，包括：作物估产、动植物生长长势监测、气象和病虫害预报及农产品储存、保鲜、加工、运输等全过程实时监控，通过3S和

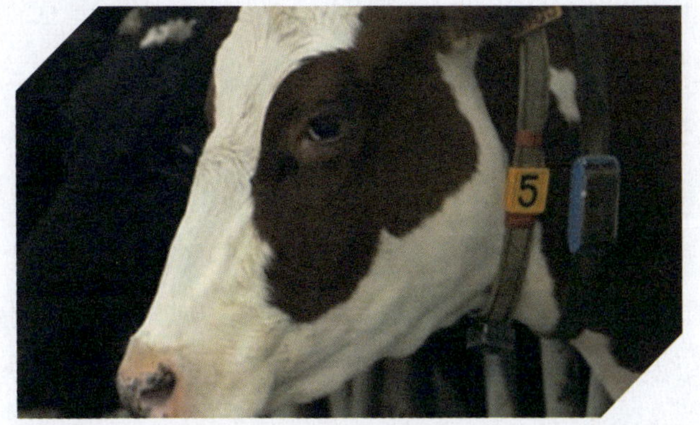

图4-7 未来智能农场里的奶牛可以发短信

3M 技术的综合集成，全程实时监控、一体化地为农业服务。例如：澳大利亚某农场主应用了由测量奶牛情况装置、发报机和计算机组成的奶牛综合监控系统，每头奶牛脖子上都挂有一只小型无线发报机，随时向计算机报告奶牛进哪个产奶棚、吃哪个喂料箱食物等。通过计算机分析，农场主能详细监控每头牛的体重、牛奶产量、产奶期、饲料质量等情况，从而科学经营，保证了农场的最佳效益。

五、精准农业和生态农业在我国部分地区的发展情况

早在 1994 年，我国科学家就提出进行精准农业研究应用的建议，并启动了总投资额为 5 926 万元的“北京精准农业示范工程”。中国农业大学汪懋华院士成立了“精细农业研究中心”，中国农业科学院土壤肥料研究所购买了 Micro-Trak 的产品安装在国产收割机上进行了麦子收割实验，上海成立了精准农业技术有限公司。从 2000 年开始，中国科学院地理科学与资源研究所、中国科学院遥感与数字地球研究所、中国农业大学、黑龙江省农垦总局、中国农业科学院等机构也加入进来，在国内开始了大规模的研究。

近年来，我国强调提高农业科技创新能力，精准农业和生态农业在国家的各项政策规划中也屡次被提及。在国家政策推动与引导下，各地也展开了精准农业和生态农业发展的实验与实践。

黑龙江省嫩江县双山基地采用的农业生产方案是目前国内第一个完整的精准农业方案，是中国科学院下属 6 个研究所的 60 多位专家与沈阳军区从 2010 年共同实施的研究项目。双山基地在精准农业的帮助下，解决了传统农业的粗放生产方式带来的资源浪费、生态环境恶化等一系列问题。每年，这套精准农业系统会根据上一年自动记录的情况及新一年的指标做出当年的生产计划。如播种时，系统会利用近地面视频监控系统查看地里的冰雪消融、土质情况，用卫星遥感查看地温、水温以决定播种时间、播种品种等。收割时，在卫星遥感获知各地块的不同成熟时间的基础上，运用 GIS 技术进行时空运筹计算，确定最佳农机调度方案。算上管理和后勤人员，双山基地的 48 个人总共管理着 71 000 亩地，可谓奇迹。同时，嫩江县积极打造“大小兴安岭嫩江生态功能区”，以保护和修复生态为主旨，大力发展生态主导型经济、绿色循环型经济，推进产业结构的战略性调整。发展生态旅游业、特色种植养殖业、生态农业、绿色食品加工业、清洁能源工业、东北特色药业、林木精深加工业等生态产业，做好造林绿化，加强森林防火，强化国有耕地管理，实施退耕还林，稳步推进生态移民。

山东海阳引进以色列技术，建成约 33 公顷（约 500 亩）果园自动化控制微喷工程，采用微机控制。根据土壤吸水能力、苹果生产阶段和气候条件等因素，定时、定量、定位给

图 4-8　黑龙江省嫩江县小麦喜获丰收

图 4-9　黑龙江省嫩江县飞机喷洒农药

果树供水。据有关专家测算，粮田自动化喷灌可节水 30% ~ 40%、省地 1.5% ~ 2.0%；果园和菜园的微灌节水 50% ~ 60%；防渗渠道与土渠相比可节水约 50%。

随着技术推广范围的扩大，我国也有越来越多的农民获得了精准农业带来的效益。从 2012 年开始，河南省组织开展了“测土配方施肥普及行动”，测土配方施肥技术面积超过了 1 亿亩，为农民节支增效 2 亿多元。河南滑县由于推广了包括测土配方施肥推广体系在内的“一集成六统一”精准农业模式，2011 年取得了粮食单产首次超千斤、总产“十连增”、连续 20 年保持全省第一位的骄人成绩。如今，滑县农民足不出户，用鼠标轻轻一点随时就能在网上得到一份测土配方施肥的科学建议。

六、澳大利亚精准农业和生态农业对我国农业发展的启示

我国是世界上的农业大国，人多地少，农业成本高，农业生产率长期徘徊不前。解决我国“三农”问题，发展精准农业和生态农业具有长远和现实意义。澳大利亚发展精准农业和生态农业的做法，对我国农业发展具有许多可借鉴的意义。

（一）充分重视教育，提高农民的科技文化素质

精准农业和生态农业是高科技支撑的农业发展新模式。农民是农业生产的主体，农民对高科技的掌握程度会直接影响精准农业和生态农业的发展程度。由于重视农业科技，澳大利亚的农业生产和农产品加工现代化程度较高，农民耕地都可完全由电脑控制，现代化的拖拉机完全由卫星导航在田间作业，与人工操作相比较，不但耕作质量高，而且省工、省时、省

能源，大大提高了生产效率。澳大利亚农业发达与其农民拥有良好的素质、高水平的农业科技水平密不可分，这一切都要归结于其充分重视对农民的教育培训。澳大利亚各级政府、社区组织非常重视对农民的科学知识和技能进行培训，建立了来源资金多元稳定、培训机构网络化的成熟的培训机制。在我国推进生态农业和精准农业建设的过程中，也要高度重视教育，加强对农民的技能培训。

（二）增加农业科研投入，提升农业科技研发与转化

澳大利亚的农业科研开发工作由联邦政府、州政府、高校和企业共同完成。科研人员依托中心的大型研究设施和现代化仪器设备，密切联合、协作攻关，体现了人、财、物的优势集成、功能互补和高效利用，具有很强的活力。研究部门在课题内容的选择以及课题研究过程中， 积极与委托和应用单位合作，形成双方利益的密切结合，一面研究、一面开发、一面应用，及时将科研成果商业化。澳大利亚政府为了鼓励农技科研与生产相结合，实行农业各产业部门联合资助研究和推广的计划，产业部门和政府按 1 ∶ 1 的原则出资 (即只要生产者拿出 1 澳元，政府也拿出 1 澳元)，用于本产业的科研与技术推广。每种农产品销售后都有一定比例的提成用于生产该产品的技术研究与推广，农业科技成果转化率高达 70% ～ 80%。对于我国政府来说，一方面要加强对农业科技研发的投入，同时还要积极创造良好的政策环境，促进高等研发机构、企业、农业生产组织之间的合作，提高农业科技成果的转化率，为我国精准农业和生态农业发展提供智力支持。

（三）建立以节水为中心的集约化农业生产体系

澳大利亚是世界上降雨量最少的大陆之一，年平均降雨量 470 毫米，且时空分布不均，有近 40% 的地区年降雨量不足 250 毫米，并且其河流稀疏，无流区面积较大。为了限制用水，发展节水灌溉和旱作农业，澳大利亚出台了一系列政策措施，比如：鼓励农场改造灌溉渠道，推广应用先进的微喷、滴灌节水技术，以改变传统灌水方式；鼓励种树，加强生态环境保护，

图 4-10　中国农业机械化科学研究院赴澳大利亚考察团成员在米尔杜拉市的一个精准农业示范农场，听农场主 Robin Schaefer 先生讲解土壤成分采集、检测和分析系统

政府对种树农场提供相应的补助；严格用水配额，不允许农民私自建坝拦水；政府出资鼓励科研机构进行节水技术的研究，对节水技术和产品实行产业化开发等。我国是个水资源大国，但是人均水资源占有量少，水资源的地区分布非常不平衡。比如，西北地区水资源量多年平均为 1 635 亿立方米，仅占全国总量的 5.84%，属于严重的缺水地区，但其农田平均每 667 亿立方米实灌定额达 671 亿立方米，比全国平均高 40%。因此，在我国精准农业和生态农业建设中要合理开发利用水资源，开源、节流、保护并举，研发、推广节水农业生产技术。包括：采用经济灌溉定额确定的灌溉制度；灌溉区推广渠道防渗；井渠结合，实现地面水与地下水联合运用；推广喷灌、滴灌和微喷技术；采用节水的耕作栽培技术等。研究显示，北京市耕地面积与以色列耕地面积基本相同，但北京市水资源总量和农业用水量都约为以色列的 2.4 倍，如采用精准农业战略，以管道灌溉、喷灌、滴灌和渗灌等方式取代大水漫灌，在产量上达到以色列现今水平，可节水约 2/3，即约 18 亿立方米。

（四）实施精准施肥，提高化肥资源利用率，减少环境污染

据联合国粮农组织统计，化肥对粮食的贡献率约占 40%。我国能以占世界 7% 的耕地养活占世界 22% 的人口，应该说化肥在其中起了重要作用；但同时也发现，1980—1995 年的十几年间，化肥施用总量增加了 183.1%，年均递增率达 7.2%。1995 年化肥总施用量约达 3 600 万吨，而同期粮食总产量只增加了 46.6%，年均递增率仅为 2.7%。我国化肥施用的突出问题是结构不合理，利用率低。我国许多省区都存在过量施用氮磷化肥，钾肥施用不足的问题；氮素化肥利用率低于世界平均水平，不仅浪费了资源、增加了农业生产成本，而且未被作物吸收利用的氮素向大气挥发、向水体淋溶，形成对环境的污染。同时，我国农田微量元素缺乏面积不断扩大，而目前施用微量元素肥料的面积仅约 1 600 万公顷，为缺乏微量元素面积的 11.3%。通过实施精准施肥技术，不但可以提高化肥资源利用率，还可以降低成本，提高作物产量，更重要的是可以改良土壤，降低环境污染。

阅读看点

1. 精准农业——又称“精细农业”，它是现代信息技术、生物技术、工程技术等一系列高新技术支持下的现代农业生产方式。
2. 生态农业——它的基本理念是在农业生产过程中不使用或尽量少使用化肥、农药，目的是“在洁净的土地上”“用洁净的方式”生产“洁净的食品”。

第二节 新西兰：农业资金资助计划与可持续农业发展基金

众所周知，新西兰不仅是一个经济发达的岛屿国家，而且是世界少有的农业净出口国。其农业生产的发达除了与其优越的地理气候环境、丰富的自然资源有关之外，也离不开政府部门尤其是农业部对农业的大力支持。

一、项目背景

新西兰的农业部（Ministry for Primary Industries，MPI）是政府农业生产方面的主导部门，它最重要的宗旨是最大化地提高主要产业的出口机会，提高部门的生产率，提高资源的可持续利用，防护可能带给新西兰的生物危险。

为了履行这样的宗旨，新西兰的农业部执行了一系列的农业资金资助计划，这其中包括农业可持续发展基金（Sustainable Farming Fund，SFF）、社区水利基金（Community Irrigation Fund，CIF）、兽医自愿结合方案（Voluntary Bonding Scheme for Veterinarians，VBSV）和主要行业的复苏（Primary Sector Recovery，PSR）等六个大类的资金资助，农业可持续发展基金是其中比较重要的资金资助。

农业可持续发展基金（SFF）成立于2000年，为以土地为基础的新西兰初级产业经济、环境和社会福祉作出贡献的项目提供资金，政府设立农业可持续发展基金（SFF）的目的是为了在利益层面上进行应用研究和推广项目，以通力合作来解决共同的问题或开发一个新的机会。SFF的理念是更广泛地分享和学习新西兰农村项目的结果和收益。它最初的资助对象是农民、种植者和林务员为主导的项目，这些项目对新西兰的经济有所贡献，能够提高新西兰初级产品的环境效益和经济效益。

从2011年开始，SFF的资助对象扩展到水产养殖领域，支持在海洋和内陆的水产养殖项目的经济和环境性能。同时SFF也严格限制那些涉及不可持续的土地管理和环境的实践项目，换言之，仅有利于个人或者单个企业或养殖单位的项目不会予以资助。SFF每年都会举行评选，任何项目一旦获得资助，SFF会至少连续三年给予资金资助，最大金额将达到一年20万美元，并且不包括税。比较成功的重大项目还可以得到更多的资金或者实物的支持，以补充SFF的拨款。因此，SFF项目得到了农民、土地管理者、行业组织、农业组织和研究人员的大力支持和欢迎。

任何感兴趣的个人或者组织均可以报告的形式申请该基金。报告的内容最好可以包括：贡献的可持续性、交付能力、采纳和扩展、风险、价值、整体投资组合的平衡以及其他相关因素等。同样的，评估标准也是按照这样的内容来进行的，最后计入总排名。2013年的通知是，项目申请截至8月1日，同年5—10月进行项目评估，然后进行资助金的发放，这期间有任何问题可以通过电邮与评估部门直接联系。一旦获得资助，那么MPI会给一个参考指南帮助管理资金和合作项目，内容非常详细，包括项目团队各人的角色定位、职能、项目的运行、相关法律、项目沟通、财务与税务管理等。最后要求得到资助的项目组要向MPI做详细的书面报告，一年有三个报告期，4个月为一个报告期，分别于3月、6月、11月某天做报告。而详细的时间和会议要求，将会在官方网站上进行公布。

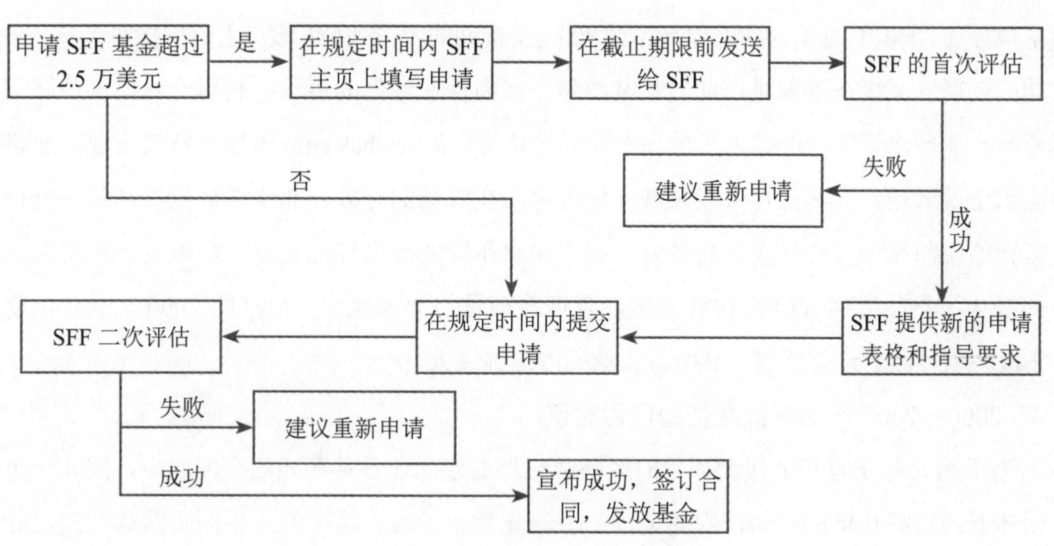

图4-11　SFF基金申请流程

目前SFF正在进行的主要项目资助有：①2012年8月1日开始，为毛利人（新西兰的少数民族）的农业将提供100万美元的项目，鼓励毛利人从事农业资源可持续利用的资金投资，而且要保证毛利人从事农业专门培育的机会与活动；②2012年8月开始，部门合并后的水产养殖业首次提出农业可持续发展基金的资助项目建议，新西兰农业部已经批准了61个资助项目，超过 800 万美元（超过三年的总分配）。对于新项目，29 个项目将获得补助资金超过 25 000 美元，为期 3 年（总分配为 7 388 432 美元）。同时，29 个小项目，针对较小的部门或区域集团的可行性项目将收到补助资金 25 000 美元（总分配为 636 472 美元），涉及水产养殖、耕地、蜜蜂、乳制品、羊牛肉、园艺和种植方式等多个领域。此外，现有的 3 个项目将得到推广资金（总分配为 76 087 美元）。

同时农业部公布 2014—2015 年的 SFF 申请截至 2013 年 12 月 18 日下午 2 点，评估工作为期 4 个月，次年 4 月末 SFF 将通知所有申请人结果，同年 6 月 30 日会与成功申请者签署合约，7 月 1 日，所有成功申请基金的项目正式开始启动。然后进行资助金的发放，这期间有任何问题可以通过电邮与评估部门直接联系。

二、开展的项目

（一）“十年的草根行动”

2010 年 10 月，MPI 官方网站对过去 10 年的成功的 SFF 项目进行了总结，称为“十年的草根行动”。MPI 10 年内资助项目超过 800 个，资助的范围比较广泛，主要包括四个部分——成功的创新（减少在猕猴桃产业的喷雾漂移、猪肉行业领先的沼气、利用蜜蜂提供杀菌剂对草莓）、流域水管理（改善水质量—农民领导负责、Rerewhakaaitu 流域可持续农业、泰伊里社区水资源管理）、林业可持续发展（促进树木在农场的好处、北国托塔拉工作组—分析一个可行的用材树种、倡导乡土树种）、园艺和农作物的害虫综合管理（耕地生态系统的一扇区的绿化、户外生菜种植的 IPM 方案、管理番茄马铃薯木虱）。MPI 把 2000—2009 年度的 SFF 援助项目做了分类整理，其中畜牧业所占比例最大。

2000—2009 年 SFF 批准资助项目比例

由于绝大部分的 SFF 援助项目的经验学习都要建立在各种形式的交流当中，因此一个项目团体要通过好几年的时间在农场进行一手的观察和学习。这样的一手的实践和观察经验，是其他任何学习方式所比不上的。

“草根行动”展示了在过去的 2000—2010 年的 10 年之间，通过 SFF 的努力公众对“环境的可持续发展”在认识和态度上有了明显的飞跃，更多的消费者意识到并且关注到了环境问题。没有任何一个农民、食品生产者，甚至是任何一个新西兰人能够忽视作为新西兰环境组成部分的“新西兰品牌”。在 SFF 的支持下，政府、行业协作、社会团体和个人积极合作，把“农业可持续发展”从可能或者希望变成了现实。

（二）Rerewhakaaitu 湖流域项目

Rerewhakaaitu 项目是由 Rerewhakaaitu 湖流域的农民在 2002 年联合申请的湖水治理项目，同年 7 月 SFF 通过项目申请，并同时进行拨款。项目总价值（包括实物资助）259 778 美元，其中 SFF 拨款（现金资助）88 862 美元，计划从 2002 年 7 月开始到 2006 年 12 月完成。项目涉及畜牧业及乳制品等行业，由 SFF、FertResearch、乳制品 INsight 和丰盛湾区域市政局（Environment BAY OF PLENTY Regional Council，EBOP）建立，项目成员包括：流域内的农民、项目负责人、技术支持和 EBOP。该项目主题是如何进行湖水质量的污染管理，目的是确定农场管理决策可以最大限度地减少含污染物质的地下水污染湖泊，而在同一时间确保农场经营的可持续发展和盈利能力。

Rerewhakaaitu 湖是一个小型的浅湖，位于新西兰北部罗托鲁瓦，最大长度 3.8 公里，最大宽度 3.7 公里，平均深度 6 米，总面积 8 平方公里。Rerewhakaaitu 湖是罗托鲁瓦 12 个湖中最特殊的一个湖，它是唯一一个流域内以奶牛养殖和乳制品加工为主的湖泊，流域范围内约 70% 是用于奶牛养殖，15% 为其他田园，林业种植等其他占 15%。围绕 Rerewhakaaitu 湖远近有多家奶牛牧场。迄今为止，它是在一个相对健康的状态。但是随着奶牛养殖集约化的趋势，湖流域的农民希望保留和改善其当前状态。

图 4-12　Rerewhakaaitu 湖

图 4-13　Rerewhakaaitu 湖流域奶牛

该项目初期选用近湖的 3 家农场采用 OVERSEER 计算分析其范围内地下水内的养分。OVERSEER 是一种农业管理工具，它帮助研究者研究指定范围内的养分流动，以优化生产和环保成果。它通过计算机模型计算和预估在农场内养分流动的方向，并确定其对环境的影响和潜在的风险，包括径流、浸出和温室气体排放。后又选用 6 家农场，经过大面积的采样分析，更新了现有的 OVERSEER 模型从而更准确地针对 Rerewhakaaitu 湖流域做出分析。该分析指

图 4-14 Rerewhakaaitu 湖流域的农场

出：① 在农场饲养过程中使用化肥的量以及使用时间都会对地下水的富营养化有影响；② 饲料及饲料添加剂对土壤和水质有影响，建议使用青贮玉米；③ 特别应减少尿素的使用，替代使用一些低氮肥料，从而减少氮对地下水的污染；④ 农场养殖过程中磷流失对地下水造成了磷污染。通过 EBOP 的研究表明，地下水不会流入 Rerewhakaaitu 湖，但是农民决定继续处理农田径流和浸出。

项目使农民开始关注到他们农场饲料的养分流失对地下水域造成的污染，农民十分接受项目分析的结果。许多农民在 OVERSEER 分析之前就开始在自己的农场做出调整。农民们意识到 OVERSEER 是检测养分流失的一个非常好的工具。他们与 OVERSEER 面对面对话使得双方获益，OVERSEER 团队获取了更多的个性化农业信息，这些新息和程序可以被纳入 OVERSEER 为其的进一步发展作出贡献。在此项目过程中，农民定期举行会议，讨论进展并跟进随后的处理意见，使其更了解自己农场的管理决策对水质的影响。

Rerewhakaaitu 湖项目聚焦在氮的管理上，在一期项目分析研究中表明地下水富含磷已成为当前焦点，于是在一期项目结束的同年 7 月 Rerewhakaaitu 湖流域农民又申请了二期项目——磷缓解项目。该项目从 2006 年 7 月开始至 2009 年 8 月结束。项目总资产（含实物资助）330 800 美元，其中 SFF 的现金资助 200 000 美元。该项目主要集中在磷污染来源和磷污染治理方面，主要是想向农民（尤其是奶牛饲养农民）提供一个强有力的证据来证明低成本的改变也能在磷治理方面有极好的成效。

同时通过对土壤以及地表径流中的磷酸盐含量的检测来分析 Rerewhakaaitu 湖流域的磷流失状况，并选用 5 个不同的位置建立了磷减缓示范点，研究人员对这 5 个示范点分别采样研究，针对不同来源的磷制定了个性化的减缓方针，并监控和记录实施后的一系列的数据，做到了真正理论与实际的完美结合。

2009 年 6 月在项目结束后的最后一次会议上，与会农民都收到了一份问卷调查，问卷中就项目成果是否对农场起到实在的作用发问，50% 的农民在问卷中表示项目的研究以及自身的参与让自己更深入地了解到了耕作方式对环境的影响，29% 的农民表示针对减少农场磷流失排放已经有更好的管理方法，8% 的农民认为应该采用更现代、更科学的方法或者工具来检测、监控并改善现有的耕作模式。

SFF 基金资助改善水质项目的意义不仅仅在于解决当前急切面对的问题，在政府机构，科学研究所与农民的通力合作、共同研究的过程中，让政府部门从基层更深刻真实地了解到农村缺什么、农民要什么，而且让农民在参与项目的过程中，自身活动对环境造成的影响有了一个更具体化的认识，从而对他们拘束自身进行可持续农业起到巨大的引导作用。

三、新西兰可持续农业的特点

（一）低成本、高效率

新西兰人少地多，尤其是海洋性气候适宜于牧草、森林的生长，畜牧主要采取室外自然放牧形式，只需草种、电围栏、良畜种、化肥以及机械等投入，一次投入往往使用多年就可以生产出高品质的产品，劳动力投入较少。全国从事农业的劳动力大约只有 13 万人，300 公顷左右的牧场一般只需要 2 个左右的劳动力 (忙时可临时雇佣一些工人)，种植、养殖基本上全部实现了机械化操作。同时，科技推广服务的市场化、社会化以及行业协会、合作社的广覆盖、高效率也有效支撑了低成本。

（二）自然、生态、环保、持续

新西兰被誉为“世界最后一块净土”，整个国家除道路、房屋建筑外几乎全部被树木、草、水面覆盖，国家自然公园、自然保护区以及各级公共公园数量众多；充分利用太阳能、土壤、气候条件形成的自然生产力提供低成本的产品，而不是依靠工业支撑经济；自然、生态、环保、可持续的理念意识不但被法律所重点强化，而且成为所有人的一种自觉、自然行为；农业中使用的化肥较少，主要是补充钾，很少使用农药；牲畜粪便直接回归牧草地作为有机肥。

（三）城乡、区域一体化

在新西兰几乎没有城乡差别的概念，农村分别归入不同的区，也没有类似于“乡下人”、“农民工”等说法，所有的人、所有的地区享有全国统一的教育、社保等系列福利制度，也承担相应的税收(包括农场主的收入所得税、物产税等)；房屋、农场主的土地可以自由买卖；劳动力就业有统一的最低工资标准，作为政府雇员与私人企业、农场主的雇员没有性质区别；在中央政府以及国家议会、法院之下的大区、区、市没有上下级行政管辖与隶属关系，各自独立，只是职责不同，有明确的划分；农村主要从事农业，农场主收入水平一般远高于城市家庭收入，拥有农场的也可能是在大学任教的教授或城市的其他投资者。政府一般通过科学规划等明确划分适宜于工业、商业、农业等方面的土地使用方向，供投资者选择。

（四）质量安全监管系统性强，效率、水平高

在所有农业行业普遍建立了政府监管部门、行业协会、企业或合作社有机协调的农产品质量安全监管系统，广泛应用了最先进的信息技术，监管效率和水平堪称世界领先。其中最典型的是奶制品质量安全系统，是支撑新西兰成为世界奶制品质量最高国家的基本保证，也是100多年来奶农共同努力的结果。

（五）大企业、行业协会领衔的规模化、一体化

新西兰农场平均规模不断扩大、农场数量不断下降。例如，新西兰奶牛场平均占地131公顷，平均每公顷饲养2.8头奶牛，在过去10年中，牛群规模平均增长60%，奶牛场数量减少21%，主要是规模经济利益、信息技术等高新技术应用的推动。

企业化经营的合作组织基本上覆盖了农业的所有产业，并与农场主结成了非常紧密型的利益联结关系，合作社数量减少，但影响力、控制力明显提升。例如，随着运输网络和技术的改进，牛奶收集和加工的规模经济形成，并刺激行业合并。

（六）主导产业清晰，科技领先、竞争力强

虽然新西兰是目前发达国家中唯一一个没有对农业提供任何补贴、与其他产业一样征收商品税、收入税的国家，但是依托独特的资源优势、成本和质量优势、技术创新优势，新西兰形成了以奶牛养殖为主，绵羊、鹿养殖等为补充的畜牧业主导产业，以猕猴桃、葡萄种植为主的果品业，以及以松树(辐射松和花旗松)用材林为主的用材林业，这些产业在世界上具有很强的竞争力，奶制品、猕猴桃、木材、白葡萄酒成为新西兰出口的标志性产品，增长

势头不减。而国内生产没有比较优势和竞争力的产品如粮食等则主要依赖进口，体现了国际分工的合理性。

围绕这些主导产业的发展，新西兰的科技工作者不断创新科技，在牧草品种选育、牲畜良种培育、牧草施肥、轮牧方式、电围栏、挤奶设备、农产品质量安全信息化系统、奶制品加工技术、猕猴桃品种以及种植技术、葡萄酒品种选育和加工技术、鹿的饲养以及产品加工方面不断创新并引领世界。

四、对我国现代农业建设的几点启示

（一）重视依靠科技进步，提高劳动生产率

我国是农业大国，农业是国民经济的基础，而我国农业科技转化率只有 30% ～ 40%，科技进步对农业增长的贡献率仅为 30%。我国农业发展水平还远远不能满足国民经济发展的需求，农业综合生产能力提升缓慢，农业发展后劲严重不足，成为实现全面农村小康社会目标和社会主义新农村建设的瓶颈。科学技术是第一生产力，建立适合我国国情的国家农业科技创新体系是提高农业的自主创新能力、增加农民的经济收入、加快农业科技进步、提高农业综合生产能力、提升农业竞争力的必然要求。新西兰农业科技进步的成功经验是值得我们思考和借鉴的。

我国是一个发展中国家，对于支持这样一个庞大国家的农业科技进步，公共财政资金既不可能也不应该面面俱到，必须鼓励社会资金成为农业科技投入的主体力量。新西兰的经验表明：行业组织和农业企业等社会组织是国家农业科技创新体系中的主体力量，它们可以有效地促成农业科技迅速转化为劳动生产力，在国家农业科技进步中发挥着重要的基础性作用。政府部门和社会组织具有不同的职能，政府部门是农业科技创新政策的“提供者”，而不是农业科技创新项目的“决策者”，它们的主要职能是制定农业发展规划和产业政策以引导社会投资，公共财政投入于促进农业稳定和持续发展所需的长期性、战略性、基础性和公益性项目。社会组织既是农业科技创新体系的“投资者”，也是农业科技创新体系的“决策者”，还是农业科技进步的“受益者”，它们的主要职能是解决农民生产实际中迫切需要解决的技术问题，社会资金一般投入于促进农业迅速和高效发展的短期性、应用性和实用性项目。创建我国农业科技创新体系，必须改革我国目前的农业科技的行政机制和管理体制，重新明确政府部门的职责，促使政府部门从农业科技创新项目的“决策者”转变为农业科技创新政策的“提供者”，促进政府制定农业发展规划和产业政策以引导社会投资等问题，按照“谁投资、

谁决策、谁收益、谁承担风险”的原则制定政策法规，充分调动社会资金投资于农业创新项目的积极性，促使社会机构成为国家农业科技投入的主体力量。

（二）调动各方积极性，创建农业科技创新体系

农业科技进步要调动农业科学研究机构、农业技术开发公司和农业技术推广机构等不同组织机构以及个人的积极性。在市场经济条件下，为了保证国家农业科技创新体系高效率运行，不能完全依靠政府宏观调控的计划手段，必须充分发挥市场机制的调节作用。新西兰的经验表明：只有让研究机构、技术公司和推广服务机构在市场经济的环境中去公平竞争，才可能促进它们真正服务于农业生产实际。我国现行的农业科技创新体系是一个多级次和多部门的行政管理体系，从中央到省、地(市)、县、乡，农业科研机构设置上下脱节，技术推广机构设置则条块分割。农业科研机构有国家级农科院(农业院校)、省级农科院(农业院校)、市级农科所(农业职校)、县级农科站，上、中、下缺乏有机联系。上面有能力，服务对象模糊；下面服务对象明确，又没有能力。技术推广机构分为农业、林业和畜牧业等单一的行政服务体系，导致农技站只管作物种植，畜牧站只管畜牧发展，林业站只管山地开发，各个技术推广服务机构各自为政，难以形成综合性的和功能齐全的农业技术服务体系。因此，创建我国农业科技创新体系，必须最大限度地发挥市场竞争机制的基础性作用，重新整合和布局我国现行的农业科研机构和推广服务机构，最大限度地调动农业研发服务机构在农业科技创新体系中的积极性。

（三）突出农民的主体地位

国家农业科技创新体系是一个以农业生产为中心的产前、产中、产后各个环节的利益一体化的体系。现代农业生产体系是一个集农业生产、农产品加工、农产品销售等不同环节一体化的组织体系，国家农业科技创新体系必然涉及农业生产的产前、产中、产后等不同环节的创新活动。创建国家农业科技创新体系的难点是如何保证农民在农业科技创新体系中的主体地位和基本利益。新西兰的经验表明：让农民成为农业公司的股东可以凸显农民的主体地位，让农民成为农业服务公司的客户可以保障农民的基本利益。与新西兰农业发展条件和水平不同，我国农业生产水平较低，农业规模化经营的程度低，农民收入水平非常低。我国农业创新科技体系的基本目标就是促进农民增收，而促进农民增收保障的难点就是如何实现利益一体化。因此，创建我国农业科技创新体系必须紧紧围绕促进农民增收的基本目标，转变国家农业创新体系建设的基本思路，即从政府资助研究机构和农业企业、研究机构和农业企业服务农民的自上而下的思路，转变为以农民参与为基础、以农民需要为导向、以农民增收

为目的的自下而上的思路，最大限度地满足农民群众盼望科学兴业致富的现实需要，使得农村科技服务能够真正服务于农业、农村和农民，真正促进农民收入增加、农业经济发展和农村经济繁荣。

（四）深化农业管理体制改革

新西兰农业可持续发展的经验给我们的最大启示，就是在全球化的市场竞争中要不断深化体制改革，及时制定符合我国国情的农业发展长期战略，不断优化政府管理农业的职能和政策，建立灵活的农业市场调节机制，在减少政府直接干预的同时不断完善农业社会化服务体系，为农业持续稳定发展创造良好的外部环境。政府要尽可能利用WTO农业规则中允许的"绿箱"政策，加大对农业和农民的补贴。同时在市场准入方面，探索既不违反世界贸易组织基本原则又能最大限度地进行自我保护的有效途径，确保农产品的有效供给，增强农业效益，提高农民收入，逐步提高我国农业在全球的竞争力。

阅读看点

1. 农业可持续发展基金——最初的资助对象是以农民、种植者、林务员为主导的农业项目，以后扩展到水产领域。
2. 可持续农业——特点是"自然、生态、环保"，它得益于一定的自然条件，也得益于"可持续性"，已成为国民的发展理念。

第三节 巴西的“塞拉多奇迹”：农牧研究院“让荒原不荒”

一、巴西农业概况

巴西位于南美洲东南部，国土面积与人口均排在世界第五位，多数地区地势平坦，耕地和草场面积广阔。巴西地处亚热带和热带地区，气候湿润，降水丰富，但正是由于近一半的国土为热带雨林，因而在传统的观念中，巴西并不是一个适合大力发展农业的国家。然而，在吸取了“重工轻农”的教训之后，巴西政府开始倡导“以农立国”，自20世纪末开始，每一任巴西总统上台都坚持贯彻“零饥饿”计划，优先发展农牧业，要让每一个巴西人都能吃上一日三餐。

目前，巴西拥有优质高产的农田3.88亿公顷、牧场2.2亿公顷，农牧业的产值达到整个国内生产总值的1/3，巴西有农村劳动力1 770万人，约占全国人口的1/10，农产品的出口总量也占到了总出口量的40%，其中蔗糖、牛肉、咖啡、烟叶等的出口额都高居世界第一位。在自然灾害频繁发生、土地水资源被大量消耗，饥饿问题不断困扰各国政府的今天，巴西不但成为了热带地区农业的龙头，还从一个粮食进口国转变为世界大粮仓，成为第一个挑战五大粮食出产国（美国、加拿大、澳大利亚、阿根廷和欧盟）主导地位的国家。

二、塞拉多地区发展农业的优势与劣势

塞拉多在葡萄牙语中的意思为“封闭的”，该地区位于巴西中部，向西向北延伸至亚马逊雨林，占地面积约为巴西全国的23%。塞拉多野生物种丰富，全球20%左右的物种均栖息于此，由于其大部分植被的地下根长远远高于地表高度，环保人士形象地将这片地区称为“倒林”。

在整个巴西，水资源都非常充沛，2009年联合国世界水资源评估报告显示，巴西每年有

8 000 多亿立方千米的再生水资源可以利用，即使在巴西最干旱的地区，这一数据也足以超过其他国家。同时，巴西闲置的可耕地资源非常丰富，几乎相当于排在其后的美国和俄罗斯的总和，因而巴西发展农业并不需要以牺牲亚马逊雨林为代价，相反，发展农业的任务可依托于塞拉多荒原。拥有水资源和土地资源，塞拉多可谓鱼和熊掌兼得，发展农牧业的优势显而易见。

图 4-15　塞拉多地区在巴西的分布范围图

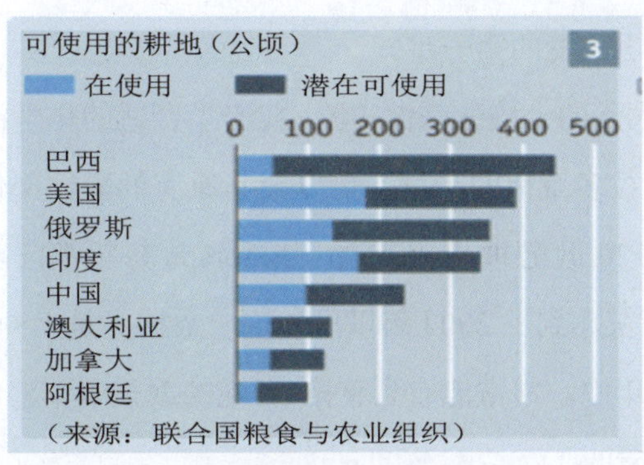

图 4-16　世界主要农业国家潜在可使用耕地比例，巴西位居第一

不能忽视的是，虽然巴西可耕地资源丰富，但这并不意味着所有的土地都可以用来种植庄稼。塞拉多是典型的热带稀疏草原地区，不宜大片种植，农业基础极为薄弱。被称为“绿色革命之父”的美国植物学家 Norman Borlaug 曾表示，由于塞拉多土壤的酸性太大，整片土地太过贫瘠，曾一度被认为是一片不毛之地，没有人觉得在这片土地上能长出庄稼。

三、巴西农牧研究院 Embrapa 开发塞拉多荒原

（一）Embrapa 简介

Embrapa 是 Empresa Brasileira de Pesquisa Agropecuária 的缩写，即巴西农业部下属的巴西农牧研究院，成立于 1973 年，是巴西从事农业科研的主要机构，是发展中国家最大的农业科研单位之一，同时也是巴西一家上市公司。Embrapa 现有员工约 9 500 人，其中专业科研人员 2 500 人，92% 都是博士及博士后学位。巴西农牧研究院在全国设有 40 个科研中心，针对种子基因的优选、开发和培育，以及土壤改良等科学技术进行普及，并负责协调包括大多数公共和私营机构所参与的国家农业研究系统，通过国际合作项目与其他国家进行学术交流，以不断完善自己的知识技术。30 多年来，Embrapa 取得并推广应用的科研成果达到一万余项，为加快巴西全国农牧业现代化进程和国际竞争力的提高作出了巨大贡献。

（二）Embrapa 改造塞拉多项目的具体步骤

由于世界人口的急剧增长，环境不断遭到破坏，粮食需求成为当下各国亟须解决的问题，因此，Embrapa 并没有因为塞拉多草原的贫瘠而让这片土地继续荒废，而是积极行动起来想要改变这一现状。对于塞拉多荒原，要让大片的酸性土地变得适合耕种，必须打破常规，从耕作理念的角度出发，迈出改变的第一步。

首先，Embrapa 通过大量的土壤酸碱性实验，找出了合适的化学混合物。进一步测试表明，用石灰和含磷物质浇灌塞拉多荒原的土壤，可以使其原有的酸性降低，达到一个适合农作物生长的酸碱度。于是，从 20 世纪 90 年代开始，Embrapa 每年都向塞拉多的土壤中撒入多达 1 400 万～1 600 万吨的石灰，到了 2004 年以后，这一数据更是上升到了每年 2 500 万吨甚至更多。所以，在过去的几年中，常常能看到整排 30 吨的载重卡车将成车的石灰倾倒在塞拉多上万公顷土地上的壮观场景。

土壤酸碱性问题解决了，接下来就是耕种的问题。Embrapa 公司利用杂交技术，成功培育出了适合在塞拉多热带气候区种植的大豆。科研人员们将通常产自亚洲东北部温带地区、对气候非常敏感的大豆改良成了热带作物，并相继研发出 40 多个新品种，这使得巴西大豆的种植范围远远超出了其他南部温带地区。

在塞拉多开始大面积种植大豆之后，巴西农牧研究院的科研人员又有针对性地培育出了可以提高豆科类植物固氮的根瘤菌，这一试验的成功使得农民们不再需要为在塞拉多生长的农作物施加大量的化肥和农药，既提高了产量、节约了成本，又保护了塞拉多的生态环境。

塞拉多的农田虽然经过石灰粉的处理，但是其土壤大多还是处于弱酸性的状态，为此，Embrapa 公司又培育出了一种较普通大豆更耐酸的新品种改良大豆，并且这种新型大豆有着更快的生长速度。以往农民们在当年的 9 月播种，到第二年的 5 月才可以收割，而现在有了这种更耐酸的大豆，平均生命周期可以缩短 8 ～ 12 周，也就意味着第二年的 2 月就可以收割，这样原本一年只能种植一季的作物，现在可以在一年内种植两季，大大提高了大豆在整个粮食产量中的份额。与此同时，巴西农牧研究院的工作人员还不忘为农民们的播种提供技术上的帮助，并且一直致力于进口转基因大豆种子的研究，现如今已逐渐成为继美国之后全世界第二大使用转基因食品的国家。

很快，塞拉多的农业发展已初见成效，Embrapa 希望继续利用塞拉多草原的天然优势将部分的农场改造成牧场，使农牧业可以同时发展。于是，Embrapa 的科研人员从非洲引入了一种叫臂形草的草科类植物，通过大量的杂交试验培育出了一个新品种，将其命名为 Braquiarinha，这一新品种植物每公顷可以产出草料 20 ～ 25 吨，是塞拉多草原原生草产量的 9 倍之多。有了大量的饲料作保障，目前塞拉多肉牛的出栏时间仅为 18 ～ 20 个月，比以往缩短了一倍。Embrapa 还培育出了许多新品种的热带猪，与其他热带地区的猪类相比，这种新培育出的猪不但脂肪和胆固醇含量较低，里脊和火腿的产出量更高，这也带动了巴西猪肉出口的大幅度增长，Embrapa 大力扩展畜牧业生产计划的实现指日可待。

最后，巴西农牧研究院还一直鼓励提倡使用新型农业技术，并且在该领域始终保持领先位置。巴西人领先于世界进行“免耕法”的实践，这一实践即是在播种之前并不对农田进行犁地处理，相反是在收割的时候采用不同于其他地区的方法，不从农作物贴近地表的根部进行切割，而是将切割的位置选在农作物茎秆的高处，这样收割之后，大部分的农作物被保留在了农田里，进而腐化成天然的有机物质层，在下一次播种的时候，种子就可以直接存在于这种富含多种营养成分的土层中。

图 4-17　大规模农业机械化耕作

四、塞拉多的蜕变及潜在原因

在巴西农牧研究院科研人员的帮助下，塞拉多实现了从荒原到森林、农业和畜牧业三位一体的蜕变，农田在使用上实行农业和畜牧业交替进行，农田与农田之间则种上成排的树木，通过增加土地的使用密度以及耕种与放牧循环进行，在不牺牲森林的前提下，解决了更多人的粮食需求问题。

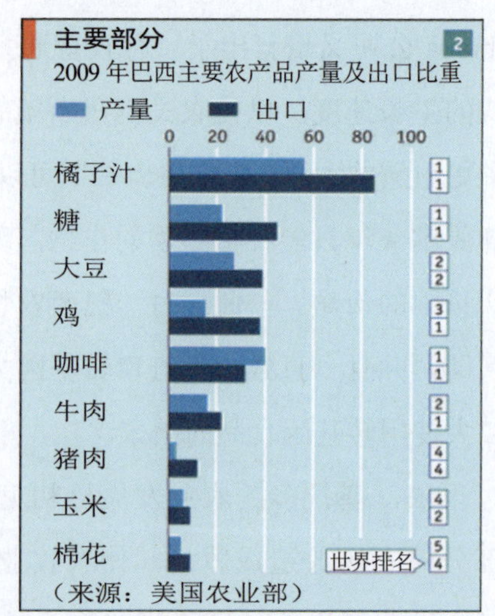

图 4-18　主要农产品产量及出口所占比重

巴西粮食产量的提高幅度更是令人震惊。10年来，巴西全国的粮食产量增幅达到365%，牛肉出口翻了十番，已经超越澳大利亚成为全球第一大牛肉出口国，与此同时，巴西还是世界最大的奶制品、甘蔗以及乙醇出口国。1990年，巴西的大豆产量仅为15吨/年，现在上升到了60吨/年。目前，巴西大豆的出口量占全球出口量的1/3，仅次于美国，比例已经上升到了美国的6/7，而支持全球大豆贸易量1/4的巴西大豆生产仅占用了全国6%的耕地。

由于农业生产技术的提高，巴西农业已经不再需要政府斥巨资来补贴。根据经济合作与发展组织的统计，在2005—2007年期间，政府的补贴只占巴西农业收入的5.7%，而同一时间段里美国政府补贴达到12%，经济合作与发展组织的平均比例是26%，而欧盟则更是高达29%，智慧的力量使得塞拉多荒原成就了一个几乎不可能实现的奇迹。

塞拉多荒原能在短时间内发生如此翻天覆地的变化，巴西农牧研究院当然是首要功臣，但与此同时，整个巴西政府对农业的扶植政策也功不可没。巴西政府的政策支持主要表现在以下几个方面：

1. 加快农村公共基础设施建设

20世纪80年代，巴西政府就认识到了农业基础设施薄弱会阻碍巴西农业的发展，其中，交通运输、农产品的储藏都是生产者们经常面临的问题。因此，巴西政府在2007年制定了具体的农村基础设施建设增长加速计划，简称PAC，通过吸收更多的私人投资来提高农业基础设施建设的资金投入，优先发展农村交通，建立灌溉网络，保障农业的顺利发展。

2. 采用农业合作方式经营

巴西在农业发展过程中，主要采用合作经营方式，即农业产业化、农产品商品化与社会服务化相结合的多层次、多形式的生产方式，并使农工贸一体化，将农产品的生产、加工和成品销售融为一体，对整个农业进行综合开发利用。同时，在农村建立起合作社组织，为农民提供农业生产、农产品出口销售等相关方面的咨询服务。农业合作社非常注重保护农民的生产自主权，在推动农业产业化发展、实现供销一体化方面都发挥了积极的作用，带动了地方农业经济的发展。

3. 注重农业科技创新

早在 2001 年，巴西政府就颁布法令明确规定，国家每年要把当年税收总额的 17.5% 用于农牧业科技研究项目，始终以科技为支撑，大力发展技术含量高的农作物品种。在农业科技研究中，要一贯坚持以提高农产品的质量和产量为核心，以合理利用资源为原则，以满足消费者需求为目标，不断挑选适合的品种来培育出优质高产的作物。

五、塞拉多大力发展农业的隐患及解决措施

由于塞拉多地区拥有的生物种类十分丰富，有超过 16 万种的动植物栖息于此，因而在 2001 年，塞拉多被联合国教科文组织认定为世界自然遗产。但是，值得我们重视的是，自 20 世纪 80 年代以来，随着土壤改良技术的进步，塞拉多超过一半的土地都被用来进行大豆等农作物的种植开发和放牧肉牛等的畜牧业的开发，使得塞拉多地区的自然植被正在以每年约 3 万平方公里的速度迅速消失，塞拉多的生物多样性面临着前所未有的危机。一方面，在大规模的农业开发项目上取得了巨大成果，另一方面，在生态保护意识强烈的今天，对塞拉多农业的开发也开始出现很多批判的声音。

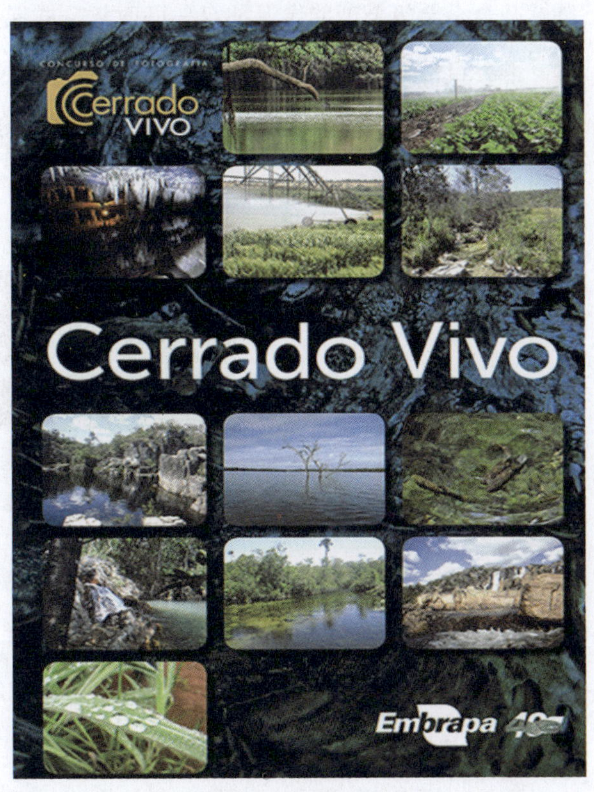

图 4-19 塞拉多地区的自然生态环境图

为了使塞拉多地区的农牧业更好

地发展，积极回应对塞拉多农业开发批判的言论，需要将农业的开发和环境保护同等重视，严格贯彻对土地资源、水资源和生物资源进行统一管理的“环境系统研究战略”，真正做到对保护区、农地、林地等地区包含在内的整个生态环境进行高效的管理。对此，巴西本国和世界其他国家及相关组织都积极投入到了保护塞拉多的项目中来。

1. 巴西本国

在开发塞拉多荒原的同时，为了实现对这片土地的可持续利用发展，巴西政府非常重视对塞拉多地区生态环境的保护。① 一改以往掠夺式的盲目开采耕种，在农业开发之前进行统一规划，不同的作物分布在不同的区域，尽可能保持品种的多样性；② 设立若干自然保护区，禁止开发一些有珍稀物种生存的区域；③ 大力推行植树造林，鼓励农民进行经济型林木的种植，既能增加农民收入，又能防止水土流失，使农业发展进入一个良性的循环。

2. 世界自然基金会（WWF）

在经历了几十年的砍伐和耕犁之后，塞拉多只保留了 20% 的原始林地并且支离破碎，能得到正式保护的更是只剩下 8%，为了唤醒大家对巴西塞拉多保护区生态环境的关注，世界自然基金会希望全球能像保护亚马逊雨林一样保护塞拉多，严格限制乱砍滥伐以及农药的使用。世界自然基金会还专门为保护塞拉多拍摄了宣传片，整个公益广告采用“手影动画”的形式，生动地展现出了塞拉多丰富的物种、宜人的气候。这一宣传手段非常富有创意。

图 4-20　“世界自然基金会”为保护塞拉多拍摄的宣传片——“手影动画”截图

3. 日本

2010 年，日本国际协力机构和巴西农业部下属的生物多样性保护管理局合作，启动了位于塞拉多东北部的 Jalapao 的“生态环境保护走廊项目”，在保护区和农业开发区之间设置“缓冲带”，同时推进一系列和生态走廊相关的活动，目的在于促进农业和生态环境的可持续发展。

在这一项目中，日本国际协力机构专家浅野刚史等和巴西相关负责人一起对保护区周边进行了调研，历时两年时间帮助巴西相关部门建立起了初步的环境管理系统。由于涉及的群体非常广泛，两年间，浅野刚史不停地辗转于各地开展工作，走访的距离超过了 3 万公里。

在“生态环境保护走廊”项目的带动下，巴西环境部官员代表、生物多样性保护管理局的总负责人与州长级别的代表共同签署了引进和实施生态通道的相关协定，突破了旧的行政体制的束缚，将环境、农业、旅游等不同部门联合到了一起，加强了不同部门之间的有效沟通。

图 4-21　日本援助巴西塞拉多国际会议

浅野刚史坚持不懈的努力也得到了巴西政府的高度评价并被授予了“Jalapo 荣誉市民”的称号，浅野刚史对日本的努力能够得到世界的认可表示欣慰。

六、“塞拉多奇迹”对我国的启示

我国和巴西一样，都是发展中农业大国，虽然地理位置、气候条件等存在明显差异，但还是有许多相似之处，因此巴西在农业发展方面的许多成功经验，仍然值得我们学习和借鉴，主要表现在以下几个方面：

（一）实行农业的规模化经营

我国是世界上人口最多的国家，其中农村人口所占的比例超过了一半，是典型的人多地少，农业大部分还处在小规模的发展状况，所以一直以来我国政府就非常重视扩大农业的发展规模，这也是符合我国国情的农业发展的必然趋势。我国农村剩余劳动力非常多，这不利于集中利用农村的土地资源，为此我们要借鉴巴西的经验，加快城市化的发展步伐，减少农村的剩余劳动力。随着经济的发展，我国的农民工数量迅速上升，越来越多的农民涌向城市，打工所带来的收入已经成为当今农民的主要收入。但单纯的转移劳动力并不能带来农业的发展，城市化需要适度，小规模的农户经营显然无法应对日趋激烈的国际竞争，这就要求各级政府以及相关的机构要及时帮助农业经营大户集中起闲置的土地资源，统一规划，统一耕种，提高生产效率，保护农民的基本利益，这是实现规模化经营的必要条件。

（二）支持农业科技的发展

巴西政府非常重视新型农业技术的开发研究，不仅设立了诸如“巴西农牧研究院”、“巴西技术援助推广公司”等农业科研机构，并提供专项资金支持与鼓励科研人员研发新的农业科技产品，还给从事科技含量高的农业生产者提供更优惠的条件并加以政策保障，对他们使用可再生能源技术提供补贴。与巴西相比，我国的农业投入总量并不高，投资方式单一，采取的政策支持措施也相对较少，因此在不耽误传统农业发展的同时，我国应该努力突破创新，多制定、多采取有效的措施，加大国家对农业科技方面的投入，尤其注重加强对自然条件恶劣地区的资助，鼓励农民转变生产方式，多采用新的农业生产技术。

（三）积极开展国内外农业合作

巴西被誉为“21 世纪世界粮仓”，在国际农产品市场上的竞争力不断增强，这在很大程度上源于巴西很早就开展的国内外农业合作项目。巴西很早就设立了全国农业联合会、农业企业协会及农业合作社等组织。这些组织分工明确，积极与国际市场交流，为农民提供最新的农业市场消息，传授新的科研成果。在经济全球化的大背景下，我国应立足基本国情，加强与其他国家的农业合作交流，在充分发挥已有农产品优势的前提下，扩大出口，提高本国农业的竞争力，同时，也不能忽视对其他国家先进农业管理经验的学习，可以适当引进国外的新技术和优秀人才，积极应对农业国际化道路上的一切挑战。

阅读看点

1. 农牧研究院——它是巴西农业部下属的一个农业科研机构，也是巴西一家上市公司，在专业科研人员中 92% 具有博士学位或博士后研究经历。
2. 国际农业合作——巴西的农产品在国际市场具有很强的竞争力，这在很大程度上得益于巴西开展的国际农业合作。

第四节 阿根廷的"有机农业"及农民"专心务农"的观念

一、世界有机农业的发展现状

随着全球经济的不断发展，人们的生活水平日益提高，食品安全问题越来越受到大家的普遍关注，不仅要吃得饱，还要吃得好、吃得健康，有机食品恰恰满足了这一点。有机农产品都是按照特定的标准生产的，几乎不含有任何化学物质，安全性高，品质好，有利于人体的健康。更重要的是，与普通的农业耕作相比，有机农业生产不但农药化肥使用率极低，降低了农民的生产成本，提高了产量，而且可以减轻环境污染，帮助恢复生态平衡，使农业耕作进入一个良性的循环之中。

从各国有机农田占总农田的比例来看，欧洲国家占据了前几位，自 20 世纪 90 年代开始有机农业就开始在欧洲所有国家迅速发展，有机农场的数目不断增加，有机农田的面积不断扩大。从各大洲有机农业面积占全球有机农业面积的比例来看，大洋洲占到了其中的 44.9%，高居第一，欧洲第二，为 24.8%，南美洲 21.7%，位列第三位，随着各国政策支持和研究事业的持续发展，有机市场不断增长，这一比例还在不断上升。

从全球有机产品市场来看，国民环保意识比较强的欧洲、美国和日本在有机食品生产和需求发展的规模上占据前列，20 世纪 90 年代末就已经形成了世界上主要的生态标志型农产品消费市场，集中了全球几乎全部的有机食品消费。这一时期，发展中国家的出口拉动型有机农业也在迅速增长，伴随着经济的发展逐步形成自己的国内市场。

从国际有机农业法规与政策来看，20 世纪 80 年代，国际有机农业运动联盟首次制定并发布了《有机农业生产和加工标准》，不仅仅是政府机构，许多民间机构也将其作为制定或者修订相关标准或法规时的主要参考依据。进入 90 年代后，随着有机食品市场的兴起，各国政府开始关注有机食品生产和销售的标准化。1990 年，美国颁布了《有机农产品生产法案》并于 2002 年 8 月正式执行。2000 年，日本推出了《日本有机农业法》并于 2001 年 4 月正式执行。2005 年，我国也出台了《中国有机认证的管理规范》，并收到了一定的效果。目前，世界上共有约 400 多个认证机构从事有机认证工作，在开展国内业务的同时，有些机构还开展国外业务。

二、阿根廷有机农业发展的历史与现状

阿根廷位于南美洲东南部，地势西高东低，国土南北狭长，东部和中部属于温带气候，大部分地区土壤肥沃、气候温和，非常适合有机农业的生产，北部地区属于亚热带气候，降水较多，加上全国河流湖泊众多，又为阿根廷的农业发展提供了丰富的水利资源。

阿根廷的有机农业起源于 1985 年，和欧美农业大国相比晚了几十年，并且很多农户在尝试有机农业生产短短数月之后就因为各种原因放弃了。据统计，直到 1987 年，阿根廷依旧在坚持生产有机食品的农户只剩下了 5 户。这些有机农业的先驱者们开始并没有获得政府的支持，也没有农业技术人员的相关指导，仅仅依靠自己的实践摸索，单纯地以可持续的方式去主动推进有机农业生产，因而 20 世纪 80 年代，有机农业在阿根廷的群众接受度非常低，影响力远远不及预期。

很快，阿根廷政府就意识到了有机农业的重要性，为了规范这一新兴的农业生产，鼓励农民参与其中，阿根廷政府参照欧盟的相关规定，从长远发展的角度考虑，为本国发展有机农业制定了切实可行的指导方针和管理法规。1992 年，阿根廷政府又根据本国的自然环境条件以及国家发展的需要制定出了适合阿根廷的有机食品认证标准，成为南美洲第一个制定出类似标准的国家，这一标准也很快得到了国际有机农业运动联盟（IFOAM）的核准。

在具体做法上，由于阿根廷原本的农业耕作单一分散且效率低下，有机农业的生产农户一旦进入了市场，就难以抵御成本过高、销售困难等风险。为了推进有机农业生产的发展，阿根廷积极发动农民联合起来，成立了农民经济合作组织，本着“自愿加入、利润共享、风险共担”的原则，使原来分散的、小规模的种粮农民们形成经济上的联合，这个稳固的经济利益共同体成立之后，不仅为农民们提供了经济和技术上的支持，更是为他们提供了“从田间到餐桌”的产前、产中、产后的一体化服务，降低了单个农户进入市场的成本，提高了他们抵御风险的能力，使更多的农民愿意加入到有机农业的生产中来。为了保障有机农业的产后服务，阿根廷政府建立了农产品流通、加工领域的行业中介组织，在农民、企业和政府之间搭建起了沟通的桥梁，使得政府能够更好地服务于农民和企业，切实解决农户在生产销售农产品时的问题。特别是面对加工行业加工能力过剩的问题，需要行业中介组织不断加强整

个行业的协调和自律性，规范企业运作，维护市场竞争秩序，防止恶性竞争的出现。在国际市场上，由于单一企业很难在国际进出口领域形成竞争力，阿根廷开始发展进出口领域的行业中介组织，把相邻区域且经营同一产品的数家进出口企业组织起来，形成一个“联合体”，在国际市场以一个整体的形式参与竞争。在这些企业联合起来一致行动之后，阿根廷有机农业产品的进出口在国际市场上的竞争力得到了很大的提升。

大量的数据资料显示，阿根廷的有机农业生产发展非常迅速。2006 年，阿根廷经过认证的有机农业生产面积已经上升至世界第三位，达到了 310 万公顷。阿根廷最主要的有机作物是粮食和菜籽油，种植面积高达阿根廷有机作物种植总面积的 74%。在传统农业年增长率仅为 2% 的时候，阿根廷的有机农业年增长率一度达到 25% ～ 30%，有机食品的年产值约为 3 400 万美元，在如此高产的条件下，阿根廷国内消耗的有机食品仅为全部产量的 10%，剩余的 90% 全部被运往国外，年均为国家挣取 3 000 万美元左右的外汇，成为世界上第三到第四名的有机食品出口大国。在阿根廷国内，有机食品市场的年均零售额约为 450 万美元，主要集中在玉米、大米、小麦、猪肉、牛肉等，并且有机食品的价格通常要比普通食品高 10% ～ 50%。

三、阿根廷有机农业良好发展的原因

（一）农业科研体系建设是基础

为了更快更好地发展本国的有机农业，阿根廷政府很早就意识到了农业科学技术的重要性，特别重视农业科学与技术的研究，形成了相对完善的农业科研体系。

1. 农业科研机构的设置

阿根廷的农业科研机构主要分为四类，分别是国家农业技术研究所（INTA）、国家渔业研究所（INIDEP）、国家科学和技术研究委员会（CONICET）和高等教育机构。数据显示，到 2006 年，这四类研究机构拥有 74 个研究所共 3 940 名科研人员，其中国家农业技术研究所和高等教育机构的科研人员占到了总数的 90% 以上。1956 年就成立的阿根廷国家农业技术研究所，总部设在布宜诺斯艾利斯，其 1 910 人的科研团队几乎占到了全国农业科研人员的 1/2。另一个起重要作用的是高等教育机构，2006 年在阿根廷有 46 个大学院系开展农业研究，共有 1 759 名农业科学家，占全国科研人数的 45%（表 4-1）。

表 4-1 2006 年阿根廷农业科研人员组成

类别	人数（相当于全职人员）	比例 / %	研究所（院系）/ 个
国家农业技术研究所	1 910.0	48.5	1
国家渔业研究所	101.0	2.6	1
国家科学和技术研究委员会	170.5	4.3	26
高等教育机构	1 758.9	44.6	46
总计	3 940.3	100.0	74

资料来源：Gert-Jan Stadss（国际粮食政策研究所的高级项目经理），2008。

2. 阿根廷农业科研经费的来源和支出

阿根廷的农业研究经费主要来自于政府、生产组织者和一些私人企业。20 世纪 80 年代，国家农业技术研究所的科研经费主要依赖农业出口的收入，但是到了 80 年代末 90 年代初期，这一制度就被取消，而转由国家农业部直接拨款，但是这一期间，政府的拨款仅仅只够支付科研人员的薪金。在经历了全球经济危机之后，阿根廷的农业研究经费迅速增长，国家农业技术研究所也获得了财政自主权，可以独立运作。此外，美洲开发银行、欧盟和世界银行也是阿根廷科学与技术经费的主要提供者。

技术不断改进之后，阿根廷农业研究的支出也迅速增加，这些支出主要包括资金成本、运营成本和人员工资等。2006 年，阿根廷农业科研的支出为 4.5 亿美元，仅国家农业技术研究所就占到了其中的 60%（表 4-2）。

表 4-2 2006 年阿根廷农业研究公共支出

类别	2006 年支出 / 百万美元（按 2005 年购买力平价计算）	份额 / %	研究所（院系）/ 个
国家农业技术研究所	262.5	58.5	1
国家渔业研究所	15.7	3.5	1
国家科学和技术研究委员会	6.9	1.5	26
高等教育机构	163.4	36.4	46
总计	448.4	100.0	74

资料来源：Gert-Jan Stads（国际粮食政策研究所的高级项目经理），2008。

3. 阿根廷农业研究的重点方向

2006 年，在对阿根廷 61 个研究所 3 800 多名研究人员的调查之后发现，从事作物研究的人员数量占到了近 40%，其中又以小麦、大豆和玉米居多；从事畜牧业研究的人员比例约为28%，多集中在牛、奶制品、牧草与饲料等方面；剩下30%左右的研究人员主要从事自然资源研究、林业研究和渔业研究。全国农牧业技术研究所的研究项目主要包括遗传育种、作物栽培、肉牛繁殖、动植物病理、土壤肥力以及水土保持等方面。

（二）农业技术支持是关键

以大豆的生产为例，阿根廷土壤肥沃、气候温暖湿润，具备了生产大豆的有利自然条件，但是阿根廷大豆的高产并不仅仅是依赖自然环境，而是投入了大量农业技术的支持。阿根廷在大豆生产中的科技投入充分体现了当前农业科技发展的两大趋势——以生物工程为代表的高科技和以实用性为主的普通科技，其中高科技又包括有机大豆和转基因大豆两方面。与转基因大豆相比，更加注重无公害、健康饮食的有机大豆需求量日益上升，有机大豆的种植面积也在逐步增加。生产有机大豆不用化肥和农药，因此刚开始困难重重，对科技的要求非常高，尤其是在不使用化学农药的前提下解决病虫灾害问题，对生产农户而言一直是一个大挑战。阿根廷农民们选择把有机大豆和普通大豆分开种植，尽量隔离病毒和害虫的传染，同时致力于非化学生物农药的研发。由于技术难度大，有机大豆的产量比转基因大豆低很多，价格也要高出不少。目前，阿根廷的有机大豆主要出口到欧洲一些国家，有机大豆的成功发展也带动了阿根廷整个有机农业的生产，使阿根廷成为了世界上仅次于澳大利亚的第二大有机农业出口国。

除了有机大豆之外，阿根廷还研发和使用了其他一些实用的技术，例如专门用于谷类储藏的塑料粮仓。这种塑料粮仓是用低密度的聚酯材料制作而成的，属于实用型低科技产品，一般直径2米多，长约60米。将这样一个粮仓直接放在农田里，农民们在收割之后就可以就近把粮食储存在里面，储存期可达数年之久，这一产品很好地解决了收割季节仓储能力和运输能力不足的问题，还帮助农民们降低了储存粮食的成本，使他们可以等到价格合适的时候再出售粮食。这种简易的粮仓仅售不到300美元，却可以用来存储200吨粮食，很快便在阿根廷普及，一些生产厂家还把它推广到了拉美邻国和澳大利亚等国家。

（三）科研推广与对外贸易并重

在建立起了相对完善的科研体系并得到了先进农业技术支持之后，阿根廷政府开始关注起了农业科技的推广。以阿根廷全国农牧业技术研究所（INTA）为例，它不仅是一家科研机构，还是一家组织和推广政府农牧业科技发展规则的实施机构。INTA在阿根廷主要的农牧业区域都设有适合该地区的研究中心、技术试验站和推广站，形成了遍及全国的农牧业科技普及网络，第一时间向农民们提供最新的科技信息和商业信息。INTA的研究中心负责研究作物栽培、果树改良和遗传育种等项目，其成果由分布在全国各地的推广站向各地区的农民们宣传讲解。同时，阿根廷政府还开始实施农业服务现代化的规划，涉及农业调控监督、自然环境保护、土地信息管理等，并在全国建立了农业气象、病虫害预报网，出版了大批的农业科普读物供农民们参考借鉴，农业知识、农业新技术的迅速普及为农民们带来了良好的经济效益。

作为世界上重要的农业净出口国之一，阿根廷的对外贸易发展得越来越好。外向型农业的战略方针使阿根廷政府把农业的重点放在了降低生产成本、提高单位面积产量，增强农产品在国际市场上的竞争力上。阿根廷政府在国际组织中积极致力于进一步减少影响农产品的贸易限制，在 WTO 会议中也建议加速削减关税和补贴。为了促进农产品的出口，政府除了积极开拓农产品的深加工之外，还逐步改革口岸政策，简化手续，降低本国农产品的出口成本，一方面为农民提供了更大的出口价格空间来应对国际竞争，另一方面也直接提高了生产者和贸易商的收益。另外，政府鼓励农产品出口，对从事农牧产品出口的生产部门提供了专项低息贷款，并建立了农牧产品出口基金，鼓励生产经营者开发出新的出口市场，争取市场多元化。

案例 4-2：拖拉机上装有空调和 CD 机

在参观阿根廷农场的时候经常可以发现一种多功能的拖拉机，各种各样的按钮使得整个车内看起来就像一架小飞机的驾驶舱，不仅有空调还有 CD 唱机，如此配置齐全的拖拉机从一个侧面反映出了阿根廷农民在科技上非常舍得投入。阿根廷的卫星技术、信息技术在农业应用上也比较先进，对于大中型农场主来说，从农用越野车上拿出笔记本电脑，在牧场无线上网早已不再罕见，通过网络农场主们可以随时了解国际市场的价格走势、最新的农业科技进展等信息，据此来决定投资的方向。

近年来，阿根廷城市人口“到农村去”的做法非常流行，许多受过高等教育、有一定资本积累的家庭，选择出售他们在大城市的资产而到内地购买农场，投资种植业或者畜牧业。由于农牧产品价格与国际市场接轨，在国内经济形势困难的时候，农牧业反而有更强的“抗跌性”。

装有 CD 唱机的多功能拖拉机

案例 4–3：总统出访送羊肉，帮助农民打开国际市场

阿根廷政府一直以来都致力于帮助本国农产品打开国际市场，有一次阿根廷总统出访美国，送的礼物就是新鲜羊肉和羊毛制品。阿根廷农业和外贸部门在参与国际农业谈判方面表现得非常积极也很坚决，在世界贸易组织会议召开之前，阿根廷政府就表态，如果农产品问题谈不成，阿根廷就不会签署任何新的协议。

为了避免本国产品在国际市场上出现相互竞争，阿根廷农业部门还成立了"出口联合体"，让邻近区域、相同产品的生产者们联合起来，集体参与国际市场的竞争，这就很好地帮助了中小型生产者，使他们也有机会参与到国际贸易中来。

案例 4–4：阿根廷人"以农为荣"

马里奥是阿根廷的一位普通的农民，几年前依靠政府的自助计划刚刚摆脱贫困，家里有4个孩子需要上学读书。当记者来到马里奥家采访时，他自豪地陪着记者在他的小农场里转了一圈，农场大约5公顷，有5头牛、一匹马和一群鸡，马里奥告诉记者说："我在这里生活可比进城打工好。"

农民马里奥在他的农场上

在阿根廷，做农民并不意味着贫穷和卑微，农业是阿根廷全国的经济支柱，是外汇和税收的最大来源，仅大豆一年就能创汇70亿美元左右，农业上缴国家的税收可达20多亿美元，因而大多数的阿根廷农民都有较高的生活水平，农业对国家的贡献使得农民非常自豪。

五、阿根廷农民"守家在地"的原因分析

阿根廷有机农业能够闻名世界还有一个至关重要的原因——阿根廷农民能够安心守家在地。"种地报效祖国"古往今来一直是阿根廷农民的一种信念，阿根廷人民以农为荣，人们流行到农村去，农民是阿根廷很多城市人希望从事的职业。

图 4-22　阿根廷第 117 届农牧业博览会，主席台上的横幅“种地就是报效祖国”

阿根廷人坚持贯彻“农民也是公民”的理念，最大限度地保证农民的公民权利，这种让农民安心留在土地上的做法，有不少值得我们借鉴的地方。

阿根廷国内对农民没有政策性歧视，这是阿根廷对农村的最大支持。阿根廷农业国务秘书处官员卡塔尼亚曾说，“农民也是公民”。在阿根廷的公立医院，不管是城里人还是乡下人都可以获得同等的治疗，国家还另设了“药品银行”，服务于一些需要长期服药的慢性疾病患者，他们可以根据医院的证明免费领取相应的药物。阿根廷的教育真正做到了学费全免，甚至有些学校还会帮助贫困学生买书。而且，为了使更多的农村孩子可以上学，许多学校为他们提供免费的午餐和寄宿等。许多农村的学校会偏重于实用农业技术的普及，在中学阶段有的学校就会开设菜地、养蜂场等让学生们进行农业实践。

在给予贫困农民同等的公民权利之外，阿根廷政府实施了有针对性的扶贫政策来鼓励贫困农民留在自己的土地上。在阿根廷，每公顷土地的年收入大约是 100 美元，所以小农户的收入水平都比较低，阿根廷政府规定，农村家庭月收入低于当地一个农业工人的月工资水平（约为 170 美元）的都算是贫困户，政府都将按人数发放生活补助，实施脱贫资助。阿根廷的脱贫项目在资金上既包括无须偿还的补贴，给农民们购买小型拖拉机、蔬菜暖棚、畜棚等，还包括无息贷款，用于种子、秧苗等的开支。除了资金外，脱贫项目还含有技术指导、农技培训、辅助产品销售三个方面。

土地规模化和经营专业化也是阿根廷农业优势的来源之一。据阿根廷农业部门统计显示，阿根廷农场的平均面积是美国农场的两倍，有些大型农场占地面积可达数万公顷。阿根廷的大型农场多采用公司式的经营模式，农场主们雇佣经理来负责农场的资金管理、采购、销售以及市场跟踪等，并挑选出农业经验丰富的人员来专门负责具体的农务相关事宜。

近几年来，阿根廷成立了一些新式的农业公司，这些公司自身并不一定拥有土地产权，而是向农场主租用土地进行耕种，但保留原来的农业技术人员。阿根廷的土地市场非常发达，在相关部门的有效管理之下，土地租赁或者是土地买卖的价格都很灵活透明。农业公司租用到土地之后，会先根据租用土地的土壤质量、当地的气候条件，加上专业人员对国际粮食市场形势的预测，决定这片土地适合播种哪一品种的农作物，然后再进行统一有序地播种和收割，以及在合适的时间将作物出售。这样的经营模式能很好地把握市场信息，获得更多的金融支持，也能更好地推广农业科技，从经营效益来看这一模式产出的农产品显然更具竞争力。

在阿根廷的大部分地区，即使是贫困农民都保持着非常好的心态，政府给予他们的帮助使得他们虽然贫困但是基本生活不成问题，他们的生活比在城市贫民窟的居民要好很多。在阿根廷恩特雷里奥斯省有很多接受政府帮助的贫农，这些贫困农户家庭有的有电视，即使一些偏远地区没有通电的农户家里也有太阳能电池板，晚上能有照明用电。2001 年底，阿根廷曾发生了非常严重的政治经济危机，社会动荡严重，但是广大的农村地区却奇迹般地保持了平静与稳定。根据阿根廷农业国务秘书处提供的数字来看，阿根廷的贫困农户约占全国家庭的 15%，其中已有近 6 万户家庭得到了政府的资助，在今后的 4 ～ 5 年内，阿根廷有望在农村地区率先消灭贫困。

阅读看点

1. 专心务农——阿根廷的农民能够安心地“守家在地”，是因为“种地报效祖国”一直是阿根廷农民的一种信念。
2. 守家在地——在阿根廷，政府与国民都坚持一种理念，即“农民也是公民”，国家最大限度地保证农民的公民权利，让农民安心地留在自己的土地上。

本章小结

澳洲与南美乡村建设：实践"现代农业"的启示

农业是国家的基础性产业，也是整个国民经济发展的基础和国家安全的保障，没有农业的现代化发展就谈不上整个国家的现代化。自人民公社解体之后，我国农业重新回归到家庭承包经营，这大大激发了家庭生产的积极性，从而释放出极大的发展潜力，推动乡村社会在20世纪80年代实现了跨越式发展。但由于20世纪90年代国家改革重心转回城市，加之沉重的农业税费给农民带来了巨大的负担，一度出现了农业生产大面积抛荒的现象，"农民真苦，农村真穷，农业真危险"的"三农"问题在世纪之交成为全社会关注的焦点。为了彻底解决"三农"问题，重新稳定乡村和发展乡村，国家自2005年彻底废除了农业税费，农业发展进入"后税费时代"。在统筹城乡发展和建设新农村的战略部署推动下，国家开始大力推动"资源下乡"，农业发展面临着前所未有的机遇。而另一方面，随着我国工业经济的发展，农业商品化和市场化改革进一步得到深化，家庭劳动力开始通过兼业、打工等方式转移到其他产业，延续千年的农业产值数量增加而效益递减的"过密化"状态正在逐步被打破，农业发展迎来了大规模非农就业、人口自然增长减慢和农业生产结构转型三大历史性变迁的交汇，这是国家经济社会发展给农业发展带来的重大历史契机。在国家大规模投资农业和农业转型的历史契机中，如何推动我国农业发展由量变到质变的飞跃，迈向现代农业、绿色农业、生态农业是我们所面临的重大挑战。面对这一重任，参考并借鉴其他国家农业发展的成功经验并结合自身实际进行探索创新，是一种成本较低而收益较高的路径。

一、澳洲与南美乡村建设的主要经验

基于"他山之石，可以攻玉"的理念，本章呈现了澳洲和南美四国有关农业发展的关键举措：澳大利亚利用系统性的农业高科技作为支撑，力推生态农业和精准农业培训项目，农业现代化取得了较高成效；新西兰农业部大力推动了农业资金资助计划，其中农业可持续发展基金在推动农业技术创新、经验积累及交流方面发挥了良好作用；巴西的农牧研究院Embrapa通过森林、农业与畜牧业三位一体的生态式开发利用，使塞拉多荒原创造了奇迹；阿根廷大力发展有机农业，并通过多项措施给农民以政策扶持，从而使农民“守地在家”并“专心务农”。四个案例各有侧重，但主线明确，重点突出，皆在农业发展理念和政策导向上积累了可资借鉴的重要经验。笔者认为其经验综合体现在三个方面：

（一）农业发展的现代化和多样性需大力推动

农业发展具有阶段性。在初级阶段，农业生产力较为低下，主要为国民生存提供保障并为工业发展提供物质积累。而在工业发展到一定程度，如果依然将农业停留于前现代化水平，一方面会造成发展畸形，其“短板效应”会对国民经济发展的整体水平形成制约；另一方面也不利于城乡统筹发展，使城乡双轨现象愈加严重甚至最终影响国家政权的合法性建设。由此，现代化农业必然是发展的未来方向。在现代农业中，农业发展又必然是多样性的，不论是“精准农业”、“有机农业”还是“生态农业”都不再是粗放地追求规模和数量，而是追求需求多样性、生态可持续性的发展。农业生产尤其是粮食生产不仅仅是其他产业发展的保障，而且本身即为目的，这一目的在本质上是和人作为主体需求层面的提高密不可分的。可以说，农业发展的现代化和多样性是农业发展坚定不移的瞄准方向。

（二）农业技术推广体系对乡村建设至关重要

澳洲和南美四国的农业发展中的一个基础性支撑是农业技术的应用体系。没有高科技技术的支撑无论是生态农业还是有机农业都只能停留于倡导式的理念层面，难以大规模推广应用。而正是依赖于农业技术的推广和对农民的专业传授培训，各种现代农业发展模式才能得到蓬勃发展。澳大利亚高科技精准农业依靠的是信息采集与处理系统、专家咨询与决策系统及智能设备控制系统等，新西兰SFF项目的成功也离不开高精尖的农业管理工具，巴西“塞拉多奇迹”的创造者农牧研究院本身即是发展中国家最大的农业科研单位之一，而阿根廷农业发展的关键在于农牧科技研究所（INTA），其在全国农牧区形成了全面的科技普及网络。农业科技推广服务是农业发展前进的基础动力，没有一套全方位、高保障的农技科研、推广机制，农业的现代化发展难以实现。

（三）农业发展需要农民全方位发动组织起来

农民是农业发展的推动者，也是农业发展的受益者。但农民完全独立、分散的个体经营却与现代农业的发展方向不相适应，一方面难以进行规模化生产经营，另一方面无法更好地将个体与市场连接起来。澳洲和南美四国农业得到充分发展的一个重要保障即为农民的自身联合组织——农协的存在。农协在农产品种植、加工乃至销售等环节皆发挥了重要作用，甚至在技术推广服务上也发挥了载体功能，从而将农民组织起来与国家的农技推广服务项目进行对接。正是因为有农民协会的存在，多种相互联合措施使农民的生产成本大为降低，而生产效益极大增高。同时农协在促使国家出台农业及农村发展、支持政策及为农民争取权利、利益等方面也发挥了举足轻重的作用。可以说，农民作为农业发展的主体需要被组织动员起来才能进一步发掘农业的潜力，这一组织载体的重要性与农业科技推广应用一样，是不可或缺的组成部分。

二、澳洲与南美乡村建设的启示

尽管每个国家的历史条件和农业国情具有差异，但农业发展实现成功具有一般规律，这些规律值得我们重视和借鉴，澳洲与南美四国在农业现代化与多样性、农业科技支撑体系及农民协会建设等方面的经验一方面深化了我们的认识，对当前我国农业现代化发展的政策导向给予了智力支持，另一方面也促使我们在农业发展中积极探索，进行多方面的创新。当然前提是需要充分结合我国国情，达到“为我所用”的目的。启示主要体现在三个方面：

（一）发展符合国情的农业模式，稳健地推动农业现代化

农业发展模式必须符合国情。我国当前正处于农业结构转型、多种农业经营主体涌现的

图 4-23　墨尔本 Larundel（罗温渡）庄园式大农场——澳洲最美丽的农场

历史时期。以土地经营规模为例，可以分为小规模的小农经济、中等规模的家庭农场和大规模的大农场。小农的家户经济往往是务农+兼业、半工半农的家计模式，这一小农经济模式在一定时期内必然会大比例、长期存在，这是当前我国农业的基础；家庭农场是当前国家政策所力推的发展模式，规模中等、以家庭为主经营、效益较好是其主要特点，当前正处于蓬勃发展之中；大农场在新世纪之初的一段时期内曾迅猛发展，其特点是规模大、标准化雇工管理，但经过实践证明，大规模农场无法解决代理人监督和农业生产无法标准化生产等诸多问题。可以说当前我国土地经营主体多种并存、相互竞争，但农业发展模式关乎现代化发展的战略，必须稳健推动，应在小农经济自然分化整合的基础上大力推动家庭农场经营，引动家庭农场的经营内容向生态农业、有机农业逐步演进。

（二）回应新型土地经营主体的需求，改革农技推广体系

多种土地经营规模的主体对农业科技推广的需求也不同。小农经济因为属于"糊口"经济，对国家公益性农技推广服务的基本保障作用有一定的要求，而家庭农场由于规模较大，经济效益可观，对农业科技的要求尤其强烈，科技含量高、科技素质要求高，是家庭农场的重要特征之一。当前国家正在大力推动家庭农场的发展，但我国农技推广服务却滞后于农业发展。由此，笔者认为应借鉴澳洲和南美四国经验，一方面加大政府投入，在基层公益性农技推广服务体系的"兜底"作用上下工夫，保障小农家户经济稳定增收；另一方面，通过政府推动的方式，推动多元化的农技推广服务行为，不断满足家庭农场对农业科技的迫切需求。总之，要继续加强新型农技推广服务体系建设，切实发挥农业科技对农业发展的推动作用。

（三）积极探索成立农民综合协会，重新将农民组织起来

自家庭承包经营以来，我国统分结合的双层经营体制在发展中往往强调了"分"，而忽视了"统"。但为了更好地推动农业向集约化、规模化方向发展，使农业经济与市场顺利对接，应大力推动各类型的农业合作社。当前我国出台了农业专业合作社的法规，也正在大力支持农民的专业合作。但在实践过程中，由于专业合作社往往依附于相关对口管理部门，并从专业对口部门自上而下的输入中获取资源，往往造成"大户吃小户"的局面，甚至会形成部门和合作社之间的利益共同体，合作社的效果难以得到充分发挥。鉴于这种情况，应在纵向推动合作社发展的基础上，探索横向合作社的发展，即成立多层次、综合性的农民合作组织，开展种植、加工、销售、科技乃至金融方面的全方位合作，让大部分农民切实参与进来，在重新组织化的过程中寻找美丽乡村建设的稳固载体。

第五章

乡村建设：在“丰富性”中寻求“共通性”

阅读想象——横看成岭侧成峰，远近高低各不同。

阅读导引——当我们看风景时，就有诗人苏轼在《题西林壁》里所说的感觉，即“横看成岭侧成峰，远近高低各不同”，而当我们看世界各国在美丽乡村建设中的成就与经验时，也会产生这种“远近高低各不同”的感受，这是因为观者位置、角度的不同而造成的。也正因为如此，我们在风景欣赏中，可以看到不同的美丽景观；而在观察乡村建设实践时，也可以看到许多不同的模式、样态与经验。世界各国美丽乡村建设，既具有“丰富性”也具有“多样性”，而我们的目的就是在这些“丰富性”中寻求它的“共通性”，以为中国的美丽乡村建设寻找到可以借鉴的思路、措施与路径。

在本章中，我们选择了乡村建设、乡村经济类型划分、小城镇建设、农业科技推广、乡村旅游开发、培养会思考的农民、都市农业发展以及农民职业化培训八个方面的世界实践经验，试图在这些丰富性的乡村建设实践经验的基础上寻求到可以借鉴的“共通性”内容。

第一节　乡村建设：发达国家成熟的模式与样态

很多发达国家都有过乡村建设的历史，日本、韩国、美国、欧洲等许多发达国家或地区在工业化和城市化的进程中都十分注重乡村的建设和发展。这些发达国家在乡村建设中都是立足于本国的国情，采取了不同的乡村发展措施，都有一套适合本国乡村建设的模式。在乡村建设过程中逐步实现了乡村与城市、农业与工业的协调发展。发达国家在乡村建设过程中取得的成就为中国的乡村建设提供了许多可供借鉴的经验，这些经验对我国的新农村建设和发展有许多指导意义和启示。

一、发达国家乡村建设模式差异的原因

（一）城市反哺起点的不同

在国际经济发展过程中存在一个基本的现象，就是工业反哺农业、城市反哺农村。这个现象与经济发展的阶段和经济发展水平有着很密切的关系。美国的工业化就是开始于消费品工业中的纺织工业，尤其是棉纺织业，因此美国的农业是处于基础性地位的，在这一过程中农业的发展很迅速，不同于欧洲、日本那样处于衰退期。在 1900 年时，美国的工业产值就已经超过了农业的 2 倍。与此同时， 农场成为美国农业的组成形式，据统计，在 1935 年美国的农场数量为 680 万个， 到 1974 年减少为 230 万个， 平均占有面积由 1935 年的 62 公顷逐年上升至 2002 年的 176 公顷。从这里可以看出，在美国的乡村建设中，工业起到了非常重要的作用。而韩国和日本则不同，韩国在进行新村运动时，其经济条件还很低下。1932 年人均 GDP 仅有 82 美元，农业的增加值占 GDP 的 43%，农业劳动力占就业人口的 63%，只有 20% 的农户通电，60% 的自然村能够通汽车。韩国一直到 20 世纪 60 年代还是个落后的农业国家。日本的工业化始于 20 世纪 50 年代，由于工业和城市化发展致使大量的农村人口流向城市，导致农村人口过疏、劳动力年龄过大、农业萧条、农村衰退。由于各个国家的经济起点不同，发展阶段不同，因此，各国在进行乡村建设过程中的反哺起点就会有差异。

（二）乡村建设路径的不同

20 世纪初，由于工业革命的演进和科学技术的发展，许多国家开始致力于农业的现代化建设。美国、加拿大、德国、法国等国家，通过农业机械化的发展和科学技术的应用，主要以提高土地和劳动生产率为目标。各个国家基本都是立足于本国的国情和现状出发，探索适合自己国家特色的农业发展道路。日本和韩国在乡村建设中主要以振兴乡村为目的。日本通过“造村运动”，开展“一村一品”和“1.5 次产业”建设策略来振兴农村产业，这样就能把青年吸引在本地，增强了乡村的经济实力。韩国政府则主要通过建设乡村中的基础设施来唤起民众的建设热情，发展农村经济。美国在乡村建设过程中采用的是新城镇开发的策略。通过建设小城镇来引导大城市人口的分流，这样就能提供更多的就业机会。随着新城镇开发范围的扩张，逐渐带动了广大乡村地区的发展。

（三）乡村建设模式的不同

乡村建设的根本目的就是为了实现工业和农业的协调发展、城乡之间的统筹发展。不同国家和地区在乡村建设的模式选择中都坚持实事求是、因地制宜、逐步推进的原则，都会基于本国的特点和条件而选择不同的发展模式。如日本的中介组织推动模式、韩国的政府推动模式、德国的农村工业化模式、美国的城市化带动模式等。日韩两国在乡村建设上的重点是提高固定资产水平，在政策上选择扩大再生产、改善生产和生活的条件、调整农业结构、提高农民素质和农村的组织水平等措施。德国在战后的乡村建设上主要实施的是村落更新计划，把农村的生态、文化、旅游、休闲价值提高到与乡村经济同等重要的地位。

二、发达国家乡村建设的典型模式与样态

（一）东亚乡村建设模式：以缩小“城乡差距”为宗旨

由于东亚地区国家的乡村建设起步较晚，城市的发展远远超过乡村，城乡之间的差距较大。在东亚地区的乡村建设中所采取的模式都主要是注重以振兴乡村为目的。

1. 日本：“造村运动”

日本由于国土面积小，并且山地丘陵在土地面积中所占的比例是 71%，耕地仅占国土面积的 13%。在“二战”后的 20 年内，日本城市化和城市经济的高速发展使得农村人口大量流向城市。乡村发展和农业生产越来越恶化，农村地区人口过疏，面临瓦解的危机。迄今为止，日本已经实行过多次乡村建设的计划。1955—1965 年主要是对乡村物质环境进行改造，

这一阶段主要是为了改善农业生产中的生产环境，以达到提高农民生产积极性的作用。1966—1975 年主要是改造传统农业，是传统农业现代化提升的发展阶段。在这一阶段，调整了农业的生产结构和产品结构，满足了城市农产品的大量需求。20 世纪 70 年代末，日本推行了“造村运动”，强调对乡村资源的综合化、多目标和高效益开发，以创造乡村的独特魅力和地方优势，对日本的乡村建设有着很重要的意义。

图 5-1 日本小镇

与前两次过于注重农业结构调整不同的是，“造村运动”的着力点是培植乡村的产业特色、人文魅力和内生动力，对日本乡村的振兴发展产生了深远影响，也彻底改变了日本乡村的产业结构、市场竞争力和地方吸引力。“造村运动”中最具代表性的是大分县知事平松守彦于 1979 年提出的“一村一品”运动，这是一种面向都市的高品质、休闲化和多样性需求、自下而上的乡村资源综合开发实践。经过 30 多年的锤炼，日本人慢慢发展出一套乡村建设逻辑，他们认为：地方的活化必须从盘点自己的资源做起，只要针对一两项特色资源好好运用、发展，就可以让地方免予持续萧条，让乡村焕发活力。

2. 韩国：“新村运动”

韩国国土面积 99 300 平方公里，其中以丘陵、山地居多，耕地占国土面积的 22%。在 20 世纪 60 年代，韩国仍然是一个落后的农业国，农民贫穷，城乡差距很大。为改变农村的落后面貌，1970 年朴正熙政府开始倡导“新村运动”，把实施“工农业均衡发展”放在国民经济建设的首要地位。韩国的新村运动可划分为三个阶段。第一个阶段从 1970—1980 年，为“新村运动”启动推进阶段，主要目标是改善落后的农民生活、生产条件和基础硬件设施，如国家提出包括草屋顶改造、道路硬化、供水设施建设、架桥、盖活动室等。1981—1990 年为全面发展阶段，主要目标是调整农业结构，增加农民收入，进一步缩小城乡差距。这一阶段政府主要推出增加农、渔民收入计划，支持农村调整农业结构，推广良种和先进技术。1991 年至今为自我完善的稳定发展阶段，以促进城乡的广泛一体化发展为目标，比较类似于日本 20

世纪 80 年代后的“造村运动”。

韩国的“新村运动”以扩张道路、架设桥梁、整理农地、开发农业用水等作为农村基础设施建设的重点，政府适时倡导自力更生，引导发展养蚕、养蜂、养鱼、栽植果树、发展畜牧等特色都市产业，因地制宜地开辟出城郊集约型现代农业区、平原立体型精品农业区、山区观光型特色农业区，极大地拓展了农民增收的渠道。同时，农民收入的提高和富余资金的积累也为农村设施建设提供了良性互动的前提。与日本相比，韩国的“新村运动”是建立在政府低财政投入和农民自主建设的基础上，因此创造了低成本推行农村跨越式发展的成功典范。

（二）西欧乡村建设模式：继续保持“城乡均衡发展”

西欧地区的国家，由于工业发达，城市化水平较高，其乡村的发展已经处于世界领先的地位。西欧的城市和乡村的经济发展也处在相对平衡的状态。因此，西欧国家在其乡村建设的过程中更注重是乡村的生态保护、景观环境、文化条件方面的建设。

1. 德国的“村庄更新”

德国国土面积相对广阔，农业发达、机械化水平高，农业发展水平位居世界前列。德国的村庄无论在自然条件、生产方式还是传统文化方面都呈现出多样化，尤其是经济发展差异明显。战后德国的“村庄更新”始于 20 世纪 50 年代早期，当时德国的城镇化水平已经达到 60% 左右。乡村更新的主要目标是：改善乡村土地的拥有结构不至于过于分散，以影响农业的现代化，其中一个重要的手段是农地整理。20 世纪 70—80 年代，德国基本实现现代化。该时期村庄更新开始审视村庄的原有形态和村中建筑，重视村内道路的布置和对外交通的合理规划，关注村庄的生态环境和地方文化，并且强调农村不再是城市的复制品，而是有着自身特色和发展潜力的村落。

进入 20 世纪 90 年代，乡村建设融入了可持续发展的理念，开始注重生态价值、文化价值、旅游价值、休闲价值与经济价值的结合。村庄更新项目的重要目标是：① 从保护区域或地方特征出发，整治传统建筑；② 从保护乡村特征出发，扩建村庄基础设施；③ 按照生态系统的要求，把村庄与周边的自然环境协调起来；④ 因地制宜地发展经济；⑤ 帮助乡村社区可持续发展。

2. 荷兰的“农地整理”

荷兰的国土面积只有 4.23 万平方公里，其中的 1/5 土地属于围海造田。20 世纪 50 年代时荷兰的城乡人口矛盾还并不突出，其乡村的城市化水平就超过了 80%。到 20 世纪 60 年代时由于城市地区经济好转、发展迅速，导致大量的小城镇居民开始往大中城市的郊区迁移，这样就形成了都市乡村。“二战”后，荷兰在城镇化过程中所面临的重大任务就是如何在都市化过程中保护周边乡村农地经营的规模化和完整性，以实现农业的结构调整。所以，荷兰一直是通过“农地整理”来解决农村和农业发展问题的。荷兰的“农地整理”是将土地整理、复垦与水资源管理等进行统一规划和整治，以提高农地利用效率，荷兰所有的农村建设和农业开发项目几乎都要依托土地整理而进行。荷兰在推进乡村建设的过程中已经改变了过去单方面只强调农业发展的单一路径，而转向多目标体系的乡村建设，比如：推进可持续发展的农业，提高自然环境景观的质量，对水资源进行可持续管理，推进乡村经济的多样化、乡村旅游和休闲服务业的发展，改善乡村生活质量，满足地方需求等。通过这些乡村建设措施，荷兰的乡村不仅环境良好、景观优美而且农业经济发达、生活条件优越。

3. 瑞士的“乡村建设”

瑞士的农业在其国民经济中所占的地位逐年下降，其农业人口也越来越少，但瑞士政府一直致力于其乡村的建设和发展。瑞士在乡村建设过程中主要体现在对乡村生态环境的改善和乡村的基础设施建设。瑞士的乡村以环境优美著称，有着别具特色的风光。乡村里各具特色的小村落、农舍自然地分布在绿色的田野和小山坡上。如今瑞士城市的许多居民逐渐回归自然，返回到乡村居住。瑞士通过持续的乡村建设，使乡村有着更加吸引人的优点——村庄风光秀丽，生机盎然；乡村静谧，环境舒适宜人；乡村的税收相比城市低很多，并且乡村地价便宜；乡村的基础设施完备，交通便利。

4. 法国的“农村改革”

法国是个经济高度发达的资本主义国家，既是一个工业强国，又是一个农业富国。法国的农村发展经历过两个重要的时期：一是战后十几年的快速恢复期，二是20世纪60—70年代的迅速发展期。法国只用了二十几年的时间就实现了农业的现代化。法国的乡村建设速度如此之快，一方面是因为其高度发达的工业水平，使乡村建设的起点高；另一方面是由于法国政府采取了适宜的发展政策，积极有效地推行了“农村改革”。

法国农村改革的内容主要有两点。① 发展“一体化农业”。所谓一体化农业，就是在生产专业化和充分协调的基础上，由工商业资本家与农场主通过控股或缔结合同等形式，利用现代科学技术和企业管理方式，把农业和与其相关的工业、商业、运输业等部门有机地结合起来，组成一个利益共同体。一体化农业是法国“农村改革”中的一项重要内容。实行一体化农业能够支持与农业生产相关的部门与产业发展，加快这些部门与产业的资本积累和集中速度，并实现对农业的支持和反哺。② 开展领土整治。在“二战”前，法国的广大农村还很落后，存在着工业区和农业区，二者经济发展和地区建设存在着不平衡的状况。为了改变这一状况，法国在农村改革中大力开展“领土整治”的工作，通过国家政策以干预经济落后的农业地区，加快农业地区的现代化建设，实现生产力的合理分配。这些措施能够加快乡村地区的发展，使得城市和乡村地区的发展趋于平衡。

（三）北美乡村建设模式：以“小城镇建设”为切入点

1. 美国：中小城镇建设

美国在乡村建设过程中主要以建设中小城镇为主。美国是世界上城市化发展水平较高的国家，城市化发展十分迅速。美国城市经过 20 世纪初的快速发展以后，城市中人口众多，城市中心过度拥挤，导致大量中产阶级移向郊区。随着产业活动的郊区化，城市中的经济活动和人口逐渐由市中心向郊区转移。由于当时郊区的建设并没有经过很好的规划，社区的功能还不够齐全，郊区发展的无序性导致往返城市的交通网络错综复杂。由于乡村和城市的生活方式逐步融合，经济上的差别正在变得越来越不重要，城乡一体化格局逐步形成。因此，美国在加强都市圈建设和城市带建设的同时，也更加注重中小城镇的建设。1960 年，美国推行的“示范城市”试验计划的实质就是通过对大城市的人口分流来推进中小城镇的发展。近几十年发展起来的大都市区、城市圈或称为卫星城集中起来的城市带，是由大批小城镇集合而成的。美国城市的规模差别很大，从几百万人口到几百人都有，但以 10 万人以下的小城镇居多，大约占城市总数的 99.3%。美国小城镇的发展与美国推行的小城镇建设政策有着密不可分的关系。由于美国的城乡一体化已基本形成，因此美国的小城镇建设能够更好地带动乡村发展。

图 5-2　小镇风光

2. 加拿大：农村协作伙伴计划

加拿大是世界上最发达的国家之一，但也存在着城乡之间发展不平衡的问题。加拿大为促进乡村地区的发展、更好地建设乡村，出台了许多政策，进行了许多尝试，其中一个重要措施是提倡跨部门支持农村发展的《加拿大农村协作伙伴计划》。该计划从 1998 年开始实施，其主要措施有：① 建立跨部门农业工作组，以更好地协调各部门在农村发展问题上的工作；② 建立“农村对话”机制，使联邦政府能够及时了解农村的民意和发展状况；③ 建立“农村透镜”机制，增强各级政府、各部门官员“心有农村”、“主动为农村服务”的意识；④ 直接资助农村发展项目，鼓励个人或组织到农村发展创业；⑤ 建立和完善面向农村居民的信息服务体系。政府通过这些政策措施的实施，以帮助农民获得政府项目和服务、金融资源和医疗保健，加强乡村的基础设施建设，增加乡村的就业和教育的机会。

三、发达国家“乡村建设”对我国的启示

当前，我国的新农村建设才刚刚起步，无论是在理论方面还是在实践上都非常欠缺实践经验，因此，吸取国外乡村建设中的成功经验对我国的乡村建设有着非常重要的作用。通过上述几个发达国家乡村建设的典型模式与样态，可以得出对我们的启示：

（1）日本的“造村运动”重在“一村一品”。日本的“造村运动”很大程度上改善了日本的乡村状况。通过日本“造村运动”中“一村一品”运动的成功经验，启示我们在建设一个地方（县、乡、村）时，根据自身的条件和优势，可以发展一种或者几种当地有特色的、在一定范围内有销售半径的拳头产品，也可以发展具有特色的旅游项目和文化资产项目。在乡村产业发展方面，可以开发农特产品，培育各具特色的产业基地，增加产品的附加值，促进产品的生产流通。同时，可以开设各类补习班，提高乡村居民的农业知识。

（2）韩国的“新村运动”成功地改变了落后的乡村面貌。韩国的“新村运动”对我国的启示有：政府在乡村建设中加强基础设施建设，并提供物资、资金和技术等多种支持；注重搞好骨干的培训，强化各级公务员的责任，发动全社会帮助乡村建设；在乡村建设过程中加强农民的自主性。

（3）德国的“村庄更新”落在村庄的原生态性。从德国的经验可知，农村建设需要全盘考虑，依据法律制定合理的综合规划和具体的实施项目。首先，应当从区域综合发展的角度出发，制定区域规划，统筹利用区域内各种资源，分阶段重点实施地区基础设施建设、历史文化村镇保护、综合环境治理等专题工作。在此基础上，制定各个村庄的更新改造规划，将区域发展的总体目标和村庄的具体情况及利益结合起来，做到全盘把握，局部落实。在发展乡村经济的同时，更应重视乡村生态、文化、生活多方面的发展。

（4）法国的“农村改革”旨在发展“一体化农业”。法国的“农村改革”给我国的启示是发展一体化农业，政府要积极引导大型工商企业进入农业；大力发展农业的关联产业，把农业的相关产业深深地渗透到农业中，与农业建立稳定的关系，形成农、工、商相互结合、

相互渗透，产、加、供、运、销一体化发展，并形成一体化的经营模式。

（5）美国在乡村建设中的小城镇建设具有很多值得我们借鉴的地方，其中最突出的有两点：①在乡村建设进程中要处理好工业与农业、城市与农村等方面的关系，美国在工业化、城市化的过程中，农工关系比较协调，农业发展一直比较顺利，为城市化提供了基础与条件；②美国各地乡村建设的途径存在很大差异，但乡村建设的根本出发点都是缩小城乡差别，实现城乡一体化，而且乡村建设重在基础设施和公共服务设施的建设，以改善乡村人居环境。

在乡村建设时，我们应借鉴以上发达国家乡村建设的经验，通过借鉴其他国家乡村建设模式，再结合本国的实际与国情，选择一个符合各地特色的乡村建设模式，才能更好地建设中国的美丽乡村。

阅读看点

乡村建设模式——典型的形态有三种，即东亚的以缩小“城乡差距”为目标的样态、西欧的继续保持“城乡均衡发展”的样态、北美的“以小城镇建设”为切入点的样态；总之，“缩小城乡差距”是最核心的内容。

第二节　乡村经济类型划分：乡村“分类管理”的经验

一、乡村经济类型划分的含义

乡村经济类型的划分主要是通过乡村经济的发展水平和乡村经济的结构特征以及集约程度等各个方面的相似处，来对乡村的经济属性做出的一种划分。通过科学地划分乡村的经济类型，既是综合揭示乡村经济活动地域分异规律的有效手段，又能够为制定乡村发展规划、乡村经济协调发展提供依据。通过乡村经济的划分，能够有效地解决乡村中所面临的不同的自然环境和经济环境的矛盾与问题，能够制定一个相对比较切合实际的乡村发展政策。

乡村是介于城市之间的，由村庄、小镇及其管辖区域所组合而成的空间体系。它是一个动态的连续体，对乡村的经济划分要结合乡村地区的发展特点、条件、潜力和发展的方向、途径、差异等各个方面因素而进行。发展乡村地区的经济离不开对乡村经济划分的研究。从乡村的经济活动来看，由于随着经济的发展乡村劳动力会发生空间位移，乡村和城市之间的相互联系日益加深，各种服务业、非农产业逐渐发展，兼职农业以外就业的农民越来越多。农工商、牧工商、林工商等联合企业的飞速发展，都要求我们在进行乡村经济划分时把乡村和城市结合起来作为一个整体来研究。不同区域之间由于历史、人口素质、文化、经济等各个方面的差异，不能采用同一种经济类型，因此经济类型的划分就显得十分重要。

从乡村经济发展中所存在的问题来看，乡村的很多地方资金不足、技术落后，并且缺乏整体规划，使得乡村产业结构单一化，阻碍产品和生产要素的合理流通，乡村的贫富差距拉大，并且由于地块被分割，土地的经营规模变小，形成不了农业的规模化效应，阻碍了农业的规模化、商品化和社会化的发展。在建设乡村经济时，应该从宏观出发，开展对乡村经济类型的研究，这样才能有效解决乡村的全局性问题。

从乡村的发展趋势和过程来看，由于目前在我国乡村地区的经济发展不平衡逐渐强化，农民的收入差距也呈现出扩大的趋势。乡村的工业化和城市化的进程会随着非农产业的发展而发生变化。进行乡村经济类型的划分，能够把乡村中经济发展不平衡的现象表现出来，制定出适合当地的区域发展政策。

二、乡村经济类型划分的基本理论

法国学者雷蒙•杜蒙根据乡村中的自然、人文、经济等特征，把乡村的经济类型分成15种，比如气候、土壤、农业企业的平均规模、人口密度、工业化水平、农业集约度、农业机械化水平、农业类型、农业生产率、土地利用等。通过对这些类型的研究能够发现其中存在的一些问题，对以后乡村经济的发展做出更好的规划。可是，他在乡村经济类型的研究中，并没有系统地提出乡村经济类型划分的依据、指标、方法和结果。

波兰学者斯托拉的研究在乡村地区功能的分类研究中卓有成效。他根据苏瓦乌基省的用地结构、就业结构以及每平方公里旅游和休养中心的床位数等 8 个特征，将该省分成 6 个功能类型：① 以农业为主导功能；② 以农业功能为主，林业及其他非农业功能占一定比重；③ 农—林—旅游功能并重；④ 以农业—旅游—工业为共同优势功能；⑤ 以旅游—林业为优势功能；⑥ 以工业—旅游—林业为共同优势功能。这样的功能分类，既能考虑到乡村地区的农业功能又能兼顾其非农业功能。通过这种划分类型的综合考虑，可以揭示乡村地区空间结构的主要成分和地域分异的差异特征。

日本学者山本正三和田林明在乡村经济类型划分的研究中，通过分析农业人口就业结构的区域差异，将日本的乡村地区划分为 7 种空间类型：① 都市乡村空间；②郊外乡村空间；③ 都市外围乡村空间；④ 后背乡村空间；⑤ 农业卓越乡村空间；⑥ 出外做活乡村空间；⑦ 自营兼业乡村空间。通过这 7 种类型，能够了解日本乡村的空间结构的基本状况。他们又把这 7 种类型中的后 3 种类型，分别划分成 3 ～ 4 个亚类型，还分别概述了这些业类型的分布特征和特有的规律。这样的分类方法有以下几种优点：① 能够综合考虑农业活动和非农业活动，推动乡村经济的平衡发展；② 根据农外就业的状况来识别乡村地域类型，结合了城市对乡村的影响，区分出乡村的空间类型和乡村的地域类型，了解两种类型之间的对应关系；③ 这种由点到面、由上而下的研究方法，能够更广泛地吸取当地的经验。

印度学者夏马等在研究乡村地区的区域划分时，首先通过研究证实了乡村非农业劳动力所占乡村劳动力的百分比和乡村经济的多样化水平之间存在着很明显的正相关关系。然后，他们通过这一指标来区分乡村经济中的地区差异，将印度乡村地区划分为 4 种类型：① 乡村经济多样化水平很高的区域；② 乡村经济多样化水平较高的区域：③ 乡村经济多样化水平较低的区域：④ 乡村经济多样化水平很低的区域。还就这 4 种类型分析了它们的分布特点和形成的原因。可是，这样只是通过单一的经济多样性水平的指标来划分乡村经济类型，很难全面揭示乡村区域中复杂的经济类型。

我国学者在近几年也展开了许多对乡村经济类型划分的尝试。聂宏声等学者根据人均收入、费用水平、乡村工业化比重、劳动和土地生产率这五个指标，将山西省的109个县（市、区）划分成四种乡村经济类型：比较富裕型、中上型、中下型和贫困型。张步艰则是通过土地和劳动生产率、人均纯收入、乡村工业产值比重这四个指标，将浙江省的乡村划分成乡村经济最发达区、发达区、次发达区和不发达区这四种类型。可以看出，这几种分类都是根据经济发展水平来划分的，在分类中缺少了乡村产业结构、商品化程度、城镇化水平等因素。因此，这些分类很难全面体现出乡村经济的区划。曾尊国等是根据乡村经济的发展水平以及产业结构的指标，对江苏省的乡村经济类型进行划分的，共有八个类型，各种类型还根据农业结构更加细致地划分出亚类型。这种划分方法，既能考虑到产业结构的特点，又能考虑到经济发展水平的因素，相比前面两种划分方式有很大的进步意义。可是，其中也存在着不足之处，这样的划分方法忽视了乡村经济的商品化和乡村城镇化等方面的因素，而这些因素在我国的乡村发展中起着非常重要的作用。

三、发达国家乡村经济类型划分的实践

（一）美国乡村经济类型的划分

美国在对乡村经济类型的划分中，以全国 3 000 多个县为地域单位，根据各地区支柱产业的差异把乡村经济的类型划分为六类。① 农业型：一共有 403 个县，这些县的经济特征是乡村的劳动力和居民的收入有 15% 以上是来自于农业，工作岗位也有 15% 来自于农业。② 矿业型：一共有 113 个县，这些县的经济特征是乡村的劳动力和居民的收入中有 15% 是来自于矿业。③ 制造业型：一共有 585 个县，经济特征是乡村劳动力和居民每年的收入有 25% 以上是来自于制造业。④ 依靠联邦和州政府补助型：一共有 222 个县域，其中乡村劳动力和居民每年的收入中有 15% 以上来自于联邦和州政府的补贴。⑤ 服务业型：一共有 114 个县，其特征是乡村劳动力就业和居民的收入有 45% 以上来自于服务业。⑥ 非专业化型：一共有 948 个县，目前还没有特定的产业能够达到其所要求的门槛值。

通过以上这六种类型的划分，美国联邦政府又根据不同的乡村地区发展的矛盾和乡村的社会服务需求划分出七个政策类型区。① 强调住房类型区：一共有 302 个县，这种类型区的特征是 30% 以上的家庭缺乏必要的舒适性住房，或该区超过 30% 的个人收入用来支付住房

费用，或达不到一人一间房的地区。② 低教育程度类型区：一共有 499 个县，这一类型区的特征是县中超过 25% 的成年人 (25 ～ 64 岁) 没有完成高中及以上的教育。③ 低就业类型区：一共有 396 个县，这种类型区的特征是县中只有不足 65% 的成年人处于完全就业状态。④ 持续贫困类型区：一共有 340 个县，特征是在以往的四次 10 年人口普查中，处在贫困状态的人都超过县区人口的 20%。⑤ 人口损失县：一共有 532 个县，是指在两次人口普查中，居民数量均呈下降趋势的县。⑥ 非都市休闲业县：一共有 334 个县，主要是通过使用多种指标，根据就业和收入的休闲业比例来划分。⑦ 退休目的地类型：该类型的特征是由于移民过多，使得 60 岁以上的人口增加超过 15% 的地区。美国政府在乡村建设过程中在不同的地区实行了不同的扶持政策，其中很大一部分原因就是根据以上对乡村经济类型的划分和政策类型区的划分来实施的。

（二）加拿大乡村经济类型的划分

在加拿大，人们将人口少于 10 000 人的居民聚集区都称作乡村或者小城镇。加拿大对乡村和小城镇的划分是根据都市区对乡村的影响和其辐射程度的强弱来决定的，共划分成以下几种：强都市辐射型乡村、中等都市辐射型乡村、弱都市辐射型乡村和无都市辐射型乡村（即偏远乡村）。与此同时，加拿大的农业部和官方的统计机构还合编了《农业与乡村工作报告：乡村多样性》，这一乡村工作报告将加拿大的乡村经济类型划分成专业化型和多样化型两类。其中专业化型又根据产业的主导部门分成农业主导型乡村、林业与采伐业主导型乡村、渔业与捕捞业主导型乡村和采矿业主导型乡村。除了这四种专业化型乡村类型外，其他的乡村类型都属于产业多样化型乡村。政府决策者通过学术界对乡村经济类型划分的研究，采纳了许多在乡村建设中的新思想，并提出了关于后生产主义和多功能的乡村转型的新理念。

通过这些新理念，政府能够根据各个乡村的不同需求来给予不同的政策扶持。对于一些强都市化辐射型乡村和小城镇地区，可以通过加强乡村的基础设施建设、改善乡村的居住环境、发展乡村特色产业来吸引更多的人来此就业、生活；同时，还可以通过发展旅游业和服务性产业来提高乡村和小城镇地区的核心竞争力。而对于其他类型的乡村，则根据其多功能价值，通过政府给予不同程度的补贴，能够保障其具有均等发展的机会。

（三）英国乡村经济类型的划分

英国乡村经济类型的划分对英国政府政策的制定产生了巨大的影响。英国学者通过研究，将英国乡村划分为四种类型。① 受到保护的乡村：这类乡村地区的经济主要以牧业为主，并发展当地的服务性行业，这类乡村的地理位置一般在盆地地区和高原地区。② 竞争型的乡村：

这类乡村地区的经济主要靠农业和工商业的发展来带动，并且近年人口逐渐增多，呈现出逆城市化的现象，这类乡村位置大多在城郊区。③ 大农场型乡村：这类乡村的发展主要依靠大公司和大农场，来实现经济的多样化和产业多样化。④ 依附型的乡村：这种类型的乡村主要依靠农业和政府的补贴来发展，大多属于偏远农村。乡村的政策可以根据不同类型的乡村所存在的问题和以后的发展方向来制定。

欧盟在指导欧洲各国的乡村发展政策时受到学术界的影响，将乡村发展政策分成定位于竞争性的措施和定位于多功能性的措施两种：第一种主要是为激发乡村发展提供动力，使乡村充满活力；第二种则是强调对乡村的生态保护和在乡村发展时注重乡村的经济多样化发展。

（四）日韩乡村经济类型的划分

日韩两国在对乡村经济类型的划分时也做过深入的研究，与欧美等国对乡村经济的研究相比，日韩更注重的是在学术上对乡村经济类型的划分进行研究。本文前面已经提过日本学者山本正三和田林明对乡村经济类型划分的研究。他们根据年农业人口就业结构的差异，将日本乡村划分为 7 种空间类型。而韩国学者 Lee 和 Sang-ho 则是通过公共教育、医疗服务、社会福利和公共设施四个指标，将韩国乡村划分成三个不同的级别。日本在研究乡村经济类型上，选择地域属性时主要考虑一些属性的动态变化，诸如第一、第二、第三产业就业人数、农业收入变化、居住面积变化等，从而在进行乡村经济类型的分类时可以兼顾到动态变化的特性；而韩国在划分的结果中更加注重乡村地区的生活质量和公共服务质量的重要性。

四、我国福建省对乡村经济类型的划分

我国学者通过“福建省农村经济与小城镇协调发展”的课题研究，得出了乡村经济类型划分的实践和经验。通过建立相应的指标体系，借助计算机手段对福建的乡村经济进行划分。

该课题研究认为，在建立福建省乡村经济类型的指标体系时必须明确根据指标体系的设计原则：综合全面性原则、科学性原则、可比性原则和易取性原则。通过这 4 项指标体系的设计原则，可将福建省的乡村经济类型化分为四个层次，分别是：（A）目标层、（B）分目标层、（C）领域层、（D）指标层（图 5-3）。根据福建省 60 个县级行政单位调查所得出的统计数据的研究，如果按照 60 个县级行政单位的乡村经济水平的高低来划分，可以将福建省的乡村经济类型划分为发达类（8 个）、较发达类（16 个）、次发达类（18 个）、欠发达类（18 个）4 种。

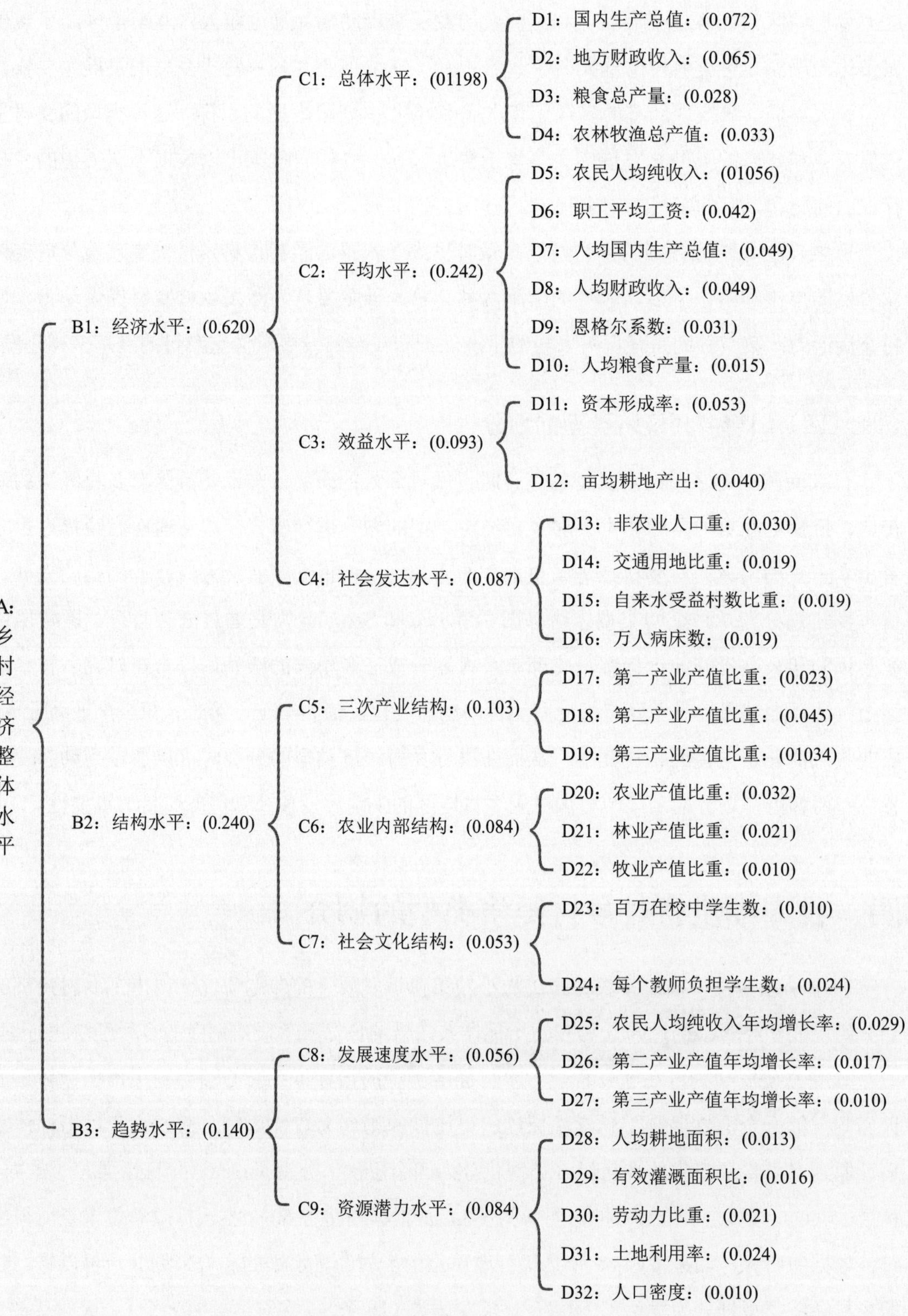

图 5-3　福建农村经济类型划分指标体系及权重

五、乡村经济类型划分的意义及启发

（一）乡村经济类型划分的意义

乡村在世界各国的发展过程中都起到很重要的地位和作用，乡村发展问题也一直是各国政府和学术界所要研究的重要问题。随着“二战”后世界各国的工业化和城市化的发展，乡村的经济结构也产生了许多新的变化。伴随着乡村生产的专业化和商品化的快速发展，乡村的人口、粮食、就业和环境等问题也越来越严重。为提高乡村的经济、生态以及社会效益，优化乡村的资源配置，协调乡村的环境和发展之间的问题，开展对乡村经济类型划分方面的研究非常重要。

乡村经济是一个结构复杂、层次众多的复杂系统，其中包括农业、工业、建筑业、商业服务业等，并且乡村经济在一个国家的经济中也占有非常重要的地位。然而，由于自然环境的差异和人类活动的复杂性等因素，使乡村经济呈现出地域差异的特点。因此，为了针对不同的乡村经济地区，通过对不同乡村地区的经济类型进行研究，制定一个适合其发展的战略是十分必要的。根据乡村经济类型的划分，当地政府可以制定一个符合当地发展水平和地域特征的乡村政策。

（二）国外乡村经济类型划分对我国的启示

（1）各国的乡村经济类型研究都是在本国、本地区的乡村经济发展、变化的背景下进行的，都具有很强的应用性。因此，我国在研究乡村经济类型时，也应该根据当地的特点对乡村经济类型进行划分。

（2）国外发达国家对各类型的划分基本上都采用了多项指标进行。因此，我国在对乡村经济类型划分时也应考虑到更多的因素，才能全面地制定更适合当地发展的政策和措施。

（3）国外在对乡村经济类型划分时，非常注重城市对乡村的辐射作用。目前，我国的城市化速度在加快，城市对乡村的辐射作用也日益增大，不同乡村由于地域的原因受到城市辐射影响的程度各不相同。因此，我国在对乡村经济类型划分时，也应该注重城市对乡村的辐射作用，以制定一个适合当前乡村发展的政策。

我国的乡村发展与发达国家相比还相对落后，无论是在居民收入方面，还是在教育、医疗等公共服务设施等方面都存在着明显的不足。因此，我国在乡村建设时，应该构建一个多元化的乡村发展目标，针对不同乡村的实际情况，加深对乡村经济类型划分的研究，制定不同的乡村发展模式，才能在乡村建设中取得更大的成效。

阅读看点

乡村经济类型划分——是对乡村社会与经济进行“精细化管理”的一种体现，在当今中国粗放式管理的总体思路下，这种细化的管理非常值得我们学习与借鉴。目前，我国的福建省已经开始了这一精细化的管理工作。

第三节　国外小城镇建设实践：路径与模式之比较

一、国外小城镇建设概况

小城镇，顾名思义即为较小的城镇，它介于城市与乡村之间，地位特殊。目前我国对于小城镇的概念界定有狭义与广义之分，我国狭义上的小城镇是指除设市以外的建制镇，包括县城。我国广义上的小城镇，除了狭义概念中所指的县城和建制镇外，还包括集镇的概念。

（一）历史溯源

小城镇建设的历史最早可以追溯到20世纪初叶的英国“田园城市”运动，埃比尼泽·霍华德提出的一种将人类社区包围于田地或花园的区域之中，平衡住宅、工业和农业区域的比例的一种城市规划理念。随着“田园城市运动”在英国的蓬勃开展，其渐渐发展为一场世界性的运动。除了莱奇沃思和韦林两座城市以外，在奥地利、澳大利亚、比利时、法国、德国、荷兰、波兰、俄国、西班牙和美国等都建设了“田园城市”或类似称呼的示范性城市。

（二）国外小城镇建设实践

国外的小城镇建设概况与实践主要参考美国、德国、英国、日本的小城镇建设，不难发现这些国家在小城镇建设方面具有如下共同点：各级政府的大力支持；对规划和规则的重视；对基础设施和社会服务设施建设的重视；在建设过程中充分考虑到人文环境和生态环境的重要性；政府对公众参与小城镇建设的鼓励等。这些国家大多数小城镇经过几十年的建设已经发展成为景观优美、环境优雅、设施完备、经济发达、社会文明的“都市化的村镇”，为国家的经济发展发挥重要作用。

1. 美国小城镇建设

重视规划是美国城镇建设过程中必要的前提，并且遵守四条基本原则：① 尽可能满足人的生活需要，注重功能；② 充分尊重和发扬当地的生活传统；③ 最大限度地绿化和美化环境；④ 根据当地的风土人情，尽可能地塑造各具特点的城镇，形成差异化的局面。

目前，美国共 51 个州，3 042 个县（郡），35 153 个市、镇。其中 300 万以上人口的城市有 13 个，20 万～ 100 万人口的城镇有 78 个，10 万～ 20 万人口的城市有 131 个，3 万～ 10 万人口的城市有 878 个，几千到 3 万人口的小城镇达 34 000 多个，可见美国的城市规模差别明显，以 10 万人的小城镇为主，大约占据城市总数的 99.3%。不同小城镇主导的产业特色鲜明，人口和产业逐渐向小城镇转移，小城镇可持续发展的物质基础不断增加，发展越来越迅速。美国的小城镇围绕大中城市周围布局，形成卫星城的聚合形态，使许多地区的大、中、小城市逐步形成密集的城市裙带，彼此之间互相配合，错落有致。

图 5-4　小镇风光

2. 德国小城镇建设

德国小城镇建设的基本思路是这样的：政府高度重视小城镇改造和建设，颁布了以《农业法》为主等一系列保护农业用地、农产品价格的法律法规，加强管理和健全管理队伍，完善小城镇的投资渠道，加大政府的支持力度，将农民妥善地稳定在小城镇，避免大城市过度增长，形成了比较均衡的城镇结构体系。

据德国城市年鉴的数据显示，德国现在共有大中小城市 2 065 个，其中 82 个 10 万人口以上的行政区生活着 2 530 万人，占德国总人口的 30%；其余则多数分布在 2 000 ～ 10 000

人的小型城镇里。全德国除柏林 340 万人口、汉堡 170 万人口、慕尼黑 120 万人口外，没有其他超过百万人口的大规模城市。德国有 11 个大都市圈，包括莱茵－鲁尔区、柏林－勃兰登堡、法兰克福区、莱茵－美茵区、斯图加特区、慕尼黑区等。这 11 个大都市圈分布在德国各地，聚集着德国 70% 的人口，并解决了国内 70% 的就业。

图 5-5　小镇风光

3. 英国小城镇建设

“二战”后伦敦和英国东南部地区的人口急剧增加。1946 年，政府制定“新城市法”，在伦敦周围建设卫星城，这些新城独立性较强，拥有独立和必要的生活服务设施，可以提供就业岗位，吸引了更多居民和企业迁入新城，大大地缓解了伦敦的人口压力。

20 世纪 60 年代，新城米尔顿·凯恩斯已经超过伦敦、曼彻斯特等大城市，成为了英国闻名遐迩的经济重镇，是英国新城镇建设的典范。

综观英国的小城镇建设，总体分为三个阶段：1946—1954 年，这一时期城镇建设规模较小，密度较低，功能区分明晰，较多考虑社会效益而较少考虑经济效益，城镇建设的目的是为了缓解大城市人口压力，吸引过剩人口迁入；1955—1966 年，这一时期城镇建设规模逐步扩大，城镇功能分区趋向于综合功能分区格局，同时开始实施大规模的村镇发展规划，建设中心村，加强对于中小村镇的基础设施建设，促进乡村人口的集中，改善乡村的生活和环境；1967—1976 年，这一时期新的小城镇形成，大部分是由在老城镇基础上开发的新的工业区和居住区组成，同时对于不适合单独扩展的小镇进行了成片的合并。此外，乡村政策转变为“结构规划”，由建设中心村改变为各地可根据实际情况因地制宜地进行村镇建设，此后英国的村镇建设呈现出多元化的局面。

图 5-6　小镇新城图片欣赏

4. 日本小城镇建设

纵观日本的小城镇建设过程，呈现出一个循序渐进的发展脉络，在建设之初日本国土厅在制定规划的同时首先要把缩小城乡差距作为规划的主题，然后再根据社会发展的状况，确定不同时期的不同主题。从 1973 年开始至今，日本实施“村镇示范工程”总体可以分为五个规划主题：① 1973—1976 年，缩小城乡生活环境和社会服务设施差距；② 1977—1981 年，建设具有当地特色的农业定居社会；③ 1982—1987 年，地区居民利用并参与管理各种设施；④ 1988—1992 年，建设自立而又具有特色的区域；⑤ 1993 年至今，合理利用当地资源，挖掘农村的潜力，提高生活舒适度。

日本在小城镇建设中十分注重运用地方资源，创建特色城镇。日本东北部的山形县小国町，现有人口 1.1 万人，面积 738 平方公里，97% 都是山林，远离大都市，周围是山，有三条河通过，位置十分孤立。1955 年，大量人口被吸引到外地，当地政府为了本地的发展进行了一系列规划，发展本地特色产业，带动地方经济，逐渐扭转了不利局面。

图 5-7　小镇风光

二、国外小城镇建设的理论思路

（一）田园城市理论

19 世纪末英国社会活动家霍华德提出的“田园城市”理论是现代城市规划的开端。1898 年霍华德在其著作《明天——一条引向真正改革的和平道路》中明确提出了“田园城市”理论，该理论认为城市和乡村应有良好的衔接、合理的结合，主张用公园和大道将城市分区，城市的增长依靠在其周围乡村另建一座新城镇，新城镇也有自己的乡村地带，城市周围需要永久保留绿地。

霍华德对田园城市的构思很可能是受《乌托邦》一书影响，但是他解决城市问题的方法是顺应人性的，而不是像乌托邦那种极端社会主义。我们可以将其基本观念归纳为：① 都市不宜漫无限制地扩张，应以永久绿带来限制；② 为了适应人的需求，理想的都市应具有城乡的优点，即城市乡村化、乡村城市化；③ 理想的都市应该是自足性的，本身要有农业供应及工业计划。

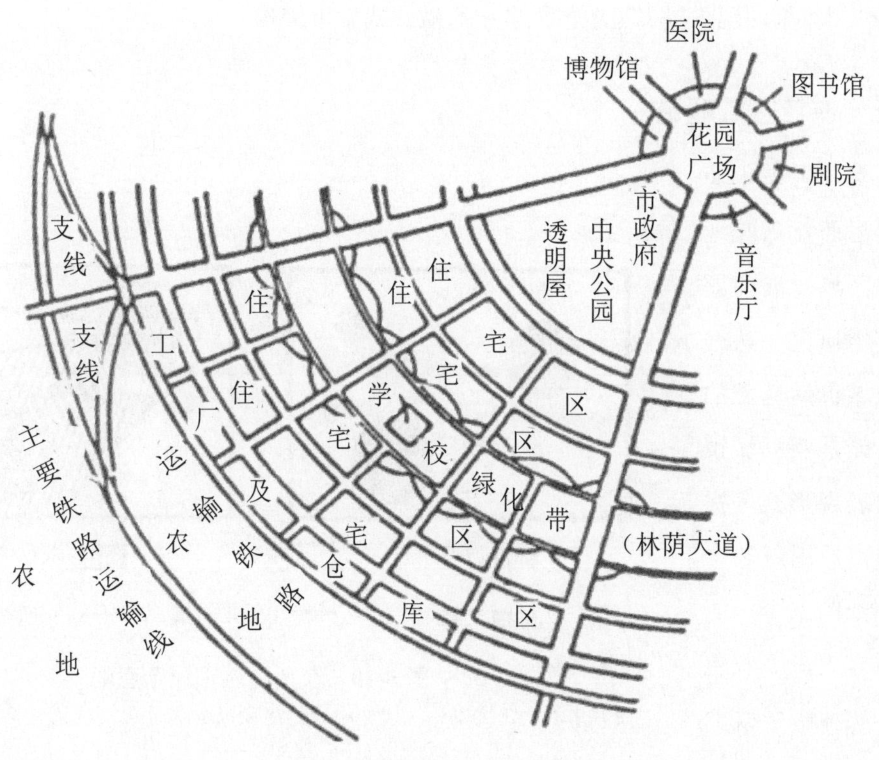

图 5-8　田园城市理论概念图

（二）卫星城镇理论

卫星城镇理论的渊源可以追溯到霍华德提出的“田园城市”理论，这种设想提出一种兼有城市和乡村优点的新型城市结构形式，在中心城市周围建立一圈较小的城镇，形式上有如行星周围的“卫星”，这是卫星城镇的思想萌芽。卫星城在发展的过程中，经历过4个不同的阶段：

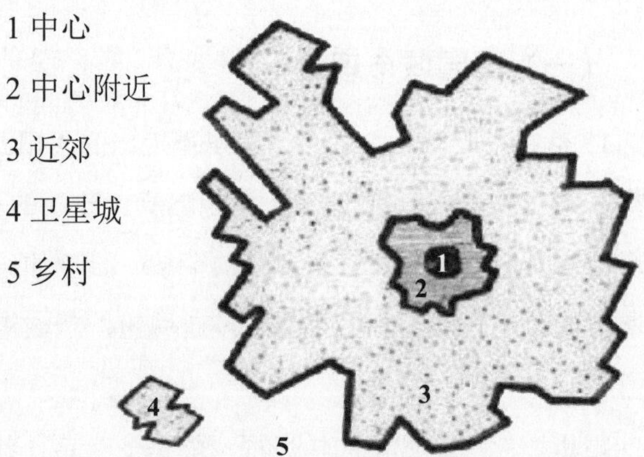

图 5-9　卫星城概念图

第一代卫星城是从属于母城的卧城，居民的工作和文化生活仍需要依赖母城；

第二代卫星城是半独立的城镇，可以解决部分居民的工作和文化生活；

第三代卫星城是基本独立的城镇，规模已经超越了第一、第二代；

第四代卫星城即现阶段卫星城，为多中心敞开式城市结构。

（三）灰色区域理论

加拿大学者麦吉通过对印度尼西亚爪哇地区城市和区域发展问题多年的实地研究，认为传统的以城市为基础的模式不可能是亚洲城镇化唯一的表现形式，提出了大城市周围或整个地区的城镇化。

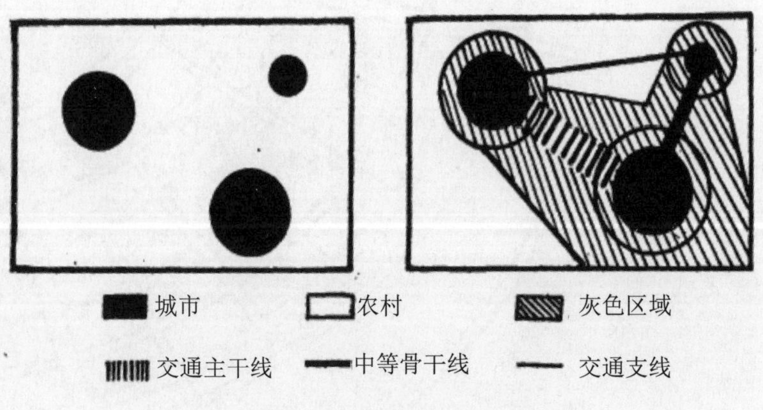

图 5-10　灰色区域理论示意图

图片来源：王宝刚：《国外小城镇建设经验探讨》，参见《规划师》2003年第11期

简而言之，“灰色区域”是一种由于既非城市又非农村但又既是城市又是农村的各种要

素在一定的空间的高度结合而构成的一种特殊的空间形态，它是农村与城市各种要素在一定地理区位上的统一而形成的一种新的经济与社会区域。从实质上看，“灰色区域”这种新的空间系统只是传统空间结构的一种转换形式，它既是对传统意义上“农村”结构的转换，又是对传统意义上“城市”结构的转换。

（四）新城镇运动理论

英国是新城镇运动的发源地，“二战”后英国城市遭受到很大的破坏，以伦敦为首的城市急需重建，而过剩的人口和工业需要疏散，由此发起了“新城镇运动”。

新城镇运动理论的核心：① 新镇人口的上限规模必须考虑；② 新镇由新镇开发公司统一规划实施建立；③ 新镇布局不宜采用低密度的田园城市模式，新城镇开发到一定程度，必须兴建新的城镇，但必须编制新镇群规划；④ 新镇强调居住与工作的自给自足，建设既能生活又能工作的平衡和独立自主的新镇。

（五）自中心发展理论

自中心发展理论概念是在20世纪70年代由D.圣海斯等人提出，是指区域生产力发展过程中主要是在地方社会、经济技术条件下，尽可能地长期开发利用当地资源，应用小规模技术组织劳动密集型生产，最大限度地减少对区域外部的依赖性，形成地方综合经济圈，直接满足区内人口的基本需求。自中心发展理论本质上强调的是农村地区作为自中心的发展模式，在发展途径上该理论强调综合利用当地资源、满足当地居民需求。

（六）分享空间理论

M.Santos在其1979年出版的《The Share Space》一书中提出了分享空间理论，该理论认为国家现代化过程就是创新在时间和空间的扩散的过程，前者表现为先前的历史时期向后来的历史时期扩散；后者表现为从核心地区向外围地区的扩散。在跨国公司主导下的现代化进程明显受制于跨国公司的行为。

跨国公司总是选择最有利可图的部门进行投资，并倾向于垄断当地市场，倾向于自行定价并维持当地工厂的剩余生产能力。在这种情况下造成了欠发达国家城市经济的“分享空间”结构，即这些国家的经济由高级循环和低级循环两种模式构成。其政策含义有两点：欠发达国家的发展要突破双循环约束，要强调中小城镇在发展中的重要地位。因此，该理论认为中小城镇对于区域发展具有极为重要的纽带作用。

三、国外小城镇建设路径和模式

（一）国外小城镇建设路径分析

各国小城镇建设道路模式主要分为两条相反的建设路径：①“自上而下”，即从城市考虑出发，通过中心城市的投资，分散工业布局，分流城市人口，产业和人口迁移至小城镇，20 世纪 30 年代一些欧洲国家的卫星城建设就是这种方法；②“自下而上”，这种模式的开端，始于规划师费赖特曼于 1978 年的提议，他提出以 5 万人的农区为单位，保持农区的自给自足，与城市经济发生极少联系。

（二）国外小城镇建设模式分析

1.“卫星城市”建设模式

最早是由英国城市规划师霍华德提出的，他提出了“田园城市”的概念，即在伦敦周围建设一些小的卫星城镇，控制伦敦中心城区内的人口数量，将多余的人口分散到周围的小城镇当中去，使小城镇成为大城市的政治经济附属。

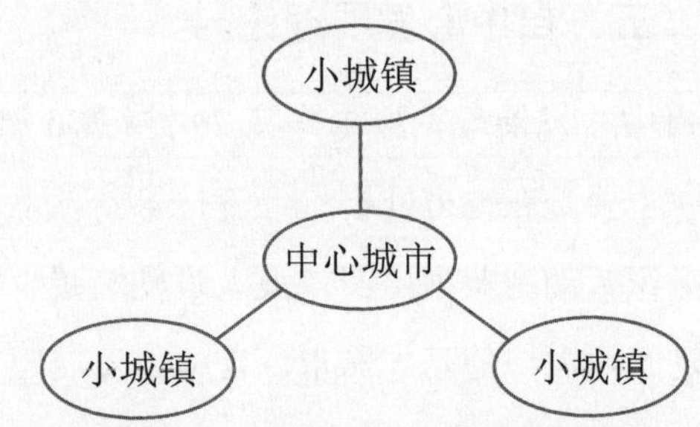

图 5-11 “卫星城”建设模式结构

图片来源：刘会晓，王大勇：《国外小城镇建设模式探究》，参见《世界农业》2013 年第 4 期

“卫星城市”建设模式比较适合经济较发达但是城市人口容量有限的超大城市，其特点是：① 这种模式需要大城市的带动，小城镇基本上独立性不是很强，经济、设施的发展依赖于大城市；② 其作用就是减轻大城市的人口压力，也就是出现“在小城镇居住，在大城市工作”的局面；③ 大城市与小城镇之间的交通比较发达，能够满足大量的人口通行需要。

2. 综合建设模式

小城镇的综合建设模式是在 20 世纪六七十年代开始兴起的。这种模式是在卫星城市发展模式的基础上，通过提高小城镇的定位、完善小城镇的设施及功能的基础上形成的一种建设模式，其在结构上与“卫星城市”基本上是一样的，但是在功能和定位上却存在较大的差别。

综合建设模式特点如下：① 小城镇的规模比较大，一般容量为 15 万～30 万人，与中心城市的距离相对比较远；② 城市的基础设施较为完备，功能比较健全，其借助于完善的基础设施基本上能够相对独立地存在；③ 以工商业为主，商业比较发达，注重环境质量。

3. 绿色或生态小城镇建设模式

绿色或生态小城镇建设模式兴起于20世纪90年代，这种模式将城镇发展与生态环境有效地结合起来，强调要在保护环境的基础上发展小城镇。最著名的当属荷兰兰斯塔德小城市群建设，该地区的建设并没有走发展中心城市的道路，而是采用了一种环形结构的松散分布模式，各个小城市根据自然特征不规则地分布，在城镇群的中心保留着一个16万公顷农业景观的“绿心”，实现了小城镇建设与农业发展、生态环境的有效结合。

绿色或生态小城镇建设模式的特点也非常明显：① 它强调人与自然的和谐发展，最大限度地保留了原来的自然风貌，对周围环境的影响最小；② 更加注重建设的环保性，一般来说，除了基础设施之外，没有大的工业企业存在；③ 这种模式下各个小城镇之间比较松散，也没有传统的大的中心城市存在，比较适合离大城市比较远的小城镇集群建设。

四、国外小城镇建设的经验与启示

西方国家的小城镇建设取得了很大的成效，城市化程度非常高，总结其建设经验对于我国小城镇建设有着重要的意义。

（一）保护和继承历史文化遗产，融“古”入新

对历史古迹的保护，是世界上大多数国家在城镇建设中都非常重视的，现在的欧洲城市建设与规划一般以旧城为中心，呈现环形发展、放射性的布局。特别是欧洲等发达国家，在很多大城市和小城镇的建设中，大都选择保持着原有的规划和传统的建设风貌，因而提升了城镇深厚的历史感和层次感。

（二）非常重视城镇的基础设施建设

美国在城市近郊区及城镇新区的建设中为满足居民对生活福利设施的要求，建设尽可能做到最高标准。日本在20世纪70年代后期开始对农村的基础设施进行大力建设，至80年代中后期，全国的村镇设施水平和大城市已持平。欧洲小城镇的基础设施建设配套水平已经达到非常高的标准，市政建设都是一步到位。

（三）重视对自然环境的美化

现代西方国家非常注意保护自然环境，以提高生活的舒适度和生活质量。美国在进行城

镇建设时力求保持自然环境美好，让人们在优美的环境中生活居住。日本则是“自然之中见人工”，将农村规划与自然环境进行巧妙地契合。欧洲重视空间环境的关系胜过重视实体本身，小镇风景如画，街道整洁，设施齐全，绿树如荫，极大地提高了人们的生活舒适度。

（四）住宅建设富有吸引力和主导作用

现代西方国家的城镇建设十分重视住宅体系建设，把它作为吸引城市人口流向小城镇和农村城市化的重要手段，住宅建设促进了城镇繁荣，也使小城镇得到更多的发展机会。美国在城郊、城镇新区大力投资住宅建设，住宅环境优美、舒适，价格较低，很多人都愿意来到这里居住。日本公营住宅建设对低收入家庭实行公营住宅廉价政策。

阅读看点

小城镇建设——西方的一些发达国家，像美、德、英等国既积累了一些成功的经验，也在基本理论上如田园城市、新城镇运动等有了一些成熟的探索；从经验来看，尊重小城镇的文化、历史是应该引起我们的高度重视的。

第四节　国外农业科技推广服务：模式及其案例

一、国外农业科技服务的“六种支撑模式”

国外乡村科技服务的主要力量是政府，而农业院校、民间组织与企业也发挥着重要的作用，不同的主体提供了各具特色的科技服务，共同推进乡村农业的发展，其主要组织形成分为以下六种：

（一）官办——政府主导的农业科技服务模式

政府主导型的农村科技服务体系是由政府兴办的农业推广机构构成的，这种组织形式在世界大多数国家中都是提供农村科技服务的主体。联合国粮农组织的统计显示，全世界约有150个国家的农业推广组织的主要形式是以农业部为依托的官方机构，其比例高达81%，其组织结构一般是由政府农业部门按照行政区划或自然区划设置推广机构并实行垂直管理，再由下设的推广局、推广中心负责具体组织、管理和实施推广工作，运行经费由政府提供。日本、加拿大、英国、澳大利亚等国家的农业科技服务以此模式为主。

（二）官学联办——政府与农业院校相结合的农业科技服务模式

政府与农业院校的结合，其中农业院校主要负责非物化的农村科技成果的推广，服务工作费用由政府提供，农业院校在农业推广中发挥了重要的引导、启发和咨询作用。社会私人机构则主要负责物化的农村科技服务，如种子肥料、农机、农药等有偿服务，这种模式的主要服务内容是农业科技、农场管理、乡村建设、资源环境保护、家政等，并采用电视、广播、电话、印发资料、访问等形式作为服务手段，为乡村农业推广构建了一个广泛协作的服务网络。

印度现已形成了政府与农业大学相结合、公共部门与私人部门相补充的农业推广服务体系。印度现有30所农业大学，133所农学院，其中各地区都设有农业大学，各农业大学一般都设有学术、研究和推广教育委员会，推广教育委员会包括各种推广组织、函授课程、广播、电视、电影、展览、情报资料、出版等部门。各农业大学一般下辖40～50个地区和专业性试验站，为研究生和学生提供实习和研究场所，教学人员和研究人员定期轮换，教学人员要有 1/3 的时间用于研究和推广。

（三）民办——农民专业合作组织主导的农业科技服务模式

在国外民办的农业科技服务体系中，其主导力量是农村合作经济组织。国外农村合作经济组织有着悠久的历史传统和丰富的成功经验，其中以农业合作社为最常见的农村合作经济组织。农业合作社是在以为农场主服务为目的并且在遵守自愿互利的原则下所形成的经营性组织，其服务领域包括：农业生产资料供应，农村资金信贷，保险，农民家庭企业咨询，农产品储藏、加工、销售，市场信息传递，科技成果推广等。这种民办的科技服务模式，优势在于可以将分散的个体农户联合起来，便于提供农户产前、产中、产后的服务和技术指导、市场相关信息等，有利于形成规模优势，增加竞争力，促进区域内农业、农村的发展。

在加拿大，农村合作社经常采用现场展示会的形式，使农民能够相互学习。如果某农民有了新的农业实践，如引入了一种新农作物、新农业技术或新的田间管理措施等，合作社就会邀请周边的农民前来学习这户农民新的农业实践，并且在会上鼓励大家互相讨论，以促进农户进行农业生产经营的改良和新技术的应用，从而达到农业科技推广的目的。

（四）学办——农业研究机构为主导的农村科技服务模式

农业研究机构为主要力量的科技服务模式，其基本特点是农业科研院充当整个科技服务体系中的骨干，充分发挥农业研究机构的智力人才优势，将农业生产的科研成果与科技推广有机地结合起来。

例如在阿根廷，全国农牧业技术研究所是农业科技服务与推广事业的核心，并在此基础上形成了全国农业服务推广的系统网络。全国农牧业技术研究所是阿根廷农牧业部下属的研究与推广机构，它既是一个科研单位，又是一个推广机构。该机构在全国共建立了 12 个研究中心、42 个分布在全国各生态经济区的区级试验站和 240 个全国范围内的推广站，12 个研究中心以基础研究为主，42 个试验站以区域内的农业实际应用研究为主，240 个推广站则将工作重心放在与当地农户的联系交流上，帮助他们解决实际生产中的问题，科研人员指导农户生产技术，介绍先进的管理方式、优良的农作物品种等科研成果。整个研究所约 90% 的技术人员均分布在这些推广站中工作，研究中心、试验站和推广站构成了覆盖阿根廷全国的农牧业科研与推广网络。

（五）官民合办——政府与农民合作组织共同分担型农业科技服务模式

这种合作模式是指在提供科技推广和服务的过程中，政府和农民组织形成一个整体的系统，双方既各有分工又有合作，互相补充，一方面依靠农民组织进行具体的推广活动，另一方面也充分发挥政府部门的宏观指导作用。

政府的推广服务体系主要承担对农业和农村发展起决定性作用的公益性职能，如：农民技术素质和经营管理能力的短期培训；关系到产业竞争力的重大技术的示范推广；沟通农民与政府、科研、教育之间的联系；对农民推广活动的引导和指导；对农民家庭生活和农村生活环境建设的指导等。总体而言，政府的推广服务体系效率高、手段先进，完全进行无偿服务。农民合作组织主要负责社区范围的技术与经验交流、物资供应、产品推销、统一作业服务、农村家庭生活指导等，农民组织的推广与服务队伍庞大，具有民办公助、完全民办、微利服务等特征。

例如法国在国家级设立的“全国农业开发协会”，是由政府和生产者协会各派一半代表组成的，政府仅仅行使宏观指导和资助职能，具体的农业科技服务工作则由农民推广小组组织实施。

（六）商办——私人企业或商业服务公司提供农业科技服务的模式

该模式的服务内容，主要是由专业性公司的咨询服务和生产资料公司的技术服务所构成。据 1991 年《美国统计摘要》的资料显示，1969 年美国的农业提供服务的公司仅有 3.3 万家，1975 年增长到 4 万家，1985 年提升到 6.4 万家，1987 年达到 7.6 万家。

美国、英国、法国等一些农药、化肥、种子等生产企业建立了推销部，一方面拓宽市场、打开销路，另一方面也为农户提供相应的科技服务。在东南亚的菲律宾、泰国和非洲及拉丁美洲的一些国家，国家农业技术推广人员和商业公司的推销人员共同参与到农业科技服务工作中，虽然出发点不同，但都起到了促进农业科技服务的效率和效益的效果。

在荷兰，赛贝科公司提供了 50% 的农业生产资料和相关的技术、信息服务，其他私人公司则提供另外 50%的生产资料和相关的技术、信息服务。同时，荷兰私人推广机构雇佣了大约 2 500 名推广人员，在推广产品的过程中传授农业技术和新产品的使用技术，提供技术和专业化咨询。此外，各类供销商，如种子、种苗、农药、化肥、饲料、燃料、农机等也向农民提供有关技术信息。

案例 5–1：美国的农业科技服务

美国实行的是“三位一体”的农业科技服务推广模式，即在联邦、州、县政府三个层次上集科研、教育、推广活动为一体。这种模式将农业科研、推广和生产需求紧密结合起来，形成了需求与科研互为因果的良性循环，建立了科研成果转化的快速通道，保证了农业生产的快速发展。

农业部代表联邦政府负责制定农业相关政策和实施监督管理，同时负责联络州立的相关机构，疏通不同区域的信息流通通道，协调各区域内培训和教育等活动。州立农业科技服务机构是整个体系的核心，而州立农业科技服务机构主要是依靠州立农学院展开工作，州立农学院不仅需要规划本州的农业发展，同时负责本州的农业教育、科研、技术推广等工作。农业学院的教师是美国农业科技研究和推广的主导力量，州立农学院规定教师工作时间的 40% 用于教学、30% 用于农业科技服务，还规定每位教师每年下乡服务的时间不能少于 3 个月，另外的 30% 则用于科研，此外将教师的职称晋升与农业科技服务的绩效相挂钩，同时制定了严格的下乡服务考核标准。各县级农业服务机构是整个体系的基础，由州立农学院直接管理，其主要任务是解决农业生产中出现的一线技术问题，同时作为中间环节，一方面向农民传递技术和市场信息，另一方面将农业生产中的问题及时反馈给州立农学院。

美国农业科技推广主要通过三种方式实施：① 自下而上，即以县推广站为基础，收集农民生产所需的技术，并反映给州推广站，由州推广站制定全州区域内的技术推广内容；② 各专业组的专家自上而下确定推广技术，如畜禽防疫，农作物病虫害防治技术等；③ 由州立农学院的推广专家、农牧场主、农业生产资料经销商、县推广技术人员等组成专家领域推广队伍，共同制定农业推广方案以及指导推广活动。

需要指出的是，立法保障是美国农业科技服务推广工作得以顺利开展的重要前提，从法律上确保了国家在农业推广的政策、资金、技术等方面的支持和协调，主要表现在通过法律手段确保了农业科技服务的经费投入。美国政府规定，农业科技服务的财政支出必须随着国民经济的增长而增长，联邦和州政府的农业科技服务经费按 1 ∶ 4 配套，各州县必须通过财政预算来确保经费的落实，并制定了联邦、州、县各级政府的资金划拨和分配使用的相关规定。

总体来说，美国农业科技推广具有较强的针对性，在把握市场经济需求的同时与农业科技推广相结合，促进了科研成果向农业生产的快速转化。此外，农业推广方式多样，除了采用传统的宣传培训、示范项目、印发资料和访问农民等方式之外，还在各级推广机构配备先进的仪器和宣传设备，最大限度地提升宣传力度和满足农民的技术需求，从而提高了农业生产的效益。

案例 5–2：日本的农业科技服务

日本的农业科技推广实行的是政府和农协“双轨推广”的模式，这种模式起源于 1948 年日本政府颁布的《农业科技改良助长法》，经过 20 世纪 70 年代的高速发展，逐渐形成了官民结合模式。

政府是“双轨推广”体系中的主导力量，主要由中央级农林水产省，都道府县级农林水产省及县以下的地区推广改良中心机构组成。中央级农林水产省负责制订农业科技推广方针，然后由都道府县级农林水产省制订具体的推广计划，最后由地区推广改良中心执行与实施。作为处于一线、直接指导农民生产活动的推广改良中心，会将生产活动中出现的问题反馈给科研单位，科研单位会开展对新问题的研究和技术开发，同时负责培训推广人员和进行新技术的验证试验，最后将验证后的新技术由地区推广中心向农民进行普及和推广。

日本农业协同组合即农协，是日本双轨制推广模式的重要辅助力量，依据 1947 年《农业协同组合法》成立，是自主性的民间组织，主要由当地的专业和兼职农户组成，农协的指导思想是“从摇篮到坟墓，农协覆盖全部”，其目标是“为农民提供生产和生活服务”。农协主要负责为农民提供生产资料、技术指导、产品销售、信用合作、社会服务和权益保障等。营农指导员是农协专门为配合政府进行技术推广而设置的职务，主要负责协助地区推广改良中心的活动，同时向农民提供技术指导和信息服务。

需要指出的是，稳定的推广保障机制是日本双轨制推广模式持续健康发展的重要因素。首先是较为完善的法律保障，1948 年《农业改良助长法》是日本农业推广事业的根本法，后于 1952 年又颁布了《农业改良助长法施行令》，并先后进行了六次修改，为了适应新时期的农业发展潮流，日本于 2005 年颁布实施了新的《农业改良助长法》，健全的法律体系是保障日本农业推广事业发展的重要力量；其次，稳定的资金来源方式和高效的农业科技推广队伍都确保了农业推广事业的健康运行。中央、都道县、地方政府均为推广事业配比一定比例的配套资金，保证了农业推广体系的运行，同时高素质、高业务水平的推广队伍有效地确保了日本农业科技推广事业的效率。

总体而言，“双轨制”是以农业协会为基础、政府为中心的推广体系，彼此互相协作，互相联系，紧密结合教育、科研、推广和生产等环节，共同组织和管理全国的农业推广工作，对日本社会的经济转型，缩小城乡差距，促进日本农业迅速发展起到了重要的推动力量。

案例 5–3：其他发达国家的农业科技服务

世界其他国家和地区为农业提供科技服务的手段、方式虽然不尽相同，但是都秉承着为农民提供科技推广服务的目的，如澳大利亚、法国等在农业科技推广模式上各具特色，但是都为本国的农业科技推广事业开创了良好的发展道路，取得了一定的成功经验。

澳大利亚的农业推广体系由政府、大学、协会、企业共同构成，各个子系统之间互相联系，共同投入农业推广事业中，这种模式有利于增强科研和推广的有效性和目的性以及农业技术的研发效率，同时，科研单位、大学为企业培养的专业性人才提高了科研成果的转化率。此外，澳大利亚还建立了一项提高农民素质和决策能力的农村推广计划，简称 PMP（Property Management Planning），其主要任务是通过举办综合系列培训，以提高农民生产经营的成效，见下表。

法国的农业推广体系由政府、农业协会、企业和科研单位构成，主要的农业推广活动由非政府组织如企业、农协等来负责，政府的任务是促进企业和科研单位的合作，并承担推广经费，法国的推广队伍是由科研单位组建，主要负责科普教育和农业科技的培训指导。此外，法国还拥有 15 个国家级农业生产协会和 11 个农产品加工协会，深入农业发展的各个环节，开展技术推广和服务工作，是法国农业科技推广事业的重要力量。

PMP 综合系列培训内容

培训内容	关键问题	主要任务
确定企业发展方向	作为一个家庭企业，准备向什么方向发展；在未来 5 年内，家庭成员有何期望	PMP 的目标 帮助家庭企业确定发展方向
自然要素分析	农场自然资源状况如何； 经营措施是否符合生态持续性	分析土地状况和能力 分析土壤水分情况 了解当地的自然植被和生存环境
产业布局和土地利用分析	目前产业布局是否合理有效	了解当地的气候变化情况 土地承受能力分析 企业发展状况诊断 流域和区域性规划分析
农民交流	怎样确保农民的工作效率	其他各方面影响因素分析 了解农民的技能 怎么加强沟通和交流 确定重要的性能指标
企业分析	是否确切了解整个企业的经营活力	确保符合市场要求 规划和决策以促进生产和经营
产业发展方案分析	如何确认产业发展的最佳方案	明确所有方案的技术可行性分析 评价其收益

二、发达国家农业科技推广服务的经验及启示

农业科技服务推广和普及先进的农业科技，改善农业科技资源配置，提高农业生产效率，是推动农业科技创新的重要举措。世界各国由于国情的差异，形成了世界多元化的农业科技服务模式与制度。目前，我国农业科技服务水平与先进国家相比还有很大差距，探讨、借鉴世界各国的先进经验，有助于我国农业科技服务体系的创新和发展。

（一）农业科技服务主体多样化

国外农业科技服务是以政府为主、多种组织共同参与的组织格局，以政府领导为主的农业推广体系是当今农业科技服务体系发展的主流。由于农业和农村发展涉及面非常广泛，因此需要教育机构、科研机构、农民合作社、私人企业等积极参与到农业科技服务中来，共同推进农业科技推广服务事业的发展。

（二）完善的制度保障

完善的法律法规为国外发达地区的农业科技服务推广活动创造了良好的外部环境，同时法律明确了国家农业科技服务体系的构成、经费的筹集、各组织形式的合法地位等，有力地保障了整个服务体系的稳定运行。

（三）建立协调机制

全国统一协调管理和协作网络的形成是国外农业科技服务体系中最突出的特点之一，协调机制的建立增强了政府对农业科研的管理，对于发挥政府的宏观管理职能具有重要作用。

（四）信息化手段的广泛应用

信息技术在农业领域的广泛而迅速的应用极大地提高了农业科技服务的效率和质量。目前，农业中应用的信息技术包括图形分析理论技术、“3S”技术、网络信息技术等。在美国已经建成世界最大的农业计算机网络系统，该系统覆盖了美国的46个州、加拿大的6个省和美国、加拿大以外的7个国家。

（五）注重农业科研、教育、推广、生产的紧密结合

各国国家农业科研机构和高等院校、农业企业的合作较为密切，形成了较为严密的科研、教育、推广、生产的桥梁和纽带，有力地促进了科研成果的推广。美国的合作推广体系就是

依托于州立大学农学院，并通过一系列的制度安排促使科研、教育、推广三位一体的实现。

（六）保证充足的资金投入

稳定的资金投入是保证农业科技服务事业可持续发展的重要前提，国外发达国家通常是利用法律、政策等手段明确服务经费的筹措来源和方式，保证了经费投入的稳定和农业科技推广服务活动的正常开展。

虽然国外的农业发展状况与中国国情有一定的不同，但由于受农业生产的共性影响，仍然能够从他们的经验中得到许多启示：

（1）完善法律保障体系。虽然我国现有《中华人民共和国农业技术推广法》、《中华人民共和国农民专业合作社法》等相关法律，但在服务主体、经费筹集等方面仍有不完善的地方，需要继续推进相关立法工作的进程，以保证农业科技服务活动的有序开展。

（2）大力培养科技服务主体。如培育各类新兴服务组织，引导龙头企业科技创新，鼓励农业院校、科研院所开展农业科技服务活动，推进公益性服务机构的改革，提升农业科技服务队伍素质等。

（3）实现经费筹集路径的多样化。按照“政府为主，多元投入”的原则，动员各种社会力量加入到构建农业科技服务体系中来，建立农业科技服务经费多渠道投入的新机制。

（4）加强信息平台建设和创新农业科技服务理念。现代化农业的发展要求在全国范围内建立一个功能强大、组织严密、传输快捷、准确有效的农业科技服务信息传播系统，并在此基础上注重农民的实际需求，从过去“自上而下”的推广方式转向“自下而上”的推广方式，树立“以人为本”的推广新理念。

阅读看点

农业科技推广服务——其模式就有六种之多，即官办、官学联办、民办、学办、官民合办与商办；反思我们的农技推广服务，其模式就很单一；建立一个多种模式共存与竞争的机制是必要的。

第五节　国外乡村旅游建设的四种开发模式

一、乡村旅游与乡村旅游产品介绍

（一）乡村旅游的概念界定

乡村旅游作为一种产业现象起源于19世纪的欧洲，1865年意大利“农业与旅游全国协会”的成立意味着乡村旅游的诞生，并在“二战”以后获得迅猛发展，至20世纪80年代后期，乡村旅游成为了一种大规模的旅游形式，作为现代旅游业的新项目，在世界各国广泛开展起来。与之相比较，中国乡村旅游起步较晚，大约是在20世纪50年代，为适应外事接待的需要，在山东省石家庄村率先开展了乡村旅游活动。20世纪80年代，中国国内的乡村旅游事业零星出现，一直至20世纪90年代中后期，中国各省才正式开始在各省区发展乡村旅游产业。目前，中国乡村旅游形成了自己的发展模式和发展形态，成为我国21世纪旅游发展中的一个新的增长点和亮点。

目前国内外尚未对乡村旅游概念进行统一的界定，综合来看有以下四种观点：① 区域旅游论，即主要通过旅游区域来界定乡村旅游的概念，认为乡村旅游就是位于农村区域的旅游；② 旅游活动论，即认为乡村旅游是一种在特定环境下所开展的旅游活动，其不仅是立足乡村的农业假日旅游活动，而且是一种多层面的旅游活动，包括特殊兴趣的自然旅游、生态旅游、探险、健康旅游等；③ 旅游方式论，即乡村旅游是基于特定环境下满足旅游者特殊需求的旅游方式，认为乡村旅游是以乡野农村的风光和活动为吸引物，以都市居民为目标市场的一种旅游方式；④ 经营活动论，即认为乡村旅游是一种基于乡村独特资源开展的经营活动。

以上各概念的界定总体包含了三个方面的内涵，即：① 乡村旅游的区域是在乡村地区；② 乡村旅游的经营主体是农民；③ 乡村旅游的吸引物是乡村性内容，包括乡村环境、乡村文化等，如乡村的农田、乡村的风俗习惯、乡村农耕文化等，因此可以将乡村旅游理解为是在乡村地区，以农民经营为主体，以乡村性内容作为主要吸引物，以满足旅游者观赏、休闲、娱乐等多方面需求为目的的旅游活动。

此外，应注意区分乡村旅游和生态旅游、自然旅游、农业旅游的概念：① 生态旅游包含在乡村旅游的概念内涵中，不过生态旅游更强调游客、地区原住民及规划者的生态保护的责任；② 自然旅游更突出其自然环境，而当地的风土人情等人文要素并不是必需的旅游内容；③ 农业旅游是乡村旅游的一种特定产品，非常强调游客对农业生产的观摩和参与。

（二）乡村旅游的产品介绍

国内外关于乡村旅游产品的概念层出不穷，其中较为广义的说法是：乡村旅游产品是指发生于乡村、以具有乡村性的旅游资源为基础开发出来的吸引旅游者参与的项目及活动。

乡村旅游产品共分为四个维度：

（1）基础产品：主要面向大众化的乡村旅游者，属于最早出现的旅游产品类型，其吸纳旅游消费能力较低，内容较单一，因此需要进行资源整合，走综合发展的道路。

（2）功能产品：依托当地的乡村资源为载体，延伸出具有主题性和功能性的产品，以吸引特定的旅游群体，消费水平比基础产品有较大提高。

（3）发展产品：更加注重满足特定群体的需求，在功能产品的基础上进行服务质量、设施水平和舒适程度等多方面的提升，因而消费水平也随之提高，是现在和未来乡村旅游产品发展的大势与主导。

（4）高端产品：未来乡村旅游发展的一种极致表现，通过对乡村旅游产品品牌的塑造和品质的提升，吸引高收入、有共同特征的群体，消费水平非常高，是未来乡村旅游发展的最高端产品，但发展规模不会太大。

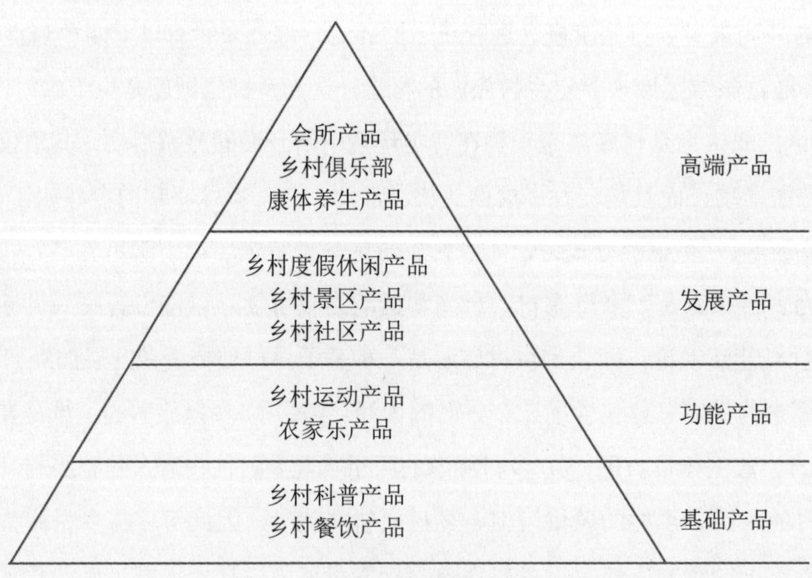

图 5-12　乡村旅游产品的四个维度图

二、国外乡村旅游开发模式研究及实例分析

乡村旅游产业在西方发达国家已经开展了近百年，发达国家的乡村旅游已经具有相当规模，同时越来越多的都市人在城市的重压下渴望找到一个远离城市的地方进行身心的修养、放松，乡村旅游逐渐成为了发达国家旅游业的重要方式。对于发达国家而言，乡村旅游活动不仅仅是满足人们需求的一种方式，更是控制人口流动的重要手段，甚至在如新西兰、爱尔兰和法国，发展乡村旅游产业已经被提到国家战略的高度。

国外乡村旅游产业依托乡村的旅游资源，以开发多种旅游产品作为卖点，加之丰富有趣的各种旅游活动，已经由过去单一的观光型旅游模式走向了集观光、娱乐、休闲、参与、知识、保健等为一体的综合发展道路，设计乡村旅游产品吸引广大游客，通过开展各种类型的旅游活动来增强乡村旅游活动的趣味性和体验感，已经逐渐形成了多元化、多功能和多层次的规模经营格局。依据乡村旅游开发项目、游客的旅游动机，可以将国外乡村旅游划分为四种主要的模式。

（一）观光型乡村旅游模式

观光旅游地域的特点是依托风景秀丽、自然环境优良的乡村景观和独特的农业生活方式作为旅游卖点，吸引城市居民前来参观、游玩，在远离城市的自然环境中放松身心，旅游者可以住在当地居民家中，同餐同劳，体验乡村农耕文化的生活方式。根据世界旅游组织提供的研究报告，美国在 1997 年已有 1 800 万人前往乡村观光农场度假，近年来美国国内每年的乡村旅游者人数约在 3 000 万人次，其中约有 2/3 的人选择去农场和牧场度假，当地乡村不仅为游客提供了充满乡土气息而又丰富多彩的特色节目，如优质鲜果蔬菜大赛、乡村音乐节、西部牛仔秀表演、拓荒者怀旧主题剧等，还推出了垂钓比赛、绿色食品展等特色旅游项目。观光型乡村旅游模式根据不同的特色又分为传统型和科技型两种主要形式。

1. 传统型乡村观光旅游模式

传统型乡村观光旅游模式以向来自城市的旅游者展示乡村农业生产、生活过程作为主要吸引物，特别是特色农产品生产过程，一般的开发模式是在城市周边或者风景区附近开辟菜园、农场、果园、茶园、花圃等，并使其具有观赏价值，可以让游客参与摘果、摘菜、采茶、赏花等农事活动，还可以品尝地方美食，参与垂钓、骑马等户外活动，获得田园生活的乐趣，但是传统型乡村观光旅游模式很容易复制，缺乏竞争力，因此为了获得更长久的发展，该模式必须突出乡村地方特色，需要充分利用当地独特的旅游资源优势以塑造特色产品。

西班牙的葡萄酒旅游是在传统的观光旅游模式上，结合当地的葡萄酒资源开发起来的特

色旅游形式，游客可以参观葡萄园、酿酒厂和产酒地区等景点，并参与制酒、品酒活动，此外当地乡村还为游客提供当地的美食、购物、健身等一系列娱乐活动。在法国，每年就有数百万人来到远离城市的偏远村庄，住在当地居民家中，参观农庄、看牛羊、看挤奶、观看制作奶酪和酿酒过程，游客还可以品尝这些美味。

图 5-13 法国传统型观光乡村旅游

2. 科技型乡村观光旅游模式

科技型乡村观光旅游模式以现代高科技手段建立的农、林、牧生产基地为载体，不仅可以保证农副产品的正常生产，还可以为旅游者提供旅游资源和场所。

新加坡将高科技农业与旅游相结合兴建了 10 个农业科技公园。农业科技公园配备了高科技设备，采用先进的科学技术管理，同时设备造型艺术性强，作物种植安排合理，娱乐场所布局精心细致。例如园内的养鱼池配有循环处理系统的水道设施；菜园由造型新颖的栽培池组成，里面种上各种蔬菜，由计算机控制养分；各种瓜果种在了田间林荫大道的两边。

澳大利亚的法思•费利克斯是玛格丽特河谷的第一个商业葡萄园， 园内拥有高科技种植设备，采用先进的种植技术，同时也为游客享受上佳的葡萄酒提供了活动场所，在石木结构的餐厅，游客可以俯瞰葡萄园和自然森林的全景，并享受美酒佳肴，葡萄庄园同时也举办艺术展览和现场音乐会。

在美国西部牧场务农旅游项目，特别建立农场学校，游客还需要交纳一定的学费才可以入学，在传递农业知识的同时，也让游客对当地的农产品有了一定的认可，起到就地宣传、促销的作用，同时还开展农产品采摘、乡村音乐会、垂钓比赛、果品展览、宠物饲养、自制玩具、微型高尔夫等多项活动。此外美国还在各地建立了多处供观光的基因农场，用基因方法培植马铃薯、番茄，在发展农业的同时也在向游客普及基因科学知识。

图 5-14 澳大利亚科技型乡村旅游

（二）休闲型乡村旅游模式

休闲型乡村旅游依托乡村区域的旅游资源，开展丰富多彩的参与性旅游活动，满足了旅游者休闲娱乐、身心健康、自我发展等需求，其最大的特点在于为了满足旅游者健康、娱乐、放松、享受等高层次需求，以康体、休闲、娱乐为主要服务内容，开发的旅游产品更需要将休闲度假作为最重要的卖点，产品的表现形式更具有新奇性、趣味性、互动性和知识性等特点。它主要包括三种类型：休闲娱乐型、康体疗养型、自我发展型。

1. 休闲娱乐型

旅游者远离城市，利用假日外出进行身心的放松，而娱乐需求成为旅游者基本的旅游需求之一，休闲娱乐型是一种满足旅游者较高层次需求的旅游类型。

目前西方发达国家休闲娱乐型乡村旅游项目非常注重娱乐性，通过开展形式新颖的活动，使旅客可以参与互动，满足了游客的多层次需求，获得了非常好的效果，很多发达国家都比较重视休闲娱乐乡村旅游发展模式。

在日本以美丽的乡村自然风光和各种具有特色的服务设施为载体，开展“务农”旅游成为其特色旅游模式。日本每年会举行两次农务旅游，分别是春天播种和秋天收割，游客可以参与到当地农民的日常田间劳作，现场采摘农作物并做成美味的佳肴，体验乡村生活的乐趣。在日本沿海地带的岩手县，一个渔村里有50多户渔民常年接待游客，在海里捕鱼和海带加工成为当地旅游的特色，而且不受季节限制，吸引了越来越多游客的造访。此外在日本“水果之乡”青森县的牧场，游客可以在相关人员的指导下去牛奶场挤奶、放牧、采集果实等。日本务农旅游的方式让城市人回归自然，增进了人与人之间的交流，使身心得到调整和放松，也引起人们对农业和环保的重视。

在美国，每当瓜果成熟的季节，城里人就纷纷涌进各大农场参加采摘水果的度假活动。德国的乡村旅游十分简洁，非常注重保持乡村的自然风貌，并结合当地的自然资源开展诸如瓜果采摘、集市体验、亲近动物、农家住宿、自租自种等多项旅游项目。意大利乡村旅游发展更强调多功能性和多层次性，农业旅游区的服务项目涵盖了教育、休闲、文化、娱乐等多种功能，并开发出具有特色的旅游项目，诸如体验农业原始耕作、狩猎、亲手制作工艺纪念品、烹调学习活动等。法国的乡村旅游开发比较注重市场需求，更强调对于市场和消费者信息的把握，为满足不同偏好的度假旅游者的需求，开发了不同旅游主题的休闲农场，例如点心农场、农产品农场、骑马农场、教学农场、探索农场、狩猎农场、民宿农场、露营农场等。

图 5-15　德国休闲娱乐型乡村旅游

2. 康体疗养型

现代社会的健康问题受到了越来越多人的关注，为了满足人们对于健康这一需求，国外很多乡村旅游的开发模式就强化了其旅游产品的医疗保健功能，从而衍生出例如按摩、理疗、体检等与个人健康相联系的旅游产品，不仅满足了游客对于健康的需求，同时获得了经济收益。古巴的医疗旅游、法国的森林旅游、西班牙的海滨旅游等都以旅游服务项目的医疗保健功能而闻名。

日本大分县的别府温泉，其历史可以追溯到几个世纪前，最初是为商人、朝拜者、外国旅人提供休息的场所，后来逐渐成为了当地乡村依托温泉资源开发的旅游项目，美丽的乡村风光和富有医疗功能的温泉，迎合了城市居民对于健康、休闲的需求。别府温泉的旅馆设施非常具有地方特色，设计风格时尚又不失艺术感，旅馆内的客房一般用屏障分开，屋内有多项生活设施，提供舒适的居住空间，且有四季美食与酒水供应，特别是在晚上会为游客准备当地特产美食、乡土料理、怀石料理等。

3. 自我发展型

自我发展模式的乡村旅游主要是为了满足旅客对于提升自身能力的需求，游客在当地度假村提供的场地里，可以选择团队交流合作的方式，也可以自主探索学习，让旅行者在轻松舒适的环境中学习新知识、熟练新技能，既享受了轻松的休闲，又学习到了知识，提升了自身的能力。

以日本的观鸟旅游为例，这一旅游项目是为了满足人们对于关注野生鸟类生活需求而专门开发的，游客可以亲临野鸟栖息地观察鸟类生活，同时随行的还有鸟类专家进行观察指导，游客不仅自身观赏到了鸟类的生活，也获取了很多关于鸟类的知识。除此之外，在美国的农场旅游、牧场旅游也设置了农场学校，由专家为游客提供专业的农业知识。这种兼有娱乐和教育培训意义的参与式乡村旅游形式深受旅游者的欢迎，成为乡村旅游的发展趋势。

图 5-16 美国自我发展型乡村旅游

（三）文化型乡村旅游模式

文化型乡村旅游将文化与旅游紧密结合，给游客展示了乡村的风土人情、生产生活方式，旅游者通过自己的发现了解到传统的文化和古老的习俗、乡村的历史文化等，例如乡村的民居建筑、村民的生活方式以及流传着的乡村故事、历史等，并以乡村民俗、乡村民族风情以及传统民族文化为主题开发多种旅游项目，通过深度挖掘乡村旅游产品的文化内涵，满足了旅游者高层次的文化需求。

匈牙利和西班牙是乡村文化旅游的典范，匈牙利乡村旅游产品注重展示其丰富多彩的民俗风情，游客在观赏匈牙利田园风光的同时，也在一砖一瓦之间发现和体味到千年文化积淀下来的民族文化和民族历史。西班牙的乡村旅游开发更加重视满足旅行者对于多种文化的需求，因此开发了很多文化旅游的路线，如城堡游、葡萄酒之旅、美食之旅、考古之旅、访历史文化遗迹之旅等。

图 5-17　匈牙利文化型乡村旅游

（四）生态型乡村旅游模式

“农业＋旅游”式的乡村旅游强调以旅游带动农业提升，将农业生产和旅游活动紧密结合，互相促进，在增加旅游收入的同时促进农业的发展，形成良性互动。据预测，欧洲每年旅游总收入中农业旅游收入占 5% ～ 10%。法国的农业旅游模式开展较早，目前已经有 1.6 万多户农家旅馆为乡村度假旅游者提供乡村客房，其中 3 000 余家还成立了“欢迎您到农庄来”合作社，现在全国每年接待的国内外游客约为 200 万人次，观光农业每年为村民创收 700 亿法郎，相当于当年全国旅游总收入的 1/4。

在农业乡村旅游中具有特色的是生态乡村旅游，这种旅游模式依托生态农业园，将生态农业和旅游结合，生态农业园是旅游的主要场所，园内依靠高科技手段进行大规模的农业生产的种植与管理，旅游者可以参与农业园劳动，还可以通过购买或者租赁园中的一块土地进行农作物种植，体验农业园里的生活。在波兰的生态农业旅游区的面积超过了 4 000 公顷，是生态农业旅游模式的成功典范。在意大利，全国20个行政大区已全部开展乡村旅游，约有7 500个可供住宿的农庄，仅托斯卡那区每年接待的国内外游客就在20万人次以上。

三、经验与启示

社会经济的发展、旅游需求的转型，使乡村旅游成为旅游新热点，乡村旅游在全球范围内蓬勃发展。中国虽有发展乡村旅游的良好资源条件，但仍存在经营理念低俗化、品牌定位趋同化、乡土文化城市化、管理模式混乱化、产业组织自发化等一系列问题，因此有必要借鉴国外的旅游经验，为中国的乡村旅游发展提供借鉴。

（一）提高旅游产品的品质

根据对国外乡村旅游模式的分析，可以发现国外对乡村旅游的理解不是降低生活水平，到农村体验生活，而是在富有自然气息的环境中享受到舒适、便捷的现代化生活，吃的既要好，又要绿色健康；住的既要符合自然环境，又要舒适卫生，同时还要有便捷的交通。

（二）旅游产品多元化，展示真实的乡村生活

中国目前盛行的“农家乐”旅游项目，产品同质化严重，基本就是尝尝农家饭、睡睡农家炕、看看田园风光，乡村的娱乐方式、风土人情等体现乡村文化内涵的活动比较匮乏，尤其是表现乡村发展演变历史的内容少之又少。反观发达国家的开发模式，可以发现不同地区的旅游项目都具有地方特色，注重展示乡村历史文化、乡村风俗等，并在旅游区积极展开丰富多彩的娱乐活动，游客不仅感受到真正的乡村生活，又获得了旅游的乐趣，因此中国在今后的开发过程中要力求旅游产品的多元化。

（三）因地制宜，突出地方特色

增强旅游产品的竞争力，必须依靠因地制宜的项目开发，开展富有区域特色的旅游。阿根廷庄园主利用地利优势，开展了别具特色的登山探险、水上项目等，正是依据不同地区资源的独特性，产生差异化，避免了同质化，增强了竞争力和吸引力，只有这样乡村旅游才有可能打开局面，获得新发展。在欧洲，很多乡村旅游都开展古堡游，不过不同的古堡游会根据自己的历史传奇、建筑特色等开展风格迥异、形式多样的旅游活动。

（四）深挖文化内涵，增强旅游体验

充分挖掘乡村文化内涵是乡村旅游成功的经验之一，乡村旅游需要满足不同游客的不同需求，除了物质层面上的需求，也需要满足精神层面的需求，因此乡村旅游不仅要整合地区的物质资源，也应该整合乡村的文化资源，并结合乡村的历史文化、民俗等开发新颖的旅游活动，增强游客的观赏体验。例如在欧洲，几乎每座古堡都有自己专门的小博物馆，配有关于古堡历史及传说故事的声光表演，以及表现古堡特色的节庆活动等。此外文化内涵是因地区不同而有所不同的，这样一来也形成了乡村的差异化和多元化，增强了旅游竞争力，无论是酒庄游、庄园游等无一不在挖掘文化内涵上下工夫。总而言之，乡村旅游的发展道路必须沿着与生态旅游、文化旅游紧密结合的方向发展，这一发展方向是使之规范化、健康、高速发展的根本保证，同时也需要认识到乡村旅游也是保护自然生态环境和传统文化的最佳方式。

阅读看点

乡村旅游开发模式——先要了解四类乡村“旅游产品”，即基础产品、功能产品、发展产品与高端产品，然后要搞清楚我们能提供什么类型的旅游产品，这样，旅游开发模式就基本确定了。

第六节　如何培养“会思考的农民”

一、现代社会对于“农民素质”的新要求

传统农业主要以世代相传的生产要素为基础，虽然生产工具和生产技术有了明显的改进和提高，但是其根本性质并未发生变化，生产效率依旧非常低下，因而从传统农业向现代农业过渡是一个世界性的大趋势，也是社会主义新农村建设的关键。农民作为这一历史性转变的主体，在农业现代化发展的过程中发挥着举足轻重的作用，农业发展对农民技能与素质所提出的更高要求也让“新型农民”应运而生。

所谓“新型农民”，是指适应现代市场经济发展要求和建设社会主义新农村所需要的新一代农民群体，是有文化、懂技术、会经营的新型劳动者，是受过教育和技能培训的“会思考的农民”。对于新型农民的培育和塑造，发达国家起步较早且给予了高度的重视，经过相当一段时间的发展，已经形成了较为完整的体系并取得了一定的成效。

纵观当今农业发达国家积累的经验，在农民培育的模式方面，各国都展现出了自己的特色。例如，美国、加拿大为代表的北美模式，以机械化耕作和规模经营为主要特点，农民教育培训主要构建完善的农业教育、科研与推广三位一体的农业科教体系；日本、韩国为代表的东亚模式，以政府为主导，以国家立法为保障，以不同层次和类型的培训主体对农民进行多层次、多方向、多目标的教育培训；以英国、法国和德国为代表的西欧模式，政府、学校、科研单位和农业培训网络四者有机结合，构建起了一个完整的培训体系。尽管上述各模式在发展历程、表现形式和自身特点上有所差异，但是我们可以从差异化的诸多模式中提取出若干相似的特征，进而初步厘清发达国家关于农业培训所采取的三大主要途径：

（1）强化法律与制度。重视农村教育立法，用法律手段来规范农民培养，从而保证农民教育所必需的人力、物力和财力，改革和完善农民教育体系，培养和塑造大批农业科技人才。

（2）培训体系的建立。包括有形式多样的农民教育管理机构和培训组织以及有可切实可行的教育质量监督机制。

（3）注重实践的参与。农民教育无论是何种形式的培训都必须重视实践和理论相结合、

知识和技能并重的教育方针，并且有规范严格的操作程序。

由上可知，国家对于农民的培育可以从法制建设、培训体系、实践参与这三个方面来进行，发达国家相关模式的具体执行过程下文即做详细论述。

二、培养会思考的农民：法律与制度保障

培育新型的会思考的农民最基本的要有法律和制度为后盾，因而发达国家第一步强调的就是立法和资金的保障，强制与鼓励相结合。具体来说，主要包含以下方面：

（一）国家法律保障

发达国家在培育新型农民的初期都非常重视立法，通过法律的手段来推进职业农民教育培训，规范培训市场，鼓励农民积极主动地参加职业培训并保障其基本利益。

美国是一个高度法制化的国家，非常重视农业技术与教育的法律保障，农民教育培训工作的顺利开展得益于政府制定的一系列完善的法律、法规和优惠政策。在 1862 年《莫雷尔法案》提出后，美国政府开始以立法的方式规定建立赠地学院、培养农业机械技术人才，从而支持农业技术与教育。到了 20 世纪初期，要求公立学校设置农业教育课程更是被美国越来越多的州政府提上了法律的程序。

在欧洲，法国农业自 20 世纪 60 年代开始迅速发展，其最重要的原因就是法国政府的高度重视。早在 1960 年 8 月 2 日，法国政府就颁布了《农业指导法案》以保障农业技术教育在全国范围内开展，同时还设立了农业教育定向委员会来进行专门的指导。英国政府紧随其后于 1982 年颁布了《农业培训法》，并在五年内不断进行修改和补充，以此确保农民教育的顺利进行。德国政府则在修订后的《职业教育法》中明确规定了政府、企业和农民在农业培训中的地位和作用，辅以立法、普法、督法和违法惩罚并重的措施以保障三者关系的协调，这也是德国农业职业教育的一大特色。

亚洲国家重视农民教育在法律上的体现尤以韩国和日本为代表。韩国政府于 1980 年 11 月制定了《农渔民后继者育成基金法》，并于次年正式开始组织实施农渔业后继者的培养工程。1990 年 4 月，韩国国会又通过了《农渔民发展特别措施法》，确立了农渔民后继者和专业农户的培养制度。政府对农业后继者教育培养的特别重视，也充分保证了韩国农业的可持续发展。日本政府颁布的《社会教育法》，利用公民馆、图书馆等设施对农村青少年、妇女等进行教育；《青年振兴法》则是由政府在村镇进行资助，对青年农民开展培训，从而使农业教育更加正规化、现代化和制度化。

（二）资金制度支持

发达国家政府除了通过完善法律与政策，使农民教育培训规范化，还考虑到受教育的是农民，因而逐年加大对其培训的经费投入。

资料显示，美国政府 2009—2012 年每年提供 7 500 万美元的固定资金用于新型职业农民的农业生产技能和农业经营管理能力培训，全年用于农民教育的经费更是高达上百亿美元。英国农民培训经费的 70% 由政府财政提供，德国农民教育投资占国家教育投资的 15.3%，而韩国的农业教育培训费用 80% 以上来自中央和地方政府财政拨款。以上数据都直观地展示出各发达国家政府对于农民教育的财政投资的力度和重视程度。

为了保障农民培训阶段的基本生活质量，提高农民参与培训的积极性，各国政府对农民参加培训期间的工资和津贴也给予了一定的补助。法国规定，农业徒工参加培训若在 500 小时以下，由雇主负担其中 160 小时或四周的工资；若培训时间超过 500 小时，则雇主负担前 500 小时或 13 周的工资，超出部分由国家补贴。另外，农民或农业徒工在参加培训期间，政府和有关农业专业协会组织的培训基金会也会发放一定的补助费。英国规定，农场工人上课时间的工资由农业培训局的政府基金支付，农场主不用支付。德国法律规定，施训者必须给予学徒相应的津贴，其数额取决于学徒的年龄，并且至少每年增加一次，其中实物津贴按国家《保险法》第 160 条第（2）项作相应的折算，但不得超过津贴总额的 75%，学徒在教学时间以外的工作也应得到相应的报酬。

此外，发达国家在注重发挥政府拨款主渠道作用的同时，还注重多方面筹集经费，扩大资金来源，在政府拨款和补贴的同时，企业和个人也参与到农业教育培训筹资中来，通过纳税形式补贴培训费用，形成政府、企业及个人等多方筹资的经费体制，以此来支持职业农民的教育培训，确保经费充足，培训机构正常运行。

（三）严格准入门槛

西方多数发达国家在培育新型职业农民的同时还建立了市场准入制度。为保证农业职业技术和技能培训的充分落实，法国政府规定，凡 1971 年 1 月 1 日后出生的农业生产者，在从事农业活动前必须接受至少为期 6 个月的农业科技知识培训，取得相应证书之后才能获得农业经营资格，并获得国家资助，享受补贴和优惠贷款等政策保障。英国颁布的《农业教育法》也对农业经营者的经营资格及文化程度作了详细且严格的规定：农业学校的学生必须是经过 11 年义务教育培训的，学生入校学习 12 年毕业后才能成为农业就业人员。德国的职业农民准入制度更为严格，想成为一个合格的德国农民，要经过严格的实践劳动锻炼和理论学习过程，达到联邦法要求资格后还需要参加全德的农业职业资格考试，合格学员才能取得农业职业资格证书进而成为农业工人。三年的农业职业教育毕业后取得的只是初级农民资格，还要经过五年的生产实践并通过国家考试才能取得农业师傅资格，成为职业农民并享有政府对农民实行的各种补贴政策。

三、培养会思考的农民：农业教育培训体系支持

农业教育培训是发达国家现代化农业建立的关键途径。总的来看，发达国家现代农业经过长期的发展，已经逐渐建立起了多层次、多元化的农业教育培训体系，对全国农民进行系统的农业技术培训，这其中主要包括三个方面：① 建立农业教育类高校；② 成立农民培训组织，形成多层次的农业教育体系；③ 健全教育质量监督机制。

（一）建立农业教育类高校

美国经历了 1861 年的南北战争以后，政府要求各州成立至少一所以农业与机械为主的州立大学或学院，由联邦政府提供土地与一定的经费。这对建立与发展州立大学、促进农业及工业发展起到了巨大的推动作用。目前，美国政府更是开始着手进行基础教育方面的改革，无论城市还是乡村，中小学生都要接受农业基础知识教育，全国各地都建立起了农业教育课程设置网络和人才开发中心。

法国的高等农业教育主要包括两年制高等技术教育、4 ～ 5 年的工程师教育和 6 年或 8 年的研究生教育。19 世纪中叶，法国政府建立了第一所农业技术学校，并从 20 世纪 60 年代开始对农业教育进行大幅度的调整和改革，不断完善教育体系，使农业教育效用最大化。目前，法国已有 900 多所农业院校，在校学生 17 万余人，每年另有 10 多万农民接受职业培训。通过以上形式的农业技术教育，超过 2/3 的法国青年农民具有中等农业学校毕业水平，7% 以上的农民获得了大学文凭。

在日本，几乎每个县都有县立农业大学，学制一般为两年，开设的专业包括农业耕种技术、畜牧业、园艺栽培、家务料理 (多为农村女青年参加) 等。两年学业期满后必须参加考试，选拔出的成绩优秀者可留校继续深造两年。近年来，日本报考农业类大学的人不断增加，反映出日本农村中青年人价值观的改变。过去从事农业劳动被认为低人一等，而现在由于整个市场经济不景气，城市就业率开始下降，人们开始认识到农业反而是一种相对稳定的职业。日本自 1960 年兴起以“兴农生产大学”为首的农民大学运动之后，80% 的青年农民都具有高中以上文化程度，其中 6% 的农民是大学毕业生，农村的行政管理人员更是全部达到大学文化程度。

（二）成立农民培训组织，形成多层次的农业教育体系

发达国家的农民教育，其管理体制以政府组织培训教育为主，同时融合了私人企业培训组织和社会关注，从而有效地促进了农民教育工作的有效进行。因而除了农业高等院校之外，发达国家农民培训机构也比较多，且一般都由专门的机构进行管理和领导，如农民培训中心、农民培训学校、农业函授学校、农业广播学校、农村教育网、培训农场等。这些都是社会上广泛存在的农民教育培训组织和机构，由此构成的一个多层次、多形式的培训机构网络，在提高农民知识技能和综合素质中起到非常重要的作用。

美国的农业推广教育就是一个覆盖全面的庞大体系，由联邦政府的农业推广处、州政府的农业推广局和县政府的农业推广办公室及志愿人员组成。140 多年的农业教育历史使美国形成了教育、研究与推广三位一体并统一管理的格局。其中联邦及州、县政府拨款资助各州、县建立起推广服务体系，农业部和农学院共同领导，农学院具体负责各项推广工作。各州的农学院统管全州的农业教育、农业科研与农技推广，试验站也由农学院一并管理，并且在全州各地设立分站或分场，以结合当地的生产课题进行研究。在农村，政府开办了培训班，利用冬季或农闲时期对青年农民进行系统培训，针对成年农民也有相应的进修深造班，向他们传授新的技术知识。此外，美国各级政府建立了大量的农业科研机构，并配备了具有相当数量和质量的农业科技人员，从而能以更快的速度将研究成果转化为现实生产力，让新的研究成果通过教育与推广在最短的时间内为农民所掌握。

英国的农村职业教育与技术培训以农业培训网为主体力量，再辅以高校及科研与咨询机构，因而得以形成一种从高到低、层次分明的教育培训系统。郡级农学院，主要培养有较全面知识的新一代农业劳动者，科研与咨询部门(如农业开发与咨询服务局)的培训是较高层次的专项培训，而绝大部分的农民则是由地区培训中心培训。据农业培训局官员介绍，英国每年有 30% 的农民接受各种不同类型的培训，其比例是相当可观的。农民对于地区培训中心的工作也给予高度评价，他们认为利用当地有经验的农场主和农民来培训当地的农民，是培训中心的成功之处，因为他们既懂得农民的需要，又靠近农场，培训方式灵活，因而培训成效更快、更明显。

日本政府同样十分注重农民的培训工作，其农民培训由国家统筹规划，政府农业部门与相关部门分工指导和协作，以教育系统为农民培训的主体，农业改良普及事业系统予以配合。目前，日本农业教育基本分为 5 个层次，由高到低依次为大学本科教育、农业大学校教育、农业高等学校教育、就农准备校教育和农业指导师教育。就不同层次具体来看，大学本科教育一般通过综合性大学农学部和高等农业院校来完成，培养目标是造就农业高科技人才和教

学人员，毕业生一般不直接从事农业生产和经营；农业大学校教育相当于中国农业大专和中专教育，培训对象是新进的就农者；农业高等学校教育相当于中国农业职业高中，其培训对象是初中毕业生，旨在培养应用型农业人才，是青年农民培训的重要渠道之一；就农准备校教育是对城市在职人员、失业人员或大学毕业生进行的短期农业技术知识转岗培训，也是新进就农者进行教育的一种重要形式，这些新进就农者在接受完农业大学校教育或就农准备校教育的教育培训之后，还必须根据需要，到当地具备农业指导师资格的农民家中接受更进一步的指导和研修。

（三）健全教育培训质量监督机制

教育体系基本建成之后，为了保证其培训的质量，发达国家的农民培训管理部门会认真遴选承担培训工作的教员与辅导员，除了邀请农业院校教师和研究机构的科研人员讲授培训课程外，还会聘请富有经验的农场主与农业工人担任教员，传授给学员实际操作的经验。同时，发达国家农民教育都设有严格的考试和认证制度，一般淘汰率为 1% ～ 2%。以英国为例，为了提高教育培训的质量和效率，英国政府建立了一套严格的考核制度，对于参加培训教育的学员，经考试合格后，才会授予国家职业资格证书。英国农民培训的职业资格证书分为农业职业培训证书和技术教育证书两大系列，其中农业职业培训证书有 11 种，技术教育证书有 4 种。英国的职业资格又可以分为五个级别：一级为最基本技能，二级为担任农业工人必须具备的资格，三级为农场顾问必须具备的资格，四、五级则是成为农场经理所必须具备的资格。为避免滥发资格证书，英国政府还成立了专门的职业资格评审委员会，农业领域方面由农业培训局、教育界、国家职业技能考核委员会、农民协会及政府部门的代表组成。

四、培养会思考的农民：理论结合实际，注重实践参与

农业发达国家在新型农民的培育上，除了法律制度和农业培训体系的建立外，更重要的一个途径即是农民实践的参与。这保证了发达国家的农业教育和培训不再是单一的授课和考核，而是更加注重教学内容的贴合实际、培训形式的灵活多样，更加强调理论结合实际，注重实践的参与。

（一）因地制宜灵活培训

农业发达国家并非都拥有适宜的自然条件，但是它们善于避开自己外部环境的劣势，凭借着更加开阔的思维，因地制宜地去探索更为灵活多变的教育培训方式。

日本虽然地域狭小、资源匮乏，但其核心技术总是居于世界前列，其中很重要的一个原因就是日本非常注重公民素质的提高。在日本，每一个村、町和工厂都设有高标准培训室和消费者体验室，像神户 KIRIN 啤酒厂等还专门派宣传人员定期给消费者讲解生产流程和厂房布局，让他们免费品尝工厂的啤酒。在儿童的培养上，日本政府也是尽心尽力，从小就让他们体验种田、畜牧业和简单的农产品加工。日本农业发展的经验表明，公民素质要紧跟现代农业建设的脚步。所以，与新品种和先进设备的引进相比，引进先进的技术和管理理念更为重要。要提高科技和管理在农业增长中的贡献率，首先就要提高农民素质，从源头抓起，加强对农民的培训和对带头人的培养。

韩国的新村运动也很具代表性。这是由韩国政府主导的一项全国性运动，从中央到地方层层设有管理机构。最高机构中央协议会从“新村教育”入手，为基层先后培养骨干人员 16.5 万名，10 年间接受农业技术教育的农民达到 2 700 多万人次。韩国学者和决策者们认为，韩国人多地少国家小，人均耕地仅有 0.6 亩，发展经济唯一的途径就是开发人力资源，所以新村运动一开始就倡导“勤勉、自助、合作”的六字方针，并在培训新村运动骨干中不断强化这种精神。韩国政府在推进新村运动的过程中，采取了不少灵活性强的机制和办法，最关键的一点就是坚持让农民自己办事、自己管事，发挥农民的主动性和积极性，政府虽大力支持新村运动但不包办，项目的选择和规划完全由农民自己决定。

（二）注重农民新需求

随着农业与经济的不断发展，发达国家开始关注农民对于其自身更高质量生活的一种需求，政府逐渐开始拓展农民培训的领域，将培训内容从传统的种植养殖技术扩展到包括园艺、小型动物养殖、海洋生物养殖等新型农业产业，从产中培训拓展到涵盖产前、产后一系列的相关领域，如农产品销售及服务、食品加工、农场管理等，从技术培训拓展到创业、经营和就业技能培训，甚至教授农民如何决策和规避风险，如何应用科学知识和实验方法，如何掌握财经分析理论和商业操作技巧等。例如，美国农民培训的网络化水平很高，政府对农民的教育培训很多是通过互联网方式进行的，使得农民能够自由掌握培训时间与选择培训内容，满足了他们的实际需求。同时，美国还结合了其自身的农业生产经营情况，设立了内容丰富、形式多样的农业技术、经营与管理技能培训方式。

发达国家农民培训机构及时关注社会需要和市场变化，除开设与农业科学知识相关的专业课程外，更多的是根据本地区的农业特点以及农业发展和农村经济结构的需要开设课程，这些课程范围广、门类多，具有较强的实用性、科学性。如韩国的“4H”教育——使农民具有聪明的头脑（Head）、健康的心理（Heart）、健康的身体（Health）和较强的动手能力（Hand）。

英国、澳大利亚等国的培训机构通常也会在严格认真的市场调查分析之后，根据用户的特殊需求及时开设课程，对口培训。

（三）理论结合实际，强调实践参与

新型高素质农民培养的是专业型和创新型农业人才，因此必须将理论知识与社会实际相结合，受过教育培训的人员要积极参与到生产实践中。

法国根据农业发展需要，及时调整专业设置，农业教育专业分工越来越细，专业设置越来越多。在教育与培训过程中，政府尤其重视实践环节，充分利用学校的农场和生产车间，组织学生参加生产劳动，并到企业实习。法国要求所有企业和个体农庄无条件地、随时随地接收学生实习和参观。

日本的农业体验活动主要包括以下内容：① 根据各个季节的农作物生长特点开展相关活动，如在秋天让学生参加收获活动并感受秋天的农业美；② 让学生接触种植，了解农产品加工，培养对农业的亲近感；③ 让学生享受农业收获的快乐，包括收获农作物和品尝果实；④ 感受农业劳动的附带魅力因素，如自然环境美、农作物色彩美、集体活动的欢乐气氛等。此外，日本在培养农业后继者方面的做法也是独树一帜的。它将原来开展的“食教育”注入体验农业生产的内容，对中小学生开展“食农教育”。1999 年，农业水产省通过法律规定，要求普及有关食物来源的知识，向学生提供相关的信息，并要求所辖的农业局派遣职员去中小学讲课，对学生讲授有关饮食和农业的知识。

如果说传统农民是社会学意义上的身份农民，注重的是一种等级秩序，那么高素质的新型职业农民则更类似于经济学意义上的理性人，它是农业产业化乃至现代化过程中出现的一种新的职业类型，强调充分地进入市场，将农业作为产业，并利用一切可能的选择使报酬极大化。培养“会思考”的新型农民在农业发达国家已经颇具规模，现在也已成为每个农业发展中国家追求的新目标，并且必将在不久的将来得以实现。

阅读看点

会思考的农民——这是对“现代农业”生产主体的一项基本要求，措施有：建立农业教育类高校，尤其是农业技术教育类学校；成立多层次的农民培训组织，尤其是民间组织；健全对于农业教育培训的监督体系与机制。

第七节 “都市农业”发展的个案及其模式

一、何为都市农业

从世界上看，日本是出现都市农业最早的国家之一，都市农业一词最早出现在 1930 年出版的《大阪府农会报》杂志上，当时大阪的技师宫前义嗣是这样描述都市农业的：“以易腐败而又不耐贮存的蔬菜生产为主，同时又有鲜奶、花卉等多种农畜产品生产经营的农业”，称之为都市农业。1950 年，美国农业经济与城市环境学者欧文·霍克提出“都市农业区域”的概念，指出必须在都市周边地区的都市楔形农田上进行绿地建设和发展园艺业、果林业。到 1977 年，美国经济学家艾伦·尼斯发表了《日本农业模式》，正式提出了“都市农业”这个概念。由于都市农业涵盖的面比较广，因此其概念与范围无论在国内还是在国外诸学派各抒己见，众说纷纭，至今难有定论。主要有以下几家最具代表性的学说：

（一）日本地理经济学家青鹿四郎学说

“都市农业”作为学术名词，最早见于日本学者青鹿四郎 1935 年所著的《农业经济地理》一书之中。当时青鹿四郎给都市农业作了以下的定义：“所谓的都市农业，是指分布在都市工商业区、住宅区等区域内，或者是分布在都市外围的特殊形态的农业，即在这些区域内的农业组织依附于都市经济，直接受都市经济势力的影响。主要经营奶、鸡、鱼、温室、观赏植物、鲜菜、果树等生产，专业化生产程度较高，同时又包括稻、麦、畜牧、水产等的复合经营。都市农业的范围一般是都市面积的 2 ～ 3 倍，集约化生产程度很高。”

（二）日本农政经济学家桥本卓尔学说

20 世纪 60 年代以后，日本的经济、社会、城市等发生了激烈变化，桥本卓尔对都市农业的定义作了以下归纳：① 都市农业是都市内部及其周边地区的农村受城市膨胀的影响，或是在农村城市化进程中受席卷而形成的一种农业形态；② 都市农业是被都市包容的位于都市中的农业；③ 都市农业是最容易受城市扩张的影响，但又最容易受城市基础设施完备带来的益处，因此都市农业是双重意义上的“最前线”的农业；④ 都市农业是城市建设发展占地和居民住宅建设占地等同时并存、混杂、镶嵌的农业；⑤ 都市农业如果放任自流就有灭亡的危险，因此都市农业是需要加以有计划保护的农业。

（三）美国经济学家 E.F. 休马哈学说

美国经济学家 E.F. 休马哈对都市农业作了以下三点概括：① 人类是自然界中脆弱的一部分，农业可以将城市人同自然界连接起来；② 可以改善和提高人类的生存环境；③ 生产粮食等原料，以满足人类生活的需要。

（四）中国农经界的一些主要观点

中国研究都市农业的历史不长，实践都市农业的地区也主要局限于处在改革开放前沿的东部沿海的一些大中城市。中国农经界对都市农业的定义尚无统一认识，主要有以下一些观点。① 都市农业是一个广义的地域经济的概念。它包括都市内镶嵌插花状的小块农田、庭院和阳台绿化，也包括城乡结合部的近郊农业，还包括远郊甚至环大都市经济圈在内的适宜大都市市场需求的农业。② 都市农业是个动态性的地域经济概念，而不是静态性的地域经济概念。都市农业是随经济、科技、社会进步分阶段而发展的农业。③ 都市农业是在城郊农业的基础上发展起来，又超越城郊农业的一种经营形态的高级化、多样化的农业。④ 都市农业是一个总概念，它集中反映了消除城乡差别、工农差别，打破城乡二元经济结构的一种发达形态的农业生产力。生态农业、休闲农业、观光农业、旅游农业、创汇农业、宾馆农业等，都是在某一方面反映了都市农业的发展水平和特点。

图 5-18　城市中的“田园”

二、全球都市农业发展的一般情况与趋势

（一）都市农业的形态

现代都市农业采用现代化的生产与经营方式，改变了传统乡村农业以大田作业为主的单一形态，呈现出多样化形态。按其产品、生产方式可分为以下几类：

1. 城市生态农业

据联合国开发计划署在哥伦比亚等 16 个拉美国家投入 15.4 万美元推行房顶种菜计划的试验表明，这种方式的都市农业产品成本低，只有市场价格的 30%，收获量是传统种植方法的 20 倍，家庭既增加了收入，又吃到了无污染的绿色产品。日本、法国也研制了多种供室内和房顶栽培作物的技术，正逐步形成产业，满足都市人对产品安全性以及回归自然、体验农业的需求。

2. 山水园林城市

从生态学角度来看，现代城市是一个大容量、高密度、高速运转的开放性生态系统，人类城市化、工业化进程中对生态的破坏都要以生态系统的可承受力为限，否则人类的发展就是不可持续的。在这种思路下，世界各发达城市的规划逐渐注重将自然环境融入人工环境，在城市化过程中尽量保持自然环境不受破坏，注重生态环境建设，推广生态建筑。

3. 可持续农业

20 世纪 80 年代以来，农业可持续发展已成为许多发达国家共同追求的目标，这也是都市区域面临的尤为迫切的需要，因为都市的可持续首先就是依赖于农业的可持续，农业生产力的持续会生成新的农业自然资源，也不会对环境造成不可再生的破坏，会产生正外部效应，带来城市的可持续。

图 5-19　柳州观光农业

4. 绿色食品产业

世界各国在实施可持续发展战略的基础上采取的首要行动就是改变常规食物生产方式，不仅关注食物的生产效率与效益，更关注其对资源、环境、消费者的影响，正在

大力发展绿色食品产业。

5. 观光农业

这是一种新型的农业生产经营形态，它是在发展农业产品生产的基础上，有机地附加了生态旅游观光功能的交叉性产业。观光农业除了提供采摘、销售、观赏、垂钓、游乐等活动外，部分劳动过程可以让旅游者亲自参与、亲自体验，农村丰富的乡土文物、民俗古迹等多种文化资源，可供参观，通过寓教于乐的形式，让参与者更加珍惜农村的自然文化资源，激起人们热爱劳动、热爱生活、热爱自然的兴趣，也进一步增强人们保护自然、保护文化遗产、保护环境的自觉性，是一种全球性的“朝阳产业”。

6. “插花型”农业

最典型的“插花型”农业形态是日本东京、大阪等地的“都市里的村庄”，也有如城市密布的欧洲地中海沿岸的大片专业化、集约化的“插花型”农业生产形态。此外，也可以把家庭园地、阳台花园、公共绿地、防护林、家庭养殖、道路旁的零星种植等视为“插花型”农业的形式。

（二）现代都市农业的发展方向

全球城市化潮流是不可阻挡的，都市农业份额在整个农业中所占的比重将会越来越大。随着居民收入水平的上升，对农产品质量要求、环保意识的提高以及现代科技进步与社会观念的进步，都市农业在覆盖范围、生产与经营方式上都在发生着急剧变化，与都市化的大潮流相适应。

1. 在生产与经营方式上，吸纳先进技术及专业化人才、雄厚的资金，使都市农业走向工厂化、企业化、专业化、规模化

都市农业的发展体现了人类发展观念的进化，标志着工农、城乡的融合。都市农业，特别是产品型都市农业将进一步利用工业成果开发先进技术，提高农业生产的资本、技术集约度，并采用与资本、技术集约相适应的现代管理方式，在更大程度上克服地域上的分散性与耕地规模对农业扩张的制约；同时现代高新技术的采用还能扩展农业活动的领域和空间，使其向平面、空间多维发展。

2. 在内涵和外延上，农业与其他产业不断融合，基础性功能得到强化和发挥，都市农业形态不断增加

在纵向层次上，都市农业要得到发展必然要向其他产业领域延伸。都市农业可以与医药、工业领域以及旅游业、社会公益事业等密切结合，衍生出许多新兴产业，促进农业功能与产品的多样化，带动其他产业的发展，充分改善社会福利。在横向水平上，随着都市化程度的

图 5-20　俯瞰山水园林城市

不断提高，都市辐射能力的增强，都市对周边农业的带动能力会越来越强，覆盖范围在不断扩张，广大区域的农业生产都将根据都市的需要调整结构，产品将越来越依赖于城市系统进行集散、流通，都市农业的范围会进一步扩大。

3. 在结构变迁上，都市农业将朝着以土地节约、资金密集、产品附加价值高型为主的方向发展

都市农业与城市其他产业在资金、技术、土地等资源上存在着激烈的竞争，获利能力是产业能否生存的关键。城市土地单位价值高，资金平均利润水平高，而且人才流动性大，都市农业要获得发展，必须在经济效益上具备吸纳这些资源的能力。因此，占用土地少，单位土地报酬率高，适宜高投入、高回报、工厂化生产的项目必然得到经营者的优先选择；而一些占用土地面积大，单位产出水平低的常规农业生产项目必然被淘汰。另外，由于花草树木等对都市环境保持的特殊作用，城市林业将得到政府扶持，其在都市农业中的比重会大大提高。

三、发达国家都市农业发展的个案

（一）日本的都市农业

日本都市农业是 20 世纪 70 年代首先在东京提出并实施的。随着城市建设和工业的高速发展，东京的城乡界限日趋模糊，农田日益减少。为了解决大都市农业日渐萎缩的问题，东京开始利用城市的工业和科技优势发展都市农业。大阪、名古屋等大城市也相继发展都市农业。这三大城市的中心地汇集了全国人口的一半以上，而农田寥寥无几，农作物生长在市区、市郊和交通要道的两侧，经营规模也较小，为此这些城市的都市农业大力发展集约化的种植

图 5-21 欧洲都市农业

业和养殖业。

日本的都市农业在经济、社会、生态功能和防灾减灾功能等方面发挥了重要作用，农业发展与整个城市的良性生态环境向人们展示出独特的魅力。日本都市农业的主要模式有三种：① 设施农业，主要是在一定区域范围内运用现代科学技术和先进农艺建设现代化农业设施，一年四季生产各种洁净、时令、新鲜、优质、安全的农产品；② 观光农业，其实质是农业与休闲、生产与消费相结合，是都市农业极其重要的一种模式。观光农业内容丰富，菜、果、花、树园地均可入内采摘、观赏等。如大阪已有 80 个观光园地，其中柑橘类 10 个、葡萄类 17 个、芋艿类 14 个、草莓类 6 个、垂钓类 17 个、其他类 16 个；③ 特色农业，主要是建设一些有特色的农产品基地，并依托科技进行深层次开发，以形成具有国际市场竞争力的特色产品。此外，还有民宿农庄、银发族农园、农村留学、自然休养村、农业公园等。

（二）德国的都市农业

德国都市农业以市民公园为代表。市民公园起源于中世纪德国的 Klien Gorden。那时德国人多在自家的庭院里划出一小部分作为园艺用地，享受亲手栽培作物的乐趣。而德国都市农业的真正发端一般认为始于 19 世纪。19 世纪德国政府为每户市民提供一小块荒丘，市民用作自家的“小菜园”，实现生产自给自足。19 世纪后半叶，德国正式建立了“市民农庄”体制，其主旨是从建立健康的理念出发，让住在狭窄公寓里的都市居民能够得到充足的营养。近年来建立市民农庄的主旨已发生很大变化，转向为市民体验农家生活的机会，使久居都市的市民享受田园之乐。

市民农庄的土地来源于两大部分：一部分是镇县政府提供的公有土地。每一市民农庄的规模约有 2 公顷。大约 50 户市民组成一个集团，共同承租市民农园。租赁者要与政府签订 25 ～ 30 年的使用合同，自行决定如何经营，种花、植草、种菜或栽树、养花等，政府都不加干涉，但其产品却不能出售。如果承租人不想继续经营，可以中途退出或转让，市民农庄管委会选出新的承租人继续租赁，新承租人要承担原承租人合理的已投入的费用。目前德国市民农庄呈兴旺之势，其产品总产值占到全国农业总产值的1/3。

（三）新加坡的都市农业

新加坡是一个城市经济国家，面积只有556平方公里。自然资源贫乏，农产品不能自给，甚至连沙石、水、食品都需要进口，本地只生产少量蔬菜、花卉、鸡蛋、水产品和乳制品等，加上城市化发展后耕地不断减少，因此非常重视都市农业向高科技、高产值发展。都市农业的发展以追求高科技和高产值为目标，以建设现代化的农业科技园为载体，最大限度地提高农业生产力。新加坡都市农业的发展模式有：① 现代化集约的农业科技园，基本建设由国家投资，然后通过招标方式租给商人或公司，租期为10年，其中最负盛名的是利用气耕法种植蔬菜的农场，农场在有空调设施的温室内种植蔬菜，蔬菜根部暴露在空气中，每隔5厘米喷洒营养物质和肥料，不喷农药，这是世界上第一个在热带国家以气耕法来种植蔬菜、生产富有营养而安全的新鲜蔬菜；② 农业生物科技园，占地约10公顷，拥有现代先进设备，主要进行新农业技术研究与开发工作；③ 海水养殖场，海水面积约45公顷，主要有圣约翰岛水产养殖中心和使用浅水养殖法的樟宜鱼养殖研究处。

（四）荷兰的都市农业

荷兰的都市农业是以园艺业和畜牧业为主的出口型农业。花卉之国的荷兰借助于发达的设施农业，集约生产经营花卉、蔬菜及奶类制品，使其人均农产品出口创汇居世界榜首，成为全球都市农业的典范。荷兰都市农业重点发展设施园艺技术辐射、园艺产品集散和农业生态观光功能，建立三层次专业分工的都市农业体系：① 与周边国家进行专业分工，本国生产有优势的园艺类产品并供出口，进口不具备优势的粮食及牧畜产品；② 国内各地区间的专业分工，北部为奶牛饲养及奶制品加工为主的畜牧区，西部为牧草为主的农牧混合区，南部为蔬菜花卉为主的园艺区，东部为混合型农业区；③ 家庭农场间的专业分工，各个农场间根据区域布局进行专业化、集约化生产，每个农场平均只生产3～4种农产品，由农业合作社提供完善的产供销一体化服务。

四、都市农业发展的一般模式

（一）现代产业化农业模式

现代产业化都市农业指的是以创汇、经济功能为主，高度专业化的大规模资本密集型农业（尤指不受土壤限制的农产品，如高密度家禽、家猪饲养、菌类和鱼类养殖、花卉及蔬菜的温室栽培等），以集约化生产某一种或两种农产品（畜产品）为主，形成一定规模的农业产业化集群。

图 5-22 欧洲农业科技园

以阿姆斯特丹、新加坡为代表的现代产业化都市农业以创汇农业、园艺农业、设施农业、加工农业为代表。例如新加坡作为世界城市，农用地极少，农业向高新技术和高产值方向发展，积极发展高产值的热带观赏鱼和胡姬花，出口创汇增加收入，同时建有水栽培蔬菜园、花卉园、热作园等现代产业型都市农业基地。现代产业化都市农业模式呈现出国际化、专业化、优质化、高新技术化的趋势，具有高投入、高产量、高产值的特点，并且随着大量现代农业科技技术的应用，农业机械化将进一步发展为自动化，人们利用各类农作物在生产过程中的空间差异和时间差异进行错落组合、综合搭配。

总体而言，这种模式中都市农业由自然式向设施式发展，由单一型生产向综合型生产发展，由平面式向立体式发展，由机械化向自动化发展，构成多层次、多功能、多途径的高效都市农业生产系统。

（二）多功能社区农庄模式

这类模式以兼顾生态、经济、休闲、教育等多元功能的社区农庄为主要载体，以纽约、东京等世界城市为代表。该种模式强调都市农业的先进耕作技术，融农业生产与城市生态环境建设于一体，提供一定量的农产品和优质的公共产品。社区农庄以精细农业、集约型牧业和景观型农业为主要特征。社区农庄在提供少量农产品的同时，为城市提供景观休闲、教育科普的公共空间。

都市农庄模式具有多功能综合性的特点。人多地少、经济发达的世界城市，如东京、新加坡、台北等，一方面重视农业集约经营和生产技术的现代化，就地就近供应新鲜食品，另一方面为了适应美化景观和优化生态环境、供市民观光休闲旅游健身等功能的需求，社区农庄的主要功能为提供“绿色”（如自然保护区）、“蓝色”（如水源保护区）和社会服务（如休闲娱乐）的多功能农业。这就要求农民能够主要使用有机生产方式，以期更好地配合这些新式的服务。城市人群（如游客）和这些农民之间的交互作用将会得到强化，生产者和消费者之间的联系也将变得更加直接。针对“特产”的销售和需求将会上升，农场处理和直接销售将变得越来越普遍。消费者也能够见证它们所消费的产品的来源和质量，能够直接和这些农民进行交流，极大地促进彼此之间更好地了解。在该种模式中，农民可以被看做是多功能城市化地区开放空间的经营者。

（三）生态绿地型农业模式

这类模式是以生态功能为主的模式，以欧洲城市为代表，如伦敦的绿带等，该模式强调人与自然环境的和谐相处。要求政府通过制定一系列的法律、规章制度和政策措施来规范都市农业的发展。该种模式中，农业是“花园城市”的一部分，农业与由环境保护主义者管理的自然资源（公园）相结合。

该种模式以伦敦、汉堡等世界城市为代表，其农业类型上以农作物耕作为主，兼有花卉、果树和蔬菜混合种植。该种生态绿地型都市农业已经成为许多国家协调城乡发展、保护生态环境、多功能利用土地的一个重要手段。

生态绿地型都市农业呈现出公园式、生态带的发展特点，这种可供观光的农用地完全是自然景色，空气新鲜，布局艺术，且作为城市绿地的重要组成部分，都市农业与生态环境有机结合，构建起一个综合型生产结构和可持续发展的生产系统。如伦敦、慕尼黑、莫斯科等世界城市的都市农业不是出于食物短缺和贫困的原因，而是对农业土地的生态价值和自然美感的重视，莫斯科郊外的环城森林公园带宽达 10 ～ 15 公里，发展都市农业功能的同时极大地改善了城市生态环境。

阅读看点

都市农业——这是西方发达国家探索出来的一种新型的农业生产方式，大致有六种类型——城市生态农业、山水园林城市、可持续农业、绿色食品产业、观光农业与插花型农业，可在中国的城市进行积极探索。

第八节　国外“农民职业化”培训模式及其经验

一、发达国家农民职业化培训的实践与措施

（一）美国农民职业化培训实践

1．三位一体：美国农民职业化培训体系

美国职业农民教育培训的核心体现在其完善的农业科教体系。联邦及州、县政府拨款资助各州、县建立推广服务体系，推广工作由农业部和农学院共同领导，农学院具体负责。农学院统管全州的农业教育、农业科研与农技推广工作。州试验站也由农学院管理，并且在全州各地设立分站或分场，结合当地的生产实践进行研究，并在农村开办培训班，利用冬季或农闲对青年农民进行系统培训，还举办农民进修深造班，向成年农民传授新的技术知识。另外，美国各级政府建立了大量的农业科研机构，并配备了具有相当数量和质量的农业科技人员。已经形成了农业教育、研究与推广三位一体、统一管理的格局。

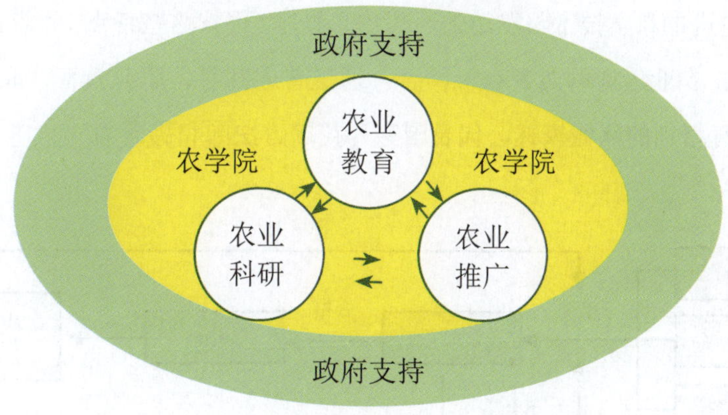

图 5-23　美国三位一体农民培育体系

2．培训从青少年抓起：积极发挥“未来农民组织”的作用

美国未来农民组织简称 FFA（Future Famers of America），已有 80 多年的历史，主要是

针对中等教育阶段的青少年开展农业教育培训的非政府组织，旨在通过农业科技教育向学生传授农业科技及与人类生活密切相关的所有实用知识与技能。FFA 不仅具有坚实的立法基础、稳定的资金来源、明确的教育宗旨与独特的管理理念，而且在教育内容与方法、教学形式与途径等方面具有很强的科学性、针对性和实效性。目前，FFA 大约为 5 000 万名学生提供广泛的农业教育培训服务，具有全国统一的徽章、格言、誓言和信条。

3. 培养农业接班人：新农民和农场主发展计划

2008 年，美国农业法案批准了新农民和农场主发展计划（Beginning Farmer and Rancher Development Program，BFRDP）。按照美国农业部的定义，新农民和农场主指以业主经营人、土地所有者、承租人、收益分成的佃农等身份真正运作和管理农场或牧场，并从作物种植和畜禽养殖中获得可靠、稳定收入，不超过五年的农业生产经营者。BFRDP 计划旨在为新农民和农场主提供教育、培训、推广及指导服务，确保新生代农民的成功。根据该农业法案，农业部国家食品和农业研究所（NIFA）将对农民或农场主教育培训组织机构予以奖励。在该计划的支持下，2009—2012 年间美国政府共提供 7 500 万美元的资金用于新农民和农场主的农业生产技能、农业经营管理能力培训。这些资金划拨到各类大学、农业推广中心、社会组织及公益性协会，用于开展农民教育培训。

（二）欧盟农民职业化培训实践

1. 农民职业化培训体系

欧盟对农民的教育培训主要是通过培训与证书制度来体现的。欧盟主要以家庭农场为主要农业经营单位进行农业生产，这些地区的农业生产对技术的要求较高，农场规模较小且分散，但是他们有先进的科学技术与发达的现代信息技术。根据这些特点，欧盟各国提出了政府、学校、科研单位、农业培训网四者有机结合，通过普通教育、职业教育、成人教育等多种形式对农民进行教育培训的欧盟模式，代表国家为英国、法国和德国。

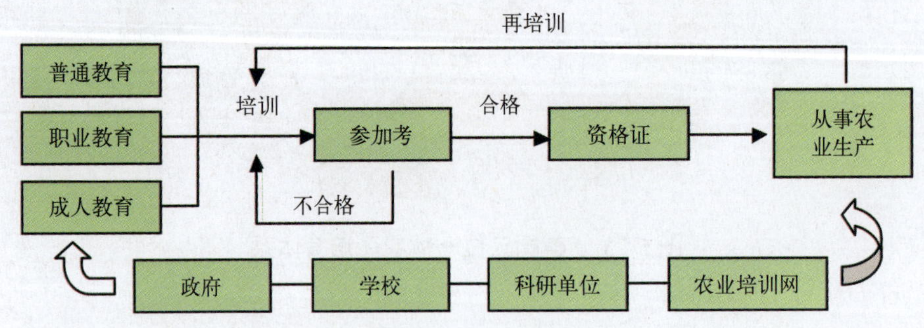

图 5-24　欧盟农民教育培训体系

2. 共同农业政策中的职业化培训

欧盟共同农业政策(CAP，Common Agriculture Policy)是在欧共体共同农业政策的基础上形成的。由一整套规则和机制组成，是欧盟最重要的共同政策之一，主要目的是规范欧盟内部农产品的生产、贸易和加工，对内实行价格支持，对外实行贸易保护。2011 年欧盟共同农业政策改革的具体内容是：

（1）青年农民。为了增强农业对青年人的吸引，欧盟委员会计划给青年农民提供就业补贴支持和获得银行贷款的便利，要求各成员国将直接支付的 2% 用于支持 40 岁以下的年轻农民，在欧盟范围内强制实行青年农民创业援助计划：在进入农业的最初 5 年内，可获得额外的 25% 的直接支付补贴。

（2）小农户。种植面积低于 3 公顷的小农户，如参加 2014 年实施的欧盟小农户计划，将根据农场具体规模获得每年 500 ～ 1 000 欧元的固定支付。

（3）活跃农民。CAP 受到强烈批评的原因之一就是即使生产者在农业生产领域十分“不活跃”，作为土地的拥有者仍可获得直接支付，例如有的直接支付流向机场或体育俱乐部等。该政策确保直接支付只给予从事农业活动的“活跃农民”。

（4）最高限额。基于农场规模和生产水平来制定直接支付的标准导致大约有 80% 的农业支持流向了大农场主。欧委会建议限定每个农场直接支付的最高上限为 30 万欧元，并鼓励农场增加雇佣劳动力，减少对大型机械化农场的支付水平。

3. 欧盟典型国家的农民职业化培训措施

（1）法国——严格的证书制度

法国将高等教育、专业技术教育和在职培训相结合，建立了完整的农业教育培训系统，全方位、多层次地培训农业工作者。为了保证农民培训的质量，实行了严格的证书制度，设立系列农民培训证书。农民培训的职业资格证书和农民职业学历教育证书是分离的，农民培训对象和农民职业学历教育对象所获得的职业资格证书不一样。职业资格证书有农业职业教育证书、农业专业证书、农业技术员证书、高级技术员证书四种，培训时间分别为 200 小时、680 ～ 920 小时、2 年和 2 ～ 3 年，并要求有前一级证书所要求达到的能力，才能参加下一级证书培训。

（2）德国——正规职业教育与绿色证书相结合

德国农业产值占国内生产总值的比例约为 1%，但农业却非常发达，农业生产效率非常高，主要得益于政府在农民职业培训、政策扶持、农业用地规划和农业产业链升级上的长期投入。《联邦教育法》、《就业法》规定，农业就业者在正式进入工作岗位之前，必须经过不少于 3 年的正规职业教育。在生产实践和理论学习达到要求后，学生需要参加全德统一的农业职业资格考试，考试合格人员取得农业职业资格证书（又称为绿色证书）才能成为农业工人。绿色证书分为5个等级，并且每个等级分别代表不同的水平和从业资格。一级证书是农业职业教育学徒工证书，这只是一个初级证书；经过3年农业职业教育，通过规定课程的结业考试，获得二级证书，成为一名合格的农业专业工人；二级证书获得者通过一年制的专科学校或参加农业师傅考试，获得农业师傅证书，即三级证书，此时便有了独立经营农场和招收学徒的资格，才能享有政府对农民实行的各种补贴政策；三级证书获得者通过深造两年制的农业专科学校，毕业后获得四级证书，成为农业企业技术员、农业企业领导；此后如能通过附加考试，便可进入农业高等学校深造，毕业后获得欧盟颁发的五级证书，成为农业工程师。

（3）英国——法律保障农民职业化培训

英国是世界上最早实现工业化的国家，农业劳动力仅占劳动力总数的1.6%，农业总产值仅占GDP的0.6%，但政府却高度重视农业职业教育和农业从业人员的职业资格鉴定。尤其是为加强农民职业教育与技术培训，英国政府制定了一系列法令和政策，促进了现代农民教育培训体制的建立。1982年英国颁布《农业培训局法》，1987年又对该法进行了修改和补充。从政府角度看，教科部负责院校教育，同时也抓院校的职业培训。就业部的培训局专门负责制定职业教育和技术培训的方针政策，制订成人就业培训计划、青年培训计划等。此外，还有由农业部和地方教育部门共同负责实施的“技术与职业教育计划”。农业职业教育和技术培训都是上述计划的组成部分。政府不定期地组织调查研究，及时针对调查中发现的问题提出解决办法。

（三）日本农民职业化培训实践

1. 农民职业化培训体系

日本农民教育培训是由国家统筹规划，政府农业部门指导和协作，以教育系统为农民教育培训的主体，农业改良普及事业系统和农协予以配合。文部科学省系统的农业教育包括初等教育(小学)、前期中等教育(初中)、后期中等教育(高中)、高等教育(短期大学、大学)，并主要在后期中等教育和高等教育中实施。农林水产省和各县所管辖的农业大学校(非学历教育)是对日本高等农业教育的有益补充。农业改良普及中心是日本农民职业教育体系中不可忽视的重要组成部分，对农业技术普及推广、农业劳动者素质的提高具有重要的促进作用。日本农民培育的主要特色是以农协为主导，农协是农户与市场、农户与政府之间的桥梁和纽带，日本农协作为世界范围内公认的最为成功的农业组织形式之一，对于以小规模农业经营的国家有很好的借鉴意义。

2. 重视青年农民教育

日本农业劳动力逐渐减少并且老龄化严重，阻碍了日本农业生产发展，给农业经济发展带来了巨大困难。特别是在世界经济全球一体化过程中，农产品在国际市场竞争中失去了竞争力，给农业生产、农产品市场、人民生活及社会稳定带来一定的威胁。日本政府认识到这一问题的严重性，从农民职业教育入手，在教育、资金、法律、政策等方面采取措施，培养和扶持一批年轻有为的农业生产、经营和管理人才，支撑和促进农业生产和经济的发展。

3. 五层次立体化职业培训

日本政府重视农民职业技能教育和发展农业教育，对农民教育培训形成了五个层次，实行理论研究教育＋理论实践培训教育＋技术培训教育＋短期培训于一体的各类农业人才立体式培训教育模式。五层次即大学本科教育、农业大学校教育、农业高等学校教育、就农预备学校教育和农业指导师教育。大学本科教育通过综合大学的农学部和高等农业院校来完成，主要培养农业高科技人才，毕业生一般都不直接从事农业生产和经营。农业大学校教育相当于我国农业高职，学校的培训对象是即将就农者。农业高等学校教育相当于我国的农业中专和职高教育，培训对象是初中毕业生，培养方向是应用型农业人才，这是青年农民培训的重要渠道之一。就农预备学校教育是对城市在职人员或失业人员、大学毕业生进行的短期农业技术知识转岗教育。

4. 通过农协开展培训和服务

日本“农业协会”作为集农业、农村、农户三类组织为一体的综合社区组织，与农民的生活密不可分，99% 以上的农户都参加了农协组织。日本农协是靠自己独特的组织原则和经营原则组织发展起来的特殊法人，具备一定的规模，已经有 100 多年的历史，是适应日本社会制度和具体的政治、经济、文化环境发展起来的组织体系，具有独特的组织体系、服务体系和运行机制，成员也从农民会员扩大到非农民会员，是国家与农民之间必不可少的纽带和桥梁。农协负责农民新技术的培训和推广，进行生产指导、管理农产品销售，使市场有稳定

的供应，避免盲目生产，确保农民收入的稳定；集中采购生产生活资料，使加入农协的农民得到实惠；注重信用合作，从组建后就建设特有的不以营利为目的的金融系统；提供共济和社会福利，为农民提供服务，减轻农民的经济负担。

（四）澳大利亚农民职业化培训实践

澳大利亚是南半球最发达的经济体，拥有高素质的职业农民和世界上自主性最强、技术最先进的农业产业。通过系统农业教育、农民教育、农民培训、认证管理、政策支持等措施，持续的职业农民培育直接支撑了农业现代化的发展，提升了农民的综合素质和能力，直接提高了农业生产效率。

1. 政府支持力度大

澳大利亚十分重视教育，教育水平也居世界前列，学校教育科目设置与需求、能力及学生个性兴趣相接轨，充分挖掘了学生潜能，提高了学生综合素质与能力。各级政府非常支持农民职业教育培训，将农民培育提升到保证国民经济高质量、高效率运作的高度来认识。国家专门成立了教育科学培训部（DEST）、国家职业教育研究中心（NCVER）等政府部门对教育培训进行战略定位、支持及管理，又在农、渔、林业部的主要职能内添设“指导并开展农民培训，并对不同农业行业设立了能力水平标准”等职能，另颁布《职业教育法》、《国家教育培训保障法》等法律法规，保障公民受教育的权利，规范并约束教育学院、培训机构以及其他职业教育培训实施主体的行为。

2. 农民职业培训的市场化

澳大利亚在农民职业教育培训中引入市场机制，突出表现在供给与需求两方面。从供给来看，澳大利亚改变教育培训主体政府单一化的基本模式，引导社会力量，如农场、农民社会化组织、企业等参与农民职业培育体系建设，形成多层次、多形式的教育培训格局；从需求来看，各培训主体利用课程设置与培训方式的多样性，充分结合农民意愿与特长，激发农民对于教育培训的自主参与性，降低培训难度，提高培训质量。澳大利亚农业职业教育培训由此逐步形成了“市场化”的良性运作机制，将政府、教育机构、企业与人才等多方利益相融合，使教育培训既适应农业生产经营的需要，又满足学员个人兴趣与要求，使就业与学习有机地结合起来。

3. 注重职业能力培养

澳大利亚的农民职业教育体系是融义务教育、职业教育与高等教育为一体，由企业界深度参与的完整教育框架体系，教育重点侧重能力教育与综合素质培养，并将教育培训作为一种服务给予农民，职业能力培训、职业资格证书体系等都体现出“学为所好，学以致用”的教育培训理念，是普通教育与职业教育、知识教育与能力教育的有机结合。澳大利亚农民职业技术培训的目标是培养农业生产与经营所需的技能型、实用型人才，职业针对性较强，更为注重实践能力的培养，只要求学生对专业常识与基础知识有一定的了解，不必深入研究，在培训学习期间，更多的学习内容是实际操作训练与知识技能实践。

4. 坚持终身教育理念

澳大利亚的教育培训制度是以终身制为基本理念的。① 澳大利亚的教育培训质量有严格的统一标准，职业教育机构必须进行等级认证才可以进行招生，教学培训内容必须适应企业用人需求并符合质量框架标准，以确保教育培训的质量与适用性。② 由教育与培训机构颁发的等级证书全国适用，且终身有效。职业教育证书制度确保所有的学员均有多元选择机会，不论未成年人或成人学生、未择业人员或在职农民，学员自身倾向技能学习就可以先选择技能培训，获得的学分可以认定为普通中学教育学分，即便不选择读技术与继续教育学院，也可以选择攻读本科；也有部分学员直接进入大学接受正式教育，中途休学工作，工作之后有需要再去完成专科或大学学历教育，或者工作后通过知识和能力认证转移学分继续大学学习。

二、发达国家农民职业化培训的一般模式

（一）以立法驱动农民职业化培训

立法贯穿于职业农民培育的全过程，内容涉及农民培训的各个要素和领域，且伴随国情的变化而进行修订和补充。如英国于 1982 年颁布了《农业培训局法》，1987 年又进行修改，逐步强化了农民职业教育与技术培训；德国 1969 年职业教育法颁布，确立了“双元制”的农民农业学历教育体制；日本先后颁布了《农学校通则》(1883 年) 和《农业改良促进法》(1977 年) 等法律；韩国政府先后于 1980 年、1990 年制定了《农渔民后继者育成基金法》和《农渔民发展特别措施法》，为培养农业后继者和专业农户提供了法律保证。

（二）让“农民职业化培训体系”运转起来

经过长期的探索与实践，国外逐步形成了以政府为主导，以农业院校为基地，以社会培训机构为补充，农业教育、科研、推广相结合的农民职业化培训体系。

1. 教育培训对象重点：青年农民

欧盟 CAP 新一轮改革议案提出，将 2% 直接支付资金专门用于支持 40 岁以下青年农民从事农业。英国的农业学历教育大量招收具有普通教育基础、具有 1 ～ 2 年农业实践经验的

青年农民进行专业教育，学员毕业后主要在农业生产第一线工作。法国规定凡 18 岁以上的农民，每人需参加为期一年（可累计）的农业知识培训。对 18 岁以下者要求更为严格，须先培训三个月，再到农场实习三年，期满后经过考核，合格者颁发“绿色”教育证书。

2. 教育培训实施主体：政府主导的专业化机构与社会多元化机构的组合

各国农民教育培训管理体制有所不同，有的隶属农业部门，有的隶属教育部门，有的主要通过农民组织（如农协）来实施，有的国家由多个部门共同管理。以美国为代表的拉美国家农业培训体系归农业行政部门垂直管理。世界上大多数国家的体系属于此种类型（占 81%），由政府兴办公益性推广体系，实行垂直管理。特点是推广体系直属于政府（中央或省州级）农业部门，按自然区划设置并实行垂直管理，自上而下组织工作，经费由政府完全提供。法国的农民教育培训也由农业部主管，包括任命中等与高等农业学校校长、拨发教育经费、设置专业和课程、进行人员管理等。教育部只负责农业教育文凭与国家基本文凭的对等协调工作和宏观管理工作。这样可以避免多头办学、多头领导，避免教育资源的重复浪费。

3. 教育培训内容及形式：注重实效、内容丰富

各国农民教育培训均采用理论教学与实践教学紧密结合的形式，多数国家理论课程教学占 1/3，实践实习教学占 2/3，实践操作能力、创新能力是农民教育培训的核心。即使在中高等农业大学和农业专科学院也以某一产业的技术环节为导向设置相关课程内容，与我国农业大学专业设置教学有本质的区别。同时，各国农民教育培训的时间安排、培训地点的选择等，均以当地的农业生产需要、农民需求为基础，灵活多样、实用高效，并实现技术培训向素质、观念教育转变。

发达国家农民教育培训的一个显著特征是注重理论和实践相结合，重视教育培训的针对性和实用性，逐步由单纯的技术培训向文化素质、管理能力以及生态、生活观念的教育培训转变。

发达国家十分重视农民培训的实效，课程内容一直围绕着农民需要和市场变化来安排开设。课程的设置及授课方式日益灵活，呈现多样化趋势。如美国、英国及澳大利亚等国的教育培训机构，通常在详细的市场调查分析之后，根据农民的特殊需求及时调整课程内容设计，采取对口教育培训，甚至采取专业性强的定向教育培训方式。

4. 教育培训管理：经费充足、注重质量

发达国家的农民培训大多数由政府投资，教育资金的支持方式分为两种。① 对农民实行“埋单式”培养。如美国政府为了推动农业教育，财政每年用于农民教育的经费达 600 亿美元，此外 2013 年美国新农业法案规定，2014—2018 年，将提供 8 500 万美元用于新农民和农场主的培训。② 间接式支持。如加拿大和德国政府等设有农民培训专项基金，目的是鼓励农场主和农业企业对农民进行培训，但它没有把资金直接划拨给企业，而是通过让企业把花费的培训费用计入生产成本，待企业出售产品后对其减免税收进行支持。

为提高教学质量，各国均重视师资队伍建设。培训者由专职培训者与兼职培训者共同组成，专职培训者主要侧重教育培训工作的设计、组织和管理等方面，兼职培训者则一般作为培训教师。

（三）实施职业农民认定制度

把农民培训与证书制度有机结合起来是欧洲农民培训的最大特点，为了保证培训质量，许多欧洲国家在农民培训工作中实行严格的证书制度。各国都设立了一系列的农民培训证书，其中主要是职业资格证书，且管理和保障机制非常顺畅。岗位规范与课程开发来自于行业发展的现实需要，这是农民证书培训项目保持旺盛生命力的基础，参加农民培训与资格考试是农民取得资格证书的前提，获得证书是从事农业生产经营和获得补贴及优惠政策的基础。

三、国外农民职业化培训实践的借鉴与启示

（一）政府全力支持，通过立法措施支持农民职业化培训

国外发达国家非常重视农民教育培训的立法，通过立法形式保证农民教育培训所需的人力、物力和财力，改革和完善农业教育培训体系。在中国，虽然党和政府一直重视农业和农村工作，农民教育培训工作也得到了一定的发展，但在其规范程度和执行力度上，还完全取决于执行者的责任心和积极性。因此，有必要制订一部《农民教育培训法》之类的保障农民教育和培训的法规，规定和鼓励农民接受职业教育培训，规范有关部门、涉农单位和农民自身的责任与义务，确保农业、劳动保障、教育、科技和财政等相关部门在职责范围内切实做好农民的教育培训工作。

（二）整合培训资源，健全农民职业化培训体系

国外农民培育形成了以政府为主导的专业化、多元化培育主体，其中以农业部门主管的占大多数，另外一部分结合教育部门、农协等共同完成。这种以提高农民素质为核心，充分利用现有资源，多层次、多样化的农民培训方式十分值得中国学习。我国应面向市场和经济社会发展的需求，建立多层次、多元化的农民培训体系。要充分利用职业技术学校、劳动力培训中心、乡镇成校、农函大、农广校等各类培训机构，进一步整合培训资源，开展农业产业培训和农村富余劳动力的转移培训。逐步完善以高等职业教育(成人与继续教育)为龙头，

以中等职业教育（农业中专学校、农业广播电视学校教育）为骨干，以县乡村农业职业（成人）教育和社会化服务体系为基础的农业职业培训体系。要逐步形成“政府统筹、农业牵头、部门配合、社会参与”的新型农民科技培训运行机制。

（三）实施岗位规范，完善农民职业资格制度

经过培训和农民职业资格认定才能从事农业工作是很多国家的普遍做法。认定管理是新型职业农民培育制度体系的基础和保障，只有通过认定，才能确认新型职业农民，才能扶持新型职业农民。要制定新型职业农民认定管理办法，明确认定条件、认定标准、认定程序、认定主体、承办机构、相关责任，建立动态管理机制。政府行政主管部门一定要委托特定的机构负责新型职业农民的认定工作。我国应吸收国外开展绿色证书培训的成功经验，进一步提高我国绿色证书培训的水平和效果，如根据加拿大的成功经验，我国要首先选择企业化程度较高的行业和专业进行改进和完善，可先行试点，集中精力开发 3 ～ 5 个符合行业发展需求的课程，精心组织实施，在此基础上再逐步扩大到其他岗位，按照先易后难的原则，逐步按照岗位能力等级进行绿色证书的分级培训，培养新型知识型农民。

（四）创新培训模式，提高农民职业化培训的实用性

发达国家农民教育培训既重视法律法规政策保障，有完备的资金和培训服务体系，又重视创新农民培训模式，不仅重视正规的学校学习，还重视培训的实用性、直观性与可操作性。农民教育培训模式随着社会经济的发展而不断发展变化，呈现出多样化的趋势。因地制宜，结合实际，形成适合本国、本地的农民培训模式是各发达国家普遍重视的做法，也是农民培训顺利实施的必要途径。因此，在农民职业化培训中，必须注意提高农民培训的职业性和实用性。农民科技培训的内容，应从单纯的农业实用技术培训转向农民素质的全面提高。在培训对象上，要从单纯对农民的培训向农村干部，农业部门领导，农业专业科技人员，农村加工、流通、生产经营等龙头企业和乡镇企业的领导、技术人员、从业人员延伸。由此，加强农民培训模式创新，不仅有利于降低成本，还有利于提高培训效率。

阅读看点

农民职业化——其中一个措施是“职业农民认证制度”，即把农民培训与证书制度结合起来，主要是职业资格证书，获得证书是从事农业生产经营、获得政府农业补贴以及享受农业优惠政策的前提。

参考文献

[1]GARKOVICH.L．Population and community in rural America[M]．New York: Greenwood Press，1989.143．

[2]Ferris J，Norman C，Sempik J. People，land and sustainability：Community gardens and the social dimension of sustainable development[J]. Social Policy & Administration，2001，35（5）.

[3]Ban，Sung-Hwan. The New Community Movement in Korea [J].Working Paper of Korea Development Institute，1975.

[4]Pabol Torres Lima，Luis Manuel Rodriguez Sanchez.Mexico City:The Integration of urban agriculture to contain urban sprawl，Growing Cities.Germany: Proff Offsetdruck，Eurasburg (InWent) [C].2000:363-391.

[5]Luc J. Mougeot. Urban Agriculture: Concept and definition[J].Urban Agriculture Magazine，2000(1): 5-7.

[6] 人民日报国际部：《中国记者眼中的外国农村建设》，参见中共中央党校出版社 2006 年版。

[7] 馋崇兰：《城乡统筹发展研究》，参见新华出版社 2005 年版。

[8] 厉为民：《荷兰的农业奇迹》，参见中国农业出版社 2003 年版。

[9] 尹保云：《韩国的现代化——一个儒教国家的道路》，参见东方出版社 1995 年版。

[10] 尹保云：《韩国为什么成功——朴正熙政权与韩国现代化，参见文津出版社 1993 年版。

[11] 潘逸阳：《农民主体论》，参见人民出版社 2002 年版。

[12] 李佐军：《中国的根本问题：九亿农民何处去》，参见中国发展出版社 2002 年版。

[13] 孙文基：《建立和完善农村社会保障制度》，参见社会科学文献出版社 2006 年版。

[14] 王仲田，詹成付：《乡村政治：中国村民自治的调查与思考》，参见江西人民出版社 1999 年版。

[15] 王禹：《我国村民自治研究》，参见北京大学出版社 2004 年版。

[16] 农业部科技教育司编：《生态农业与可持续性发展》，参见中国农业出版社 2010 年版。

[17] 金鉴明等：《生态农业：21 世纪的阳光产业》，参见清华大学出版社 2011 年版。

[18] 柴永等 :《西方经济学》，参见西南财大出版社 1993 年版。

[19] (韩) 朴正熙：《我们国家的道路》，陈琦伟等译，参见华夏出版社 1988 年版。

[20] (韩) 朴振焕：《韩国新村运动——20 世纪 70 年代韩国农村现代化之路》，潘伟光等译，参见中国农业出版社 2005 年版。

[21] (韩) 新村运动研究汇编：《新村运动 10 年史（Ⅱ）》。

[22] (韩) 新村指导员研修院：《新村指导员研修院 10 年史》，参见新村指导员研究院 1982 年版。

[23] (美) 戴维·奥斯本，特勒·盖布勒：《改革政府——企业精神如何改革着公营部门》，上海编译组译，参见上海译文出版社 1996 年版。

[24] (美) 罗伟林：《赤道之南：巴西的新兴与光芒》，参见中信出版社 2011 年版。

[25] (日) 桥本卓尔：《都市农业的理论和政策》，参见法律文化社 1995 年版。

[26] (日) 天代洋一：《向计划的都市农业挑战》，参见日本经济评论社 1991 年版。

[27] 西爱琴：《美国农业政策与管理机构的演变及启示》，参见《世界农业》2010 年第 10 期。

[28] 赵杰：《美国乡村地区公共产品供给情况考察》，参见《中国财政》2010 年第 1 期。

[29] 黄立华：《美国农村公共产品的供给及启示》，参见《北方经贸》2007 年第 1 期。

[30] 徐红：《美国农村合作社成长模式及对我国的启示》，参见《中国集体经济》2008 年第 5 期。

[31] 陈瑞来，肖卜文：《博弈论视角下的美国农民与政府关系——兼论美国农民利益维护及对我国的启示》，

参见《内蒙古财经学院学报》2009 年第 2 期。

[32] 刘志雄：《美国农场变迁及其给我们的启示》，参见《调研世界》2005 年第 4 期。

[33] 熊波：《美国农业机械化发展概况》，参见《当代农机》2010 年第 6 期。

[34] 刘志扬：《美国农业专业化的发展成因与启示》，参见《经济与管理研究》2003 年第 3 期。

[35] 刘丽伟：《美国农业信息化促进农业经济发展方式转变的路径研究与启示》，参见《农业经济》2012 年第 7 期。

[36] 陈华宁：《美国的农业教育、科研推广体系》，参见《世界农业》2004 年第 10 期。

[37] 韩伟：《美国现代农业的主要特点》，参见《当代世界》2011 年第 4 期。

[38] 刘志扬：《美国农业环境问题管窥与启示》，参见《东方论坛》2009 年第 2 期。

[39] 刘自强：《19 世纪后期美国农业现代化对农民的影响》，参见《社会科学家》2006 年第 9 期。

[40] 吴正红，叶剑平：《美国农地保护政策及对我国耕地保护的启示——以密歇根州为例》，参见《华中师范大学学报（人文社会科学版）》2009 年第 7 期。

[41] 张碧华，严力蛟，王强：《美国芝加哥北部乡村景观建设对中国的启示》，参见《现代农业科技》2010 年第 9 期。

[42] 毛丹，彭兵：《市场推动、政府干预与农民行动——加拿大乡村的兴衰及启示》，参见《浙江大学学报（人文社会科学版）》2010 年第 7 期。

[43] 郭亨孝：《加拿大农村现代化之路与中国农村发展》，参见《农村经济》2006 年第 12 期。

[44] 彭兵：《通向城乡衔接的乡村社区能力建设——自加拿大新乡村建设运动生发》，参见《社会科学辑刊》2010 年第 4 期。

[45] 赵青，杨士龙：《加拿大政府成为农民发展伙伴》，参见《农村工作通讯》2006 年第 5 期。

[46] 杨玲玲，辛小丽：《加拿大合作社运动的起源、发展现状及未来趋势》，参见《科学社会主义》2006 年第 4 期。

[47] 赵青：《加拿大：村民参与农村重建决策》，参见《农民文摘》2006 年第 4 期。

[48] 张华影，殷瑞峰：《加拿大科瑞克镇可持续发展复兴之路的启示》，参见《世界农业》2011 年第 3 期。

[49] 陈彬：《欧盟共同农业政策对环境保护问题的关注》，参见《德国研究》2008 年第 2 期。

[50] 乐波：《法国的农业环境保护政策及其对中国的启示》，参见《华中农业大学学报（社会科学版）》2007 年第 5 期。

[51] 易欢，谢元态，于细婷：《法国农民专业合作社财政金融支持政策及启示》，参见《中国农民合作社》2011 年第 8 期。

[52] 胡晓玲，李勇军：《国外农村法制建设的经验及其对我国的启示》，参见《经济法论坛》2008 年第 1 期。

[53] 东田：《穿过浪漫，沉醉在紫色的普罗旺斯》，参见《潇洒》2006 年第 7 期。

[54] 周天意：《普罗旺斯——法兰西的花园》，参见《绿化与生活》2008 年第 2 期。

[55] 至尊宝：《风情万种的普罗旺斯》，参见《中华民居》2010 年第 12 期。

[56] 徐娜：《芳香之旅，桃红色的普罗旺斯》，参见《中国酒》2010 年第 10 期。

[57] 冯凯：《浅谈对法国乡村旅游文化的解析》，参见《东方企业文化》2012 年第 8 期。

[58] 方忠权，郭艺贤：《法国的乡村旅游及其启示》，参见《广州大学学报 (社会科学版)》2008 年第 3 期。

[59] 占绍文，彭开丽：《英国农田环境管理政策及其启示》，参见《 世界农业》2007 年第 8 期。

[60] 赖欣，孙桂凤，刘江，杨殿林：《英国农业环境保护政策、措施及其启示》，参见《农业环境与发展》2012 年第 2 期。

[61]Peter F.Randerson，董宏林：《英国农业及农业危机的影响》，参见《宁夏农林科技》2000 年第 2 期。
[62] 申义怀：《英国农业发展的经验》，参见《西欧研究》1986 年第 6 期。
[63] 陈红卫，吴大付，王小龙：《英国农业发展现状、经验及启示》，参见《河南科技学院学报》2011 年第 5 期。
[64] 肖依：《城乡统筹发展中的农村建设：国外经验与启示》，华中师范大学硕士论文，2011 年。
[65] 马远军：《城乡统筹发展中的村镇建设：国外经验与中国走向》，参见《特区经济》2006 年第 5 期。
[66] 苏腾，曹珊：《英国城乡规划法的历史演变》，参见《北京规划建设》2008 年第 2 期。
[67] 刘全波：《英国城乡规划立法》，参见《城市规划》1990 年第 4 期。
[68] 彭景：《城乡统筹发展模式的国内外比较及启示》，参见《商业时代》2008 年第 1 期。
[69] 龙花楼，胡智超，邹健：《英国乡村发展政策演变及启示》，参见《地理研究》2010 年第 8 期。
[70] 广德福：《英国农村城市化历程及启示》，参见《世界农业》2008 年第 5 期。
[71] 袁萍萍：《市民农园促进人际互动和谐关系研究综述》，参见《安徽农业科学》2013 年第 4 期。
[72] 范子文：《德国的市民农园》，参见《世界农业》1998 年第 7 期。
[73] 王雅雯，张天新：《永续设计理念下的社区农园布局形态》，参见《规划师》2013 年第 7 期。
[74] 陈芳，冯革群：《德国市民农园的历史发展及现代启示》，参见《国际城市规划》2008 年第 2 期。
[75] 李良涛：《美国市民农园的发展、功能及建设模式初探》，参见《中国农学通报》2011 年第 33 期。
[76] 陈芳，冯革群：《德国市民农园的历史发展及现代启示》，参见《国际城市规划》2008 年第 2 期。
[77] 常江：《德国村庄更新及其对我国新农村建设的借鉴意义》，参见《建筑学报》2006 年第 11 期。
[78] 徐建春：《联邦德国乡村土地整理的特点及启示》，参见《中国农村经济》2001 年第 6 期。
[79] 易鑫，克里斯蒂安·施耐德：《德国的整合性乡村更新规划与地方文化认同构建》，参见《现代城市研究》2013 年第 6 期。
[80] 黄一如，陆娴颖：《德国农村更新中的村落风貌保护策略》，参见《建筑学报》2011 年第 4 期。
[81] 徐雪林：《德国巴伐利亚州土地整理与村庄革新对我国的启示》，参见《资源·产业》2002 年第 5 期。
[82] 中共中央党校访德代表团：《德国土地整理和乡村革新的经验及其启示》，参见《科学社会主义》2006 年第 1 期。
[83] 董冰，付明洋：《荷兰的农业合作社》，参见《中国合作经济评论》2011 年第 2 期。
[84] 郭晓明，雷晓鸣：《荷兰的农业和农业合作社》，参见《农村经济》1998 年第 2 期。
[85] 李新月，龚祖文：《丹麦农业发展与农业教育的互动机制》，参见《中国农业教育》2003 年第 1 期。
[86] 陆金申：《丹麦农业产业化的组织结构特点》，参见《全球科技经济瞭望》1998 年第 8 期。
[87] 中华全国供销合作社考察团：《捷克、瑞士、丹麦合作社考察报告》，参见《中国供销合作经济》2001 年第 11 期。
[88] 宋日，刘利，吴春胜：《丹麦农业的成功经验及启示 • 世界农业》2008 年第 6 期。
[89] 常青，张建华：《丹麦与中国农业合作社之比较研究》，参见《农业经济问题》2011 年第 2 期。
[90] 李水山：《韩国新村运动的背景、社会特征及其启示》，参见《职业技术教育 (理论版)》2007 年第 1 期。
[91] 李秀峰：《韩国典范江原道新村》，参见《地理志》2008 年第 5 期。
[92] 李水山：《韩国的新村运动》，参见《中国农村经济》1996 年第 5 期。
[93] 李水山：《韩国新村运动的精神实质》，参见《中国党政干部论坛》2006 年第 4 期。
[94] 刘惟洲：《韩国新村运动中体现出来的精神力量》，参见《莱阳农学院学报（社会科学版）》2006 年第 4 期。
[95] 李水山，黄长春，李鹤：《韩国新村运动的核心——新村教育》，参见《教育与职业》2006 年第 3 期。
[96] 李正楠，李祥利，陶佩君：《韩国新村运动突出国民精神培养对我国新农村建设的启示》，参见《河北

农业大学学报（农林教育版）》2008 年第 3 期。

[97] (韩) 李秉东：《韩国农村开发运动 (下)》，参见《世界农业》1996 年第 6 期。

[98] (韩) 金钟宪：《关于地方自治团体和地区 NGO 的关系研究——以礼泉郡为中心》，参见安东大学行政经营研究生院，2004 年。

[99] 高恩新，郭青：《组织动员与持续发展——韩国新村运动中的新村协议会》，参见《中共浙江省委党校学报》2007 年第 4 期。

[100] 石磊：《寻求“另类”发展的范式——韩国新村运动与中国乡村建设》，参见《社会学研究》2004 年第 4 期。

[101] 石磊：《韩国新村运动与中国乡村建设》，参见《社会学研究》2004 年第 4 期。

[102] 闵达律，梁必文，王振：《日本综合农协发展经验对我国的启示——以湖北省建始县河水坪村综合农协试点为例》，参见《武汉金融》2011 年第 3 期。

[103] 中国人民银行重庆营业管理部课题组：《日本总额和农协发展改革前景及其对我国的借鉴》，参见《南方金融》2006 年第 7 期。

[104] 朱修国：《日本农协的经验及其启示》，参见《中国合作经济》2008 年第 6 期。

[105] 刘登高：《日本的农业发展与农业协同组合制度》，参见《农村合作经济经营管理》1995 年第 6 期。

[106] 李斌，沈绍基：《韩国农产品物流考察》，参见《中国物资经济》1993 年第 7 期。

[107] 杨团：《借鉴台湾农会经验　建设大陆综合农协》，参见《社会科学》2009 年第 11 期。

[108] 杨正位：《台湾农会的成功经验与启示》，参见《中国延安干部学院学报》2012 年第 5 期。

[109] 田毅鹏：《20 世纪下半叶日本的“过疏对策”与地域协调发展》，参见《当代亚太》2006 年第 10 期。

[110] 田毅鹏：《地域社会学 : 何以可能 ? 何以可为 ?——以战后日本城乡“过密—过疏”问题研究为中心》，参见《社会学研究》2012 年第 5 期。

[111] 曲文俏，陈磊：《日本的造村运动及其对中国新农村建设的启示》，参见《世界农业》2006 年第 7 期。

[112] 韩秀兰，阚先学：《日本的农村发展运动及其对中国的启示》，参见《经济师》2011 年第 7 期。

[113] 杨凌：《日本的造村运动对我国新农村建设的启示》，参见《昆明理工大学学报 (社会科学版)》2007 年第 1 期。

[114] 颜毓，任学文：《日本造村运动对我国新农村建设的启示》，参见《现代农业》2013 年第 6 期。

[115] 陈磊，曲文俏：《解读日本的造村运动》，参见《当代亚太》2006 年第 6 期。

[116] 王昊：《日本“一村一品运动”的精髓与启示》，参见《北京行政学院学报》2006 年第 2 期。

[117] 肖金成：《省域中心与边缘地区的经济发展差距——一个长期被忽视的现象》，参见《重庆工商大学学报》2004 年第 3 期。

[118] 胡霞：《日本过疏地区开发方式及政策的演变》，参见《日本学刊》2007 年第 5 期。

[119] 王志刚，黄棋：《内生式发展模式的演进过程——一个跨学科的研究述评》，参见《教学与研究》2009 年第 3 期。

[120] 胡霞：《日本边远后进地区开发模式的反省和发展新方向》，参见《经济研究参考》2005 年第 27 期。

[121] 胡霞：《关于日本山区半山区农业直接补贴政策的考察与分析》，参见《中国农村经济》2007 年第 6 期。

[122] 夏力，廖秀健：《他山之石，可以攻玉——论日本农业推广对中国农业推广事业的启示》，参见《中国人文社会科学》2007 年第 6 期。

[123] 鲁振：《日本农业科技推广体系特点及对我国农业的启示》，参见《河南农业》2011 年第 11 期（下）。

[124] 邓克英，罗正荣，李忠云：《日本农业科研成果推广的实践与借鉴》，参见《湖北农业科学》2008 年第 3 期。

[125] 崔春晓，李建民，邹松岐：《日本农业科技推广体系的组织框架、运行机制及对中国的启示》，参见《农

业经济》2013 年第 4 期。

[126] 张璇：《日本农业科技创新与推广体系对中国的借鉴》，参见《青春岁月》2013 年第 6 期。

[127] 侯建平：《精准农业发展模式选择与评价研究》，天津大学博士学位论文，2007 年。

[128] 聂兵：《我国精准农业的实施路径及其方向选择》，山东农业大学硕士学位论文，2009 年。

[129] 吴海峰：《澳大利亚农业发展的现状、特色、经验和启示》，参见《经济研究参考》2004 年第 54 期。

[130] 娄昭，徐忠，张磊：《巴西农业发展特点及经验借鉴》，参见《世界农业》2011 年第 5 期。

[131] 高京平：《巴西“三农”现代化历史进程及其引发的思考——兼谈对中国“三农”现代化发展的启示》，天津师范大学博士学位论文，2008 年。

[132] 左合余，张传超：《巴西可持续农业发展模式对中国的启示》，参见《工会论坛》2013 年第 1 期。

[133] 赵明，李先德：《阿根廷农业科研体系建设经验及对我国的启示》，参见《农业经济问题》2010 年第 5 期。

[134] 马世铭：《世界有机农业发展的历史回顾与发展动态》，参见《中国农业科学》2004 年第 37 期。

[135] 李双晶：《阿根廷农牧业发达的原因及其对我国的启示》，参见《全国商情（理论研究）》2012 年第 21 期。

[136] 范剑青：《阿根廷的农民》，参见《北京农业》2012 年第 4 期。

[137] 王立民：《世界有机农业的发展现状及趋势》，参见《养殖技术顾问》2011 年第 5 期。

[138]《阿根廷农业高产有窍门》，参见《中国农村科技》2005 年第 8 期。

[139] 霍美丽：《阿根廷有机农业发展观察及对中国发展路径的思考》，参见《世界农业》2009 年第 12 期。

[140]《阿根廷有机农业现状》，参见《生态经济》2003 年第 5 期。

[141] 李瑞霞，陈烈，沈静：《国外乡村建设的路径分析及启示》，参见《城市问题》2008 年第 5 期。

[142] 黄杉，武前波，潘聪林：《国外乡村发展经验与浙江省“美丽乡村”建设探析》，参见《华中建筑》2003 年第 5 期。

[143] 徐璞英：《国外农村建设的有关经验和做法》，参见《资料通讯》2006 年第 4 期。

[144] 王庆安：《美国战后新城镇开发建设及其启示》，参见《国际城市规划》2007 年第 1 期。

[145] 常江，朱冬冬，冯姗姗：《德国村庄更新及其对我国新农村建设的借鉴意义》，参见《建筑学报》2006 年第 11 期。

[146] 周建华，贺正楚：《法国农村改革对我国新农村建设的启示》，参见《求索》2007 年第 3 期。

[147] 陈晓华，张小林，梁丹：《国外城市化进程中乡村发展与建设实践及其启示》，参见《世界地理研究》2005 年第 3 期。

[148] 刘自强，李静，鲁奇：《国外乡村经济类型的划分及对中国乡村发展政策制定的启示》，参见《世界农业》2011 年第 4 期。

[149] 石忆邵：《国内外乡村经济类型和区划研究综述》，参见《农业区划》1993 年第 2 期。

[150] 石忆邵：《浅论中国乡村经济区划》，参见《农业区划》1991 年第 2 期。

[151] 翁丽丽，李永实，王晓文，等：《福建省农村经济类型划分方法探讨》，参见《福建师范大学学报 (哲学社会科学版)》2002 年第 3 期。

[152] 孙自铎：《国外小城镇建设和研究情况简介》，参见《赣江经济》1984 年第 6 期。

[153] 杜建芳：《小城镇建设的国家经验借鉴》，参见《经济与管理》2004 年第 5 期。

[154] 王宝刚：《国外小城镇建设经验探讨》，参见《规划师》2003 年第 11 期。

[155] 庄侃：《国外小城镇建设经验》，参见《浦东开发》2008 年第 5 期。

[156] 刘会晓，王大勇：《国外小城镇建设模式探究》，参见《世界农业》2013 年第 4 期。

[157] 李学林：《国外小城镇建设谈经》，参见《农村工作通讯》2000 年第 6 期。

[158] 刘志民，郭霞，倪浩：《国外农村科技服务的组织框架与政策法规探析》，参见《科技与经济》2005年第4期。

[159] 倪浩，刘志民：《国内农村科技服务体系现存模式评析与目标模式探索》，参见《“三农”问题研究》2009年第15期。

[160] 柳长江，孙俊科，范毅：《国外农村科技服务典型模式述评与借鉴》，参见《科技创新与生产力》2011年总第206期。

[161] 张丽莉：《国外农业科技服务模式及经验探析》，参见《新西部》2011年第9期。

[162] 刘钦，孙洪武：《国外农业科技推广体系的分析与借鉴》，参见《广东农业科学》2011年第17期。

[163] 丁彦，周清明：《国外农业科技服务模式探析》，参见《世界农业》2013年第1期。

[164] 余昌国：《我国乡村旅游发展模式及对策思考》，参见《浙江旅游职业学院学报》2005年第1期。

[165] 徐清：《乡村旅游产品谱系及开发模式研究》，参见《浙江林业科技》2009年第2期。

[166] 王兵：《从中外乡村旅游的现状对比看我国乡村旅游的未来》，参见《旅游学刊》1999年第2期。

[167] 韩笑：《国内外乡村旅游开发模式对比研究》，参见《改革与战略》2011年第9期。

[168] 王瑞花：《国外乡村旅游开发模式初探》，参见《云南地理环境研究》2005年第2期。

[169] 张宁：《国外乡村旅游发展模式与经验研究》，参见《经济研究导刊》2009年第25期。

[170] 党晴晴：《国外乡村旅游成功开发模式对中国的启示》，参见《大众科技》2010年第7期。

[171] 韩新宝，李哲：《发达国家农民合作组织发展的实践、经验及启示》，参见《广东经济》2010年第4期。

[172] 王春伟，赵静：《发达国家农民培养的经营及对中国的启示》，参见《世界农业》2014年第2期。

[173] 刘小群，姜翠英，邢怀静:《发达国家农民培训方式的比较与借鉴》，参见《中国集体经济》2013年第13期。

[174] 梁艳萍：《发达国家农民教育培训的经验与启示》，参见《高等函授学报》2010年第7期。

[175] 洪仁彪，张忠明：《农民职业化的国际经验与启示》，参见《农业经济问题》2013年第5期。

[176] 阙金华，张洪程，万靓军：《城市现代化进程中都市农业发展问题探讨》，参见《中国农学通报》2003年第4期。

[177] 赵慧莲：《城市化进程中的都市农业研究》，复旦大学硕士学位论文，2010年。

[178] 皮立波：《现代都市农业的理论和实践研究》，西南财经大学博士学位论文，2001年。

[179] 方志权：《日本都市农业的特征、功能、问题及对策》，参见《中国农村经济》1998年第3期。

[180] 信军：《都市农业发展现状及其探讨》，西北农林科技大学硕士学位论文，2005年。

[181] 吴俊丽：《海外都市农业对京郊都市农业的启示》，参见《北京农业职业技术学院学报》2002年第1期。

[182] 刘长运：《国外都市农业发展经验对我国的启示》，参见《世界地理研究》2006年第2期。

[183] 曾书琴：《发达国家都市农业的成功经验对我国的借鉴与启示》，参见《广东农业科学》2011年第10期。

[184] 刘晓：《都市农业发展思路及规划研究》，山东农业大学硕士学位论文，2009年。

[185] 朱丕荣：《都市农业建设与发展的前景》，参见《供销商情·村官》2004年第10期。

[186] 蔡意中：《上海现代都市农业可持续发展问题研究》，南京农业大学博士学位论文，2000年。

[187] 宋涛，蔡建明，刘军萍，等:《世界城市都市农业发展的经验借鉴》，参见《世界地理研究》2013年第2期。

[188] 俞菊生，张占耕，白尔钿，等:《“都市农业”一词的由来和定义初探——日本都市农业理论考》，参见《上海农业学报》1998年第2期。

[189] 胡博峰：《探寻农业可持续发展新路径》，参见《经济日报》2011年7月25日。

[190]《“一村一品”振兴日本乡村》，参见《广州日报》2013年4月21日。

[191]《浅谈美国的乡村及其发展计划》，参见“上海农业”网，

http：//www.shac.gov.cn/fwzx/hwzc/scyhy/200803/t20080328_234049.htm。

[192]《美国农村城市化历程及启示》，参见“第一智库”网，
http：//www.1think.com.cn/lastcontention/201303/2013032619951.shtml。

[193]《来自美国农业发展的启示》，参见“山东农业科技信息”网，
http：//www.saas.ac.cn/intro/qingbaosuo/shownews.asp?id=1026。

[194] HISTORY of AGRICULTURE
http：//www.adbio.com/science/agri-history.htm。

[195] Rural Aid Goes to Urban Areas
http：//www.washingtonpost.com/wp-dyn/content/article/2007/04/05/AR2007040502033.html。

[196] USDA Celebrates 150 Years
http：//www.usda.gov/wps/portal/usda/usdahome?navid=USDA150。

[197] 黄季焜：《增加收入、市场化：美国农业补贴政策的历史演变》，参见“求是理论网”2009年11月19日，http://www.qstheory.cn/gj/tszs/200911/t20091119_15601.htm。

[198] 周立：《美国家庭农场：要么变大，要么走人》，参见“新浪财经”2008年5月9日，
http://finance.sina.com.cn/roll/20080519/04202225135.shtml。

[199]FIC：http：//www.farmlandinfo.org/。

[200]http：//www.maeap.org/&http：//www.michigan.gov/mdard/0，4610，7-125-1599_25432-12819--，00.html。

[201]MDARD：http：//www.michigan.gov/mdard/0，4610，7-125-1599_2558-10301--，00.html。

[202]CSLP项目官方网站资料，参见http://www.craikecovillage.com/index.html。

[203] 杨骏：《法国投资10亿欧元加快开发生物燃料》，参见http://news.xinhuanet.com/world/2006-03/08/content_4276258.htm。

[204] 杨骏：《生物能源迎来发展的“春天”》，参见http://www.biotech.org.cn/information/33409。

[205] 芦龙军：《生物燃料销量大增 法政府减税7亿欧元》，参见http://www.cenews.com.cn/2009/gjzx/xny/200908/t20090820_621874.html。

[206]《荷兰花卉拍卖行》，参见深圳商业评论网，
http://www.bizreview.com.cn/Article/ShowArticle.asp?ArticleID=50051。

[207]《荷兰农业合作：小国土大农业》，参见“国际先驱导报”，http://ihl.cankaoxiaoxi.com/2013/0415/193428.shtml。

[208] 荷兰国家农业合作社理事会（NCR）站http://www.cooperatie.nl/index.php。

[209]《“一村一品”在日本的农业创新传奇》，参见“创意农业研究”网，
http://www.gdcct.gov.cn/market/New_agricultural/201303/t20130301_756971_1.html。

[210] 赵学文：《日本的“一村一品”及农业产业化》，参见“农博网”，http://news.aweb.com.cn/2005/12/5/16332438.htm。

[211]《日本专家对话中国农民　平松守彦携“一村一品”访豫》，参见“中国新闻网”2010年6月17日，http://news.sohu.com/20100617/n272870402.shtml。

[212]《农产品也要信仰创新——日本“一村一品”的成功典范》，参见“壹度原创”，http://www.onedoing.com/a/qiany/chuany/1/2011/1225/61.html。

[213] 林婷婷：《澳大利亚农业暨保护性耕作》，参见“三农观察网”，

http：//www.gdcct.gov.cn/politics/feature/nyhb/tszs/201001/t20100114_248672.html#text。

[214] 曾明连：《农业进入精准时代》，参见“三农观察网”，http://www.gdcct.gov.cn/observed/insight/201211/t20121106_737473_1.html#text。

[215] 澳大利亚联邦国际合作协会：《澳大利亚生态农业及精准农业培训》，参见“AICA 官方网站”，http://aica.chinajob.com/ctraining/content.php?id=2173。

[216] 郑风田：《巴西农业为什么创造了奇迹》，参见“凤凰网财经”2010 年 10 月 12 日，http://finance.ifeng.com/opinion/fhzl/20101012/2697447.shtml。

[217]《巴西荒原塞拉多变成世界粮仓》，参见“牛眼新观察”2012 年 11 月 27 日，http://niuma99.blog.163.com/blog/static/1739282182012102735155843/。

[218]《“塞拉多”上写出农业神话》，参见“新华报业网”2012 年 6 月 4 日，http://news.xhby.net/system/2012/06/04/013475176_01.shtml。

[219] 于颖：《我们“吃掉了”塞拉多草原》，参见“文汇报”2011 年 4 月 20 日，http://whb.news365.com.cn/gj/201104/t20110420_3014788.htm。

[220] 泽地治：《保护塞拉多的生物多样性》，参见“客观日本”2012 年 8 月 21 日，http://www.keguanjp.com/index.php/kgjp_keji/kgjp_kj_smkx/26360。

[221]《阿根廷农业》，参见“中国种植业信息网”2008 年 4 月 21 日。

[222]《阿根廷农民为何能安心守家在地》，参见“新华网”2006 年 9 月 1 日。

[223] 秦小东：《田园城市运动与后现代城市畅想》，参见“新浪网”，http://news.dichan.sina.com.cn/2010/04/20/149604.html。

[224] 许竹青，刘冬梅：《发达国家是怎样培养职业农民的》，参见“经济参考报”，http://finance.qq.com/a/20130806/000587.htm。

[225] 胡博峰《法国：探寻农业可持续发展新路径》，参见“经济日报网”，http://news.cnfol.com/110725/101，1278，10328046，02.shtml。

[226]《发达国家怎样培养新型农民》，参见“中国教育报”，http://news.xinhuanet.com/newmedia/2008-11/19/content_10378952_1.htm。

[227] 陈春园，阳建：《国外如何培养“会思考的农民”》，参见“半月谈”，http://www.banyuetan.org/chcontent/sz/hqkd/201428/92993.html。